KB203407

다 윗 은   그   시 대 에

다윗은 그 시대에 하나님의 뜻을 받들어 섬기다가(행 13:36, 새번역)

David had served God's purpose in his own generation (NIV)

믿음이란 한 알의 밀알이 땅에 떨어져 죽음으로 많은 열매를 맺음과 같이 진리의 열매를
위하여 스스로 죽는 것을 뜻합니다. 눈으로 볼 수는 없으나 영원히 살아 있는 진리와
목숨을 맞바꾸는 자들을 우리는 믿는 이라고 부릅니다.
〈믿음의 글들〉은 평생, 혹은 가장 귀한 순간에 진리를 위하여 죽거나 죽기를 결단하는
참 믿는 이들의, 참 믿는 이들을 위한, 참 믿음의 글들입니다.

30주년 기념판

다윗은 그 시대에

이승장 지음

홍성사.

30주년 기념판에 부쳐

청년들을 위해 쓴 사무엘서 강의 《다윗은 그 시대에》가 처음 출간된 지 30년이 지났습니다. 그간 성경을 사랑하는 많은 독자들의 사랑을 받아 저자로서 책 쓴 보람과 기쁨이 컸습니다. 사실, 제가 쓴 책들 가운데 가장 애정을 갖고 있는 한 권을 뽑으라면 서슴지 않고 이 책을 고르겠습니다. 그만큼 저의 20대부터 50대에 이르는 기간에, 부족하지만 교회와 겨레를 섬기려던 한 사람의 고민, 탐색, 기도, 눈물로 쓰여진 책이기 때문입니다.

한국 교회 청년사역의 급성장기에 쓴 책인데, 지금은 청년사역이 급격한 쇠퇴기를 맞고 있습니다. 정말 위기입니다. 가장 큰 원인은 기독교회가 사회의식, 역사의식이 없고, 지도자들의 도덕 수준이 일반 교양인의 수준을 밑돌아, 사회의 존경과 신뢰를 상실했기 때문일 것입니다. 여러모로 힘든 시대에 이 책이 한국의 청년대학생들을 비롯해서 생각하는 하나님의 사람들에게 도움이 되리라는 희망을 가집니다.

쌍둥이도 세대차를 느낀다는 때에, 30년이라면 아득한 세월이어서 책의 내용도 케케묵은 것 아닐까 의심하는 분들이 적지 않을 것입니다. 그러나 이 책을 읽는 분들이 성경 읽는 재미를 새롭게 맛보리라고 믿습니다. 하나님의 말씀이 변치 않는 진리이자, 동시에 사람의 본성, 사회나 국가 공동체의 성격도 겉만 바뀌지 속은 그대로이기 때문입니다. 표현이 거칠거나 시대에 안 맞는 부분은 조금 다듬었습니다. 하지만 되도록 처음 정신과 표현을 견지했습니다.

절판되었던 이 책을 구하는 분들이 적지 않아, 30년을 맞아 고맙게도 홍성사의 호의로 다시 내게 되었습니다. 책을 멀리하는 세대요, 영상 설교의 홍수라지만, 깊이 있고 우리 현실에 바로 적용할 만한 읽을거리를 찾기 힘들어 비틀거리는 이 땅의 청년들, 그리고 말씀의 생수를 찾는 주의 일꾼들에게 이 책이 쓸모 있는 선물이 되면 더 이상 기쁠 수 없겠습니다.

2022년 성탄을 앞두고,

이승장

청년사역 40년 기념판에 부쳐

제 인생에 스스로 믿기지 않는 일이 일어났습니다. 대학로와 신촌, 신림동 등지에서 청년대학생들을 말씀으로 섬긴 지, 2007년 4월로 꼭 40년이 된 것입니다. 저는 본래 꾸준하지 못한 사람입니다. 그런데 심히 연약한 종을 버리지 않으시고 그동안 붙잡아 사용해주신 우리 주님의 은총에 한없는 감사를 올립니다. 또한 청년들이 성경대로 사는 예수님 제자가 되면 좋은 세상 되겠지, 하며 단순하게 성서한국의 꿈을 함께 꾼 동역자들, 기쁨과 아픔을 나눠온 친구들과 후배들의 분에 넘치는 사랑과 축하를 받아 어리둥절할 만큼 기뻤습니다. 정말 좋은 분들과 함께할 수 있음은 큰 특권이었습니다. 진심으로 감사 인사를 올립니다.

그런데, 딱 한 가지 아쉬움이 있었습니다. 제가 처음으로 스스로 공부해서 성경학교에서 말씀을 전한 후 제 평생 "생명의 말씀"이 되어온 졸저, 사무엘서 강해를 구할 수 없었기 때문이었습니다. 시간이 좀 흘렀지만, 다시 읽어보니, 현대를 사는 한국 그리스도인에게 절실하게 필요한 책이겠다 싶어, 기념판을 출간하게 되었습니다.

이 책에서 저는 균형 잡힌 시각을 가지고 성경을 해석하기 위해 나름대로 애썼습니다. 특히 한국적 시대 상황에 대한 성경의 가르침이 무엇인가를 찾기 위해 제 마음의 정성을 바쳤습니다. 구미 성경학자들이 지금까지 전혀 관심을 보이지 않았던 여러 분야, 예컨대 민족의 통일 문제 등에 대해서도 독창적으로 접근해보려고 시도했습니다. 따라서 독자들은 아마 구미의 주석이나 강해서에서는 전혀 다루지 않은, 한국 크리스천들만이 갖는 질문에 해답을 찾으려는 몸부림을 같이 나눌 수 있을 것입니다. 그러면서도 각각의 강의가 독립된 문학성을 지니도록 배려했습니다.

이 책은 초판이 《다윗은 그 시대에》, 또는 《사무엘서 강의》란 제목으로 ESP에서, 개정판은 《다윗, 왕이 된 하나님의 종》이란 제목으로 좋은씨앗에서 나온 후, 절판되었습니다. 출판사 형편 때문이었지만 원치 않게 독자들에게 책 제목으로 불편을 준 것을 양해해 주시기 바랍니다. 기념판이 나오도록 애써준 ESF 대표 최승범 목사와 ESP 박종광 간사를 비롯한 형제자매들, 정성 들여 표지 디자인 해준 예수마을교회 백서영 자매에게 감사드립니다.

개인이나 교회, 심지어 학생선교단체에서도 갈수록 깊이 있는 성경 공부가 힘들어지는 시기를 맞고 있습니다. 부족한 대로 이 책이 생각하는 한국 그리스도인들이 개인과 공동체가 가야 할 길을 하나님의 말씀에서 찾는 데 조금이라도 도움되었으면 더 이상 바랄 것이 없겠습니다.

2007년 5월
이승장

한국의 크리스천들에게

사무엘서는 성경 가운데 가장 재미있는 책일 것입니다. 저는 독자
들이 사무엘서를 읽으며 성경 공부에 즐거움을 느낄 뿐만 아니라,
성경을 보는 시각에 새로운 변화가 일어나길 기대하면서 이 책을
썼습니다. 아울러 한국 크리스천들의 성경을 보는 눈이 개인 경건
에만 제한되지 않기를 기대합니다. 성경이 과연 우리 시대가 부대
끼며 고통하는 질문에 어떤 해답을 주며, 개인뿐 아니라 공동체 문
제에 어떻게 진리를 적용할 수 있는가를 고민할 수 있었으면 합니
다. 그러면 성경 공부는 훨씬 깊이 있고 폭이 넓어질 것입니다. 하
나님을 아는 지식이 자라고, 인간과 역사를 보는 새로운 시야가 열
릴 것입니다.

이 책에서 저는 균형 잡힌 시각을 가지고 성경을 해석하기 위해
나름대로 애썼습니다. 특히 '한국적 시대 상황'에 대한 성경의 가르
침이 무엇인가를 찾기 위해 제 마음의 정성을 바쳤습니다. 구미 성
경학자들이 지금까지 전혀 관심을 보이지 않았던 여러 분야, 예컨
대 민족의 통일 문제 등에 대해서도 독창적으로 접근해보려고 시
도했습니다. 따라서 독자들은 아마 구미의 주석이나 강해서에서
는 전혀 다루지 않은, 한국 크리스천들만이 갖는 질문에 해답을 찾
으려는 몸부림을 같이 나눌 수 있을 것입니다. 그러면서도 각각의
강의가 독립된 문학성을 지니도록 배려했습니다.

'다윗은 그 시대에'라는 주제로 사무엘서를 처음 강의한 때는
1968년 12월, 당시 제 나이 스물여섯 되던 해 서울대 근처에서 약

50여 명의 대학생 모임에서였습니다. 그 후 70년대와 80년대를 거치면서 주로 대학생, 해외 유학생, 신학 대학원생 집회에서 강의해 오던 것을 기초로 1992년에 처음 책으로 출간했었고, 이번에 변화하는 시대 흐름에 맞추어 글을 가다듬고 제목을 바꾸어 새롭게 출간하게 되었습니다. 저자로서 아무리 최선을 다했다 하더라도 역시 어쩔 수 없는 부족을 절실히 느낍니다.

약간은 쑥스럽게 느껴지기도 하지만, 하지 않을 수 없는 말이 있습니다. 이 책은 지난 33년의 저의 결혼 생활과 청년 대학생 사역과 함께 얽혀 있습니다. 처절하리만치 어려운 시절, 저와 함께 기독학생운동을 통해 성서 한국과 세계 선교를 꿈꾸며 딸 한나(1969-1977)와 아들 요셉, 사무엘을 키우면서 눈물과 사랑으로 학생들을 섬긴 아내, 정금자에 대한 고마움입니다. 그리고 ESF의 동역자들과 좋은씨앗의 편집진, 이 책이 나오기까지 도와주신, 여기 이름을 올리지 않은 여러 분들께 진심으로 감사 인사를 드리고 싶습니다.

이 땅의 크리스천들이 영성과 감성의 발달에 비해 지성 계발의 빈곤 현상이 극심해진다는 우려의 목소리가 높아가는 시대에, 부족하지만 이 책이 성경 사랑의 불길을 당기는 데 조금이나마 쓰임 받게 되길 기도합니다.

2001년 1월
이승장

11

이 책은 사무엘상하를 통해 하나님께서 이 시대를 사는 한국의 그리스도인들에게 들려주시는 말씀이 무엇일까를 생각하며 쓴 것입니다.

'다윗은 그 시대에'라는 주제로 제가 처음 말씀을 증거한 것이 1968년 12월 대학생성경읽기회 서울지구 겨울성경학교 때였으니, 벌써 한 세대가 흘렀습니다. 그 후에도 1978년 2월 기독교회관에서, 1985년 1월 남서울교회에서 가진 한국기독대학인회(ESF) 성서아카데미에서, 1991년 런던갈보리교회 청년부모임에서 증거해왔습니다.

어느덧 성경말씀을 배우고 가르치며 지내온 지난 25년, 사무엘상하는 "내 발의 등이요 내 길에 빛"(시 119:105)이 되어온 은혜의 말씀이었습니다. 그러나 흘러간 세월의 길이에 비해 말씀이해의 깊이가 얕아 책으로 내어놓으려니 주저하게 됩니다. 다만 마땅한 성경공부교재가 없어 안타까워하는 분들에게 적은 도움이라도 되었으면 하는 바람으로 내어놓습니다.

이 글이 나오기까지 여러 분의 도움을 받았습니다. 제게 처음으로 체계적인 성경공부를 가르쳐준 Ada Lum 선교사님(Bible Institute of Hawaii 교수), 부족한 강의지만 곁에서 늘 용기를 북돋아주던 동역자 안병호, 장창식, 손석태 목사님들, 성서한국과 세계선교의 꿈을 함께 꾸던 ESF 형제자매들, 원고 초안을 부분적으로 읽고 좋은 의견을 들려주신 김진홍 목사님, 김호열, 김회권, 이종태, 송종록 형제들, 그동안 함께 공부한 국내외의 여러 형제자매들, 그리고 위해 기도해준 런던갈보리교회 성도들께 진심으로 감사드립니다.

이 책을 내면서는 가족의 고마움을 더욱 느끼게 됩니다. 그동안 부족한 종을 위한 아버지 이창모 안수집사님과 어머니 박기엽 권사님, 장모님 신정임 권사님, 그리고 형제자매들의 기도와 후원, "근심하는 자 같으나 항상 기뻐하며"(고후 6:10) 삶을 함께 나눈 아내 정금자와 아들 요셉과 사무엘의 격려와 타이핑의 수고가 없었다면 이 책이 나올 수 없었을 것입니다. 그리고 저의 첫 사무엘상하 강의를 마친 두 달 후 세상에 태어나서 8년 2개월의 짧은 일생을 마치고 고난주간 중에 주님의 품에 안긴 딸 한나를 추억하지 않을 수 없습니다.

아무쪼록 이 책을 통해 하나님의 이름이 높임을 받으시며, 읽는 분들이 성경을 더욱 사랑하게 되기를 기도드릴 뿐입니다.

1992년 부활절에
이승장

13

대해(지중해)

다볼산 ▲

엔돌 ●

수넴 ●

므깃도 ●   이스르엘 ●

길보아산 ▲   벧 스안 ●

에브라임   베섹 ●   야베스 길르앗 ●

길르앗

아벡 ●   실로 ●
● 에벤에셀

벧엘 ●

아래 벧호론 ● 윗 벧호론 ●   라마 ●   랍바 ●
● 에그론   아얄론 ●   미스바 ●   믹마스 ●
기럇여아림 ● 기브아 ● 게바 ●   암몬
베냐민   길갈 ●

에루살렘 ●   놉 ●

아스돗 ● 벧세메스 ●

아세가 ●   베들레헴 ●

소고 ● 아둘람 ●

아스글론 ●   ● 그일라   유다

블레셋   헤브론 ●

가사 ●   십 ● 엔게디 ●

갈멜 ● 마온 ●

가드 ●   시글락 ●   모압

브엘세바 ●

아말렉

에돔

지도 1   다윗 시대의 이스라엘

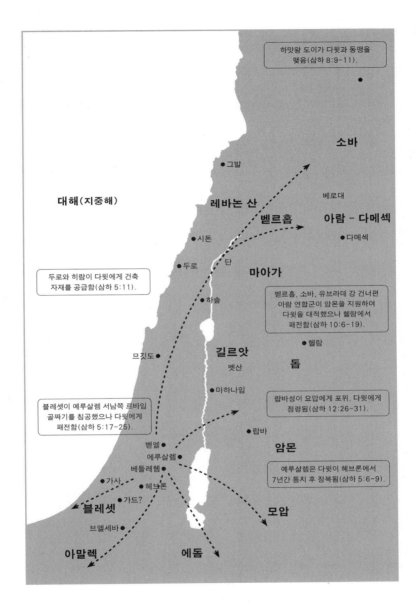

하맛왕 도이가 다윗과 동맹을
맺음(삼하 8:9-11).

소바

●그발

레바논 산

베로대

벤르홉

아람 - 다메섹

대해(지중해)

●시돈

●다메섹

●두로   단

마아가

두로와 히람이 다윗에게 건축
자재를 공급함(삼하 5:11).

●하솔

길르앗

벤르홉, 소바, 유브라데 강 건너편
아람 연합군이 암몬을 지원하여
다윗을 대적했으나 헬람에서
패전함(삼하 10:6-19).

●헬람

벳산

돕

므깃도●

●마하나임

블레셋이 예루살렘 서남쪽 르바임
골짜기를 침공했으나 다윗에게
패전함(삼하 5:17-25).

람바성이 요압에게 포위. 다윗에게
점령됨(삼하 12:26-31).

●람바

벧엘●

암몬

에루살렘●

베들레헴●

예루살렘은 다윗이 헤브론에서
7년간 통치 후 정복됨(삼하 5:6-9).

●가사   ●헤브론

●가드?

블레셋

모압

브엘세바●

아말렉

에돔

지도 2 다윗 통치기의 전쟁

차례

일러두기

본문에 인용된 성경 말씀은 대한성서공회에서 발행된 개역개정성경을
사용했습니다. 그 외에 약어로 밝혀 인용한 성경은 다음과 같습니다.
새번역(새번역 신약전서), 현대(현대인의 성경), 공동(공동번역 성서), RSV(Revised
Standard Version), NIV(New International Version), NASB(New American Standard Bible),
LB(The Living Bible).

사무엘상하 공부를 시작하면서

—　　다윗은 그 시대에 하나님의 뜻을 받들어 섬기다가

(행 13:36, 새번역)

David had served God's purpose in his own generation (NIV)

우리는 왜 사무엘상하를 공부하는가?

시대가 급격히 변하고 있습니다. 인터넷을 비롯한 각종 미디어를
통하여 엄청난 양의 정보들이 홍수처럼 쏟아져 나오고 있는 게 오
늘의 현실입니다. 이런 시대를 사는 21세기 크리스천들에게, 무려
3천 년 전 팔레스타인에 존재했던 어느 나라의 고대사는 어떤 의
미를 가질 수 있을까요? 구원받은 크리스천으로서 열심히 봉사하
고 전도하는 삶을 살기도 빠듯한데, 많은 시간을 들여 곰팡이 냄
새 나는 구약 시대의 역사를 공부한다는 게, 정말 가치 있는 일일
까요?

　그렇습니다. 지금부터 시작하려는 사무엘서 공부는 이 시대를
사는 크리스천들의 보편적인 정서와는 다소 거리가 있는지도 모르
겠습니다. 한국 교회의 일반적인 신앙 분위기와도 동떨어져 보일
수도 있습니다. 그럼에도 불구하고 사무엘서를 펴드는 까닭은 이
시대를 살아가는 한국 크리스천들의 애타는 물음들에 대해 사무엘

19

서만큼 명료하고 포괄적인 답을 주는 책은 없기 때문입니다. 이제 사무엘의 역사 서술을 따라가며 이 답답한 시대에 크리스천들이 어떤 삶을 살아가야 하는가에 대한 해답을 감히 찾아보려고 합니다. 오직 성경 속에만 개인과 공동체의 살길이 있기 때문입니다.

사무엘서는 이스라엘 민족 공동체가 사사土師, judges 시대에서 군주 시대로 전환하는 1세기(BC 1100-1000년경) 정도의 과도기를 다루고 있습니다. 역사의 한 단계에서 다른 단계로 넘어가는 이 과도기는 공동체의 역사 발전에 결정적인 시기가 됩니다. 과도기를 어떻게 대처하느냐에 따라 공동체는 역사의 찬란한 진보를 이룰 수도 있고, 아니면 비참한 후퇴를 경험할 수도 있을 것입니다. 그러므로 과도기의 크리스천들은 마땅히 시대의 파수꾼이 되어야 합니다.

분단 78년(2023년)의 수치스러운 민족사를 청산하고 통일 민족 국가를 이루어 현대사를 새롭게 창조해나가야 할 민족사적 대과업을 눈앞에 둔 지금, 우리 사회에는 과도기적 혼란이 극심합니다. 그래서 이와 같은 다급한 시대적 과제의 해결책에 대한 논의가 사회과학자들을 비롯한 지각 있는 이들을 통해 적지 않게 거론되고 있습니다. 이제 우리는 사람들의 말보다 하나님의 말씀을 듣고 싶습니다. 하나님의 말씀 속에서 역사의 대원칙과 의미를 찾고 싶습니다. 성경 속에서 개인과 공동체가 지향해야 할 역사의 목적과 그 목적을 이루어 나가는 방법도 배우고 싶습니다.

사람과 삶에 대한 이해

사무엘서에 등장하는 인물들, 곧 엘리, 한나, 사무엘, 사울, 다윗, 요나단, 압살롬, 시므이 등은 그 어느 소설보다 더 감동적으로 묘사된 인간 군상들입니다. 그들의 삶에 얽힌 희로애락, 야망과 좌절, 우정과 배신, 범죄와 회복, 사랑과 미움, 성공과 실패, 이 모든 것이 어떻게 어우러져 아름다운 예술로 창조되어 가는지 눈여겨볼 것입니다.

그리하여 단조롭기 쉬운 인간의 이해가 더 깊어지고 폭이 넓어지며, 우리의 삶을 더욱 풍요롭고 멋진 예술로 가꿀 수 있었으면 합니다. 뿐만 아니라 사무엘서의 중심 인물 사무엘과 다윗을 통해 그 시대에 어떠한 인물이 하나님께 쓰임받았는가, 반면 사울을 통해 어떠한 사람이 버림받았는가를 깨닫고 싶습니다.

정치 권력에 대한 이해

사무엘서는 이스라엘 역사상 가장 중요한 국가 권력 구조의 변화, 곧 신정적神政的인 부족 연맹tribal confederacy에서 군주국으로의 체제 변혁이 이루어지는 과정을 상세히 기록하고 있습니다. 군주 체제에 대한 찬반贊反 이데올로기의 첨예한 대립, 사무엘과 사울 사이의 권력 분할, 사울과 다윗의 권력 투쟁, 다윗파와 사울파의 분열과 화합, 토지 재산권 문제와 기득권 유지를 위한 암투, 남과 북의 지리적 혈연적 다툼, 관료 제도의 성립, 엘리트 그룹과 관료 계층techno-crat의 등장 등 국가 공동체가 겪을 수밖에 없는 사회적 문제들이 다루어집니다.

정치 이념과 권력 구조 등 체제 문제의 갈등으로 반세기 넘게 국
민적 에너지를 소진해버린 우리들이, 정치권력 문제에 대한 성경
적 이해에 관심을 기울이는 것은 어쩌면 이 시대를 사는 한국 크리
스천들에게 가장 중요한 일 가운데 하나일지 모릅니다. 그리하여
사회 현실에 대한 이해의 지평을 넓히며, 통일과 함께 닥쳐올 시대
적 과제를 '세상의 빛'인 크리스천답게 대처할 수 있는 슬기와 용기
를 배울 수 있었으면 합니다.

하나님의 주권과 섭리에 대한 이해

무엇보다 사무엘서에 나타난 하나님 역사의 주권적 섭리를 이해
하는 눈을 뜨고 싶습니다. 사무엘서에 등장하는 숱한 개인의 생사,
화복뿐만 아니라, 민족 공동체의 선택과 책임, 지도자의 세움과 버
림, 사회 내부의 갈등과 전쟁, 분열과 통일 등 모든 현상적 사건 너
머 역사를 주관하시는 하나님의 통치에 대한 저자의 입장을 눈여
겨볼 것입니다.

섭리攝理, providence라는 단어는 영어의 'provide'와 라틴어의
'provideo' 즉 '미리pro'와 '보다video'라는 단어에서 유래했다고 합
니다. 하나님은 창조주의 주권을 가지고 자기 백성의 앞날을 미리
보고, 역사에 개입하여 필요한 것을 공급하며, 친히 인도하고 다
스리시는 섭리주이십니다. 그러므로 "여호와께서 통치하신다The
Lord reigns"는 소식이야말로 기독교 역사관의 요체要諦이며, 개인 형
편과 시대 상황만을 보며 절망에 빠지기 쉬운 우리들에게 희망을

주는 복음이 아닐 수 없습니다(대상 16:31, 사 52:7).

초월자이지만 역사에 내재하면서 자신의 뜻을 펴고 계시는 하나님의 역사 섭리는 너무나 신비로워서 우리의 제한된 머리로 다 이해할 수는 없더라도, 이 공부를 통해 믿음으로 영접하고 기독교 역사관을 확립하는 계기가 된다면 그보다 더한 축복은 없을 것입니다.

시대에 대한 이해

다윗의 생애를 가리켜 사도 바울은 "다윗은 그 시대에 하나님의 뜻을 받들어 섬기다"라고 말했습니다(행 13:36). 그 시대에 자기 자신과 공동체에 두신 하나님의 뜻을 발견하고 그 뜻을 섬기는 생애, 이것이 바로 크리스천들의 삶의 의미일 것입니다.

시대를 섬기기 위해서는 먼저 시대를 보는 눈이 있어야 합니다. 그러나 역사 속에서 어느 시대를 구분하여 "그 시대는 이런 시대였다"라고 그 시대성時代性을 규정하거나, 한 시대의 전체 문화를 집중 일관하는 지도적인 정신적 경향을 알아내어 그 시대정신을 파악한다는 것은 '시간 안의 존재'인 우리에게는 거의 불가능한 과제일 것입니다. 사무엘서 저자는 투철한 역사의식, 명료한 선지자적 통찰력을 가지고 그 시대를 꿰뚫어보며 진단하고 있습니다. 그러므로 하나님의 영감을 받은 사무엘서 저자의 영적 통찰력을 빌려 우리도 이 시대를 바르게 이해하고 하나님의 관점에서 해석할 수 있는 눈을 기를 수 있기를 바랍니다.

예수님께서도, 형식적 종교 행위와 개인 경건에는 열심이지만 역

23

사 의식과 시대감각이 없던 종교인들을 통렬하게 책망하셨습니다.

너희가 날씨는 분별할 줄 알면서 시대의 표적은 분별할 수 없느냐
(마 16:3) .

but you cannot interpret the signs of the times (NIV) .

이스라엘의 한 시대사를 공부하는 목적은 다윗이 그 시대에 하나님을 섬겼듯이 우리도 이 시대에 우리 교회와 우리 민족에게 두신 하나님의 뜻을 찾고, 그 뜻을 이루는 시대적 사명을 감당하기 위해서입니다.

사무엘상하 읽기의 해석학적 틀

성경을 읽을 때, 특히 구약의 역사서를 읽을 때 중요한 것은 먼저 바른 해석학적 틀을 사용하는 것입니다. 틀이 네모난 것인가 둥근 것인가에 따라, 또는 거친가 정교한가에 따라 그 틀에서 나오는 모습은 달라집니다. 마찬가지로 성경을 읽으면서 어떠한 해석학적 틀을 사용하느냐에 따라 똑같은 본문text에 대한 해석이 달라지며, 해석에 따른 적용도 달라질 수밖에 없습니다.

사무엘서는 설화체說話體, narrative, 곧 문학 작품의 성격을 띤 역사서입니다. 역사서를 읽을 때 잊지 말아야 할 것은 전체 속에서 부분을 보는 눈을 길러야 한다는 것입니다.[1] 구체적으로 말해 본문 속의 어느 한 사건, 예를 들어 한나의 기도(삼상 1장)를 읽을 때 "나도 기도

해야지" 하고 그 사건이 주는 개인 신앙적 수준의 의미와 교훈을 찾는 데 그치는 것이 아니라, 한 단계 높여 구약에 나타난 이스라엘의 전소 역사 가운데 하나의 기도가 의미하는 것이 무엇인지 살펴보아야 합니다.

그다음 단계는 신구약 성경 전체에 나타난 하나님의 창조, 인간의 타락, 그리스도를 통한 인류 구속, 종말에 나타날 새 하늘과 새 땅의 포괄적이고 궁극적인 하나님의 계획의 구도를 염두에 두고 본문의 각 사건을 볼 수 있어야 합니다. 그래야 신약 시대의 크리스천으로서 본문의 한 사건을 바르게 보는 시좌視座, perspective가 확보될 것입니다.[2]

여기서 크리스천들이 구약 역사서를 잘못 해석하거나 치우친 해석을 하기 쉬운 몇 가지 위험을 짚어보겠습니다. 예컨대 역사서나 예언서까지도 오로지 개인의 경건이나 도덕적 교훈만을 찾으려는 경건주의 일변도의 편협한 접근 방법입니다. 그리고 본문에서 신학적 교리만을 찾는 근본주의적으로 굳어버린 접근 방법, 또는 구약의 이스라엘을 단지 신약의 교회로만 이해하고 역사서의 문자적이고 역사적인 성격을 외면해 모든 사건이 예수님을 예표豫表하는 것으로만 영해靈解하는 입장입니다.

이러한 태도는 나무만 보고 숲을 보지 못하는 것입니다. 또 코끼리의 다리나 배만 만져보고 "코끼리는 이렇다"라고 주장하는 앞 못 보는 사람과 같습니다. 이스라엘은 교회를 예표할 뿐 아니라 역사에 실재한 국가 공동체이므로 어느 시대, 어느 국가에나 창조적으로 적용할 수 있는 국가에 대한 하나님의 모형paradigm으로 보는 통전적統全的이고 균형 잡힌 접근 방법이 필요합니다. 그래야만 성경의 의미가 더욱 풍성해지며 오늘 우리를 위한 하나님의 말씀이 될 것입니다. 이런 면에서 복음주의 신학을 토대로 구약 윤리에 바르게 접근하기 위해 포괄적이고 현실적으로 적용할 수 있는 해석학적 틀을 제시한 라이트C. J. H. Wright의 도표는 많은 도움이 됩니다.[3]

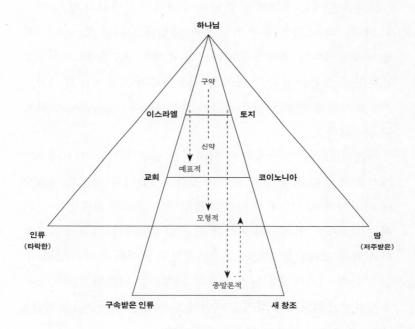

근래 사무엘서를 연구하는 성서 신학계는 문학 비평과 사회학적 연구 경향이 강합니다. 지금까지는 주로 신학적, 언어학적, 역사적 연구에 집중되었던 것을 상기한다면 그만큼 성경을 보는 시야가 넓어지고, 해석하는 데 사용하는 연장tool이 다양해진 것입니다. 그러나 아직까지는 자기주장을 지나치게 강조하다 보니 본문을 포괄적으로 이해하지 못하는 환원주의reductionism의 경향이 짙습

니다. 그러므로 사무엘서를 공부할 때는 신학, 사회학, 문학의 접근 방법이 종합되는 정교한 해석학 틀이 필요합니다.[4]

해석자의 솜씨와 영성

성경 본문 해석의 두 가지 목표는 첫째로 "원저자原著者가 처음 독자들에게 무엇을 말했는가" 하는 원래의 의미를 발견하는 것이고, 둘째로 본문의 말씀text이 "현재 우리에게 무엇을 말하는가" 하는 실존적 의미를 찾는 것입니다. 여기에 필요한 것이 해석의 틀이나 연장이지만, 그 연장을 바르게 이용하는 해석자의 솜씨craft도 중요합니다.

사도 바울은 디모데에게 이렇게 권면했습니다.

**너는 진리의 말씀을 옳게 분별하며 부끄러울 것이 없는 일꾼으로
인정된 자로 자신을 하나님 앞에 드리기를 힘쓰라 (딤후 2:15).**

여기서 '옳게 풀어주어' 또는 '옳게 분별하여correctly handle, NIV'라는 희랍어 원어는 '바르게 자른다cut straight'라는 뜻이며 '일꾼workman'은 목수나 석수 같은 '장인匠人, craftsman'을 뜻합니다. 어떤 공예품을 만들 때 한 치도 틀림없이 정확하게 자르거나 깎아내는, 그런 솜씨를 길러야 한다는 의미입니다. 이러한 장인의 경지는 하나님께서 주신 은사, 오랜 교육과 실제 경험으로 숙련되어야만 이를 수 있습니다. 이 권고는 진리의 말씀을 틀리게 풀어서 부활의 교리를 부인하던 거짓 선생 후메내오와 빌레도의 악영향이 암처럼 퍼져

가서 여러 어린 성도들의 신앙을 무너뜨리고 있음을 경고하는 문맥에서 나온 말씀입니다. 그러므로 말씀을 바르게 해석하는 사명이 얼마나 중대한지 강조하고 있으며, 일반 평신도들도 그 솜씨를 가늠해볼 수 있을 뿐 아니라 성경의 바른 해석자가 되기 위해 꾸준히 훈련받아야 합니다.

그러나 이 수준에서 그쳐서는 안 됩니다. 성경은 인간 저자가 쓴 사람의 말이면서, 동시에 성령의 감동으로 기록된 하나님의 말씀입니다(딤후 3:16). 그러므로 인간의 말로 접근하기 위해서 해석의 틀과 해석자의 솜씨가 필요하듯, 하나님의 말씀으로 접근하기 위해서는 최후의 해석자이신 성령님의 조명(요 14:26)을 받아야 합니다.[5] 그래서 해석자의 겸손과 기도를 포함하는 영성이 요구되는 것입니다.

그리스도께서 한 몸에 신성神性과 인성人性을 지니신 것처럼, 성경도 두 차원의 저자가 있으므로 신성과 인성, 양면의 접근이 있어야 합니다. 이것은 어려운 작업이지만 귀납적이고 인간적인 접근이 한계에 부딪힐 때마다 연역적인 성령님과 신학적 교리의 도움을 받아, 패커J. I. Packer가 제시한 '해석학적 나선형hermeneutical spiral'을 그리며 더 높은 단계로 올라간다면 더욱 풍성한 의미를 파악하게 될 것입니다.[6]

이 책을 사용하는 방법

이 책은 성경을 본문 관찰observation → 의미 해석interpretation → 현실 적용application의 단계로 보는 귀납적 성경 공부 방법을 주로 사용해

강해한 것입니다.

사무엘서가 모두 55장이나 되는 큰 책이어서 지면 관계상 자세한 주석의 단계를 거치지 못하는 경우가 많습니다. 부족한 대로 본문의 흐름을 충실히 따라가며 사무엘서 저자가 무엇을 말하는가에 초점을 맞추어 강해하려고 힘썼으므로, 독자는 이 책에 인용된 성경 구절을 찬찬히 묵상해주시기 바랍니다.

일반 주석이나 설교집, 그리고 전통적인 강해서와는 달리 각 장에서 중심 되는 주제를 찾아 그 주제가 주는 메시지를 개인 신앙뿐만 아니라 우리의 교회나 국가 사회의 문제에 접맥시키려고 시도해보았습니다.

개인적으로 재미도 있고 신앙에 도움이 되도록 애쓰기는 했지만, 교회 대학부나 청년부, 구역 공부, 또는 선교 단체의 그룹 성경 공부 교재로 사용할 분들을 위해 책 뒷부분에 '주註'와 '공부 및 토론 문제'를 부록으로 두었습니다.

1부

1.　사무엘의 소명
삼상 1:1-3:21

— 　아이 사무엘이 엘리 앞에서 여호와를 섬길 때에는
　　여호와의 말씀이 희귀하여 이상이 흔히 보이지
　　않았더라(3:1).
— 　여호와께서 임하여 서서 전과 같이 사무엘아 사무엘아
　　부르시는지라 사무엘이 이르되 말씀하옵소서 주의 종이
　　듣겠나이다(3:10).

"에브라임 산지 라마다임소빔에 에브라임 사람 엘가나라 하는 사람이 있었으니"(1:1). 저자는 마치 구수한 옛날이야기를 꺼내듯 이렇게 글을 시작합니다. 사무엘서의 매력은 하나님과 인생, 민족과 역사에 대한 심오한 영적 진리가 흥미진진한 설화說話, narrative의 재미와 시의 영감 속에 담겨 있다는 것입니다. 저자는 뛰어난 문학성을 발휘해 이스라엘 역사상 가장 중요한 체제 변혁이 일어나는 전환 시대를 기록하면서도 마치 전원 교향곡의 서장을 듣는 것처럼, 또는 평화로운 전원 문학을 대하듯 부담 없이 엘가나와 한나 부부의 가정 이야기를 들려줍니다.
　그러나 이야기는 곧이어 젊은 종교 지도자들마저 부패한 이스라엘의 정신적 위기의 시대상을 배경으로, 기도하는 어머니 한나를 통한 사무엘의 출생(1장), 성장 과정 (2장), 그리고 하나님의 부르

심을 받아 민족을 정신적 파탄에서 건지는 역사(3장) 등 새 시대를 알리는 사건들이 펼쳐집니다.

흥미로운 점은 1장이 문제로부터 시작해(2절) 해결로 끝나는 데 있습니다(28절). 그 문제란 "한나에게는 자식이 없었더라"(1:2) — 곧 한나의 불임이었습니다. 그런데 임신을 못하는 한 여인의 안타까움은 이스라엘이 겪는 시대의 아픔과 맞물려 있었습니다(1:3). 하나님의 선민 이스라엘의 영적 불임증, 그리고 시대의 얼굴인 지도자들의 타락이 바로 그것입니다.

시대의 얼굴

엘리는 본래 성품이 착하고 기본적인 신앙이 있어서 40년 동안 사사와 대제사장의 직분에 비교적 성실한 사람이었습니다(1:9). 비록 한나의 기도를 주정하는 것으로 오해할 만큼 고통당하는 사람에 대한 이해와 동정이 부족한 점이 엿보이기는 하지만(1:13), 다른 한편 그녀를 격려하고 축복해 주는 목자다운 자상한 모습도 보입니다(1:17). 그리고 그는 후에 사무엘을 키워 민족의 지도자로 세운 공로자이기도 합니다(1장, 3:1).

그러나 그의 일생에서 가장 큰 과오는 공적 활동이 눈부신 사람들의 가정에서 흔히 보듯 자식 교육에 실패한 점입니다. 그가 노환을 앓으며 눈이 흐려진 상태에서도 편안한 마음으로 은퇴하지 못하고 성전을 지킨 이유는, 아마 마땅히 대를 이어야 할 자식들이나 다른 어느 누구도 하나님의 집을 맡길 만한 인재로 길러내지 못했기 때문이었을 것입니다(2:22, 3:2).

1. 사무엘의 소명

후에 사무엘의 아버지가 된 엘가나는 매년 두 아내 한나와 브닌나를 데리고 실로에 있는 성소로 가서 하나님을 경배하며 제사를 드리곤 했습니다. 그런데 이때 '엘리의 두 아들 홉니와 비느하스가 여호와의 제사장으로 거기에'(1:3) 있었다는 기록은 독자들을 섬뜩하게 합니다.

왜냐하면 그들은 제사장으로서 백성들이 마음과 성품을 다해 하나님께 드리는 '제물과 예물을 밟으며 … 이스라엘이 드리는 가장 좋은 것으로 … 살지게'(2:29) 하고 있었기 때문입니다.

그들은 반드시 제물의 기름을 먼저 태운 후 가슴과 우측 뒷다리를 제사장 몫으로 규정한 제사법(레 3:35, 7:30-34)을 어기면서 제물 중에서 가장 좋은 고기를 먹기 위해 특별히 제작한 세 살 갈고리(2:13)까지 사용했고, 반항하면 종들을 시켜 폭력을 써가며 백성을 위협했습니다. 하나님을 경멸하고 예배를 멸시하며 백성을 조롱했습니다(2:17). 그들의 죄악이 얼마나 심각한가를 저자는 이렇게 말합니다.

> 이 소년들의 죄가 여호와 앞에 심히 큼은 그들이 여호와의 제사를 멸시함이었더라 (2:17).

더욱 소름끼치는 것은 홉니와 비느하스는 이미 결혼한 몸으로 하나님의 회막문에서 봉사하는 여인들의 방에 드나드는 짓까지 했다는 것입니다(2:22). 이런 행동은 당시 성소에 창녀나 남창男娼을 두어 성행위를 하나의 종교 의식으로 삼았던 가나안 종교의 추악한 영향을 받은 것이었습니다.[1] 거룩한 성소를 러브호텔같이 더럽

혀놓은 셈이었습니다. 도대체 어찌하여 진리에 대한 사랑과 민족애로 불타야 할 젊은 지도자들이 자신의 정열을 쏟아야 할 방향을 바로잡지 못하고 이 지경에 이르고 만 것일까요?

엘리의 아들들은 행실이 나빠 여호와를 알지 못하더라 (2:12).

하나님께서는 선지자 호세아를 통해 이렇게 탄식하셨습니다. "내 백성이 지식이 없으므로 망하는도다"(호 4:6). 엘리도 그의 두 아들도 여호와를 알지 못한 영적 무지로 멸망의 길로 빠져갔던 것입니다.

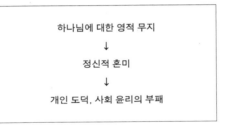

위 도표는 엘리의 두 아들의 경우나 사도 바울이 고발했던 로마 시대(롬 1:18-32), 그리고 우리 시대에도 그대로 적용되는 영적 원리입니다. 절대자 하나님을 인격적으로 알지 못할 때 사람들의 정신 세계나 도덕 생활에는 절대 규범이 없어져 상대주의에 빠지게 되며, 그 결과 도덕적 허무주의의 시궁창에 "될 대로 되라"고 몸을 던지게 됩니다. "저차원적인 것은 고차원적인 것으로만 지배된다"는 것은 물리학이나 수학적 공리일 뿐 아니라, 영적 세계에도 적용되

1. 사무엘의 소명

는 진리입니다. 엘리가 하나님의 종이요 백성의 최고 지도자로서 하나님의 거룩하심에 대한 바른 지식이 있었다면, 가슴 아프지만 마땅히 자식들을 공개 처벌함으로써 사회 질서를 순결하게 보존했어야 옳았습니다. 그러나 그는 하나님보다 자기 아들들을 더 중히 여겨(2:29) 고작 한 차례만 책망하고 묵인함으로써(2:23-25) 의義보다 정情을 앞세우는 가족 이기주의를 보여줍니다. 부모에게 자식이 우상이 되기가 얼마나 쉽습니까? 엘리가 이스라엘 공동체에 끼친 가장 큰 악영향은 죄를 청산하지 않고 적당히 얼버무리며 슬쩍 넘어가는 사회를 후손들에게 남긴 것입니다.

공동체라는 건물의 기초는 정의입니다. 교회도 국가도 정의의 기초가 든든해야 참다운 질서 위에 번영하고, 정의의 기초 없이 부富만 쌓았을 때는 얼마 못 가서 무너지고 맙니다. "공의는 나라를 영화롭게 하고 죄는 백성을 욕되게 하느니라"(잠 14:34)라는 말씀을 참으로 심각하게 생각해야 할 것입니다.

지도자가 먼저 의를 행하고 백성들로 하여금 따르게 하는 모범을 보여야 하는데, 오히려 지도자가 앞장서서 불의를 자행하거나 묵인하면서 백성들에게 '정의 사회 구현'이란 구호를 외치게 한다면, 그 사회는 어느새 부패와 불신의 암세포가 무섭게 퍼져 치료 불능의 위기에 이르게 됩니다.

우리의 역사 속에서도 식민지 시대의 죄악 된 유산을 청산하기는커녕 오히려 친일파들을 감싸주던 소위 기독교 정권이나, 인권을 유린하며 불의를 자행하던 군부 폭력 정권을 위해서 축복 기도를 해주던 교회 지도자들이 다음 세대로 흐르는 민족사의 강물을 어떻게 혼탁하게 하였는가를 돌이켜볼 때, 엘리가 책임져야 할 역사적 과오가 무엇인가를 더욱 잘 이해할 수 있습니다.

제멋대로 사는 백성

개인이나 공동체가 한시도 잊지 말아야 할 만고불변 하나님의 역사 원칙은 무엇입니까? 우리는 먼저 사무엘서 전체의 요절이라 할수 있는 2장 30절 말씀을 반드시 외워야 합니다.

**나를 존중히 여기는 자를 내가 존중히 여기고 나를 멸시하는 자를
내가 경멸하리라 (2:30) .**

이처럼 영적 권위의 상징인 대제사장이 무기력해지고, 새 시대의 기대와 소망을 안고 있던 젊은 제사장들마저 탐욕과 감각적 쾌락의 노예가 되어 도덕적 권위를 상실했을 때, 그들을 지도자로 받들고 따르는 백성들의 분노와 실망감은 어떠했겠습니까. 더구나 당시는 모세오경도 보편화되지 않았던 때였으므로 백성들은 신앙과 행동의 근거를 오로지 제사장들의 말과 모범에 의존하던 시기였습니다. 그런데 지도자들부터 하나님의 말씀에서 떠나 각자 자기 마음대로 '유혹의 욕심을 따라'(엡 4:22) 살고 있으니 백성들이 겪는 정신적 당혹감이 얼마나 컸겠습니까. 불신 사회는 지도층에 대한 신뢰감을 잃어버리는 데서 비롯됩니다.

본래 이스라엘 민족은 세계 만민 중에서 하나님의 말씀대로 살도록 뽑힌 하나님의 백성입니다(출 19:56). 그러나 사사 시대 말기에 접어들면서 이스라엘은 말씀을 저버리고 '좋은 게 좋은 것'이라는

I. 사무엘의 소명

식으로 되는 대로 살고 있었습니다. 삶의 절대 기준을 상실한 당시 백성들의 정신적 혼란을 성경 저자는 이렇게 요약합니다.

> 그때에 이스라엘에 왕이 없으므로 사람이 각기 자기의 소견에 옳은
> 대로 행하였더라 (삿 21:25).

> Every man did what was right in his own eyes (RSV).

이 말씀을 〈현대인의 성경〉은 "사람마다 자기 생각에 좋을 대로 하였다", 〈공동번역〉은 "제멋대로 하던 시대였다"라고 옮겼습니다. 사람마다 제멋대로 행하니 이스라엘 공동체는 마치 교통 신호도 법규도 무시하고 제멋대로 속력을 내어 차를 몰다가 정면으로 부딪혀 이제는 어떻게 손을 쓸 수도 없는 아수라장이 되고 말았다는 뜻입니다.

본문의 분위기를 보면 경제적으로는 제법 여유 있어 보이지만, 정신적으로 갈피를 못 잡고 도덕적으로 고삐가 풀려 온 백성이 '기氣'가 빠진 채 비틀거리는 모습입니다. 정숙한 주부들도 술 취한 상태로 성소에 오는 것이 예사였고(1:14-15), 성소에서도 음행과 폭행이 습관적으로(2:13) 행해지던 시대였습니다.

하나님의 얼굴에 나타나는 거룩한 영광을 볼 줄 모르는 그 시대의 얼굴들과, 각각 그 소견에 옳은 대로 행하는 백성들로 인해 암울함이 더욱 짙어가던 절망의 시기였습니다.

사람이 손쓸 수 없는 지경까지 내려갔을 때 하나님의 구원의 손길
이 나타나며, 절망의 밤이 가장 깊을 때 소망의 여명이 어둠을 깨고
밝아오는 것은 성경에 거듭 나오는 하나님의 구속 역사의 주제입
니다(창 15장, 출 2:23 25, 사 5:30-6장). 저자는 초월자가 역사에 개입하
여 전능하신 능력과 지혜로 자신의 예정된 목적을 이루어가시는
과정을 기록하면서 먼저 존귀하신 하나님의 새 이름을 소개하고
있습니다.

> 이 사람이 매년 자기 성읍에서 나와서 실로에 올라가서 만군의
> 여호와께 예배하며 제사를 드렸는데 (1:3) .

만군의 여호와The Lord of hosts. 이것은 사무엘서 저자가 성경에서
처음으로 1장 3절에 사용했고 열한 번이나 반복하는 사무엘서의
하나님 칭호라고 할 수 있습니다.[2] '만군萬軍'이란 첫째, 하늘의 별들,
둘째, 영계에 속한 천사와 영들의 군대, 셋째, 땅의 이스라엘 군대
를 가리키는 히브리적 표현으로 하나님의 통치를 집행할 우주의
모든 세력을 총칭하는 말입니다.

만군의 여호와 하나님께서는 우주의 주재로서 하늘의 천군 천
사를 거느리며 높은 보좌에 앉아 계시는 초월자이십니다. 동시에
땅에 머물면서 이스라엘 군대도 지휘해 당신이 세우신 뜻을 이루
어가시는 만왕의 왕, 만유의 주이십니다.

따라서 사무엘서의 하나님은 우주 만물에 대하여 창조주가 피조

1. 사무엘의 소명

물에 대하여 당연히 갖는 주권主權, sovereignty으로 섭리攝理, providence 하시되 첫째, 창조, 둘째, 보존, 셋째, 인도, 넷째, 구속救贖의 역사를 이루어 가시는 역사의 주관자이십니다(사 14:24, 27, 46:10).[3] 급류에 휩쓸려 떠내려가는 자식을 뛰어들어가 건져내는 아버지같이 하나님께서는 언약의 자식 이스라엘을 위한 구출 작전을 펴시기 시작합니다.

하나님께서는 구원의 역사를 시작하시되 '남은 자remnant'를 통해 일하십니다. 본문에 나오는 한나, 엘가나, 무명의 '하나님의 사람'(2:27)이 그들입니다. 이스라엘 백성 모두가 하나님을 떠난 것 같은 시대였으나, '밤나무와 상수리나무가 베임을 당하여도 그 그루터기는 남아 있는 것같이'(사 3:13), 지극히 어리고 연약한 믿음이지만 하나님을 진실하게 경외하는 사람이 다수를 따라 떠나지 않고 시대의 예외자들로 남아 있었습니다. 이처럼 소수의 남은 자를 통해 구원의 역사를 펼치시는 하나님께서는 마치 원수에게 빼앗긴 땅을 되찾기 위해 특공대를 보내어 교두보橋頭堡, beachhead를 확보하게 함으로써 작전을 전개시키는 치밀한 전략가요 뛰어난 작전 지휘관과도 같습니다.

그런데 본문을 살펴보면서 떨쳐버리기 어려운 의문이 있습니다. 왜 하나님께서는 홉니와 비느하스를 회개시켜 쓰시지 않았을까? 하필 불임의 여인에게서 아기를 태어나게 하여 쓰시는, 복잡하고 시간이 걸리는 길을 택하셨을까? "그거야 뭐, 하나님의 주권이지" 하고 그냥 지나칠 수 있지만, 그러면 성경 공부가 재미없어질 것입니다. 혹시 하나님의 사령탑에서 나오는 작전 명령을 추측해 볼 수는 없을까요? 말씀을 곰곰이 생각해 보십시오.

그러나 여호와께서 그에게 임신하지 못하게 하시니 (1:5, 6).

그들이 자기 아버지의 말을 듣지 아니하였으니 이는 여호와께서

그들을 죽이기로 뜻하셨음이더라 (2:25).

하나님께서 일부러 한나를 임신하지 못하게 하고 홉니와 비느
하스는 아예 죽이기로 작정하셨다는데 그 의미가 무엇입니까? 그
렇다면 인간이란 하나님께서 미리 짜놓으신 각본에 맞추어 움직
일 수밖에 없는 꼭두각시라는 것을 확인시켜 주는 말이 아닙니까?

성경에 나타난 하나님의 주권과 인간의 자유 의지에 대한 역설
은 불합리하고 모순되어 보이는 것이기 때문에 인간의 이성으로
는 시원하게 이해하기 어렵습니다. 그러나 여기서 곧바로 교파마
다 해석이 다른 교의敎義에 귀 기울이거나 이해가 빨리 안 된다고 제
쳐두지 말고, 차분히 사무엘서를 계속 공부해나가면 언젠가는 믿
음으로 인해 종합적인 이해에 이르게 될 것입니다. 이것은 알아서
믿게 되는 것이 아니라, 믿어서 알게 되는 진리입니다.[4]

하나님께서는 한편으로 엘리와 그의 아들에게 준엄한 심판을
내리고(2:27-36), 다른 한편으로는 한나에게 고통 가운데 기도하게
함으로써 심판과 구원의 역사를 동시에 펼쳐나가십니다. 하나님
은 '뽑고 파괴하며 파멸하고 넘어뜨리며 건설하고 심게'(렘 1:10) 하
는 분이기 때문입니다.

또한 성경에서 가장 중요한 세 인물 아브라함, 다윗, 그리스도에
대한 역사(마 1:1)는 모두 불임의 여인들, 곧 사라, 한나, 엘리사벳의
고통과 슬픔의 이야기와 연결되어 있습니다. 그러나 그 고통이 믿

1. 사무엘의 소명

음으로 이어져 생명 창조의 능력과 기쁨을 알게 해주시는 하나님의 성품과 그 역사 방법이 어떠한가를 넌지시 보여줍니다.

한나를 통해 사무엘을 보내고 사무엘로 하여금 다윗을 기름 부어 다윗 왕국을 세움으로써 왕이 없으므로 사람이 각기 자기의 소견에 옳은 대로 행하던 이스라엘 공동체를 구원하시려는 하나님의 계획은, 어찌 보면 답답하리만치 느리게 보이지만, 실제로는 영원을 두고 시대를 보며 일하시는 하나님의 지혜를 나타냅니다. 뒤에서 밀려오는 파도만이 앞서가는 파도를 밀어 낼 수 있듯이 엘리와 그의 두 아들을 밀어낸 후, 새 사람을 통해 새 역사를 펼쳐가려는 뜻을 이루고 계시기 때문입니다.

이와 같은 하나님의 구원 역사의 긴박성과 여유성의 역설적 진행 방법은 합리의 틀을 벗어날 수 없는 우리에게 언제까지나 경이와 신비일 수밖에 없습니다. 마치 오목을 두는 사람이 바둑 국수의 수순手順을 이해하기 힘든 것 같습니다.

한나의 기도

자식을 낳기 위해서는 산고를 겪어야 하는 것처럼 환희의 새 역사를 출발시키기 위해서 하나님께서는 한나에게 먼저 고통과 슬픔을 허락하셨습니다. 고대 근동近東에서 전해 내려오는 미신과 같은 고정 관념 때문에 불임의 여인들은 무언가 숨은 죄가 있어서 하나님의 호의를 받지 못한다는 손가락질을 받아야 했습니다. 설상가상으로 라이벌인 브닌나가 비웃고 학대할 때마다 한나의 슬픔은 한이 되었고 가슴에 앙금으로 남게 되었습니다(1:6-8).

그래도 한나가 견딜 수 있었던 것은 남편의 위로보다(1:8), 해마다 성전에 가서 하나님을 경배하고 기도하는 영혼의 안식 기간이 있었기 때문이었을 것입니다. 한나는 남편도, 그 누구도 도울 수 없는 자기만의 문제를 부여안고 통곡하며 하나님께 나아갔습니다.

> 나는 마음이 슬픈 여자라 포도주나 독주를 마신 것이 아니요 여호와 앞에 내 심정을 통한 것뿐이오니 … 나의 원통함과 격분됨이 많기 때문이니이다 (1:15 - 16).

한나는 하나님 앞에 자기 심정을 토로했습니다. 기도란 하나님 앞에 자기 심정을 모두 다 토해내는 고독한 영혼의 절규요, 몸부림입니다. 온 우주의 창조주시지만 인생의 눈물 방울 하나하나까지 다 헤아리시는 하나님 앞에 나의 고통과 슬픔, 무거운 짐, 답답함, 억울함과 분노, 불평과 증오, 어쩔 수 없는 나의 연약함, 나의 소원, 내 마음을 있는 그대로 다 쏟아놓는 것입니다. 이것이 많은 시편에 구구절절 스며 있고 행간마다 묻어 있는 시인들의 기도가 아니겠습니까.

그런데 해마다 성전에 다니던 한나의 신앙에 그녀의 생을 바꾸어놓는, 그리고 마침내 이스라엘 역사를 바꾸게 될 중대한 변화가 일어나기 시작했습니다. 라마의 집을 중심으로 지극히 제한된 세계 속에서 개인과 가정 외에는 별로 관심 없던 한나가 매년(1:3, 7) 성전에 올라가 예배를 드리면서 관심의 영역이 확대된 것입니다.

2장에 나타난 노래를 볼 때 한나는 오랫동안 갇혀 있던 자기 성城에서 벗어나 점차 하나님과 자기 민족을 보는 의식의 눈이 열리게

1. 사무엘의 소명

되었음을 알 수 있습니다. 그리고 해가 거듭될수록 영적으로 내리막길을 걷는 홉니와 비느하스, 그리고 성소에 자리 잡고 있는 창녀들을 보며 자신의 고통보다 시대와 민족의 문제를 예리하게 감지하게 되었습니다. 보통 아낙네처럼 매년 늘어가는 잔주름이나 껑충 치솟는 물가에 대한 염려가 아니라, 걷잡을 수 없이 곤두박질치는 민족의 신앙과 도덕 수준을 보며 아픔이 더욱 절실해지게 되었습니다. 민족의 고통이 크게 느껴지는 만큼 개인의 아픔은 작아졌을 것입니다. 한나의 기도는 이제 단순히 자기 문제를 아뢰는 데서부터 다른 사람을 위한 중보 기도로 바뀌게 되었습니다.

한 여인의 의식의 변화, 기도 제목의 확대는 이스라엘 역사의 전환점을 이루었습니다. 눈이 흐려진 엘리, 뻔뻔해져가는 홉니와 비느하스를 바라볼 때마다 다가올 하나님의 심판과 민족의 재난이 악몽처럼 눈앞에 펼쳐지면서 하나님과 민족을 위해 그 시대에 가장 필요한 것은 새로운 영적 지도자, 즉 모세와 같은 민족 구원의 출현임을 온몸으로 깨닫게 되었습니다. 그리하여 판에 박힌 일상적 기도 대신 목숨을 내건 특별 기도에 들어가게 되었습니다. 그것은 얍복강가의 야곱처럼(창 32:24-30), 겟세마네의 예수님처럼(눅 22:39-44), 생명을 내건 깊고 결사적인 기도였습니다.

서원하여 이르되 만군의 여호와여 만일 주의 여종의 고통을 돌보시고 나를 기억하사 주의 여종을 잊지 아니하시고 주의 여종에게 아들을 주시면 내가 그의 평생에 그를 여호와께 드리고 삭도를 그의 머리에 대지 아니하겠나이다 (1:11).

하나님을 높이며 자기를 낮추는 태도는 경건의 척도입니다. 한 나는 하나님을 만군의 여호와로, 자신을 주의 여종이라 부릅니다. 여자만 아니었다면, 아니 현대와 같이 여자의 활동 무대가 어느 정 도 보장된 사회 환경이었더라도 한나는 아마 자기 자신을 하나님 께 바치겠다고 했을 것입니다. 그러나 당시 형편으로 한나가 하나 님과 민족을 위해 생명을 바쳐 최선을 다하는 길은 아들을 낳아 하 나님의 일에 바치는 것뿐이었습니다. 그래서 자식의 일생을 세상 사람과 구별시켜 하나님의 일에 온전히 헌신된 '나실인'으로 드리 겠다고 서원한 것이었습니다(민 6:1-21, 30:2 참조).

한나의 기도가 응답되어 아들을 낳자 그녀는 아들 이름을 사무 엘, 즉 '하나님이 들으셨다'라고 지었습니다(1:19-20). 한나는 자식 의 이름을 부를 때마다 기도에 응답하신 하나님의 은총을 새롭게 되새겼을 것입니다. 율법에 따르면 여자의 서원은 변심하기 쉽다 하여 남편이 취소할 수 있었으나(민 30:6-15 참조), 엘가나와 한나는 서원대로 젖 뗀 후 독자를 바친 아브라함같이 성전에 가서 사무엘 을 하나님 앞에 바쳤습니다(1:24-28).

저자는 "그가 거기서 여호와께 경배하니라"(1:28)라는 말로 한나 의 인생뿐 아니라 이스라엘의 장래가 극적으로 변화될 것을 예시 하고 있습니다.

한나의 노래

하나님의 은혜를 체험한 한나의 영혼에서 환희에 찬 승리의 노래 가 얼어붙었던 땅을 치솟아 피어오르는 봄의 꽃망울처럼 터져 나

1. 사무엘의 소명

왔습니다. 요한복음 1장 1-18절 서론이 빛과 생명이신 예수 그리스도의 인격과 사역에 대한 신학적 요약이듯이, 2장 1-10절의 한나의 노래는 사무엘서 전체의 주제를 집약시킨 신학적 서론이라고 할 수 있습니다.

> 내 마음이 여호와로 말미암아 즐거워하며 내 뿔이 여호와로 말미암아
> 높아졌으며 … 여호와께서 땅끝까지 심판을 내리시고 자기 왕에게
> 힘을 주시며 자기의 기름부음을 받은 자의 뿔을 높이시리로다
> (2:1, 10) .

노래의 주제는 개인과 민족의 형편을 뒤바꿔놓으시는 하나님의 주권과 섭리입니다. 뼈아픈 고통의 세월과 사무엘을 품에 안고 젖 먹이며 기도하던 뿌듯한 은총의 시절을 지나오는 동안 하나님을 아는 한나의 지식은 놀랍도록 깊어졌습니다(벧후 3:18). 한나는 '죽이기도 하시고 살리기도 하시는'(2:6) 하나님 앞에 생명을 바침으로써 오히려 진정한 자유와 삶을 얻었고, '가난하게도 하시고 부하게도 하시며 낮추기도 하시고 높이기도 하시는'(2:7) 하나님 뜻대로 일생을 사는 영혼의 참 평안도 누리게 되었습니다.

하나님은 역전逆轉의 명수임을 자기 인생에서 체험한 한나는 민족의 형편도 틀림없이 역전시킬 전능하신 하나님에게서 겨레의 소망을 찾게 되었습니다. 100년 후 기름 부음받은 자를 통해 이루어질 다윗 왕국과, 멀리 천 년 후 그리스도가 이루실 메시아 왕국까지 내다보며 한나는 예언자적인 시를 읊었습니다.

한나의 노래는 후대에 이르러 이스라엘 백성이 하나님을 예배

하러 모일 때마다 낭송되었다고 합니다. 이스라엘 여인들은 한나의 노래를 읊조리면서 기도의 중요성을 새삼 일깨우며 살아 계신 하나님의 은총을 되새겼을 것입니다. 마리아의 노래(눅 1:46-55)가 얼마나 한나의 노래와 비슷한가를 보면, 하나님께서 기도하는 한 여인을 통해 혼란스러운 시대를 바로잡는 역사를 이루시는 분임을 더욱 확신하게 됩니다.

기독교회사 2,000년의 가장 어두운 위기마다 하나님께서는 기도하는 여인을 통해 구원의 역사를 시작하셨습니다. 아우구스티누스의 어머니 모니카, 루터의 아내 캐티, 웨슬리의 어머니 수잔나 등이 그러하며 어느 시대 어느 하늘 아래서 이름 없이 빛도 없이 자기심정을 토해놓는 여인들을 하나님께서는 귀히 여기셨습니다.

하나님께서는 먼저 자식을 낳지 못하게 하셔서 한나로 하여금 기도하게 하셨고, 그 기도를 들으신 후에야 사무엘을 보내심으로써 이스라엘을 살리는 역사를 이루셨습니다. 그러므로 우리에게 있는 문제나 고통은 우리로 하여금 기도하게 하시려는 하나님의 초대장입니다. 존 웨슬리는 이렇게 말했습니다. "하나님께서는 기도를 통하지 않고는 구원의 역사를 이루시지 않는다"(God does nothing redemptively except through prayer). 전능하신 하나님께서 영원한 계획을 두고 일하시는데 왜 반드시 사람의 기도를 통해서만 일하시는 것일까요? 그것은 우리를 하나님의 일에 동역자로 삼으시는 은총 때문이기도 하지만, 이 땅의 역사는 하나님의 역사일 뿐만 아니라 동시에 우리가 책임져야 할 인간의 역사이기 때문입니다.

하나님께서는 지금도 한나같이 민족을 위해 중보 기도하는 여인들의 기도를 통해 일하고 계십니다. 오늘날이야말로 역사를 하나님의 눈으로 보는 '타임 센스'를 가진 여자, 만군의 여호와께 '무릎 꿇는 여자', 하나님을 찬양하며 시를 쓰는 여자가 절실히 요청되는 시대입니다.

여호와 앞에서 자라가는 사무엘

하나님께서 하시는 일은 항상 위대한 일입니다. 그러나 하나님은 사람들과 달라서 외형적으로 그럴듯한 쇼를 하며 일하기보다(눅 17:20-21) 조용히 사람 키우는 일을 즐겨하십니다. 사무엘서 저자는 홉니와 비느하스의 비행非行을 고발하는 한편, 기도하는 어머니를 둔 어린 사무엘의 성장 모습을 흥미롭게 대조시킵니다. 사무엘은 젖을 뗀 후 그러니까 세 살쯤 되어 하나님께 바쳐진 후 10여 년을 성소에서 교육받으며 성장했습니다. 그 성장 모습을 저자는 이렇게 표현합니다.

아이 사무엘은 여호와 앞에서 자라니라 (2:21).

사무엘이 홉니와 비느하스의 영향으로 잘못 나가기 쉬웠을 텐데 소년 시절을 순결하게 보낼 수 있었다는 것은 특별해 보입니다. 배후에 어머니 한나의 기도가 있었기에 가능했을 것입니다. 또한 매년 절기마다 정성껏 옷을 지어다주고, 성소에 머물면서 가르쳐주는 어머니의 훈계가 그 마음에 깊이 새겨졌기 때문일 것입니다. 바른 기독교 자녀 교육의 목표는 자녀들이 사람 앞에서만 경쟁하며 사는 것이 아니라, 하나님 앞에서 진실하게 자라도록 키우는 것입니다. 사무엘의 성장 모습은 예수님의 성장 모습과도 같습니다.

아이 사무엘이 점점 자라매 여호와와 사람들에게 은총을 더욱
받더라(2:26) .

예수는 지혜와 키가 자라가며 하나님과 사람에게 더욱 사랑스러워
가시더라 (눅 2:52) .

부모는 자녀들이 균형 잡힌 인격으로 성장하도록 교육시킬 책
임을 하나님으로부터 위탁받은 생명의 청지기들입니다. 그 교육
의 내용이란 첫째, 튼튼하게 자라도록 하는 건강 교육, 둘째, 지혜
가 자라도록 돕는 지식 교육, 셋째, 사람들과 더불어 사랑스럽게 살
줄 알게 하는 사회 교육, 넷째, 하나님 앞에 사랑스러워가는 신앙
인격 교육입니다.

크리스천들은 앞의 두 가지만 강조되는 세속적 교육 철학에 미
혹당하지 말고 하나님 앞에서 더욱 가치 있는 것이 자녀의 신앙과
인격임을 결코 잊어서는 안 될 것입니다. 그러기 위해서는 자녀들
이 먼저 하나님과 바른 관계를 갖고 하나님의 사람으로 자라도록
'주의 교훈과 훈계로 양육'(엡 6:4)해야 합니다. 시대를 위해 일하는
것은 바른 자녀 교육에서부터 시작됩니다. 엘리는 자녀 교육에 실
패함으로써 시대를 어둡게 만들었으나, 한나는 자녀 교육에 성공
함으로써 마치 모세의 어머니 요게벳처럼 민족을 살리는 하나님
의 일에 쓰임받았습니다.

소년 사무엘이 하나님의 부르심을 받던 그 시대를 저자는 예리한
선지자적 통찰력을 가지고 이렇게 진단합니다.

아이 사무엘이 엘리 앞에서 여호와를 섬길 때에는 여호와의 말씀이
희귀하여 이상이 흔히 보이지 않았더라 (3:1) .

선민 이스라엘에 "여호와의 말씀이 희귀하였다"는 사실은 그 시
대의 얼굴인 지도자들의 부패와 각각 자기 옳은 대로 행하던 일반
백성들의 방황의 근본 원인이 무엇인가를 극명하게 밝혀주는 말
씀입니다.

이스라엘이 세상 만민과 구별된 '거룩한 백성'(출 19:6)으로 높은
도덕 수준과 정의로운 사회, 안정과 평화의 나라를 이룰 수 있었던
비결은 하나님의 말씀을 청종하는 백성이라는 사실에 있습니다.
아브라함 이래 이삭, 야곱 같은 민족의 조상들은 모두 그들에게 임
한 하나님의 말씀을 따라서 가나안에 정착했으며, 그들의 구체적
신앙과 생활의 표준이 모두 하나님의 말씀이었습니다.

모세가 애굽에서 노예살이하던 이스라엘을 출애굽시킨 역사도
하나님의 말씀으로 계획되고 실천된 것이며, 시내산에서 하나님
과 이스라엘이 언약 관계를 맺은 것도 하나님의 말씀에 기초한 것
이었습니다. 광야 생활 가운데 이스라엘은 하나님의 말씀을 듣기
위해 성막 건설과 예배 제도를 시작했습니다. 이후 모세는 회막에
들어가 정기적으로 하나님의 십계명이 든 법궤의 뚜껑인 속죄소

위의 두 그룹 천사들 사이에서 하나님의 말씀을 듣고, 개인과 민족의 '갈 길과 할 일'을 찾았습니다.

> 모세가 회막에 들어가서 여호와께 말하려 할 때에 증거궤 위 속죄소
> 위의 두 그룹 사이에서 자기에게 말씀하시는 목소리를 들었으니
> 여호와께서 그에게 말씀하심이었더라 (민 7:89).

모세는 자기에게 말씀하시는 하나님의 목소리를 들은 후 하나님의 말씀을 그대로 백성들에게 들려줌으로써 때로 소망을 주고 때로 회개하게 했습니다. 여호수아가 모세를 이어 민족의 지도자가 되었을 때도 하나님의 말씀은 끊이지 않고 들려왔습니다. 그래서 말씀에 의지하여 가나안을 정복하였고, 열두 지파는 그 땅을 분배하고 정착할 수 있었습니다. 그 후 이스라엘에 안정이 찾아오자 성소도 실로에 정착하게 되었습니다. 백성은 성소에 찾아와 대제사장을 통해 하나님께 제물을 드릴 수 있었고, 하나님의 말씀을 들을 수 있었습니다. 그래서 성소는 백성의 예배 장소였을 뿐 아니라 정신과 문화의 중심이었습니다. 하나님의 말씀을 들을 수 있는 한, 이스라엘은 공동체의 방향을 잃지 않고 전진할 수 있었습니다.

그러나 사사 시대 말기에 이르러 엘리와 그의 두 아들이 부패하여 하나님의 말씀을 듣는 바로 그 성소를 더럽히게 되자, 이스라엘 역사상 가장 '여호와의 말씀이 희귀한' 시대가 되고 말았습니다. 말씀이 희귀하게 된 이유는 지도자나 백성 모두가 하나님의 말씀 듣는 것을 원하지 않았기 때문이었습니다. 하나님의 말씀은 깊은 수준의 하나님과의 영적 교제와 높은 수준의 도덕 생활을 요구합

1. 사무엘의 소명

니다.

반면에 주변의 가나안 종교는 말씀을 듣는 귀의 종교나 정신적 가치가 앞서는 신앙이 아니라, 보이는 상像, image 을 숭배하는 눈의 종교이기 때문에 믿기 편하고 쉬웠습니다. 그래서 백성들은 말씀을 저버리고 현세의 번영과 감각적 쾌락까지 허용하는 물신 숭배의 미신에 빠졌던 것입니다.

그리하여 성소에 하나님의 침묵이 길어지자 이스라엘에는 '이상異像, vision이 흔히 보이지 않게'(3:1) 되었습니다. 잠언 기자는 말합니다.

계시의 말씀이 없으면 백성이 방자放恣해진다 (잠 23:18, 공동).

영어 흠정역KJV은 이 말씀을 "Where there is no vision, the people perish"로 번역하고 있습니다.[5] 비전이 없으면 백성이 망한다는 말씀입니다. 비전이란 현실을 정확히 통찰하는 분별력insight과 멀리 미래를 내다보는 선견지명先見之明, foresight을 동시에 갖는 눈이라 할 수 있습니다.

복음주의 지도자 존 스토트John Stott 목사는 비전을 본다는 것은 '현상status quo에 대한 분노에서 어떤 대안alternative에 대한 진지한 탐색으로 성장해가는 것'이라고 말합니다.[6] 따라서 공동체가 비전을 상실할 때는 현상에 대한 분노 대신 오히려 현실에 순응하다가 점점 백성이 방자해져서 고삐 풀린 말들이 제멋대로 날뛰는 것처럼 사회적 혼란이 가속화되기 마련입니다.

이처럼 말씀이 희귀해진 시대에 하나님께서는 말씀의 종을 세우기 위해 사무엘을 예비해두셨습니다. 당시 이스라엘은 하나님의 말씀에 귀가 먼 엘리를 대신해 백성들에게 말씀을 증거하여 비전을 보여줄 예언자를 갈구하는 역사적 상황이었기 때문입니다.

사무엘을 부르신 하나님의 때는 언제였습니까? 그때는 '늙은 엘리도 잠자리에 누웠고'(3:2) 어린 사무엘도 '하나님의 궤 있는 여호와의 전 안에 누웠으나'(3:3) '하나님의 등불이 아직 꺼지지 않은'(3:3), 먼동이 트기 직전 어둠이 가장 짙을 때였습니다. 사무엘의 신앙 상태는 어떤 시기였습니까?

사무엘이 아직 여호와를 알지 못하고 여호와의 말씀도 아직 그에게 나타나지 아니한 때라 (3:7) .

그동안 사무엘은 영적으로 자기를 아들로 삼은 엘리의 가르침 아래서(1:16) 율법을 배우고 성소의 제사법도 익히면서 하나님에 대한 객관적 지식은 꽤 많이 습득했을 것입니다. 그러나 아직 하나님과 사무엘 사이에 일대일의 인격적이고 친밀한 관계는 형성되지 못한 때였습니다. 홉니와 비느하스는 고의적으로 하나님보다는 죄를 사랑했기 때문에 여호와를 알지 못했으나 (2:12), 사무엘의 경우는 어리고 아직 하나님의 부르심에 대한 개인적인 응답이 없어서 여호와를 알지 못한 상태였습니다.

그랬기 때문에 사무엘은 하나님께서 부르시는 음성이 마치 엘리가 부르는 소리같이 들려 몇 차례나 엘리에게로 가서 "당신이 나를 부르셨기로 내가 여기 있나이다"(3:4, 6, 8)라고 말했습니다. 엘리는 그제서야 하나님께서 자기를 제쳐놓고 어린 사무엘을 부르심을 깨닫고, 하나님의 부르심에 어떻게 응답해야 하는지 사무엘에게 친절하게 가르쳐 주었습니다(3:8-9).

여기서 우리는 하나님의 부르심의 성격에 대해 몇 가지 귀한 교훈을 얻을 수 있습니다.

첫째, 하나님의 부르심을 때때로 어떤 권위 있는 인간의 부름이나 조직체로서 교회나 선교 단체의 부름으로 오해하거나 혼동하기 쉽습니다. 절대적인 하나님의 부르심을 상대적인 인간의 부름과 혼동할 때 그 일생은 열매를 기대할 수 없습니다. 직업인으로서 성직자의 길을 걷고 있는가, 사명인으로서 종의 길을 걷고 있는가는 확연하게 다릅니다.

둘째, 하나님의 부르심은 개인적이고 인격적입니다.

여호와께서 임하여 서서 전과 같이 사무엘아 사무엘아 부르시는지라
사무엘이 이르되 말씀하옵소서 주의 종이 듣겠나이다 (3:10).

본문에서 하나님께서 "사무엘아" 하고 7, 8회나 반복하여 부르신 것은 하나님께서 얼마나 한 사람과 일대일의 관계를 맺기 원하시는가를 보여줍니다. 하나님의 부르심은 절대자 앞에 단독자로서 고독하게 서야 하는 부르심입니다. 엘리도, 한나도, 그 누구도 끼어들 수 없는 부르심입니다.

셋째, 하나님의 부르심은 반드시 우리의 응답을 요구합니다. 때

54

로 하나님께서 부르시는 음성을 못 들은 척하고 자기 뜻을 고집할 수도 있습니다. 그러나 하나님의 부르심은 우리가 응답할 때까지 천 번 만 번이라도 계속되며 끝내는 개인적 결단을 내려 응답하지 않을 수 없는 강권적인 부르심입니다.

넷째, 하나님의 부르심은 사명을 동반합니다. 그래서 부르심을 뜻하는 소명召命은 사명使命과 거의 비슷한 의미를 지니고 있습니다. 하나님께서 사무엘에게 주신 사명은 시대를 살려내는 말씀의 종으로 생명을 바치는 것이었습니다. 부름받은 사무엘이 구체적으로 할 일이란 사사요, 대제사장으로서의 직분뿐 아니라 예언자의 사명이었습니다.

다섯째, 하나님의 부르심은 고난과 축복이 함께 따릅니다. 사무엘이 감당해야 할 첫 사명은 참으로 난감한 것이었습니다. 그것은 엘리와 그 집안에 대한 하나님의 가혹한 심판의 메시지를 전하는 것이었습니다(3:11-14). 순종하기 힘든 사명이었으나 사무엘은 엘리의 도움을 입어(3:17) '자세히 말하고 조금도 숨기지 아니하고'(3:18) 하나님께서 말씀하신 모든 것을 그대로 증거했습니다.

듣는 사람의 반응에 개의치 않고 하나님의 말씀을 숨기지 않고 전하는 것이 말씀의 종에게 주어진 기본적인 사명입니다. 예레미야를 비롯한 예언자들이 당한 고난은 주로 사람이 듣기 싫든 좋든 하나님의 말씀을 증거했기 때문이었습니다. 진실한 말씀의 종의 삶, 그리스도의 제자도에는 고난이 필연적으로 따릅니다(빌 1:29). 본회퍼 Dietrich Bohnhoeffer는 《나를 따르라》에서 이렇게 말했습니다. "그리스도께서 사람을 부르실 때, 와서 죽으라고 명하신다"(When Christ calls a man, he bids him come and die).[7] 주님은 "나를 따라오너라"

라고 제자들을 부르신 후 명하셨습니다.

> 아무든지 나를 따라오려거든 자기를 부인하고 날마다 제 십자가를
> 지고 나를 따를 것이니라 누구든지 제 목숨을 구원하고자 하면 잃을
> 것이요 누구든지 나를 위하여 제 목숨을 잃으면 구원하리라
> (눅 9:23 - 24).

하나님의 부르심은 고귀한 절대 가치이기 때문에 마땅히 우리
의 목숨까지 내걸어야만 하는 소명입니다. 하나님께서 주신 사명
을 위해 하나밖에 없는 생명을 바쳐 하나님의 역사에 쓰임받을 수
있다는 것은 놀라운 축복입니다. 그래서 하나님의 부르심은 그 자
체가 은총입니다.

그리고 사명인의 삶에는 고난만 있는 것이 아니라, 경험해보지
않은 사람에겐 설명하기 어려운 기쁨도 있습니다. 사도 바울을 비
롯한 진실한 하나님의 종들이 모두 "나 같은 것이 무엇이관대" 하며
부르심의 은총에 감격하며 생명을 불태울 수 있었던 것은, 주님의
일이야말로 최고의 가치와 보람이 담긴 일이기 때문일 것입니다.

> 내가 달려갈 길과 주 예수께 받은 사명 곧 하나님의 은혜의 복음을
> 증언하는 일을 마치려 함에는 나의 생명조차 조금도 귀한 것으로
> 여기지 아니하노라 (행 20:24).

3장의 처음 세 절과 마지막 세 절을 대조시켜 살펴보면 말씀이 희귀하여 비전이 사라진 시대가 뒤바뀌어 새 시대의 예언자 사무엘에게 신선한 하나님의 말씀이 임하고, 그를 통해 온 이스라엘에 말씀이 전파되어 백성들이 비전을 보게 되는 가슴 뿌듯한 희망의 역사를 볼 수 있습니다.

> 사무엘이 자라매 여호와께서 그와 함께 계셔서 그의 말이 하나도 땅에
> 떨어지지 않게 하시니 단에서부터 브엘세바까지의 온 이스라엘이
> 사무엘은 여호와의 선지자로 세우심을 입은 줄을 알았더라
> (3:19 - 20).

'사무엘이 자라매' — 이것은 물론 사무엘이 부르심받은 후에도 성인으로 성장했다는 표현도 되겠지만, 동시에 그가 말씀의 종으로 성장했다는 의미도 포함되어 있습니다. 사무엘이 공적 활동으로 들어가기 전 하나님께서는 오랜 기간 그를 준비시키셨습니다.

하나님께서는 사람을 쓸 때 '준비의 원칙'을 고수하십니다. 모세, 다윗, 세례 요한, 베드로, 바울 등 모두 오랜 준비 끝에 쓰임을 받았습니다. 그래서 그들의 공적 활동은 준비 기간에 비해 짧은 것 같으나 그 영향력은 오래 갔습니다. 예수님께서도 3년 활동을 위해 30년을 준비하시지 않았습니까.

2,000년 기독교회사를 통해서도 교회와 사회를 위해 크게 쓰임받은 인물들은 영성, 학문, 인격의 모든 면에 연단받아 준비된 사

람들이었습니다. 종교개혁자 마르틴 루터1483-1546나 칼뱅1509-1564, 영국의 부흥 운동가 존 웨슬리1703-1791나 미국의 대각성 운동의 지도자 조나단 에드워즈1703-1758 같은 분들이 대표적인 예입니다.

젊은 날 매우 인상적으로 활동한 사람들이 나이 들어서는 속물로 전락하는 모습을 주위에서 적지 않게 보게 됩니다. 본인이나 그를 숭앙하던 사람들에게 큰 슬픔입니다. 그러나 사무엘은 하나님의 부르심을 받은 후 나이가 들어서도 일생 동안 계속해서 성장했습니다.

사무엘이 하나님께서 이스라엘에 세우신 선지자로 인정받은 것은 그 말이 하나도 땅에 떨어지지 않았기 때문이었습니다. 말씀의 성취 여부가 참 선지자와 거짓 선지자를 가르는 잣대입니다(신 18:21-22). 새롭고 권세 있는 말씀이 선포되자 이스라엘의 북쪽 끝 단에서부터 남쪽 끝 브엘세바에 이르기까지 온 이스라엘이 실로에 있는 사무엘의 말씀을 듣게 되었습니다.

단에서부터 브엘세바까지의 온 이스라엘이 사무엘은 여호와의 선지자로 세우심을 입은 줄을 알았더라 (3:20) .

사무엘의 말이 온 이스라엘에 전파되니라 (1:1) .

오랫동안 침묵을 지키던 하나님께서는 다시 실로에 나타나 사무엘에게 말씀으로 계시하셨습니다. 사무엘은 하나님의 말씀을 백성에게 전했습니다. 한 사람 선지자를 통해 서서히 온 백성에게 하나

58

님의 말씀이 운동력을 발휘하면서 퍼져가기 시작한 것입니다.

하나님의 말씀은 운동력이 있습니다. 히브리서 기자는 "하나님의 말씀은 살아 있고 활력이 있어 좌우에 날선 어떤 검보다도 예리하여 혼과 영과 및 관절과 골수를 찔러 쪼개기까지 하며 또 마음의 생각과 뜻을 판단하나니"(히 4:12)라고 말씀의 운동력을 강조했습니다. 말씀은 사람을 거듭나게 해서 새 사람을 만드는 운동력이 있으며(벧전 1:23), 교회를 개혁시키고 사회를 변혁시키는 운동력을 발휘합니다.

1세기의 시대악에 도전하는 사도행전의 역사를 저자 누가는 '하나님의 말씀이 점점 왕성하여'(행 6:7), "이와 같이 주의 말씀이 힘이 있어 흥왕하여 세력을 얻으니라"(행 19:20)라고 기록했습니다. 이것은 깊이 있는 신학과 투철한 역사의식을 소유한 자에게 기대할 수 있는 주석입니다.

예를 들어, 여신 아르테미스 숭배의 중심이었던 에베소의 두란노 학원에서 바울이 3년 동안 날마다 성경을 가르치자, 마술을 행하던 많은 사람들이 회개하고 그 마술책들을 모아 불살랐는데 그 값이 무려 은 5만, 요즘 시가로 치자면 5억 원이 넘는 값어치가 나가는 것이었습니다. 말씀은 이처럼 사회를 변혁시키는 운동력이 있음을 역사적 사건을 증거로 확신시켜 주는 기록입니다.

일찍이 중세 유럽의 부패한 교회와 국가는 성경으로 돌아가자는 루터를 비롯한 종교 개혁자들의 말씀 운동으로 혁명적 변화를 이룰 수 있었습니다.

한국 기독교사의 가장 자랑스러운 일 가운데 하나는 우리의 신앙 선배들이 성경 말씀에 기초한 민족 운동에 참여했다는 점입니다. 이만열 교수가 인용한, 한말과 일제 초기에 한국 주재 특파원으로 있던 영국인 기자 맥켄지의《한국의 독립 운동 *Korea's Fight for Freedom*》의 한 대목은 당시 영국인 평신도가 가진 성경관과 말씀이 갖는 힘찬 사회 변혁 능력을 생생하게 보여줍니다.

> 일본이 한국을 병합하기 전에 많은 수의 한국인이 기독교에
> 입교하였다 … 선교사들은 세계에서 가장 다이나믹하고 선동적인
> 서적인 성경을 보급하고 또 가르쳤다. 성경에 젖어든 한 민족이
> 학정에 접하게 될 때에는 그 민족이 멸절되든가, 아니면 학정이
> 그쳐지든가 하는 두 가지 중 하나가 일어나게 된다.[8]

이 시대는 갖가지 종류의 성경도 많고 현재 우리 한국은 교회, 신학교, 선교 단체, 기독교 서적, 설교 테이프 등으로 말씀의 홍수에 떠내려갈 지경입니다. 그런데 오늘날 인구의 25퍼센트인 기독교 회는 인구의 1.2퍼센트밖에 안 되는 기독교인이 3·1 독립 운동을 이끌었던 그 영향력만큼도 운동력을 발휘하지 못하는 이유가 무엇일까요?

어떻게 보면 우리는 말씀이 풍성한 시대에 살고 있는 것 같은데, 진정한 의미에서는 말씀이 희귀하여 이상이 보이지 않는 시대를 맞고 있는 것은 아닐까요? 그렇지 않다면 왜 그 많은 설교, 뜨거운

경배와 찬양, 숱한 세미나와 교회 행사에도 불구하고 사람들의 영혼은 그토록 피곤하고, 사회는 이토록 부패와 절망의 나락으로 빠져가고 있을까요? 이 시대야말로 그 어느 때보다 형식적으로는 말씀이 풍성한 것 같아 보이나, 선지자 아모스를 통해 하나님께서 말씀하신 대로 내면적으로는 영적 기근의 시대가 아닐까요?

주 여호와의 말씀이니라 보라 날이 이를지라 내가 기근을 땅에
보내리니 양식이 없어 주림이 아니며 물이 없어 갈함이 아니요
여호와의 말씀을 듣지 못한 기갈이라 사람이 이 바다에서 저
바다까지 북쪽에서 동쪽까지 비틀거리며 여호와의 말씀을 구하려고
돌아다녀도 얻지 못하리니 그날에 아름다운 처녀와 젊은 남자가 다
갈하여 쓰러지리라(암 8:11 - 13) .

하나님께서는 이 시대를 위한 말씀 운동에 우리를 부르십니다. 말씀 운동이란 구체적으로 어떤 운동이며, 그 현대적인 의미는 무엇일까요?

그것은 에스라의 결심(스 7:10)과 같이 첫째, 성령의 조명과 새로운 인식의 틀을 가지고 성경 말씀을 읽고 연구하는 운동이요, 둘째는 그 말씀을 개인과 가정, 교회와 사회의 모든 분야, 국가와 세계, 환경 문제 등 삶의 전 분야에 걸쳐 창조적으로 적용시키며 실천하는 운동입니다. 인생과 공동체는 항상 문제가 있는데 성경에 반드시 해답이 있음을 믿고, 그 해답을 찾아내어 문제를 해결해나가는 것이 말씀의 종의 사명입니다.

셋째는 성경을 가르치는 운동입니다. 말씀으로 개인과 공동체의

사상이 바뀌고 생활양식이 변화되기까지 성경의 어느 부분이 아니라 성경 전체에 나타난 하나님의 온전하신 뜻(the whole counsel of God, 행 20:27)을 바른 성서 신학의 기초 위에서, 우리에게 주신 시간, 돈, 은사를 부지런히 활용하여 정열을 가지고 꾸준히 가르쳐야 합니다. 그리하여 우리의 정치, 경제, 교육, 예술 등 모든 문화를 진리의 말씀으로 변화시켜 이 땅에 기독교 문화가 이루어져야 합니다.

이 운동은 먼저 말씀의 전문 사역자들인 목회자들로부터 시작되어야 마땅합니다. 특히 엘리같이 현실 개혁에 무기력한 지도자들을 대신해 부르심을 받은 사무엘 같은 새 시대의 말씀의 종들이 현상에 대한 분노를 가지고 대안을 제시해주는 말씀 운동을 일으켜야 할 것입니다. 그러기 위해서는 신학생들과 대학생들부터 바르게 훈련받아야 하는데, 만약 이들마저 홉니와 비느하스같이 된다면 이보다 더 큰 비극은 없을 것입니다.

우리는 목회자이든 평신도이든 간에 우리 시대를 선지자적 통찰력을 가지고 진단한 후, 시대를 구하는 길은 하나님의 말씀 운동에 참여하는 길밖에 없음을 깨닫고 겸손히 하나님의 부르심에 응해야 합니다.

말씀하옵소서 주의 종이 듣겠나이다 (3:10) .

우리가 지금 하고 있는 사무엘서 성경 공부도 말씀이 희귀하여 비전이 없는 이 시대를 살리는 하나님의 말씀 운동에 참여하는 작은 몸짓이어야 합니다. 우리는 성경이 어떤 책인가를 가슴에 깊이 새겨놓아야 합니다.

성경은 능히 너로 하여금 그리스도 예수 안에 있는 믿음으로 말미암아

구원에 이르는 지혜가 있게 하느니라 모든 성경은 하나님의 감동으로

된 것으로 교훈과 책망과 바르게 함과 의로 교육하기에 유익하니 이는

하나님의 사람으로 온전하게 하며 모든 선한 일을 행할 능력을 갖추게

하려 함이라 (딤후 3:15 - 17) .

2.   이방신을 제거하는 이스라엘
삼상 4:1-7:17

— 또 이르기를 하나님의 궤를 빼앗겼으므로 영광이
   이스라엘에서 떠났다 하였더라(4:22).
— 사무엘이 이스라엘 온 족속에게 말하여 이르되 만일
   너희가 전심으로 여호와께 돌아오려거든 이방 신들과
   아스다롯을 너희 중에서 제거하고 너희 마음을
   여호와께로 향하여 그만을 섬기라 그리하면 너희를
   블레셋 사람의 손에서 건져내시리라(7:3).

본문의 내용은 언약궤 사건(4-6장)과 사무엘의 활동(7장), 크게 두 부분으로 나누어집니다. 처음 본문을 읽으면 독자들은 조금 어리둥절해합니다. 왜냐하면 말씀이 희귀한 시대에 말씀의 종으로 부르심받은 사무엘의 활동을 기대하고 있는데, 저자가 느닷없이 언약궤를 블레셋에게 빼앗기는 음울한 이야기를 무려 석 장이나 기록하면서도 사무엘의 행방에 대해서는 침묵하고 있기 때문입니다.

언뜻 보기에는 언약궤 이야기가 사무엘서의 전체적인 흐름과는 상관없이 전개되는 삽화적인 기록처럼 보입니다. 그러나 언약궤 사건은 궤와 성소, 그리고 의식儀式 중심의 신앙 형태로 백성을 이끌던 제사장 엘리 시대가 막을 내리고, 말씀 중심으로 백성을 지도한 예언자 사무엘을 통해 이스라엘에 영적 각성이 일어나 새 시대가

64

열리는 상징적 사건이었습니다.

언약궤 설화를 구약 가운데 가장 신학적 의미가 깊은 기록의 하나로 보는 학자도 있습니다.[1] 이 설화에는 하나님께서 친히 말씀하시거나 어떤 사람을 통해 일하시는 모습이 전혀 나타나지 않습니다. 사람을 매개로 하지 않고 하나님께서 직접 나서서 활동하시는 역사가 저자의 아무런 신학적 주석 없이 기록되었을 뿐입니다.

인간의 기대나 이해를 초월하여 하나님의 권능의 손이 나타나 행하시는 초자연적이고 신비에 싸인 역사는 우리로 하여금 존귀하신 영광의 주, 만군의 여호와 하나님에 대해 영혼 깊은 곳에서 우러나오는 외경畏敬을 품게 합니다. 성경을 공부하면서 성경에 대한 지식만 축적하고 성경이 애써 말하려는 '여호와를 경외하는'(잠 1:7) 지식의 근본을 놓친다면 우리가 바치는 시간과 수고는 아무 소용이 없습니다.

궤를 빼앗긴 이스라엘

사무엘 시대에 이스라엘이 겪은 국가 비상사태는 주로 블레셋의 침략으로 인한 것이었습니다. 사무엘서에만도 무려 13회의 충돌 사건이 기록되어 있습니다. 4장의 사건은 그중에서도 최악의 경우였습니다. 하나님께서 이스라엘과 함께하시는 상징인 언약궤言約櫃, the ark of the Lord's covenant를 빼앗겼기 때문입니다. 도대체 하나님의 선민 이스라엘 백성에게 어찌하여 이런 재난이 임한 것입니까?

본래 블레셋은 이스라엘이 여호수아의 영도 아래 가나안을 정복했던 때와 거의 비슷한 BC 13세기경, 지중해의 그레데(옛 이름은

2. 이방신을 제거하는 이스라엘

'갑돌', 암 9:7, 현재의 사이프러스)와 다른 에게해 섬들로부터 들어온 일명 '바다의 백성'이었습니다. 그들은 팔레스타인의 서남부 지중해 해변에 자리 잡고 틈만 나면 동진東進하여 영토를 확장하려 했습니다. 바이킹족이나 일본같이 '바다의 백성'인 블레셋은 이스라엘에 비해서 군사적으로 강력한 집단이어서 팔레스타인의 북부, 동부에 정착한 이스라엘에게서 추수 때마다 식량을 탈취하며 늘 괴롭혀왔습니다.

그동안 블레셋에서부터 구원해주던 사사 삼손은 가고(삿 13-16장), 이스라엘은 아벡 전투에서 무려 4천 명의 전사자를 내고 패했습니다. 이스라엘 장로들은 이 위기를 극복할 대책을 강구했습니다.

> 백성이 진영으로 돌아오매 이스라엘 장로들이 이르되 여호와께서
> 어찌하여 우리에게 오늘 블레셋 사람들 앞에 패하게 하셨는고
> 여호와의 언약궤를 실로에서 우리에게로 가져다가 우리 중에
> 있게 하여 그것으로 우리를 우리 원수들의 손에서 구원하게 하자
> 하니 (4:3) .

이스라엘 장로들은 국가 안보 문제뿐 아니라 심각한 신학적 의문을 품게 되었습니다. 왜 하나님께서 선민 이스라엘에게 승리 대신 패배를 맛보게 하셨는가 하는 패전의 원인 규명과 더불어 나온 해결책이 바로 언약궤를 가지고 전장에 나가겠다는 것이었습니다.

언약궤를 가지고 전에 들어오자, 이스라엘은 지축이 흔들릴 정도로 목청을 다해 소리를 지르며 1차전의 승리에 취해 있던 블레

셋의 전의戰意를 꺾으려 했습니다(4:5). 멀리 이스라엘 진영을 관찰하던 블레셋은 당시 지중해 세계가 익히 들어온 이스라엘의 출애굽 역사를 상기했고(4:8), 공포심을 극복하며 2차전에 용감하게 나섰습니다. 당시 전쟁터에 나간 이스라엘이나 심지어 블레셋, 그리고 독자들까지도 모두 하나님의 통쾌한 설욕전을 기대하겠지만, 그 결과는 전혀 예상 밖의 대참패였습니다.

> 블레셋 사람들이 쳤더니 이스라엘이 패하여 각기 장막으로
> 도망하였고 살륙이 심히 커서 이스라엘 보병의 엎드러진 자가
> 삼만 명이었으며 하나님의 궤는 빼앗겼고 엘리의 두 아들 홉니와
> 비느하스는 죽임을 당하였더라 (4:10 - 11) .

홉니와 비느하스의 죽음은 이미 하나님께서 예고하신 심판을 집행한 것이었으므로 충격적인 내용은 아닙니다(2:34). 그런데 궤까지 빼앗긴 것은 후에 그 소식을 들은 엘리와 비느하스 아내의 반응을 보더라도 얼마나 하늘이 무너지는 듯한 민족적 재난이었는지 짐작할 수 있습니다. 저자가 구체적인 설명을 하지 않지만 실상은 궤를 가지고 나간 장로들은 한결같이 미신에 빠져 있었습니다.

미신이란 바른 신앙이 아닌 미혹된 신앙을 뜻합니다. 미혹되었다는 것은 마음이 흐려서 무엇에 홀린 상태라든지, 정신이 헷갈려서 갈팡질팡 헤매는 모습을 말합니다. 장로들은 패전의 충격으로 겁을 먹어 갈피를 못 잡고 제정신이 아니었던 것 같습니다. 그들이 바른 신앙을 가졌다면 이런 재난을 겪고 하나님께서 모세를 통해 말씀하신 대로 먼저 재를 뒤집어쓰고 회개한 후에 하나님께 구원

을 부르짖었어야 했습니다(신 28:15, 25).

그들은 '말씀이 희귀한 시대'에 하나님의 말씀을 제대로 알지도 못하면서 나이가 들자 어영부영 장로의 위치까지 올라간 한심스러운 지도자들이었습니다. 그들은 궤가 상징하는 하나님 자신에 대한 바른 지식이 없었습니다. 신앙생활에서 상징symbol과 실재reality의 차이를 구별할 줄 몰랐습니다. 그러므로 "하나님이여 구원해주소서"라고 울부짖는 대신 "그것으로 우리를 … 구원하게 하자"(4:3)라고 눈에 보이는 궤만 의지하고 전쟁을 앞두고 관례적으로 외치던 함성만 질렀던 것입니다(민 10:35).

그들과 하나님과의 관계는 마르틴 부버M. Buber, 1878-1965가 지적한 대로 '나와 당신Ich und Du'의 인격적 관계가 아니라 하나님을 수단화하는 '나와 그것Ich und Es'의 관계로 변질된 상태였습니다. 하나님의 주권 아래 순종하는 자아가 아니라, 자아의 주권 아래 현실적 유익을 위해 하나님까지도 '그것'으로 이용하는 태도라고 할 수 있습니다.

그런 점에서 이스라엘 장로들은 기복신앙祈福信仰의 조상이라고나 할까요. 현대의 크리스천들도 성경에 분명히 계시된 하나님을 바르게 알고 믿는 것이 아니라, 자기 나름대로 하나님을 만들어 궤 속에 구겨 넣고 필요할 때만 신경 안정제 정도로 이용하는 미신에 빠져 있지는 않은가 살펴봐야 할 것입니다. 이런 사람들은 하나님의 복음(롬 1:1)을 믿는 자들이 아니라 '내가 복음'을 믿는 자들입니다.

엘리와 비느하스 아내의 최후

모세는 나이 120세에도 '눈이 흐리지 아니하였고 기력이 쇠하지 아니하였'(신 34:7)다고 했는데, 엘리는 나이 98세에 '그의 눈이 어두워서 보지 못했고'(4:15) 몸이 비둔하여 거동이 힘들었습니다(4:18). 비록 형식적으로 40년째 엘리가 사사로 있었으나 '통치권 누수현상'이 일어나 장로들이 재빨리 지도권을 장악했던 것으로 보입니다. 사무엘의 지도력이 서지 못한 시기였으므로 일종의 과두정치寡頭政治가 이루어졌다고 할 수 있습니다.

엘리는 자신의 허락 없이 장로들이 궤를 전장터에 가지고 가자, 불길한 예감에 사로잡혀 전쟁 소식을 기다리며 '그의 마음이 하나님의 궤로 말미암아 떨리고'(4:13) 있었습니다. 그는 참혹한 패전 소식을 듣자 그 충격으로 '자기 의자에서 뒤로 넘어져 문 곁에서 목이 부러져'(4:18) 죽었습니다. 엘리에게 있어서 하나님의 현존을 상징하는 궤를 수호하는 것은 어쩌면 자기 생애의 가장 큰 사명이요, 특권이었을 것입니다. 그래서 자식들이 죽었다는 소식보다 궤를 빼앗겼다는 말을 듣고서 심장마비를 일으킨 것입니다.

언약궤를 블레셋에게 빼앗겼다는 사실이 당시 이스라엘 백성에게 준 충격이 얼마나 거세고 절망적이었는가를 저자는 비느하스의 아내를 통해 극적으로 알리고 있습니다. 이 이름 모를 여인의 신심信心이 얼마나 올곧은 것이었는지, 그녀는 궤를 빼앗기고 시부와 남편의 사망 소식을 듣자 쇼크로 아들을 조산하게 되었습니다. 그녀는 배가 불러올수록, 만약에 사내아이가 세상에 태어난다면 하나님의 영광이 머무는 언약궤 앞에 나아가 장차 조부와 부친의 대를 이어 거룩한 제사장의 옷을 입고 하나님과 백성을 섬기게 될 부푼 꿈을 꾸고 있었을 것입니다.

그런 여인에게 하나님의 궤를 빼앗긴 상태에서 아들을 낳더라도 무슨 의미가 있었겠습니까. 그녀는 아이의 이름을 이가봇, '영광은 어디로 갔는가'라고 지어준 후, 영광이 떠난 흑암의 땅 이스라엘을 하직했습니다. 첫아들을 낳은 앳된 젊은 여자에게 궤가 이스라엘에서 잠시 떠났다가 다시 돌아오리라는 신앙의 단계를 기대하는 것은 무리일 것입니다. 그녀에게 있어서 궤를 빼앗긴 것은 모든 것이 끝나버린 절망, 그것이었습니다.

또 이르기를 하나님의 궤를 빼앗겼으므로 영광이 이스라엘에서 떠났다 하였더라 (4:22) .

저자는 이런 비극적 사건을 읽는 우리에게 비느하스의 아내를 한나와 대조해보라고 하는지도 모르겠습니다. 이 사건이 우리의 가슴을 찡하게 울리는 이유는 젊은 비느하스 아내의 때 아닌 죽음이나, 이가봇이란 이름으로 세상에 태어나 미소 짓는 엄마의 얼굴 한 번 못 보고 자랄 아기의 운명 때문만은 아닐 것입니다. 아무리 어두운 시대였다고 하더라도 한나와 비느하스의 아내 같은 그 당시 이스라엘 여인들의 참으로 고상하고 감동적인 의식 수준은 우리의 가슴에 눈물을 흐르게 합니다.

여성의 사회 활동이 막힌 시대 환경 속에서도 한나나 비느하스의 아내는 죽는 순간까지 최고, 최후의 관심이 하나님의 영광과 민족 공동체의 운명이었습니다. 얼마나 가상嘉尙하며 부러운 모습인지 모릅니다. 남편의 성공과 자녀의 좋은 대학 입학, 가족의 행복과 안일만이 유일한 관심이 되기 쉬운 여인들이 먼저 하나님의 명예와 민족의 역사를 위해 눈물로 기도하며 하나님의 뜻을 앞세우며 사는 한, 그 겨레에는 희망이 있을 것입니다.

후에 열왕기서 저자가 '다윗같이 여호와 보시기에 정직하게 행하여'(왕상 15:11)와 '오므리가 여호와 보시기에 악을 행하되'(왕상 16:25)라는 말로 행적을 평가하면서 후렴처럼 반복하는 말이 있습니다.

그의 어머니의 이름은 나아마요 암몬 사람이더라 (왕상 14:21, 31).

그의 어머니의 이름은 마아가요 아비살롬의 딸이더라 (왕상 15:2, 10).

왕들의 신앙과 인격에 어머니가 끼치는 영향을 기록하며 은연중에 강조하는 표현입니다. 유대인들이 수백, 수천 년을 전 세계에 흩어져 살면서도 선민으로서의 정체성을 지킬 수 있었던 것은 바로 한나와 비느하스의 아내 같은 위대한 신앙의 어머니들의 전통이 면면히 이어졌기 때문이었습니다. 그런 점에서 아버지가 외국인이어도 어머니가 유대인이면 참 유대인이 되는 이스라엘의 전통은 수긍할 수 있는 일입니다.

비느하스의 아내는 "영광이 이스라엘을 떠났다"는 유언을 남기고 죽었습니다. 그러나 비록 신앙 지도자들의 잘못된 영향으로 이런 절망적인 표현을 했을 테지만, 하나님께서 이토록 자신을 사랑하는 여인이 남아 있는 이스라엘에게서 어찌 당신의 영광을 영원

2. 이방신을 제거하는 이스라엘

히 거두실 수 있겠습니까.

이방 땅의 하나님 영광

> 블레셋 사람들이 하나님의 궤를 빼앗아 가지고 에벤에셀에서부터
> 아스돗에 이르니라 (5:1).

만군의 여호와 이스라엘의 하나님께서 자신의 영광이 이방인들
에게 짓밟힘을 당하는데도 가만히 묵인하셨다니, 믿어지지 않는
사건입니다. 어떤 사람은 이 사건을 '역출애굽Exodus in reverse' 또는
'하나님의 포수捕囚, God's exile' 사건이라고 했습니다.[2] 바로를 강한
손으로 치시고 큰 영광을 나타내며 당신의 백성을 애굽에서 빼내
오신 하나님께서, 이방 세계에 자신의 이름을 높이는 데 관심을 두
신 하나님께서 어떻게 자신의 명예의 상징인 궤가 이방 땅에 끌려
가 굴욕을 당하는 것을 방관하실 수 있었을까요?
블레셋은 궤를 탈취해 개선하자 우쭐해졌습니다. 역시 우리의
신 다곤이 이스라엘의 신 야훼보다 우세하다고 사기충천했을 것입
니다. 이스라엘이 자기들의 속국이 되었듯이 그들의 신 야훼도 영
락없이 다곤의 신하가 되었다고 흐뭇하게 생각했던 것 같습니다.

> 블레셋 사람들이 하나님의 궤를 가지고 다곤의 신전에 들어가서 다곤
> 곁에 두었더니 (5:2).

다곤은 본래 가나안 종교의 많은 신들 중에 '곡식의 신'으로 신봉

되던 블레셋 사람들의 주신主神이었습니다(삿 6:23). 다곤 신상 곁에 놓여진 만군의 여호와 하나님의 언약궤! 천지를 창조하신 하나님의 영광과 그 명예가 자기 백성의 배도背道로 참혹하게 더럽혀지고 있었습니다. 시편 78편은 이 언약궤 사건을 하나님 편에서 다음과 같이 해석하고 있습니다.

하나님이 그들의 소행을 보시고 노하셔서
자기 백성을 완전히 버리시고
그가 사람들 가운데 세운 실로의 성막에서 떠나셨으며
그의 능력과 영광의 상징인 법궤를
원수들의 손에 넘겨주시고 몹시 노하셔서
자기 백성을 원수들의 칼날에 죽게 하셨다 …
그때 여호와께서 자다가 깬 자같이
술 기운으로 깨어난 용사같이
일어나셔서 그의 대적을 물리치시고
그들이 회복할 수 없는 수치를 당하게 하셨다
(시 78:59 - 62, 65 - 66, 현대).

이방 땅에서 하나님께서는 '자다가 깬 자같이' 홀로 자신의 엄중한 손을 펴사(5:6, 9, 11) 자기 영광과 권능을 선포하시기 시작했습니다. 하나님께서는 결코 조롱을 받으실 분이 아니기 때문입니다(갈 6:7). 수치를 영광으로 바꾸시는 하나님, 그리고 영광을 얻었던 블레셋이 당하는 수치 ─ 다시 반전의 역사가 극적으로 나타납니다. 하나님께서는 자신이 넘어지면서 상대방을 붙잡아 넘어뜨린 후

2. 이방신을 제거하는 이스라엘

꼼짝 못하게 굴복시키는 업어치기의 명수입니다.

  궤 곁에 있던 다곤은 패전병이 무릎을 꿇듯 얼굴을 땅에 대고 언약궤 앞에 쓰러졌습니다. 다곤의 제사장들은 마치 녹다운되어 몸을 제대로 가누지 못하는 그로기 상태의 권투 선수를 간신히 일으키듯이 가까스로 다곤을 일으켜 세웠으나 그 결과는 더욱 치욕적이었습니다.

> 그 이튿날 아침에 그들이 일찍이 일어나 본즉 다곤이 여호와의 궤
> 앞에서 또다시 엎드러져 얼굴이 땅에 닿았고 그 머리와 두 손목은
> 끊어져 문지방에 있고 다곤의 몸뚱이만 남았더라 (5:4) .

  다곤을 숭배하던 블레셋 사람들의 경악은 가히 짐작할 수 있을 것입니다. 민족신의 우위 경쟁은 다곤의 완패로 끝났습니다. 하나님께서는 결코 이스라엘 민족만의 신일 수 없고 모든 나라를 다스리며, 이방 세계에도 자기 영광을 나타내는 온 세계의 주인이심을 과시하신 것입니다.

  사무엘서 저자는 '하나님의 손이 엄중하시므로'라는 표현을 반복하면서 블레셋에 임한 하나님의 무서운 벌을 기록합니다. 그것은 독한 종기가 생겨 고통받다가 죽는 재앙이었습니다.

> 하나님이 그들을 무섭게 치시므로 그 성은 온통 죽음의 공포에 휩싸여
> 있었다. 그리고 죽지 않고 살아남은 자들도 악성 종기 때문에 고통을
> 당하게 되자 그 성의 부르짖음이 하늘에 사무쳤다 (5:11 - 12, 현대) .

블레셋에게 포로처럼 굴욕을 당하신 하나님께서 다시 일어나서 만군의 여호와로 권능과 영광을 나타내신 이 사건은, 십자가의 치욕을 이기시고 죽은 자 가운데서 다시 일어나 모든 이름 위에 뛰어난 이름의 영광을 얻으신 우리 주 예수 그리스도의 부활을 예표해 주는 사건이기도 했습니다(빌 2:6-11).

되돌아온 궤

법궤가 차례로 옮겨갔던 블레셋의 주요 도시 아스돗, 가드, 에그론의 주민들이 재앙으로 고통당하게 되자 법궤를 이스라엘로 되돌려 보내자고 합의하였습니다(6:2). 하나님과 이스라엘 백성에게 배상한다는 표현으로 독한 종기의 모양과 병을 옮기는 역할을 했다고 여겨지던 쥐 모양을 금으로 다섯 개씩 만들어 속건제를 드렸습니다(6:35). 그리고 새 수레 위에 궤를 싣고 송아지를 가진 젖소 둘로 수레를 끌고 당시 레위족이 살던 마을 벧세메스로 돌아가게 했습니다(6:7-11). 7개월 만에 하나님의 법궤가 이스라엘 땅으로 되돌아오게 된 것입니다.

궤를 되찾기 위해 이스라엘 백성이 행한 일은 아무것도 없었습니다. 다른 아무 도움 없이 하나님께서 친히 '능한 손과 편 팔로'(겔 20:33) 행하신 일이었습니다. 심지어 젖 나는 어미 소들까지도 간섭하셔서 "음매" 하고 울어 대는 송아지들에게로 가지 않고 자연의 본능을 거슬러 자기들의 창조주 하나님의 지시대로 벧세메스를 향하여 곧바로 가게 하셨습니다.

2. 이방신을 제거하는 이스라엘

암소가 벧세메스 길로 바로 행하여 대로로 가며 갈 때에 울고
좌우로 치우치지 아니하였고 블레셋 방백들은 벧세메스 경계선까지
따라가니라 (6:12).

하나님께서는 왕의 마음을 다스리며 그 생각의 방향을 도랑물
처럼 마음대로 바꾸십니다(잠 21:1). '사람이 마음으로 자기의 길을
계획할지라도 그의 걸음을 인도하시는'(잠 16:9) 하나님께서는 심
지어 젖 나는 소들의 걸음까지 인도하십니다. 이 사건은 단순히 웃
어넘길 익살로만 보기에는 신학적 의미가 깊습니다.

하나님의 창조주로서의 주권과 통치는 선민 이스라엘과 애굽이
나 블레셋 등 이방인 세계에만 미치는 것이 아닙니다. 말 못하는 짐
승들, 풀 한 포기와 꽃 한 송이, 하늘에 반짝이는 별들의 세계까지
예외 없이 온 우주 만물에 미치는 것입니다. 사무엘서 저자는 1장
에서 소개한 만군의 여호와란 이름을 언약궤 설화를 통해 사건으
로 설명해주고 있습니다. 따라서 언약궤 설화의 주제는 '궤'가 아니
라 '하나님의 손'이며 언약궤 사건이란 사실상 만군의 여호와 사건
이었습니다.

언약궤가 되돌아오는 것을 본 벧세메스 사람들의 반응은 어떠
했습니까? 추수 때 노략당하지나 않을까 전전긍긍하던 벧세메스
사람들이 저 멀리 블레셋 쪽에서 소 두 마리가 수레를 끌고 오는 모
습을 보며 처음에는 마음을 졸이며 긴장했을 것입니다. 그러나 사
람들의 모습은 보이지 않고 점점 다가오는 수레 위의 물체가 바로
블레셋에게 빼앗겼던 언약궤임을 확인하자 기뻐 환호성을 쳤습니
다(6:13). 수레가 밭에 있는 큰 바위 곁에 멈추자 그 소들을 잡아 번

제로 하나님 앞에 드렸습니다(6:14). 후에 하나님께서는 예언자 이사야를 통해 이렇게 탄식하신 적이 있습니다.

소는 그 임자를 알고 나귀는 그 주인의 구유를 알건마는 이스라엘은
알지 못하고 나의 백성은 깨닫지 못하는도다 (사 1:3).

장차 올 새 하늘과 새 땅에서 이 두 소는 아브라함이 모리아산에서 제물로 바친 수풀에 뿔이 걸려 있던 수양(창 22:13)과 첫 종려 주일에 예수님을 태우고 예루살렘으로 입성했던 나귀 새끼(막 11:7-10)와 더불어 특별한 영예를 차지할 것입니다.[3]

법궤를 맞으며 환호하던 벧세메스 사람들의 기쁨은 오래가지 못했습니다. 궤에 관한 하나님의 율법을 어기고(민 4:20) 궤 속을 들여다본 70명을 하나님께서 치심으로써 마치 블레셋에서처럼 애곡 소리가 들렸기 때문입니다. 하나님께서는 "이스라엘 신께 영광을 돌리라"(6:5)고 말하던 블레셋의 제사장들만큼도 경외심 없는 벧세메스의 레위인들에게 하나님의 권능과 영광을 보여주신 것입니다. 궤는 아벡 전투에서 불타기 전 성소가 있던 실로 가까운 기럇여아림으로 옮겨갔습니다. 그리고 백성들의 관심에서 멀어진 채 20여 년 동안 그곳에 머물렀습니다. 장차 이스라엘 백성의 신앙이 사무엘을 통해 성소나 법궤 중심에서 말씀 중심으로 변화되기까지 하나님께서는 잠시 법궤를 옮겨 놓으신 것입니다.

우리는 법궤가 블레셋에 빼앗겼다가 되돌아온 사건을 전후하여 당시 이스라엘의 신앙적 분위기가 어떠했는지, 어느 정도 짐작할 수 있습니다. 엘리와 그의 두 아들, 이스라엘 장로들, 벧세메스

2. 이방신을 제거하는 이스라엘

사람들, 그리고 사회의 어느 계층에서도 하나님을 바르게 섬기는 영적 지도자를 찾을 수 없었습니다. 왜 이렇게까지 되고 만 것입니까? 말씀이 희귀하여졌으므로 바른 신앙을 잃어버리고, 그 결과 자기들의 삶의 자리인 가나안의 여러 이방 신들을 섬기다가 점점 가나안 종교에 물들어가고 있었기 때문입니다.

사사 시대 전반의 종교 현상이나 사무엘서의 시대정신을 이해하는 데 가장 핵심이 되는 것이 바로 가나안 종교와의 혼합 현상宗敎 混合 現狀, syncretism이었습니다. 이 문제는 후에 열왕기서와 예언서의 중심 메시지 가운데 하나이며, 유다나 이스라엘도 이방 신 숭배 문제를 극복하지 못해 결국은 멸망하고 말았습니다. 그러므로 앞으로의 공부를 위해 좀더 자세히 살펴보겠습니다.

가나안 종교와의 혼합

동으로 현재 이라크 지역인 바빌론, 북쪽의 아시리아, 서쪽으로 요단강에서 지중해에 이르는 가나안 지역은 이른바 '초승달 모양의 옥토The Fertile Crescent'라고 불리는 근동의 고대 문명 발상지입니다. 이 지역에서 발생한 가나안 문화는 농경 문화였습니다. 그러므로 후에 들어온 해양 문화 중심의 블레셋이나 유목 문화 중심의 이스라엘이 가나안에 정착하게 되자, 자연스럽게 이른바 타문화에 적응하려는 '문화변용文化變容, acculturation'과 타문화에 흡수되는 '동화현상同化現狀, assimilation'을 빚어내게 되었습니다. 예컨대 로마가 무력으로 희랍 세계를 지배했으나 문화적으로는 희랍인들의 수준 높은 헬레니즘 문화를 받아들이게 된 현상, 청이 명을 정복했으나 명

나라의 발달된 문화를 받아들인 상황과 같은 것입니다. 자주 블레셋의 지배 아래 살던 이스라엘은 순결한 야훼 신앙을 잃고 더욱 급속히 가나안 문화에 물들어갔던 것입니다.

가나안 종교는 다신교였고, 자연의 힘을 인격화시켜 숭배하고 있었습니다.[4] 대표적인 신 바알Baal은 '땅의 주主'로서 농사에 필수불가결한 비를 주관하며 곡식, 포도주, 기름을 제공해준다고 믿어지는 남성신이었습니다. 바알의 아내 '아스다롯Ashtaroth'은 사랑과 다산多産의 여신이었습니다.

그들은 성性을 종교의 중심 내용으로 삼았습니다. 겨울에 죽고 봄에 되살아나는 자연의 순환도 토지의 신 바알과 아스다롯의 성적 결합으로 이루어진다고 믿었습니다. 또한 남녀의 결합으로 생명이 태어나는 신비를 자연 세계에 연결시켜 풍년은 남신과 여신의 성적 결합을 통해서 온다고 해석했습니다. 예배자들은 진탕 먹고 취한 후 성전에 있는 창녀나 미동美童, male prostitute과 광란의 춤을 추고 성행위를 하는 의식을 통해 그들의 신이 성적으로 결합하도록 자극시켜 풍년을 조작해낼 수 있다고 믿었습니다. 그것은 가뭄에 먼저 땅에 물을 붓고 나서 자연신에게 제례祭禮를 드리는 마술적 미신 행위와 비슷합니다.

바알과 아스다롯 숭배는 자연 조건이 불안한 가나안 땅에서 매우 실제적인 현실 안정과 번영을 약속했고, 본능적 만족과 성적 쾌락을 즐길 수 있는 아주 현실적이고 편리한 종교였습니다. 비즈니스 번영과 섹스의 종교인 셈이었습니다. 이스라엘이 가나안에 정착하고 보니 그곳에 먼저 살고 있는 가나안의 여러 소도시 국가들은 풍성한 물질생활을 누리고 있었습니다. 이 모든 것이 바알 숭배

2. 이방신을 제거하는 이스라엘

덕분이라고 믿는 풍토 속에서 이스라엘 백성도 선진국 가나안의 신앙과 생활양식을 받아들였던 것입니다.

야훼 신앙과 바알 숭배의 차이

이스라엘의 야훼 신앙과 가나안의 바알 숭배는 결코 융화될 수 없는 본질적 차이가 있었습니다.[5]

첫째, 여호와는 역사의 하나님이요 인격적인 하나님이신데, 가나안 종교는 매년 여름과 겨울의 순환에만 자기를 계시하는 자연신 숭배였습니다. 가나안 종교에는 출애굽 같은 역사적 구원 사건이나 아브라함과 언약하시는 인격적인 신도 없었습니다.

둘째, 야훼 신앙은 십계명을 비롯한 말씀으로 우리 삶의 모든 분야를 주관하는 윤리적 신앙이지만, 가나안 종교는 그들이 성역聖域 안에서 의식이 진행되는 동안만 유효한 지역화된 신앙localized faith이며, 윤리의식도 없었습니다.

셋째, 여호와 하나님은 절대자로서 인간이 순종해야 하는 대상이지만, 가나안 종교는 인간의 마술적인 의식, 즉 매음의식賣淫儀式, cultic prostitution 등을 통해 신을 조종할 수 있다고 믿었습니다.

하등 종교의 특징은 역사의식과 윤리의식을 찾을 수 없다는 것입니다. 더 높은 수준의 가치를 향한 좁은 길이 아니라 넓고 쉬우며 편합니다. 하나님께서는 이스라엘이 가나안에 들어가기 전, 이미 그 위험을 아시고 이방 신들을 두지 말며 오직 하나님만 섬길 것과, 심지어 이방 신들과 결혼하지도 말라고 엄히 경고하셨던 것입니다(신 7장).

이스라엘이 하나님에 대한 신앙을 완전히 버린 것은 아니었습니다. 여호와는 전쟁 위기에 필요한 신이나 농경 생활을 위해서는 바알 숭배가 필요하고 훨씬 좋다고 생각한 것입니다. 하나님의 성소에서 가나안 종교의 신당에서 벌어지는 것과 똑같이 광란의 음행이 버젓이 제사장들에게 행해지고(2:22), 하나님의 영광을 상징하는 법궤가 장로들에게 이방 종교의 무슨 마술 상자처럼 취급당했습니다. 이 모든 근본 원인이 당시의 종교 혼합주의적 시대정신에서 나온 것이었습니다. 이스라엘은 신앙적 위기 중의 위기에 있었던 것입니다.

하나님께서는 궤가 블레셋에 빼앗기는 것까지도 허용하는 기상천외한 방법으로 극도로 혼탁해진 이스라엘의 신앙을 순결하게 하려 하셨고, 언약궤 사건 후 이스라엘이 이방 신들을 제거하고 바른 신앙을 회복할 수 있도록 사무엘을 준비시켜 오신 것입니다.

때를 기다린 사무엘

처음에 궤를 빼앗긴 소식을 들었을 때 사무엘 역시 땅이 꺼지는 듯한 충격을 받았을 것입니다. 그러나 그는 하나님께서 이 모든 사건까지도 사용하여 이스라엘의 신앙을 새롭게 하시려는 숨은 계획이 있음을 믿고 모든 것을 맡겼을 것입니다. 자신의 지도력이 당장 백성들에게 먹혀 들어가지 않을 것을 알고 인내하며 이스라엘의 영적 갱신을 준비해온 것입니다. 사무엘의 준비 기간은 남들의 눈에는 각광받지 못했으나 하나님의 눈으로 보기에는 값진 기간이었습니다.

이 기간에 사무엘이 무엇보다 힘쓴 것은 어머니 한나에게서 배운 기도 생활입니다. 기도의 고독한 영적 투쟁을 통해 하나님의 능력과 지혜를 덧입는 법을 배웠습니다. 기도는 기도함으로써만 배울 수 있는 믿음의 비밀입니다. 노래를 부름으로써만 노래를 배우는 이치와 같습니다. 그리하여 사무엘은 응답받는 기도의 사람으로 성장해갔습니다(7:5, 15:23). 후에 이스라엘에 일어난 영적 부흥은 간절하고 오랜 기도가 쌓인 후에야 능력 있게 일어난 하나님의 주권적인 역사였습니다.[6]

공적 활동이 없었던 침묵의 20년 동안 사무엘은 선지자 공동체를 세워 동역자를 얻고 제자를 양성하는 기초를 잡아 일생 동안 그 사역에 힘썼습니다. 이러한 이해는 구약학자 올브라이트W. F. Albright의 설명에 근거한 것인데,[7] 사무엘서와 열왕기하에서 어렵지 않게 그 증거를 찾을 수 있습니다. '선지자의 무리들'(삼상 10:5, 19:20, 24, 왕상 20:35), '선지자의 생도들'(왕하 2:3, 5), '선지자의 생도 50인'(왕하 2:7)들이 언급된 것을 보면 사무엘의 선지자 학교는 후대에 나단, 엘리야, 이사야, 예레미야 등의 영맥靈脈으로 이어지는 이스라엘의 위대한 예언자 전통을 창출해 내었습니다.

선지자 무리들은 공동생활을 했으며(왕하 2:5, 4:38-44), 주로 성도들의 헌신적인 물질 후원으로 생계를 유지했던 것 같습니다(왕하 6:1-7), 사무엘은 말씀 운동을 일으키되 당대에만 그치는 일과성一過性의 일이 아니라, 먼 후대를 바라보며 조용히 숨어 하나님의 역사를 계승해갈 젊은 말씀의 종들을 키우면서 하나님의 때를 기다린 것입니다. 이러한 역사적 안목을 '예언자적 통찰력prophetic insight'이라고 합니다. 이렇게 '비전을 가진 한 사람 → 뜻을 같이하는 소수의 동지 → 온 겨레에 미치는 영적 갱신'의 역사가 동심원의 파문을 일으키며 점차 이스라엘에 퍼져나간 것입니다.

궤가 기럇여아림에 들어간 날부터 이십 년 동안 오래 있은지라
이스라엘 온 족속이 여호와를 사모하니라 (7:2).

오랫동안 이방 신을 섬기던 백성들 사이에 이렇게 살아서는 안 되겠다는, 하나님을 사모하는 '말씀 운동'이 태동하기 시작한 것입니다. 백성들 사이에서 하나님께로 돌아가지 않고서 영적으로 새로워지지 않고서는 더 이상 살길이 없다는 영적 각성이 일어난 것입니다. 어느 엘리트 그룹이나 특별 지역에서만 일어난 움직임이 아닙니다. 마치 계절이 바뀌듯 '이스라엘 온 족속이 여호와를 사모하는'(7:2) 사회 분위기의 변화가 일어난 것입니다. 다른 신을 섬기는 것이 일시적 쾌락은 있으나, 그 후에는 더 심한 괴로움이 따라온다는 것을 깨달았기 때문입니다(시 16:4).

이스라엘의 회개운동

하나님의 때가 이르자 사무엘의 공적 활동이 시작되었습니다. 엘리가 죽고 장로들의 영향력도 법궤 사건으로 치명타를 입어 지도력의 공백 상태가 되었습니다. 7장은 사무엘의 사역을 요약한 기록입니다. 위대한 영적 지도자의 활동을 이렇게 짧은 지면만을 할애해 요약한 저자의 의도는 아마 다윗과 다윗 왕국 역사를 빨리 소개하기 위함일 것입니다.

2. 이방신을 제거하는 이스라엘

사무엘의 사역은 그 역할이 서로 겹치기 때문에 명확한 구분이 힘들지만 대강 나누자면 말씀을 전파하는 선지자의 일, 기도하며 제사드리는 대제사장의 일, 재판 행정과 국방을 책임지는 사사의 일이었습니다. 하나님의 통치를 위임받은 신정 국가의 유일한 지도자로서 이스라엘 공동체의 종교, 군사, 행정 전 분야를 하나님의 뜻에 따라 다스리는 것입니다.

우리가 주목할 것은 저자가 사무엘의 평생 활동을 요약하면서, 그 시대 이스라엘 공동체가 요구하는 여러 분야 중에서 그 긴급성이나 중요도에 따라 어떤 편집 의도를 가지고 순서를 정했을 것이라는 점입니다. 그 우선순위는 첫째, 선지자의 사명, 둘째, 제사장의 사명, 셋째, 사사의 사명이었습니다. 개인의 삶에도, 교회나 국가 행정에도 분명한 우선순위가 필요합니다. 사무엘은 먼저 하나님과의 영적 관계를 바르게 한 후 이웃과 원수와의 문제를 해결하는 분명한 차례가 있었습니다. 이러한 우선순위는 오늘날 주의 종들이나 교회가 무슨 일에 역점을 두어야 할 것인가를 시사해주기도 합니다.

사무엘은 맨 먼저 하나님의 선지자로서 이스라엘이 죄를 회개하고 죄사함의 은총을 덧입도록 말씀을 증거했습니다.

> 사무엘이 이스라엘 온 족속에게 말하여 이르되 너희가 전심으로
> 여호와께 돌아오려거든 이방 신들과 아스다롯을 너희 중에서
> 제거하고 너희 마음을 여호와께로 향하여 그만을 섬기라 그리하면
> 너희를 블레셋 사람의 손에서 건져내시리라 (7:3).

당시 이스라엘의 가장 심각한 문제는 모든 계명의 기초가 되는 "너는 나 외에는 다른 신들을 네게 두지 말라 너를 위하여 새긴 우상을 만들지 말고 … 그것들에게 절하지 말며 그것들을 섬기지 말라"(출 20:3~5)는 제 1, 2계명부터 거역한 죄 문제였습니다. 마치 여러 남자를 둔 음란한 여인처럼 하나님과 가나안 종교의 이방 신들을 왔다갔다 섬기는 것이 죄의 뿌리였습니다.

사무엘은 통렬하게 그들의 죄악을 지적했습니다. 너희들이 죄를 깨닫고 슬퍼하는 감정적인 후회만으로 거저 하나님을 믿게 되는 것이 아니라, 하나님의 하나님 되심을 인정하는 지적 깨달음과 아울러 너의 집 방구석에 모셔 둔 쇠붙이와 나무를 깎아 만든 이방 신들과 아스다롯 상들을 제거하는 구체적이고 단호한 의지적 결단이 따라야 한다고 외친 것입니다.

단 한 번의 회개로 하나님을 바르게 믿을 수 없고 끊임없이 "너희 마음을 여호와께로 향하여 그만 섬기라"고 명합니다. '마음heart'이란 사람의 인격과 충성의 중심이 되는 가장 중요한 기관으로, 구약에서 858번이나 반복되는 단어입니다.[8] 하나님께서는 우리 마음이 딴 것에 도둑맞지 않고 하나님만 향하길 원하십니다. 백성들이 이방 신상은 제거했으나 만약 바알과 아스다롯의 신전에서 벌어질 죄악의 즐거움이 늘 마음에 떠오른다면 그것은 진정한 회개가 아닙니다. 하나님께서는 무엇보다도 순결한 마음을 원하십니다(마 5:8). 그래서 다윗이 늘 힘쓴 것이 있습니다.

내가 여호와를 항상 내 앞에 모심이여 그가 나의 오른쪽에 계시므로 내가 흔들리지 아니하리로다 (시 16:8) .

2. 이방신을 제거하는 이스라엘

하나님의 백성은 늘 마음을 하나님께 향하는 습관이 형성되기까지 스스로 '마음의 훈련'을 받아야 한다는 것을 사무엘은 분명히 깨우치고 있었던 것입니다. 사무엘은 하나님의 주권과 우월성pre-eminence of God을 증거함으로써 이방 신들을 제거하도록 도전한 후, 하나님만 섬기면 하나님께서 "너희를 블레셋 사람의 손에서 건져내시리라"라고 말했습니다. 하나님의 구원의 사랑과 자기 백성의 현실적 필요를 충족시켜주실 수 있는 하나님의 충분성all-sufficiency of God을 선포한 것입니다. 그러자 백성들은 강력한 선지자의 말씀 앞에 그토록 아끼며 내어놓기 싫어하던 이방 신들을 꺼내어 부수기 시작했습니다.

> 이에 이스라엘 자손이 바알들과 아스다롯을 제거하고 여호와만
> 섬기니라 (7:4).

이것은 마치 여리고성이 무너진 것과 같이 완악한 백성들의 마음이 하나님의 권능의 말씀으로 무너진 역사였습니다. 하나님의 말씀은 견고한 진陣을 파하는 강력임을 입증하는 역사적 사건이었습니다(고후 10:4).

그 후 사무엘은 온 이스라엘 백성을 예루살렘에서 북으로 약 13킬로미터 떨어진 미스바에 소집하여 하나님과의 언약을 새롭게 하는 예배를 드립니다. 먼저 하나님 앞에 나온 백성들은 자기들의 죄를 애통하며 금식하고 '물 붓는 예식'을 행했고, 구체적으로 "우리가 여호와께 범죄하였나이다"(7:6)라고 고백했습니다. 하나님의 죄사함의 은혜가 즉각적으로 온 백성에게 임했습니다. 영적 부흥

이 온 것입니다.

하나님 백성의 정체성 회복

하나님의 백성에게 일어난 회개 운동의 열매는 놀라운 것이었습니다. 오랫동안 종속되었던 블레셋과의 전쟁에서 사무엘의 부르짖는 기도에 응답하신 하나님께서 친히 블레셋에 '큰 우레' 미사일을 퍼부으셔서 감격적인 해방을 안겨주셨습니다(7:8-11).

사무엘은 반드시 구원해주시는 하나님(시 34:46)의 역사를 기념하기 위해 '에벤에셀', 즉 "여호와께서 여기까지 우리를 도우셨다"(7:12)는 이름으로 기념비를 세웠습니다. 드디어 이스라엘은 순수한 야훼 신앙을 회복했을 뿐 아니라 잃었던 주권과 영토의 회복으로 참 평화를 누리게 되었습니다. 여기서 우리는 구원의 역사가 한나의 기도, 사무엘의 기도에 대한 하나님의 응답이었다는 점을 잊지 말아야 합니다.

> 여호와의 손이 사무엘이 사는 날 동안에 블레셋 사람을 막으시매 블레셋 사람들이 이스라엘에게서 빼앗았던 성읍이 에그론부터 가드까지 이스라엘에게 회복되니 이스라엘이 그 사방 지역을 블레셋 사람들의 손에서 도로 찾았고 또 이스라엘과 아모리 사람 사이에 평화가 있었더라 (7:13-14).

하나님의 백성이 하나님도 섬기고 이방 신들도 섬기며 혼합 종교적인 세속 문화의 지배 아래 있는 동안, 그들은 정신적·정치적으

　　　　　　　　　　2. 이방신을 제거하는 이스라엘

로 이방에 종속되어 자기 정체성self-identity을 상실했습니다. 그것은 수치와 굴욕의 시절이었습니다. 사무엘을 통한 회개 운동으로 신앙의 혼합 요소를 제거하고 순수 신앙을 회복했을 때에야, 소금이 제 맛을 내듯 하나님의 백성으로서의 정체성을 되찾을 수 있었던 것입니다.

어떤 점에서 새 이스라엘인 기독교회의 역사도 이방 신들의 지배로부터 성경에 계시된 순수한 복음 신앙을 지키기 위한 투쟁사로 볼 수 있습니다. 중세 기독교는 이집트와 바벨론 종교에서 들어온 신비적이고 의식적意識的 요소, 희랍 문화의 인본주의 특히 아리스토텔레스 철학의 영향에서 나온 합리주의 요소, 로마의 영향으로 들어온 물질문화 등으로 뒤죽박죽되어 천여 년 동안 혼합 종교가 되어 있었습니다.

루터나 칼뱅을 비롯한 종교 개혁자들의 목표는 오직 성경으로 돌아가, 기독교회 안에서 성경 이외의 것으로 가감加減된 이방 종교나 철학, 세속적 문화 요소나 전통을 가려내고 이것들을 과감히 제거하여 바른 복음 신앙을 되찾자는 것이었습니다.

교회는 세속 문화의 영향에서 차단된 무풍지대에 있는 것이 아닙니다. 바울이 '고린도에 있는 하나님의 교회'(고전 1:2)라고 표현했듯이 현대 교회도 이방 문화의 영향에서 완전히 떠날 수는 없습니다. 그러므로 우리에게 필요한 것은 성경을 바르게 알고 끊임없이 기도하는 성령 충만한 삶을 살며, 방 안의 먼지를 닦아내듯 우리의 내면과 교회 안에 잠입한 이방 신들의 바이러스 병균을 영적 통찰력을 가지고 찾아내어 제거하는 것입니다. 이것이 '개혁신앙'입니다. 절대적인 하나님의 말씀으로 끊임없이 개인 신앙과 교회를 상대화시켜 비성경적인 요소를 바로잡아가는 신앙 태도입니다.

다른 종교에 대한 태도

현대와 같이 다원화되고 상대적인 시대 상황에서 기독교의 유일성, 절대성을 붙잡고 성경 중심의 복음 신앙을 지킨다는 것은 몹시 진부하게 보입니다. 모든 종교는 근본적으로 같은 것이 아닌가, 기독교만이 유일한 구원의 종교라는 주장은 독선이 아닌가 하고 항의하는 시대 분위기입니다.

다른 종교에 대한 기독교의 전통적 입장은 주로 배타주의적인 태도exclusivism였습니다. 기독교만이 절대적이고 다른 종교는 사단을 숭배한다는 입장입니다. 그러므로 다른 종교와는 대화의 여지가 없습니다.

현대인들은 기독교의 절대성 주장은 광신적이며 식민주의적 태도라고 비난하면서 일반적으로 종교 다원주의religious pluralism를 따르는 경향이 있습니다. 절대 종교란 있을 수 없고 모든 종교는 실재에 대한 규정 내용과 의식儀試 등 표현 방법이 다를 뿐이지 궁극적으로는 모두 한 신神에게로 이끌어가고 구원을 주는 것이므로 그 다원성을 서로 인정해야 한다는 주장입니다. 이러한 맥락에서 보면 선교는 불필요한 것이 됩니다. 한국에서도 유동식 교수 등이 취하는 입장입니다.

이러한 시대적 변천에 발맞추어 가톨릭에서는 1965년 제2차 바티칸 공의회를 분수령으로 종교적 포용주의religious inclusivism 입장을 취하고 있습니다. 이것은 배타주의와 다원주의의 중간 위치의

2. 이방신을 제거하는 이스라엘

입장으로 다른 종교를 인정하면서도 자기 종교의 비교적 우월성을 주장하는 것입니다.[9]

기독교와 다른 종교 문제를 다루는 종교 신학의 문제는 매우 복잡하므로 단순하게 일반화시키려면 많은 어려움이 따르기 때문에 여기서 깊이 다루는 것은 무리입니다. 우리 복음적인 크리스천들은 타종교에 대해 배타적인 태도를 버리고 다른 종교에도 하나님의 일반 은총의 흔적이 있음을 인정하고 대화의 문을 열어야 할 것입니다. 그렇지만 한계가 있음을 솔직하게 시인하는 용기도 있어야 합니다. 우리는 이방 종교에 갇혀 있는 사람에 대해서는 불쌍히 여겨야겠지만, 그 종교의 틀은 단호히 부인해야 하는 것이 의심할 여지 없는 성경의 주장임을 인정해야 합니다.

그리스도의 유일성이나 충분성, 복음의 독특성과 보편성까지 타협한다면 이스라엘 백성이 경험한 걷잡을 수 없는 절충주의나 종교 혼합주의의 위험에 빠질 것입니다. 이것은 세속화의 길이요, 자기 포기 선언입니다. 근대 기독교와 동양의 신비 종교 등을 종합하여 혼합 종교를 만들자는 이른바 새 시대 운동New Age Movement, 한국 신학계에 파문을 일으킨 변선환 교수의 주장이나 증산교 등의 교리도 종교 다원주의나 혼합주의를 선호하는 시대 분위기를 잘 반영해주고 있습니다.[10]

따라서 우리는 한국 기독교 내부에 침투해서 순수 복음을 혼란시키거나 잠식하고 있는 샤머니즘, 유불선儒佛仙 등의 전통적인 이방 종교적 요소를 제거하는 지적·영적 작업을 게을리해서는 안 될 뿐 아니라, 현대 종교 신학의 악영향에서 바른 교리를 수호하기 위해서도 힘써야 할 것입니다.

현대를 사는 크리스천들은 사무엘 시대의 이스라엘 백성보다도 하나님 백성으로서 신앙의 순수성을 지키는 것이 훨씬 더 어려워 졌는지 모릅니다. 이방 신들이 눈에 보이는 상像으로 다가오는 것이 아니라, 눈에 보이지 않게 우리의 사상과 생활양식 속에 교묘하게 누룩처럼 들어와 퍼지기 때문입니다. 그러므로 기독교와 유사한 이단 종파, 사단 숭배나 타 종교의 영향보다 더 무서운 것이 세속주의적인 세계관과 생활양식입니다.

어느 학자가 무신론, 불가지론不可知論, agnoticism, 회의론이나 마르크스주의, 휴머니즘, 실존주의까지 이방 종교의 범주에 포함시킨 것은 충분히 동의할 수 있는 입장입니다.[11] 또한 '탐심', 즉 절제를 모르는 과도한 소유욕, 끊임없는 3S screen, sex, sports의 쾌락 추구도 이방 신 숭배일 수 있습니다(골 3:5).

하나님께서는 자기 백성이 유형, 무형의 모든 우상을 제거하기 원하시는, 신랑이 신부의 사랑을 독점하고 싶어 하듯이 우리 마음을 독차지하기 원하시는 질투하는 하나님이십니다(출 20:5). 가나안 종교와 종교 혼합의 영적 위기에 놓여 있던 자기 백성에게 사무엘을 통해 이방 신을 제거하고 하나님의 백성으로서 정체성을 되찾게 하신 하나님께서는 출애굽 이후 모세와 백성들이 드린 감격의 찬양을 변함없이 받기를 원하십니다.

여호와여 신 중에 주와 같은 자가 누구니이까 주와 같이 거룩함으로 영광스러우며 찬송할 만한 위엄이 있으며 기이한 일을 행하는 자가

누구니이까 (출 15:11) .

하나님께서는 이방 신들에게 마음을 빼앗기기 쉬운 시대를 거슬러 살아가는 한국의 크리스천들을 향해서도 변함없이 말씀하십니다.

너는 마음을 다하고 뜻을 다하고 힘을 다하여 네 하나님 여호와를
사랑하라 (신 6:5) .

예수께서 이르시되 내가 곧 길이요 진리요 생명이니 나로 말미암지
않고는 아버지께로 올 자가 없느니라 (요 14:6) .

3. 이스라엘의 체제 변혁
삼상 8:1-10:27

— 너희는 너희를 모든 재난과 고통 중에서 친히 구원하여
  내신 너희의 하나님을 오늘 버리고 이르기를 우리 위에
  왕을 세우라 하는도다(10:19).

사무엘상 8-12장은 흔히 '성서적 국가론 Biblical politeia'이라고 불립니다. 이번 장은 10장까지 다루고 있지만 12장까지를 하나의 단위로 보겠습니다. 본문에서 이스라엘 역사상 가장 중요한 체제 변혁이 이루어지는 대목이 나옵니다. 가나안 정착 이후 300여 년간 지켜오던 지방 분권적인 부족 연맹의 느슨한 체제에서 탈바꿈하여 왕을 중심으로 하는 중앙 집권적이고 전체주의적인 국가 형태를 채택하게 됩니다. 이스라엘은 그동안 하나님께서 왕이 되어 친히 다스리시는 이른바 신정 국가神政國家의 독특한 체제를 가졌었는데, 인간을 왕으로 세워 군주국이 된 것은 역사적인 분수령을 이루는 체제 개혁인 셈입니다.

사무엘서 저자는 이러한 체제 변혁을 평가하면서 정치적 입장보다는 신학적 입장에서 다루고 있습니다. 이번 장의 내용은 크리스천들이 성경적 국가관, 정치관을 형성하는 데 도움을 주는 중요한 주제라 할 수 있습니다.

사무엘이 늙어 그 아들 요셉과 아비야를 이스라엘의 사사로 삼자,
이스라엘의 모든 장로들이 사무엘에게 나아가 왕을 세워 달라고
요청했습니다.

> 보소서 당신은 늙고 당신의 아들들은 당신의 행위를 따르지 아니하니
> 모든 나라와 같이 우리에게 왕을 세워 우리를 다스리게 하소서 (8:5).

이스라엘의 장로들이 왕을 요구하는 동기는 무엇이었습니까?
첫째, 부패한 지도자들에 대한 환멸 때문이었습니다. 정치권력
을 쥐고 있는 지배 계층이 악을 벌하고 선을 부추겨 정의가 사회에
뿌리내리도록 도와야 바른 세상이 됩니다. 그런데 지도자들이 먼
저 이권利權에 눈이 멀어 의를 버리게 될 때 그 사회는 부패하고 맙
니다. 이스라엘 장로들은 엘리의 두 아들이 부패했을 때 무서운 민
족적 재난을 경험했습니다. 그래서 사무엘의 두 아들에 대해 예방
책을 쓰고 있습니다. 사무엘의 두 아들은 청렴결백한 아버지 때문
에 너무 가난에 한이 맺힌 것인지, '돈을 탐하여 뇌물을 받고 재판
업무를 공정하게 처리하지 않았'(8:3, 현대)습니다. 정치 후진국의
특징인 지배 계층의 부패는 백성들로 하여금 체제 개혁을 더욱 갈
망하게 합니다.

둘째, 주변 국가들과의 외교 관계에서 유리한 지위를 확보하기
위한 것이었습니다. 지금까지의 체제는 국내외 정치 현실에 맞지
않으므로 국가의 번영을 위해 열방과 같이 강력하고 중앙 집권적

인 방향으로 체제의 변화가 있어야 한다고 생각한 것입니다. 이것은 약소국가의 열등의식에서 비롯되었겠지만 오랫동안 주변의 강대국, 또는 경쟁국 사이에서 부대끼며 살아온 이스라엘의 장로들로서는 당연한 요구라 할 수 있습니다.

셋째, 왕을 구하는 더 깊은 동인動因은 든든한 국가 안보를 위한 것이었습니다. 사무엘이 군주제가 백성들에게 무거운 굴레를 지워줄 것이라고 경고하자 장로들은 더욱 강경하게 우겼습니다.

> 아닙니다. 그래도 우리는 왕이 있어야 되겠습니다. 우리는 우리
> 주변의 다른 나라들과 같이 되기를 원합니다. 그래야 그가 우리를
> 다스리며 전쟁에서 우리를 지휘하고 우리를 위해 싸울 것이
> 아닙니까? (8:19 - 20, 현대) .

이들은 전쟁을 경험한 세대입니다. 이스라엘 장로들은 끊임없는 주변 국가의 위협, 특히 서쪽의 블레셋뿐만 아니라 신흥 강대국으로 위협 세력이 된 암몬의 침공에서 안전을 보장받을 수 있는 길은 강력한 군주국을 만드는 것이라고 생각하여 왕정을 요구한 것입니다.

애국심과 불신앙의 교묘한 연합

군주국 설립을 요청받은 사무엘의 마음은 몹시 언짢았습니다. 일생을 바쳐 헌신해온 백성에게서 자신의 지도력이 배척받았을 때, 노장 사무엘이 겪은 '버림받은' 충격이 오죽했겠습니까? 그러나 그

는 감정적으로 문제를 다루거나 사사로운 이익에 따라 행하지 않았습니다. 문제를 하나님께 가지고 나가 하나님께서 명하시는 대로 순종할 줄 아는 성숙한 종이었습니다.

장로들의 왕정으로의 개혁 요청은 그 자체가 잘못은 아닙니다. 왜냐하면 하나님께서는 약 350년 전 가나안에 들어오기 전에 이미 이스라엘에 왕이 필요한 것을 아시고 군주제를 허락하신 적이 있었기 때문입니다.

> 네가 네 하나님 여호와께서 네게 주시는 땅에 이르러 그 땅을
> 차지하고 거주할 때에 만일 우리도 우리 주위의 모든 민족들같이 우리
> 위에 왕을 세워야겠다는 생각이 나거든 반드시 네 하나님 여호와께서
> 택하신 자를 네 위에 왕으로 세울 것이며 (신 17:14 - 15).

장로들은 지극히 합법적인 절차를 밟아 사무엘을 물러나게 하고 새로운 왕을 세워 달라고 요구하고 있는 셈입니다. 그러므로 하나님께서는 그들의 요구대로 왕을 세우라고 하셨습니다. 그러나 겉으로 볼 때 명분이 그럴듯하더라도 하나님께서는 그들의 속마음을 꿰뚫어 보십니다.

> 그들이 너를 버림이 아니요 나를 버려 자기들의 왕이 되지 못하게
> 함이니라 내가 그들을 애굽에서 인도하여 낸 날부터 오늘까지
> 그들이 모든 행사로 나를 버리고 다른 신들을 섬김같이 네게도
> 그리하는도다 (8:7 - 8).

체제 개혁은 언젠가는 필요한 것이었으나 그 시기가 하나님의 뜻에 맞지 않았습니다. 당시 사회 일부에 부정이 있긴 했지만, 이스라엘은 사무엘의 신앙적·정치적 지도력을 통해 전에 없던 평화와 안정을 누리고 있었습니다.

더욱 심각한 것은 왕을 구하는 동기가 하나님을 왕으로 모신 하나님의 선민으로서의 정체성을 잃어버리고 이방 신들을 섬기는 주변 국가들과 같이 되고자 하는 불신앙에서 비롯되었다는 것입니다. 그들은 하나님 없이 단지 정치 체제 개혁만을 통해 더욱 정의로운 사회, 강대한 국가, 세계무대에서 인정받는 민족 공동체를 키우고자 투쟁하고 있었던 것입니다. 사무엘의 두 아들의 부정 사건은 그들에게 좋은 빌미를 제공해준 셈이었습니다.

애국심은 좋은 것입니다. 그러나 애국심이 단지 이기주의의 연장인 국가 지상주의로 발전할 때는 무서운 죄를 낳습니다.[1] 비단 과거 군국주의적 일본이나 독일의 히틀러 정권만이 주변 국가에 해를 끼친 것은 아닙니다. 현대에도 강대국들이 자국의 이익을 위해 그럴 듯한 명분을 내걸고 약소국가들을 이용합니다. 그래서 약소국가일수록 도산 안창호 선생의 "힘을 기르소서"라는 말을 국시國是로 삼아, 열방과 같이 되기 위해 모든 국민적 에너지를 집결시킵니다. 이스라엘 장로들은 강한 무신론적 민족주의 이상에 사로잡혀 있었습니다. 애국심과 불신앙이 교묘하게 연합하여 맹목적 애국심jingoism, chauvinism으로 똘똘 뭉친 자민족 중심주의ethnocentrism의 정치 운동으로 발전한 것입니다.

3. 이스라엘의 체제 변혁

하나님께서는 왕을 구하는 백성의 일치된 욕구가 얼마나 강렬한
가를 아셨습니다. 그래서 사무엘로 하여금 군주제를 알려주게 하
셨습니다. 그동안 이스라엘은 편하게 살았습니다. 하나님만 잘 믿
고 순종하면 하나님께서는 친히 자기 백성의 국방 문제, 경제 문제
등을 책임지셨기 때문입니다. 국가가 개인과 개인 생활에 거의 간
섭하지 않고 위기 상황이나 재판이 필요한 분쟁 발생 시에만 사사
가 활동하면 되었습니다. 옛날 씨족 사회, 부족 사회의 분위기에서
자유롭게 살던 이스라엘에 군주국으로의 체제 개혁이 일어나면
어떤 결과가 나타날까요?

'왕의 제도'는 백성들에게 병역, 노역, 공출과 납세의 의무를 요
구하게 됩니다(8:10-17). 사무엘은 눈물 어린 사랑으로 마지막 경고
를 합니다.

> 그날에 너희는 너희가 택한 왕으로 말미암아 부르짖되 그날에
> 여호와께서 너희에게 응답하지 아니하시리라 (8:18) .

자기들이 세운 왕 때문에 고통당할 것이라는 경고입니다. 이 말
씀은 '역사의 빈정댐irony'이라 할 수 있습니다. 정의 사회를 위해 제
도 개혁을 했는데, 그 제도 자체가 불가피하게 불의를 동반할 수밖
에 없는 경우도 있습니다. 레위기 25장 39절 이후에 하나님께서는
이스라엘 백성이 결코 자기 백성을 노예로 삼아서는 안 된다고 말
씀하셨습니다. 그런데 왕을 세우면 백성은 어쩔 수 없이 왕의 노예

가 됩니다. 그 고통의 멍에는 무거운 것입니다. 국가가 중앙 집권적인 체제를 강화시킬수록 개인의 자유가 제한되는 것은 불가피한 현상이기 때문입니다.

그럼에도 불구하고 하나님께서는 이스라엘에 군주제를 허용하셨습니다. 백성들의 요구가 죄악 된 동기에서 나온 것임이 분명한데도 왜 허용하셨을까요? 하나님께서는 사무엘에게 세 차례나 "그들의 말을 들어 왕을 세우라"(8:7, 9, 22)고 하셨습니다. 여기서 우리는 "하나님이 참 민주적이구나" 하고 고개를 끄덕일 만합니다. 백성들의 요구가 비록 잘못된 것일지라도 탕자의 아버지 같은 마음으로 허용하시는 하나님입니다. 하나님께서는 근본적으로 인간의 자유 선택권을 존중하십니다. 자유 의지야말로 인간의 기본권이므로 하나님께서도 침해하시지 않습니다. 그러나 우리의 자기 선택에 대해서는 책임을 물으시는 하나님입니다. 가까이는 초대 왕을 세운 후(삼상 14장 이후), 그리고 후에 솔로몬이나 르호보암 시대에 겪은 백성들의 무거운 멍에를 생각해볼 때, 그것이 개인적 선택이든 국가적 선택이든 하나님과 역사 앞에서 얼마나 신중한 결정이 요구되는가 깨닫게 됩니다.

또한 백성의 요구대로 왕을 허락하시는 하나님은 악을 선으로 바꾸실 수 있는 전능하신 만군의 여호와이십니다. 마치 강물이 때로는 거꾸로 흐르는 듯 보이지만 종국에는 드넓은 대양으로 흘러가는 것과 같습니다. 그리고 어느 외국 학자의 표현을 빌리자면 마치 뱀의 운동처럼 때로 과정 속에서는 꾸불꾸불 딴 방향으로 진행하는 것 같으나 결국은 목표를 향해 나아가 하나님께서는 궁극적으로 당신의 기쁘신 뜻에 따라 움직여가고 계십니다.[2] 그러므로 역

3. 이스라엘의 체제 변혁

사 속에서 일하시는 하나님의 숨은 뜻을 찾기란 제한된 머리를 가진 우리들로서는 거의 불가능합니다. 하나님은 참으로 놀라운 분이십니다.

기름 부음받은 초대 왕 사울

하나님의 허락을 받아 이스라엘은 초대 왕을 세우게 됩니다. 그가 사울입니다. 사무엘서 저자는 사울 왕의 즉위를 세 단계로 기록합니다. 하나님의 보내심을 받은 사무엘을 개인적으로 만나 기름 부음받는 사건(9:1 10:16), 백성들이 제비뽑아 왕으로 세우는 사건(10:17-27), 사울이 암몬과의 전쟁에서 승리한 후 길갈에 모여 왕으로 공식 인정받는 사건(11장)입니다. 이런 절차와 과정을 거치는 동안 백성들은 군주국 체제로 개혁되는 것이 과연 무엇인가를 경험을 통해 배웠을 것입니다.

그러면 이스라엘의 초대 왕으로 세워진 사울은 어떤 인물이었습니까? 그는 이스라엘의 초대 왕이 되기에 알맞은 조건을 갖춘 인물이었습니다. 사울은 베냐민 지파라는 유력한 가문에서 태어났고(9:1), 이스라엘 자손 중에 더 준수한 청년이 없을 만큼 인물이 출중했으며, 키가 모든 백성보다 어깨 위는 더했습니다. 부모에게 효도하는 착한 품성의 소유자요, 잃은 암나귀를 찾기 위해 온 이스라엘 땅을 두루 다닐 만큼 성실했습니다(9:4). 주의 종을 대접하는 예의가 있었으며(9:7), 사환의 말도 받아들일 만큼 겸손했습니다(9:10). 입이 가볍지 않아 지도자로서 갖춰야 할 은밀성이 있었고(10:6), 남의 허물을 품는 관용성도 있었습니다(10:27). 과연 이스라엘 백성이 사모할 만한 인물이었습니다(9:20).

> 이에 사무엘이 기름병을 가져다가 사울의 머리에 붓고 입 맞추며
> 이르되 여호와께서 네게 기름을 부으사 그의 기업의 지도자로 삼지
> 아니하셨느냐 (10:1) .

나귀를 어디 가면 찾을 수 있는지 알기 위해 자신을 찾아온 사울을 사무엘은 특별히 대접한 후 머리에 기름을 부었습니다. 하나님께서 친히 왕으로 택하셨다는 사실을 개인적으로 은밀하게 알려 준 것입니다.

구약 시대 제사장이나(출 29:7) 예언자(왕상 19:16), 또는 왕을 성별시키는 예식에는 대개 소뿔에 담은 감람유를 머리에 부었습니다. 감람유는 하나님의 은총, 축복과 번영을 상징합니다. 따라서 하나님께 구별되어 그 임무를 감당할 수 있도록 준비시켜 주심을 뜻하는 예식입니다. 히브리어로 'meshiach' 곧 '기름 부음받은 자'는 후대에 이르러 주로 왕을 가리키게 되었는데(수 4:14), '메시아', '그리스도(희랍어)'가 여기서 유래된 것입니다. 기름 부음받은 사울에게는 어떤 변화가 있었습니까?

> 네게는 여호와의 영이 크게 임하리니 너도 그들과 함께 예언을 하고
> 변하여 새 사람이 되리라 (10:6) .

사울은 기름 부음받음으로 '카리스마'를 가진 지도자가 되었습니다. 오순절 성령 강림 후, 믿는 자라면 누구에게나 성령님이 임

재하십니다. 그런 점에서 신약 시대의 성도들은 모두 기름 부음받은 자입니다(고후 1:21). 그러나 구약 시대에는 하나님께 특별히 택함받은 자에게만 성령님이 일시적으로 임했습니다. 사울은 성령이 임하자 예언을 했고, 변하여 새 사람이 되었습니다. 하나님께서 사울에게 새 마음을 주신 것입니다(10:9). 새 사람이 된 사울을 통해 이스라엘 역사에 어떤 변화가 올지 자못 기대됩니다.

여기서 잠시, 좋은 공동체를 이루는 데 제도가 중요한가, 아니면 제도를 관리할 지도자가 더 중요한가 하는 기본적인 질문을 던져 보게 됩니다. 쉽게 대답하기 힘들지만 일반적으로 정치 선진국일수록 제도의 역할이, 후진국일수록 지도자 개인의 중요성이 더욱 부각됩니다. 이것은 군주제를 채택하고 사울을 왕으로 세운 이스라엘을 통해서도 확인될 것입니다.

사울을 기름 부어 왕으로 택함받은 사실을 개인적으로 먼저 알린 후, 사무엘은 온 백성을 불러 초대 왕 즉위의 공적 행사를 가집니다. 이때 하나님께서 택하신 왕이지만 백성이 제비뽑아 확정하는 절차를 거칩니다. 어떤 점에서 민주 국가의 선거 제도와 유사합니다. 백성이 투표를 통해 통치자를 뽑는 행위이기 때문입니다. 어느 사회든지 질서 유지를 위해 권력 행사를 위임받은 통치권자가 필요합니다. 그런데 권력에는 부패의 본성이 있습니다. "모든 권력은 부패하고, 절대적인 권력은 절대적으로 부패한다"는 액튼 John Acton, 1834-1902의 주장은 역사적 사실로 입증되어 왔습니다. 권력 남용을 막는 제도적 장치 가운데 하나가 선거 제도입니다. 크리스천들이. 공명 선거 운동에 앞장서야 하는 이유가 여기에 있습니다.

그러나 엄격히 보면 이스라엘이 제비뽑아 사울을 세운 것은 백성의 선택만으로 된 것이 아니라, 하나님께서 택하신 자를 백성들이 확인한 절차로 보아야 할 것입니다.

> 사무엘이 모든 백성에게 이르되 너희는 여호와께서 택하신 자를
> 보느냐 모든 백성 중에 짝할 이가 없느니라 하니 모든 백성이 왕의
> 만세를 외쳐 부르니라 (10:24).

드디어 이스라엘은 군주국으로 체제를 바꾸었습니다. 열방과 같이 왕을 세웠습니다.

나라의 제도를 기록한 사무엘

역사의 격변기에 사무엘은 '킹 메이커' 역할에 충성합니다. 그는 공동체의 앞날을 위해 역사적 선례를 만듭니다.

> 사무엘이 나라의 제도를 백성에게 말하고 책에 기록하여 여호와 앞에
> 두고 (10:25).

이것이 성문헌법成文憲法의 효시라고 할 수 있을지 모릅니다. 기록을 보관할 줄 알았다는 것은 그의 역사의식의 증거입니다. 사무엘이 기록하여 성소에 보관한 나라의 제도란 무엇일까요? 하나님께서는 신명기 17장 14-20절에서 이스라엘이 군주 체제를 채택할 때를 예견하고 미리 나라의 제도를 주셨습니다. 그러므로 이스라엘의 헌법은 왕이나 백성의 합의에 의해 제정된 것이 아니라 하나님

3. 이스라엘의 체제 변혁

께서 내려주신 것입니다. 즉 아래로부터의 헌법이 아니라 위로부터의 헌법입니다.

하나님께서는 이스라엘의 왕이 열방과 달리 절대 권력을 휘두를 수 없도록 미리 제도적 장치를 만들어주신 것입니다. 주변 국가들의 왕과 같이 전횡을 휘두르며 말, 아내들, 은금을 탐하지 못하도록 못박아 놓았습니다(신 17:16-17). 장로들은 '열방과 같은' 왕을 구했지만 하나님께서는 왕을 허락하되 열방과 다른 왕을 자기 백성들에게 주신 것입니다.

> 그가 왕위에 오르거든 이 율법서의 등사본을 레위 사람 제사장 앞에서
> 책에 기록하여 평생에 자기 옆에 두고 읽어 그의 하나님 여호와
> 경외하기를 배우며 이 율법의 모든 말과 이 규례를 지켜 행할 것이라
> 그리하면 그의 마음이 그의 형제 위에 교만하지 아니하고 이 명령에서
> 떠나 좌로나 우로나 치우치지 아니하리니 이스라엘 중에서 그와 그의
> 자손이 왕위에 있는 날이 장구하리라 (신 17:18-20).

하나님께서는 왕이 하나님의 율법에 기초하여 통치해야 함을 명백히 하셨습니다. 결코 이스라엘의 군주제가 하나님의 궁극적인 왕권과 마찰하는 갈등 관계가 되지 않도록 질서를 세워주신 것입니다. 또한 뒤에 오는 모든 기독교 문화권의 입헌 군주국나 입헌 민주 국가의 정치 원리를 제공해주기도 했습니다.

스코틀랜드의 러더포드Samuel Rutherford, 1600-1661 목사의 유명한 정치 원리인 '법과 군주의 관계Lex Rex, The Law and the Prince'가 본문에 선명하게 제시되어 있습니다. 왕이 국가 권력의 정상에 있는 것

이 아니라 하나님의 법이 최고 권위를 가지며, 법 앞에 왕이든 필부든 만민이 평등하므로 왕은 법에 따라 국가를 통치해야 한다는 원리입니다. 1688년 영국의 명예혁명은 제임스 2세의 전제주의로부터 입헌 군주제로의 피 없는 혁명을 이룰 수 있었는데, 그것은 바로 '법이 곧 왕'이라는 'Lex Rex'의 원리가 구체화된 열매였습니다.[3]

어느 사회나 헌법이나 정관이 필요한 이유는 권력의 횡포나 무질서를 방지하기 위한 것입니다. 정부가 국가 기본법인 헌법과 배치되는 법률이나 규례를 제정하거나, 교회에서 교회 헌법을 위반하면서까지 목사가 독재하거나 노회나 당회, 제직회 결정으로 교회가 운영될 때 그 폐해가 큽니다. 사회의 법질서가 무너져 탈법, 무법, 불법, 편법 행위가 만연할 때 체제에는 위기가 시작됩니다.[4]

하나님나라와 유토피아

'왕만 있으면', '군주국으로 체제 개혁만 이루어진다면' — 이것이 당시 이스라엘의 민족적 이상이요, 국가적 목표였습니다. 마치 현대를 사는 한국인들이 '통일만 된다면', '정치 체제만 바뀐다면', '한국 경제가 일본만 따라 잡는다면' 하는 바람과 같을 것입니다. 개인이나 공동체는 모두 추구하는 목표가 있습니다. 이것만 구하면, 저것만 이루어지면 하나님나라도 이루어질 것처럼 말입니다.

그러나 인류 역사를 통해 볼 때 하나님을 빼놓은 다른 어떤 것도 인간에게 참 만족을 준 것은 없었습니다. 인간의 죄 때문입니다. 개인적인 면에서도 애써 추구하는 것을 얻었는데 얻은 것 때문에 오히려 고통당하는 경우가 얼마나 많습니까? '선악과만 먹으면', '애굽으로 이민만 가면', '왕만 세우면' 모든 문제가 다 해결되고 행복하리라고 기대했으나 그 후에 오는 것들은 환멸과 고통뿐이었습니다(창 3장, 출 1장, 왕하 12장 참고). 대학에만 입학하면, 좋은 직장만 얻으면, 멋진 배우자만 얻으면, 해외에만 나가면, 아파트만 사면, 출세만 하면 끝에 노력해서 얻었는데 과연 영혼의 진정한 만족을 얻은 사람이 어디 있습니까?

세계사를 볼 때도 마찬가지입니다. 정치적 자유만 얻으면, 과학과 기술만 발달하면, 교육만 잘 시켜놓으면, 사회주의, 공산주의 체제로 경제적 평등만 얻으면, 복지 국가만 이루면, 유엔만 제 역할을 잘 해주면 유토피아가 지상에 이루어질 것으로 기대하며 살아왔습니다. 어떤 점에서 인류 역사는 그 시대마다 추구하는 이상을 실현하기 위해 노력해왔고, 그 결과 이만큼 진보해왔다고 할 수 있습니다. 그러나 역사 안에서 인간의 모든 문제가 해결되어 유토피아를 건설할 수 있다는 사상은 책상머리에서는 가능할지 모르지만 현실성은 없습니다. 과학 기술의 발달로 편해지고 풍족해진 것이 많은 반면, 그로 인해 공해와 자원 고갈, 인간성 파괴가 얼마나 극심해졌습니까. 동구권 몰락과 소련 해체는 하나님을 빼놓은 메시아적 프로그램이 좌절될 수밖에 없음을 극명하게 보여주었습니다.

물론 하나님께서는 우리가 현실 세상에 사는 동안 언제나 우리의 지혜를 다해 공동체의 이상을 실현하는 제도를 개선해나가도록 허용하십니다. 그러므로 성경은 자본주의냐 사회주의냐 북구형 사회 민주주의 체제냐, 극좌냐 극우냐, 대통령 중심제냐 내각 책임제냐, 공화정이 옳으냐 왕정이 옳으냐에 대해서는 침묵합니다. 하나님께서는 인류의 공동 가치, 공동선, 곧 자유, 평등, 정의의 실현에 가장 적합한 체제를 상황에 맞게 개선해 나갈 수 있는 선택권과 창조적 지성을 인간에게 주셨습니다.

단지 기억할 것은 인간이 만든 제도는 완전하거나 절대적일 수 없다는 것입니다. 그러므로 크리스천들이 개인이나 공동체적으로 추구해야 할 목표는 인간의 근본 문제인 죄와 사망이 해결된 하나님의 통치가 하늘에서 이루어진 것같이 땅에서도 이루어지는 것입니다.

하나님나라는 인간의 노력으로 성취하는 유토피아가 아니라, 하나님의 선물입니다. 하나님께서 보내신 기름 부음받은 자 곧 그리스도가 왕이 되어 죄와 사망의 권세를 파하고 친히 통치하시는, 초월적이며 종말론적인 것입니다. 예수 그리스도의 초림으로 하나님나라는 임하였으나, 하나님나라의 완성은 그리스도의 재림으로 이루어질 '새 하늘과 새 땅'입니다. 영원하고 절대적인, '흔들리지 않는 나라'(히 12:28)입니다.

그러므로 크리스천들은 하나님의 말씀과 그 영원한 나라를 절대 기준으로 삼아 이 세상의 모든 가치, 모든 정치 체제들을 상대화시키기 위해 어느 정도의 비판적 거리를 유지할 필요가 있습니다. 그래야 어떠한 정치적 이데올로기나 정치 이론도 하나님의 관점에서 바르게 평가할 수 있습니다. 사무엘이 장로들에게 지적한 근본적인 과오가 무엇이었습니까?

너희의 하나님 여호와께서는 너희의 왕이 되심에도 불구하고
너희가 내게 이르기를 아니라 우리를 다스릴 왕이 있어야 하겠다
하였도다 (12:12) .

3. 이스라엘의 체제 변혁

이 말씀은 하나님나라를 정치 체제 개혁만으로 이루려는 유토피아주의자들의 은닉된 배도背道를 경고하는 말씀입니다. "정치가 우상 숭배가 될 수 있다"는 말을 깊이 새겨봐야 할 것입니다.[5]

그러나 거듭 말하지만, 오해하지 말아야 할 것은 이 세상의 정치 체제나 국가를 상대화시킨다고 해서, 사회 참여에 소극적이 되거나 정치 냉소주의를 합리화시킬 수 없다는 점입니다. 우리 크리스천들의 삶의 목표가 하나님나라와 그 의를 구하는 것일진대, 하나님나라가 이루어지기 위해 기도할 뿐만 아니라, 적극적으로 현실에 참여해야 한다는 것은 더 이상 말할 필요가 없습니다. 여기에 크리스천들이 늘 형평을 유지해야 하는 기독교 신앙의 초월성과 역사성의 긴장 관계가 있는 것입니다. 우리 주 예수 그리스도께서 말씀하십니다.

너희는 먼저 하나님의 나라와 그의 의를 구하라. 그러면 이 모든 것을 너희에게 덤으로 주실 것이다 (마 6:33, 현대).

4. 나라를 새롭게 하는 이스라엘

삼상 11:1-12:25

— 사무엘이 백성에게 이르되 오라 우리가 길갈로 가서
나라를 새롭게 하자 모든 백성이 길갈로 가서 거기서
여호와 앞에서 사울을 왕으로 삼고 길갈에서 여호와 앞에
화목제를 드리고 사울과 이스라엘 모든 사람이 거기서
크게 기뻐하니라(11:14-15).

이스라엘은 민족적 숙원을 이루어 군주 체제의 틀을 세웠습니다.
명목상으로는 그럴 듯한 군주국이 된 것입니다. 그러나 오랫동안
사사 시대 체제에 길들여져 있고 사무엘의 지도력을 따르던 백성
들이, 갑작스레 왕정이 되고 어디선가 나타난 시골 청년을 인물만
멀쑥하다고 왕으로 따르기엔 거리끼는 점이 많았습니다. 그래서
"이 친구가 어떻게 우리를 구할 수 있으랴"(10:27, 공동) 하고 멸시하
는 자들도 있었습니다. 헌법도 만들고 지도자도 세워놓긴 했는데,
민심이 지도력을 따라주지 않았던 것입니다.

과도기를 맞은 이스라엘

이러한 시기를 역사의 과도기라고 합니다. 과도기란 사회의 사상
과 제도가 확립되지 않고 인심이 안정되지 못한 시기입니다. 우리

4. 나라를 새롭게 하는 이스라엘

는 이런 시기를 비교적 잘 이해할 수 있습니다. 과도기를 사는 백성들의 삶의 특징은 혼란스럽고 불안하다는 것입니다. 언제 무슨 일이 터질지 모르기 때문에 위기의식을 갖습니다. 그러므로 과도기는 역사 발전에 있어서 결정적인 시기가 됩니다. 어느 공동체가 이 시기에 백성에게 애정을 가지고 승복할 수 있는 뚜렷한 공동 목표와 이상을 제시하고, 또 그 이상을 실현할 수 있는 체제를 확립하는 지도 세력을 얻을 때 역사는 진보합니다. 반면에 공동체적 이상의 실현보다는 안일과 현실의 이익만을 추구하는 지도 세력이 득세할 때 역사는 퇴보하고 공동체는 혼란 속에서 생존마저 위협받습니다.

다행히 이스라엘은 사울이 왕위에 오른 지 한 달 만에 과도기적 혼란을 벗고, 지도 체제를 세웁니다. 야베스 사람들을 구원함으로써 사울은 이스라엘의 초대 왕으로서 온 백성의 인정을 받게 됩니다. 그리하여 사무엘을 마지막으로 사사 시대는 막을 내리고, 드디어 군주 시대로 역사의 새 장이 열립니다.

이와 같이 이스라엘이 과도기 혼란을 단시일에 극복하고 공동체를 새롭게 할 수 있었던 것은 대부분 예언자 사무엘의 역할 덕분이었습니다. 이스라엘 왕국 역사의 두 주인공 사울과 다윗 왕에 대한 기록을 왜 '사무엘서'로 이름 지었는가를 이해할 수 있을 것입니다.

따라서 이번 장에서는 사무엘의 리더십에 특별한 관심을 두고 살펴보겠습니다. 그리고 정치 지도자와 종교 지도자의 역할 분담이 이루어지는 과정을 살펴보면서, 교회와 국가 또는 정치와 종교와의 관계에 대해서도 잠시 생각해보고자 합니다. 또한 백성들에게 "가서 나라를 새롭게 하자"며 사울을 왕으로 선포하고 화목제를 드린 사건을 중심으로 언약의 개념에 대해서도 살펴보겠습니다.

사울의 거룩한 분노

왕으로 세움을 받았으나 아직 중앙 정부가 선 것도 아니요, 통일된
군사 지휘 계통이 확립된 상태도 아니어서, 사울은 예전의 사사들
과 같이 평소에는 소를 몰고 밭농사를 짓고 있었습니다(11:5).[1] 형식
적으로는 왕으로 세움받았으나 아직 백성들의 인정을 받지 못했
습니다. 어디서나 지도력은 위기에서 인정받게 됩니다. 고대 국가
에서 왕의 지도력은 주로 전쟁에서 평가받았는데, 사울도 그 지도
력을 발휘할 기회가 찾아왔습니다. 암몬과의 전쟁이 벌어진 것입
니다.

본래 암몬 족속은 롯과 그의 딸 사이에서 생긴 민족인데, 호전적
이고 잔인해서 이스라엘을 늘 괴롭혀왔습니다(창 19:38, 삿 3:13). 암
몬이 당시 두 지파의 반 중에서 요단강 동쪽에 정착한 므낫세 지파
에 속한 야베스 사람들을 침공했습니다. 야베스 사람들이 암몬의
식민지가 되는 조약 맺을 것을 제안까지 했는데 암몬 왕 나하스는
"내가 너희 오른 눈을 다 빼야 너희와 언약하리라"(11:2)라고 모욕
했습니다. 곤경에 처한 야베스 사람들을 '구원할 자'(11:3)가 없다는
소식이 사울에게 전해졌습니다.

사울이 이 말을 들을 때에 하나님의 영에게 크게 감동되매 그의 노가

크게 일어나 (11:8) .

4. 나라를 새롭게 하는 이스라엘

하나님의 영에 감동된 사울은 하나님의 백성의 명예를 짓밟는 할례받지 않은 이방인들에 대한 분기가 치솟았습니다. 이것은 죄악 된 분노가 아닙니다. 하나님의 영광과 형제에 대한 사랑에서 나온 의분이었습니다. 중세 교황청을 지배하던 악의 세력에 대한 루터의 분노처럼 거룩한 분노였습니다. 불의와 악에 대해 분노하지 않는 것은 진리에 대한 사랑이 없다는 반증이 됩니다. 거룩한 분노는 하나님께서 함께하실 때 상황을 바꾸는 힘이 됩니다.

성령님께 사로잡힌 사울은 순식간에 33만 명의 군사력을 집결시켜 암몬 군사를 물리치고 야베스 사람들을 구원했습니다. 군중 동원의 카리스마와 작전 지휘관으로서의 군사적 통솔력을 유감없이 발휘했습니다. 이쯤 되자 아부하는 사람들이 생겨났습니다. "사울 따위가 우리 임금이 되겠느냐고 하던 자들이 누군지, 그런 자들은 죽여버리겠습니다. 허락해주십시오"(11:12, 공동). 우쭐해져서 실수하기 쉬운 상황이었지만, 사울은 자제력을 갖고 관용을 베풀었습니다.

> 사울이 이르되 이날에는 사람을 죽이지 못하리니 여호와께서 오늘
> 이스라엘 중에 구원을 베푸셨음이니라 (11:13).

보복 대신 관용을 베푸는 사울은 권력 행사보다 덕으로 백성들을 다스리는 덕치국가德治國家의 기틀을 세울 수 있었습니다. 사울은 성령님의 이끌림을 받으며 겸손하게 백성을 다스리며 놀라운 지도력을 보여 주었습니다. 이런 자세로만 계속 나갔다면 역사에 길이 남을 훌륭한 왕이 되었을 것입니다.

사울 왕의 자리가 확고해지자 사무엘은 사사의 위치에서 물러납니다. 이제 종교 지도자로서의 역할만 감당하기 위해서였습니다. 12장은 흔히 사무엘의 '고별 메시지'라고 합니다. 아마 시간적으로는 11장 14-15절의 화목제를 드리기 앞서 선포한 설교인지도 모릅니다. 이로써 사사 시대는 종언을 고합니다. 고별 메시지에 나타난 지도자 사무엘의 모습은 리더십 빈곤의 시대를 사는 우리에게 많은 교훈을 줍니다. 사무엘은 온 이스라엘에게 도전하듯, 지난날 자신의 공적 활동 기간의 청렴결백한 삶을 증거합니다.

> 내가 여기 있나니 여호와 앞과 그의 기름부음을 받은 자 앞에서 내게 대하여 증거하라 내가 누구의 소를 빼앗았느냐 누구의 나귀를 빼앗았느냐 누구를 속였느냐 누구를 압제하였느냐 내 눈을 흐리게 하는 뇌물을 누구의 손에서 받았느냐 그리하였으면 내가 그것을 너희에게 갚으리라 (12:3).

사무엘은 "누구의 것을 빼앗았느냐"고 반복해서 질문합니다. 누구나 좋은 자리에 있을 때 한몫 해두려는 욕심이 생기기 마련입니다. 그러나 사무엘은 착취, 거짓, 억압, 뇌물 등 공직 사회의 부패에서 순결을 지킨 지도자였습니다. 열방의 지도자들이나, 뇌물을 받아 가문을 더럽히고 아비의 가슴에 못을 박았던 아들들과 달랐습니다. 공무원과 사회의 지도적 위치에 있는 이들이 돈과 섹스, 권력의 유혹에서 자신을 지킬 수 있는 깨끗한 인격의 소유자가 되는 것이상으로 사회 정의를 위해 더 중요한 일은 없을 것입니다.

사무엘이 모세나 이사야 등 이스라엘의 많은 지도자들처럼 무슨 특별한 실력이나 재능이 뛰어난 사람은 아니었습니다. 그러나 그가 이스라엘 역사상 모세 다음으로 높임받는 선지자의 위치에 이를 수 있었던 것은 오로지 영적 권위와 도덕적 위엄 때문이었습니다. 신앙 지도자가 물질의 탐심에 사로잡혀 청빈 생활에 모범이 되지 않으면 결코 지도력이 형성될 수 없습니다. 사무엘은 죽는 날까지 이 걸음으로의 자세를 가지고 하나님 보시기에 흠 없는 고결한 삶을 살고자 몸부림친 하나님의 종이었습니다.

사무엘의 역사의식

사무엘은 열려 있는 지도자였습니다. 하나님과 백성들의 형편을 바라보고, 영적 통찰력과 역사적 안목을 가지고 민족의 현실을 정확히 파악하여 나아갈 방향을 제시하는 지도자였습니다. 12장 6-11절을 자세히 읽어보십시오. 사무엘은 먼저 하나님께서 이스라엘에게 베푸신 끊임없는 구원의 역사와 대조되는 이스라엘의 줄기찬 배반의 역사를 상기시킵니다. 이스라엘은 이 구원의 하나님을 또다시 저버리고 조상들의 어리석음을 좇아 하나님 대신 인간 왕을 통해 구원을 기대하는 과오를 지적합니다.

"과거를 기억할 줄 모르는 사람들은 과거를 되풀이하게 된다"는 미국 철학자 산타야나 G. Santayana, 1863-1952의 말처럼, 역사에서 아무런 교훈도 얻지 못하고 다시 파멸의 길을 가고 있습니다. 마치 쥐와 같습니다. 우스갯소리로 쥐가 고양이에게 잡혀 먹는 이유는 스피드가 뒤지기 때문이 아니라 역사의식이 없기 때문이라고 합니다. 쥐는 고양이에게 쫓겨 쥐구멍으로 쏜살같이 들어가 숨었다가, 그만 과거를 잊고 그 구멍에서 다시 나온다고 합니다. 역사의식이 있는 고양이는 참고 기다렸다가 다시 같은 구멍으로 나오는 쥐를 냉큼 잡아먹습니다.

이 시대를 섬기는 신앙 지도자에게 특히 요구되는 것이 바로 예언자의 통찰력에서 나오는 역사의식입니다. 개인 경건과 교회 성장은 중요합니다. 그러나 그 속에만 눈길이 고착되면, 민족 공동체가 나아갈 역사적 방향에 눈이 먼 사맹(史盲)이 되기 쉽습니다. 사무엘은 백성들이 하나님의 눈으로 민족 공동체의 앞날을 바라보도록 맨 먼저 역사 교육을 시키고 있습니다.

사무엘의 신앙적 용기

선지자의 사명은 하나님의 말씀을 받아 그 말씀을 가감하지 않고 받은 그대로 전하는 것입니다. 사람들은 늘 '바른 교훈을 받지 아니하며 귀가 가려워서 자기의 사욕을 따를 스승을 많이 두고 또 그 귀를 진리에서 돌이켜 허탄한 이야기를 따르려'(딤후 4:3-4) 합니다. 진리를 외치는 선지자들은 사람들의 인기를 얻는 대신 오히려 박해를 받습니다. 그래서 말씀의 종들이 고난을 피해서 사람의 귀를 즐겁게 하고자 타협하여 발람 같은 거짓 선지자가 되기 쉽습니다 (민 22장, 벧후 2:15-17). 그러나 사무엘은 용기 있는 영적 지도자였습니다.

        4. 나라를 새롭게 하는 이스라엘

**너희의 하나님 여호와께서는 너희의 왕이 되심에도 불구하고
너희가 내게 이르기를 아니라 우리를 다스릴 왕이 있어야 하겠다
하였도다**(12:12).

내 인생과 나라, 인류에 대한 창조주 하나님의 주권을 부인하는
것이 모든 죄악의 뿌리입니다. 이스라엘은 지금, 하나님나라보다
군주 체제를 통한 유토피아를 바라보고 있습니다. 사무엘은 단호
하게 백성들의 죄를 들추어내면서 회개를 촉구하고 있습니다. 이
점이 결정적으로 엘리와 다른 영적 지도자의 모습입니다.

**너희가 왕을 구한 일 곧 여호와의 목전에서 범한 죄악이 큼을
너희에게 밝히 알게 하시리라**(12:17).

밀을 추수하는 오뉴월은 이스라엘의 건조기입니다. 그러나 우
뢰와 비를 보내는 기적으로 하나님의 확증을 받자, 백성들은 비로
소 영적인 두려움에 잡혀 회개하기 시작했습니다(12:19).

세례 요한과 예수님의 첫 메시지가 "회개하고 복음을 믿으라"는
회개의 복음이었습니다(막 1:4, 14). 사도 바울이 에베소에서 3년간
목회하며 전한 말씀이 하나님께 대한 회개와 그리스도께 대한 복
음이라고 요약했습니다(행 20:21). 그러나 회개의 메시지를 증거하
는 것은 사람의 눈치보다 하나님을 두려워하는 믿음의 용기가 있
어야만 합니다(갈 1:10).

또한 사무엘은 이스라엘의 정치 체제 속에서 자신의 자리매김
을 확실히 해서 물러나야 할 시기에 미련 없이 떠날 줄 알았습니다.

이스라엘의 최고 지도자로서의 모든 기득권을 포기한다는 것은 쉬운 일이 아니었을 것입니다. 사실 교회나 사회단체나 비생산적인 장기 집권이 적지 않게 일어나고 있습니다. 이해인 수녀의 〈몽당연필〉이라는 시에 이런 구절이 나옵니다.

> 대가를 바라지 않는
> 깨끗한 소멸을
> 그 소박한 순명을
> 본받고 싶다

사무엘은 깨끗하게 소멸하려 합니다. 이 점에서 사무엘은 세례 요한처럼[2] "그는 흥하여야 하겠고 나는 쇠하여야 하리라"(요 3:30)라는 자세로 역사 속에서의 자기 위치와 사명에 순복했습니다. 하나님의 영광과 공동체의 이익을 위해 사사로운 감정이나 이익을 포기할 줄 알았습니다.

사무엘의 방향 제시

사무엘은 회개한 백성들이 과거에 얽매여 낙담하고 있는 것을 원하지 않습니다. 그들의 눈길을 돌려 앞을 내다보게 하며, 하나님 앞에서 공동체가 어떠한 원칙과 목표를 가지고 살 것인가 방향을 제시합니다.

너희가 만일 여호와를 경외하여 그를 섬기며 그의 목소리를 듣고

4. 나라를 새롭게 하는 이스라엘

여호와의 명령을 거역하지 아니하며 또 너희와 너희를 다스리는 왕이
너희의 하나님 여호와를 따르면 좋겠지마는 너희가 만일 여호와의
목소리를 듣지 아니하고 여호와의 명령을 거역하면 여호와의 손이
너희의 조상들을 치신 것같이 너희를 치실 것이라 (12:14 - 15) .

백성과 왕이 다같이 하나님께 순종하면 축복을 받지만, 거역할
때는 모두 멸망할 것이라는 하나님의 역사 원칙을 거듭 경고합니
다(12:24-25). 이스라엘의 왕은 결코 열방과 같은 군주가 아닙니다.
어디까지나 하나님의 왕권 아래 순복하는 하나님의 종이요, 새로
운 형태의 통치 수단이 될 뿐입니다. 그러므로 군주제가 신정 체제
에 흡수된 것이라고 말할 수 있습니다. 백성들에게 장차 하나님과
인간 왕 사이에서 충성의 우선순위 문제가 발생할 때를 위해 하나
님 주권의 신성불가침을 역설한 것입니다. 뿐만 아니라 하나님께
서 이스라엘을 보호하고 인도하신다는 미래에 대한 확신을 백성
들에게 심어줍니다.

여호와께서는 너희를 자기 백성으로 삼으신 것을 기뻐하셨으므로
여호와께서는 그의 크신 이름을 위해서라도 자기 백성을 버리지
아니하실 것이요 (12:22) .

왕정으로 불안하게 출발한 백성들에게 이 얼마나 큰 위로와 격
려의 말씀입니까. "여호와께서는 그의 크신 이름을 위해서라도 자
기 백성을 버리지 아니하실 것이요"라는 구절에 '자기 백성' 대신 자
신의 이름을 넣어 암송해 보십시오. 우리 가정, 모임, 교회, 겨레를

대신 넣어보십시오. 마음에 새겨진 찬송가 가사처럼 이 말씀은 어떤 형편에 있든지 우리를 붙잡아주실 것입니다. "여호와께서는 그의 크신 이름을 위해서라도 자기 백성을 버리지 아니하실 것이요."

정치와 종교의 역할 분담

사무엘은 앞으로의 자기 역할에 대해서도 뚜렷한 방향을 잡고 백성에게 공표합니다.

> **나는 너희를 위하여 기도하기를 쉬는 죄를 여호와 앞에 결단코 범하지**
> **아니하고 선하고 의로운 길을 너희에게 가르칠 것인즉(12:23).**

사무엘은 그동안 영적 지도자로서 선지자, 대제사장의 역할뿐 아니라 정치 지도자인 사사의 역할까지 혼자서 담당해왔습니다. 그러나 이제 정치 지도자의 역할은 넘겨주고 영적 지도자의 사명, 즉 대제사장으로서의 중보기도의 직분과 예언자로서의 '의로운 길'을 가르치는 직분은 계속할 것이라고 밝혔습니다. 이스라엘에 최초로 정치와 종교가 역할 분담을 하는 역사적 분기점이 생긴 것입니다. 우리가 이 부분을 근거로 '정교분리원칙政教分離原則'이나 '정교유관론政教有關論'을 편다든지, 또는 교회와 국가의 문제에 대해 어떤 신학적 결론을 내리려 해서는 안 될 것입니다.

왜냐하면 성경 전체를 볼 때 이 주제에 대해 명료한 단답식 해답을 찾기는 어렵습니다. 지난 1,000년 이상 이것은 신학 논쟁을 불러일으킨 복잡한 난제입니다.[3] BC 1050년경 신정 체제를 가진 고대

4. 나라를 새롭게 하는 이스라엘

이스라엘 국가의 특수 상황을 현대 국가나 교회에 신학과 사회과학의 체계화 과정을 거치지 않고 그대로 적용하는 것은 시대착오적인 것일 수 있습니다.

그럼에도 불구하고 우리는 본문을 통해 국가와 교회의 관계에 대해서 다음과 같은 교훈을 얻을 수 있습니다. 첫째, 국가와 교회는 궁극적으로는 하나님의 통치 아래 있지만, 성격적으로는 그 기능이 구분되어 있기 때문에 서로 분리되어야 한다는 점입니다. 둘째, 정치와 종교는 많은 부분이 서로 맞물려져 있기 때문에 상황에 따라 서로 협조, 견제, 비판할 수 있다는 점입니다. 예컨대 교회가 부패해서 예배당을 건축하면서 탈세 등 범법 행위를 했을 때는 국가 공권력의 지배를 받아야 하고, 정부가 부패했을 때는 교회가 정권 투쟁 차원이 아니라 사회 변혁 운동의 차원에서 정의의 편에 서서 비판하고 이를 바로잡기 위한 투쟁에 나서야 합니다.

교회가 국가에 대해 어떤 태도를 가져야 하는가에 대한 신학적 입장은 다양합니다. 그러나 지나치게 단순화되는 위험이 있지만 가장 대표적으로 루터주의와 칼뱅주의를 들 수 있습니다. 루터는 하나님으로부터 권위를 위임받은 국가는 광범위한 자율적 통치를 허용받았으므로, 교회가 정치적으로는 수동적 입장을 취하는 것이 바람직한 태도라고 주장하여 흔히 '정적주의적靜寂主義的' 입장이라고 합니다. 반면에 칼뱅은 국가를 종교적 규범과 통제 아래 두려는 데 관심을 가지고 정치에 대해 훨씬 더 크고 보다 적극적인 참여를 하는 이른바 행동주의적 입장을 택합니다.[4]

사무엘의 메시지를 통해 볼 때, 교회가 민족 공동체를 위해 가장 힘써야 할 것은 기도하기를 쉬는 죄를 범하지 않는 제사장적 사명입니다. 이와 똑같이 중요한 것은, 선하고 의로운 도를 가르치는 비판과 교육 선도의 예언자적 사명입니다.

우리는 신학적 입장이 어떠하든 우리 사회의 구조적 죄악은 한 개인이 선한 양심만 가지고 살기에는 이미 그 도가 지난 것을 깨닫고, 사회 변혁을 위해 기독교회는 국가 사회에 대한 예언자적, 제사장적 책임을 소홀히 해서는 안 될 것입니다.

길갈에서의 언약 체결식

우리는 하나님의 사람 사무엘의 지도력이 어떻게 이스라엘 공동체를 위기에서 구출해왔는가를 살펴보았습니다. 그는 자신의 입신양명立身揚名을 위해 파워게임에서 승리를 거둔 정치꾼이 아니라, 하나님의 부르심을 받아 충성스럽게 백성을 섬긴 영적 지도자였습니다. 그는 정치권력을 사울에게 이양하면서 사울의 지도력이 하나님과 사람 앞에서 인정받는 절호의 기회를 포착했습니다. 그래서 암몬과의 전쟁을 승리로 이끈 사울이 민족적 영웅 대접을 받게 되자, 온 백성을 길갈에 모아 대관식을 갖습니다.

> 사무엘이 백성에게 이르되 오라 우리가 길갈로 가서 나라를 새롭게
> 하자 모든 백성이 길갈로 가서 거기서 여호와 앞에서 사울을 왕으로
> 삼고 길갈에서 여호와 앞에 화목제를 드리고 사울과 이스라엘 모든
> 사람이 거기서 크게 기뻐하니라 (11:14 - 15) .

사무엘은 어떻게 나라를 새롭게 했습니까? 하나님 앞에서 모든

백성이 사울을 왕으로 삼고 화목제를 드리는 과정을 통해 이루었습니다. 화목제peace offering는 백성의 죄 문제가 해결되어 하나님과 화평의 바른 관계를 이룬 것을 상징하는 제사입니다(출 24:5, 11, 레 7:11-17, 22:21-23). 또한 제물의 피는 서로 목숨 걸고 약속을 지켜야 한다는 언약의 피입니다. 그렇다면 과연 화목제를 드리는 의식이 왕을 세우는 역사와 무슨 연관이 있을까요?

첫째, 이스라엘 백성이 열방과 같은 왕을 구한 죄를 범함으로써 파기되었던 하나님과의 언약을 이제 죄사함받아 언약 관계를 회복시키는 예식이었습니다. 둘째, 앞에서 말했듯이 이스라엘의 군주제가 하나님의 주권을 침해하지 않고, 신정 체제 안에 흡수된 특별한 형태로 세워진 것을 확인하는 언약 체결식이었습니다.

학자들은 이 의식이 하나님과 왕, 그리고 백성이 맺은 '언약의 3중주covenantal triad'라고 합니다.[5] 시내산에서 하나님과 이스라엘은 언약의 '듀엣' 관계를 맺어왔습니다(출 24장 참조). 그런데 이제는 하나님과 이스라엘 사이의 직선적 언약 관계가 하나님과 백성, 그리고 왕의 삼각형 관계로 새로운 형태의 언약 '트리오'가 된 것입니다.

이러한 언약의 정치 개념은 교회 정치의 기본입니다. 교회에서의 장로 선거를 예로 들어 이해할 수 있을 것입니다. 하나님의 택함을 받았다고 인정되는 자로 후보를 내고, 회중이 성경의 근거 위에 관찰하여 선거한 후(딤전 3:1-7), 장립식을 가질 때 하나님과 장로, 회중이 삼각적 언약으로 서약하고 취임합니다. 또한 기독교 문화의 기초 위에 민주 국가를 세울 때 그 정치는 삼중적 언약을 기본 틀로 하여 성립된다고 할 수 있습니다.

첫째, 하나님과 통치자, 둘째, 하나님과 피지배자, 셋째, 통치자와 피지배자의 계약 관계입니다. 통치자와 피지배자 사이의 언약의 내용은 '선거 공약'으로 표현됩니다. 12장의 사무엘의 메시지는 하나님과 왕, 백성 사이의 언약 내용을 밝힌 것입니다. 이처럼 언약개념으로 정치를 이해할 때, 약속을 지키는 도덕적 기초가 없는 불신 사회에서 바른 정치가 이루어질 수 없음은 자명해질 수밖에 없습니다.

화목제를 드린 후, 이스라엘은 하나님의 허용 아래 왕을 세워 새로운 국가 체제를 확립한 것을 축하하는 큰 축제를 가졌습니다. 그 감격이 어떠했겠습니까?

사울과 이스라엘 모든 사람이 거기서 크게 기뻐하니라 (11:15) .

나라를 새롭게 하는 길

결국 이스라엘 공동체는 하나님과의 언약 관계를 새롭게 함으로써 나라를 새롭게 한 것입니다. 하나님과의 관계가 새롭게 이루어지지 않을 때 정치 지도자들을 새로 선출한다고 나라가 새로워지지 않습니다. 백성들의 정치의식이 발달하고 체제와 구조를 바꾼다고 새로워지는 것도 아닙니다. 물론 공동체의 구조적 결함을 개선하고, 악법을 개폐改廢하려는 급진적인 정치 운동은 모두 나라를 새롭게 하려는 갸륵한 충정에서 나온 것이므로 높이 평가받아야 합니다. 그러나 가장 급진적인 운동은 가장 근본적인 운동이어야 합니다. 영어로 '급진적'이란 뜻의 'radical'은 그 어원이 라틴어의 'radix(뿌리)'입니다. 뿌리, 즉 근본으로 다시 돌아갈 때 가장 급진적

4. 나라를 새롭게 하는 이스라엘

이 된다는 의미입니다.

크리스천들은 가정, 교회, 국가, 세계 공동체에서 상황에 따라 점진적이든 급진적이든 개혁 운동, 곧 새롭게 하는 운동을 펼쳐야 할 것입니다. 새로워지는 길은 우리의 화목 제물 되신 예수 그리스도의 속죄의 피로 먼저 하나님과 바른 관계를 맺어 새 사람이 되는 데서부터 시작된다는 것을 잊지 말아야 합니다. 이것이 아무리 지성 사회에서 미련하게 들리고 인기 없는 말이라 해도, 온전히 물을 포도주로 변화시키듯 사람과 사회를 변화시키는 십자가의 복음의 능력에 대한 확신 있는 믿음과 학문적 설득력을 가지고 일해야겠습니다(고전 1:22-25).

대부분의 정치 이론은 어떤 인간관을 가지고 있느냐에 따라 달라집니다. 인간에 대해 비관적 견해를 갖게 될 때 강압 정치를 펼것이요, 낙관적 견해를 갖게 되면 자유 방임 정치를 펴게 됩니다. 그러므로 크리스천들은 양면성과 현실성이 있는 정치관을 가져야 할 것입니다.

인간은 타락했으나 하나님의 형상을 가지고 있으니 선한 가능성이 있으며, 동시에 인간의 부패성 때문에 무한히 악해질 가능성도 있습니다. 특히 개인은 선한 경향이 있으나 국가 조직은 악해질 경향이 더 크다는 라인홀드 니버Reinhold Niebuhr의 주장도 귀 기울여야 하겠습니다.[6] 그러기 위해서는 본질적으로 부패 성향을 가진 권력을 하나님의 절대 주권 아래 상대화시키는 구조가 확보되어야 합니다.

이 문제를 신학자 크리스토퍼 라이트Christopher Wright는 '망원 렌즈 효과the effect of a telephoto lens'라는 표현으로 설득력 있게 말합니다.[7] 망원 렌즈의 초점을 멀리 둘수록 가까이 있는 물체는 더욱 그 거리가 가깝게 보이듯, 하나님의 주권이 높고 절대적이 될수록 인간 사회에는 정치·사회적 평등이 더 보장될 수 있다는 것입니다. 하나님이 높임을 받을수록 사람들 사이가 더욱 가까워집니다. 하나님을 경외할수록 목사와 평신도는 가까워질 것이며, 하나님의 법도에 복종하는 사장이라야 종업원과 차별이 적은 대등한 관계를 이루어 공동체에 정의가 실현될 것입니다.

한편 하나님을 경외하는 백성이라야 하나님이 권위를 위임하여 세우신 지도자들을 더 존경하고, 기도하고, 협조하며 따르게 될 것입니다. 사실 그 백성에 그 지도자가 있습니다. 앉기만 하면 정치 지도자를 욕하는 데에만 익숙한 우리 백성들의 태도는 결코 기독교적인 문화에서 나온 것은 아닐 것입니다. 인물을 키울 줄 알고 세울 줄도 알아야 훌륭한 지도자가 나타날 수 있는 법입니다.

특히 크리스천들 가운데서 훌륭한 정치가가 나타날 수 있도록 기도하고 후원하며 세워주는 분위기가 얼마나 아쉬운 세상인지 모릅니다. 성서의 기초 위에 국가를 건설한 종교 개혁 국가들이 세계에서 상대적으로 비교할 때 훌륭한 정치가들을 배출하여 수준 높은 사회 정의를 실현할 수 있었던 근거가 바로 여기에 있습니다.

새 하늘과 새 땅

나의 새로워짐, 나라의 새로워짐은 모두 하나님과의 새로운 관계에서 비롯됩니다. 왜냐하면 솔로몬이 탄식했듯이, 해 아래 있는 모든 것이 헛되고 새로운 것이 없기 때문입니다(전 1장). 우리 인생도

4. 나라를 새롭게 하는 이스라엘

부패를 향해 가고 있을 뿐이며, 부패한 인간들이 모여 공동체를 위해 최선을 다한다 하더라도 새로울 것이 없습니다. '해 위에 계신' 궁극적 존재만이 '해 아래 있는' 인생을, 그리고 공동체를 비롯한 만물을 '새 하늘과 새 땅'으로 창조해내실 수 있습니다.

그러므로 내 인생과 우주의 창조주시요, 역사의 주관자이신 하나님을 바르게 아는 것처럼 귀중한 것은 없습니다. 보좌에 앉으신 만왕의 왕, 하나님의 위엄과 존귀하심을 바라볼 수 있는 신앙의 눈이 있어야 합니다. 그리스도 안에서 내가 먼저 새로운 피조물(고후 5:17)이 되고 성령 안에서 끊임없이 새로워져야 합니다(골 3:10). 크리스천들이 개인적으로 거룩한 인격을 소유하고, 공동체의 변혁을 위해 헌신하고 기도하고 연구하며, 선하고 의로운 도를 증거해야 나라와 겨레는 끊임없이 새로워질 것입니다. 특히 젊은 크리스천들이 사무엘 같은 예언자들로 자라야만 교회와 나라에 새 소망이 있을 것입니다.

이스라엘의 하나님, 우리 하나님은 과연 어떠한 하나님이십니까?

보좌에 앉으신 이가 이르시되 보라 내가 만물을 새롭게 하노라 하시고 또 이르시되 이 말은 신실하고 참되니 기록하라 하시고 (계 21:5).

5.   버림받은 사울

삼상 13:1–15:35

—   순종이 제사보다 낫고 듣는 것이 숫양의 기름보다 나으니
… 왕이 여호와의 말씀을 버렸으므로 여호와께서도 왕을
버려 왕이 되지 못하게 하셨나이다(15:22–23).

초대 왕으로 세움받아 백성들의 기대를 한몸에 받던 사울이 그만
실패하고 맙니다. 그의 실패는 개인적으로 비극이었을 뿐만 아니
라 공동체적으로도 걷잡을 수 없는 혼란의 원인이 됩니다.

사울은 블레셋 그리고 아말렉과의 전쟁 등 밖에 있는 원수들과
의 싸움에서 모두 승리했으나 자기 자신과의 싸움에서는 거듭 패
배했습니다. 저자는 사울의 군사적 승리와 왕으로서의 치적보다
는 12장 14–15절에 기록된 하나님의 약속과 경고를 배경으로 주로
그의 신앙 파탄을 집중 추적합니다. 그래서 우리들로 하여금 지도
자가 내면을 잘 관리하는 게 외형적인 업적을 성취하는 것보다 얼
마나 더 중요한가를 깨우쳐 줍니다. 사울 왕의 통치는 겉으로는 사
무엘상 31장까지 계속되지만, 속으로는 본문에서 이미 하나님께
버림받은 사실을 가슴 아프게 보여 주고 있습니다.

개인이나 공동체의 패배의 역사를 공부하는 것은 결코 신나는
일이 아닙니다. 한때 사관학교에서 한국사 과목을 아예 빼어버린
적이 있었다고 합니다. 그러나 역사를 통해 실패의 원인을 살펴보

면서 신앙과 역사의 교훈을 얻을 수 있음은 앞날을 위해 실로 값진
것입니다.

사울이 처한 특수상황

사울이 왕위에 오른 지 2년 후 블레셋과의 전쟁을 겪게 되었습니
다. 당시 블레셋은 세 가지 측면에서 이스라엘에 대해 힘의 절대 우
위를 유지하고 있었으므로 무서운 위협이 되었습니다.

첫째, 블레셋은 전략으로는 유리한 위치를 이미 확보하고 있었
습니다. 그들은 중요한 장소마다 미리 수비대(13:3)를 주둔시켜놓
고 자기들이 원하면 언제나 기습할 수 있었습니다. 특히 이번에는
이스라엘 영토의 한복판에 있는 믹마스까지 와서 진을 치고(13:5)
작전을 개시했습니다.

둘째, 블레셋은 압도적인 병력을 가지고 이스라엘을 위협했습
니다.

블레셋 사람들이 이스라엘과 싸우려고 모였는데 병거가 삼만이요
마병이 육천 명이요 백성은 해변의 모래같이 많더라 (13:5).

현대전의 탱크에 견줄 수 있는 병거가 3만, 장갑차에 비할 수 있
는 마병이 6천 명, 그리고 보병의 수는 셀 수 없이 많았습니다. 당시
전체 인구는 이스라엘이 더 많았다고 하지만,[1] 상비군은 겨우 3천
명밖에 안 되었고 더구나 도망병이 많이 생겨 간신히 600명의 군사
가 남아 있었으니(13:15) 중과부적衆寡不敵이었습니다(13:2).

셋째, 블레셋은 고도로 발달된 철무기를 독점하고 있었습니다 (13:19 23). 당시 이스라엘은 청동기 문화 수준을 벗어나지 못했으며 전쟁 무기라고는 기껏해야 활과 투석기投石機 정도였습니다. 반면에 블레셋은 일찍이 헷 족속의 철기 문화를 익혀 팔레스타인에 들어온 후 신무기를 많이 개발한 군사 강국이었습니다. 이스라엘은 보잘것없는 무기로 싸워야 했습니다.

따라서 이스라엘이 승리할 수 있는 유일한 길이 있다면 그것은 하나님의 능력과 보호를 철저히 의지하는 믿음이라는 무기뿐이었습니다. 그러나 사울 왕은 11장에서 본 대로 암몬을 물리치던 카리스마 넘치던 지도력을 전혀 발휘하지 못합니다. 점점 증강되는 블레셋의 병력을 바라보며 이스라엘 백성들은 심한 전쟁 공포에 휩싸였습니다.

> 이스라엘 사람들이 위급함을 보고 절박하여 굴과 수풀과 바위 틈과 은밀한 곳과 웅덩이에 숨으며 어떤 히브리 사람들은 요단을 건너 갓과 길르앗 땅으로 가되 사울은 아직 길갈에 있고 그를 따른 모든 백성은 떨더라 (13:6 - 7).

이스라엘이 처한 위기 상황에서 사울이 왕으로서 선택할 수 있는 길은 오직 하나님을 의지하고 싸우는 것뿐이었습니다. 하나님의 백성이 전투에 임하기 전에 승리를 보장받으려면 두 가지 조건을 갖추어야 했습니다. 하나는 병사들이 여자와 성관계를 가져 부정하지 말아야 했고(21:4 이하 참조), 다른 하나는 하나님께 은혜를 구하는 제사를 드리는 일이었습니다. 제사는 제사장이 직접 드리거나 제사장 임석臨席 아래 왕이 드릴 수도 있었다고 합니다. 사무엘은 사울을 통치권을 가진 왕으로 세우면서도 종교적인 면에서의 지도력만은 자신이 확고히 지켰습니다. 하나님의 말씀을 증거하는 종으로서의 권위를 가지고 사울에게 "너의 행할 일을 가르칠 때까지 7일을 기다리라"고 명했습니다.

사울은 극한적인 특수 상황을 만나 몹시 당황하고 다급해졌습니다. 적은 언제든지 침공해올 수도 있었고, 아군 병사들은 전쟁을 포기하고 흩어지며 도망가는 수가 날로 늘어갔습니다. 한 명이라도 더 병사들이 남아 있을 때 얼른 제사를 드리고 싸우러 나가야겠는데, 온다고 약속한 사무엘이 무작정 지체되는 것 같았습니다. 더 이상 기다릴 수 없는 상황이라고 판단한 사울은 사무엘이 오겠다고 약속한 7일째, 남은 몇 시간을 기다리지 못하고 서둘러 번제를 드리고 말았습니다(13:8-9).

마지막을 참는 것이 이렇게 힘든 일인가 봅니다. 그래서 하나님께서는 사람의 믿음을 시험하기 위해 때로 기도 응답을 늦추기도 하십니다. 우리는 절박한 형편에서 행한 사울의 행위를 충분히 동정할 수 있을 것 같습니다. 그러나 그것은 선지자의 명령 곧 하나님의 말씀을 어긴 것일 뿐 아니라, 왕이면 무엇이든 제 마음대로 할 수 있다고 착각해서 월권을 행한 심각한 범죄 행위였습니다(민 18:5).

망령된 첫 불순종

번제를 마치자마자 도착한 사무엘은 "왕의 행한 것이 무엇이뇨" 하고 추궁했습니다. 이때 사울은 뭐라고 변명합니까?

> 백성은 내게서 흩어지고 당신은 정한 날 안에 오지 아니하고
> 블레셋 사람은 믹마스에 모였음을 내가 보았으므로 이에 내가
> 이르기를 블레셋 사람들이 나를 치러 길갈로 내려오겠거늘 내가
> 여호와께 은혜를 간구하지 못하였다 하고 부득이하여 번제를
> 드렸나이다 (13:11 - 12).

11-12절의 사울의 핑계를 다시 한 번 자세히 읽어보십시오. 사울은 현실적 상황을 넘어 하나님의 보좌를 바라볼 수 있는 시야가 없었습니다. 이때 문제는 크게 보이고 높고 크신 하나님은 작고 희미해집니다. 동전 하나가 눈동자 가까이 있으면 태양을 가릴 수 있는 법입니다.

사울은 오직 눈앞에 전개되는 상황과 환경만을 보고 자기가 택할 행동 방향을 선택했습니다. 그에게는 흩어지는 백성, 오지 않는 사무엘, 적군의 집결만 보였습니다. 그 상황을 보고 '내가 이르기를 (I thought – NIV)' '부득이하여(I felt compelled – NIV)', 즉 자기 생각과 감정을 따라 제맘대로 결정했던 것입니다.

개인이나 교회, 그리고 어떤 공동체가 윤리적 선택을 할 때 상황도 고려해야 하지만 절대적이고 보편적인 규범인 "하나님의 법도를 따른다"는 원칙이 확고하지 않을 때 상황윤리자狀況倫理者들이 쉽게 빠지는 오류를 범하게 됩니다. 정상 참작만 하고 규범이 없다면 사람들은 바람 부는 대로 물결치는 대로, 각자 자기 소견에 따라 행하다가 혼란에 빠질 것입니다.

5. 버림받은 사울

사울의 말은 상황 윤리에 호소하여 자기 행동을 정당화시키는 내용이었습니다. '상황 윤리'는 1966년 조셉 플레처Joseph Fletcher가 쓴 책의 이름으로 대중화된 것이지만 사실은 사울 왕을 비롯해 성경에 등장하는 많은 인물들의 범죄 속에서 사건들로 설명되고 있습니다.

상황 윤리자들의 주장이 모두 틀린 것은 아닙니다. 예컨대 기독교 윤리에서 상황을 진지하게 고려해야 할 필요성과 고루한 전통이나 교리, 또는 제도보다 사랑을 최우선적으로 강조한 점은 그들의 공헌이라 할 수 있습니다.

그러나 그들은 하나님의 계명의 보편타당성과 영원 불변성에 대해 의문을 던지며 다만 그 상황에서 사랑하기만 한다면 얼마든지 계명을 범할 수도 있다는 논리를 폅니다. 십계명의 계명 하나하나를 부득이하여 어길 수밖에 없는 특수 상황의 경우를 예로 들면 사랑하니까 살인하고, 사랑하니까 간음하고, 사랑하니까 도둑질할 수 있다고 주장합니다.

그들의 이론은 현대의 상대주의 철학을 기독교 윤리학에 도입한 것이어서 현대인의 사고의 경향에 맞고 편하게 보입니다. 그러나 진리와 함께 기뻐하는 사랑(고전 13:6)이 아닌, 불의를 기뻐하는 사랑이 기독교의 사랑일 수 없습니다. 그들의 주장은 논리적 일관성도 없고, 또 자유주의 신학자들이 늘 하는 대로 그들의 이론을 뒷받침하기 위해 성경의 어느 부분을 선택해서 이용하고 있기 때문에, 성경을 전체로 이해하려는 복음주의 크리스천들은 결코 상황 윤리를 추종할 수 없습니다.[2]

우리도 그동안 하나님을 순종하는 크리스천이라고 하면서 실제

생활에서는 "그때 그 상황에선 어쩔 수 없었다"고 말하며 자기 죄를 합리화하려는 상황 윤리자가 아니었던가 곰곰이 돌이켜봐야 할 것입니다. 하나님께서는 죄를 시인하는 진실을 원하시지, 사울처럼 변명하고 합리화시키는 것을 기뻐하지 않으십니다(요일 1:8-10).

또한 그 상황에서는 아주 시급하게 결정하지 않으면 안 될 것 같아 보이는 문제일지라도, 바로 그 순간에 하나님을 굳게 의지하고 여유를 가지고 신중하게 결정하지 않으면 후회할 날이 오는 것이 예사입니다. 개인과 공동체의 운명과 직결된 중요한 결정일수록 충분한 기도와 묵상, 토의 과정이 필요한 것입니다. 하나님의 뜻이라고 확신하고 충동적으로 결정한 후, 그 때 상황에서 최선의 길이라고 확신했던 것이 시간이 흐른 후 재검토할 때 얼마나 어리석고 하나님을 슬프게 한 것이었나를 깨닫게 되는 경우가 적지 않을 것입니다. 인간의 자기 확신이란 도대체 믿을 만한 것이 못 됩니다. 그래서 국회도, 법원도 수차례 절차를 밟아 신중하게 입법 행위나 재판을 하게 되어 있습니다.

하물며 하나님의 교회에서야 얼마나 더욱 하나님의 말씀과 그 말씀에 기초한 교회법을 존중하여 매사를 신중하게 결정해야 하겠습니까. 조급함은 하나님에 대한 불신앙의 증거입니다(딤후 3:4). 하나님의 말씀을 따르지 않고 상황만 보고 다급해져 그냥 서둘러 결정한 선택이 사울 개인뿐만 아니라 주위 사람들, 그리고 민족 전체에 돌이킬 수 없는 고통과 비극을 가져 왔습니다.

이러한 사울을 향한 하나님의 종 사무엘의 책망을 들어보십시오.

왕이 망령되이 행하였도다 왕이 왕의 하나님 여호와께서 왕에게

5. 버림받은 사울

내리신 명령을 지키지 아니하였도다 (13:13) .

사울을 망령된 짓을 행했다고 꾸짖었습니다. '망령되다'라는 것은 '어리석다'라는 뜻인데, 그렇다면 사울의 지능이 낮다는 말입니까? 성경에서는 지성과 상관없이 신앙과 도덕적인 과오를 모두 어리석다고 봅니다. 지식과 지혜의 근본은 하나님을 경외하는 것입니다(잠 1:7; 시 111:10), 지혜는 성경 말씀대로 행하며(시 119:98-100), 기도하는 자에게 주어지는 하나님의 선물입니다(왕상 3:9, 약 1:5). 인간은 본성이 어리석어 하나님의 말씀을 의존하지 않고 자기 생각대로 살면 우매한 자가 될 수밖에 없습니다. 따라서 '계시 의존의 사고思考'를 해야만 참 지혜자가 된다는 말입니다. 사울의 어리석은 행동이 빚어낸 결과는 가혹했습니다. 사무엘은 사울을 떠나면서 하나님의 심판을 선포합니다.

> 그리하였더라면 여호와께서 이스라엘 위에 왕의 나라를 영원히
> 세우셨을 것이거늘 지금은 왕의 나라가 길지 못할 것이라 여호와께서
> 왕에게 명령하신 바를 왕이 지키지 아니하였으므로 여호와께서 그의
> 마음에 맞는 사람을 구하여 여호와께서 그를 그의 백성의 지도자로
> 삼으셨느니라 (13:13 - 14) .

사울 왕조는 사울 당대로 마치게 되었고, 하나님께서는 사울에 이어 왕이 될 자를 이미 택정했다고 선언했습니다. 이러한 어법을 '예언자적 완료형prophetic perfect'이라고 합니다. 사울을 계승할 이스라엘 왕은 '하나님의 마음에 맞는 사람A man after his own heart'이었

습니다. 사도 바울이 안디옥 설교 중에서 다윗을 가리켜 한 말은 여기에서 인용한 것입니다(행 13:21-22).

하나님께서는 사울 왕이 단 한 번 행한 범죄를 왜 이토록 단호하게 벌하시는 것일까요? 마치 사도행전 역사 초기에 교회의 순수성을 지키기 위해 아나니아와 삽비라를 가혹하게 심판하여 모든 교회에 경고하셨던 사건과 비슷합니다(행 5장). 하나님의 심판은 공정하나, 때로는 그 사건이 일어난 역사적 시점의 중요성에 비추어 특수하게 임하는 경우가 있다는 것을 기억해야 합니다.

요나단의 기습작전

대치 상태가 오래 지속되면서 블레셋은 특공대를 보내는 등 이스라엘을 위협했으나 사울은 무대책으로 기다리고만 있었습니다.

사울이 기브아 변두리 미그론에 있는 석류나무 아래에 머물렀고
함께한 백성은 육백 명 가량이며 (14:2) .

사울과 함께한 600명은 블레셋군에 비해 초라한 병력이었으나 이들이 하나님을 믿는 용사들이라면 무한한 가능성의 군사이기도 했습니다. 기드온의 3백 용사가 메뚜기 떼같이 몰려오는 미디안과의 전쟁에서 통쾌한 승리를 거두었던 역사를 사울도 익히 알고 있었을 것입니다(삿 7장). 그러나 믿음이 없어 석류나무 아래 사령부를 두고 아무 대책 없이 지체하는 사울은 한없이 처량한 지도자였습니다.

이때 전선의 교착 상태를 깨고 나타난 영웅이 바로 사울의 아들 요나단이었습니다. 그는 부왕의 불신앙이 답답했든지, 아니면 아버지의 허락을 받는 것이 불가능하다는 것을 알았기 때문인지 아버지와 의논 없이 호위병 단 한 명만 데리고 적진으로 담대하게 나아갔습니다.

우리가 이 할례받지 않은 자들에게로 건너가자 여호와께서 우리를 위하여 일하실까 하노라 여호와의 구원은 사람이 많고 적음에 달리지 아니하였느니라 (14:6) .

요나단의 적군을 바라보는 눈은 사울과 달랐습니다. 그는 블레셋의 증강된 병력, 발달된 무기만을 본 것이 아니었습니다. 요나단의 눈에 비친 블레셋은 하나님의 언약과 아무 상관 없는 할례받지 않은 이방인에 불과했습니다. 그는 만군의 여호와 하나님께서 자기 백성 이스라엘을 보호하고 승리를 주시는 하나님이심을 확신하였습니다. 구원이 사람 수와 관계없이 하나님 자신의 능력에 달린 것을 확신했던 것입니다.

축구 시합에도 한두 사람의 스트라이커가 있어야 하듯이, 요나단과 그의 호위병 두 명이 이스라엘의 작전을 승리로 이끄는 원동력이 되었습니다. 요나단의 기습으로 혼쭐난 블레셋 진영은 자기들끼리 치고받다가 마침내 큰 혼란에 빠졌습니다. 이를 지켜보던 사울과 병사들, 에브라임 산간지에 피난 가서 숨어 있던 백성들까지 다시 모여 도망가는 블레셋군을 추격하기 시작했습니다(14:14-22).

여호와께서 그날에 이스라엘을 구원하시므로 (14:23) .

그렇습니다. 가정이나 교회, 어떠한 공동체가 위기에서 구원받는 길은 요나단과 같이 여호와의 구원이 사람의 많고 적음에 달려 있지 않음을 굳게 믿고 싸우는 용기 있는 한두 사람의 존재에 있습니다.

온 백성을 피곤케 한 사울

이스라엘은 블레셋군을 섬멸시킬 수 있는 절호의 기회를 맞았으나 사울 왕은 전투에 임하는 군사들에게 상식으로 이해할 수 없는 맹세를 하도록 시켰습니다.

> 이날에 이스라엘 백성들이 피곤하였으니 이는 사울이 백성에게
> 맹세시켜 경계하여 이르기를 저녁 곧 내가 내 원수에게 보복하는
> 때까지 아무 음식이든지 먹는 사람은 저주를 받을지어다
> 하였음이라 (14:24) .

전쟁에서 가장 중요한 것은 군사의 사기이고, 우선 잘 먹어야 사기가 오르는 법입니다. 사울은 전에 보여주던 겸손은 어디로 갔는지 왕이 되어 세월이 흐를수록 폭군이 되어가고 있었습니다. 그래서 원수를 섬멸하기까지 전군 단식령을 내렸습니다. 아무리 젊은 병사들이라도 배고픈 채로 전쟁을 치른다는 것이 얼마나 힘든 일이었겠습니까. 14장에는 '피곤하다' '곤란하다'라는 말이 여러 차례

5. 버림받은 사울

반복됩니다(14:24, 28, 29, 31).

요나단은 블레셋을 '할례받지 않은 자'로 보았으나 사울은 단지 '내 원수'로 보았습니다. 자기 체면이 백성의 복지보다 더 중요하게 보일 만큼 자기중심이고 충동적인 전제 군주의 모습입니다. 그는 개인의 복수심에 사로잡혀 있었고, 이 복수심은 사람의 정상적 판단 능력을 마비시킵니다.

결국 공비 토벌 작전을 하듯 블레셋을 소탕하려고 죽을 힘을 다하던 이스라엘 군사들은 너무나 허기진 나머지 전리품 중에서 짐승들을 끌어내 잡아 피째 먹었습니다. 피는 생명을 상징하는 것이므로 하나님께서 일찍이 노아 시대부터 짐승을 피째 먹지 못하게 규례를 주어 생명 경외 사상을 심으셨는데(창 9:4), 이스라엘 군사들은 큰 범죄에 빠진 것입니다(레 7:26-27).

하나님에 대한 경외심도 없고 백성들의 안녕에 대한 관심도 없는 교만해진 지도자의 경솔한 명령 한 마디가 이토록 무서운 결과를 빚었습니다. 악한 지도자나 지도자 집단이 공의를 떠나 악법을 만들고 자기들의 권세욕이나 복수심의 노예가 될 때 백성들의 인권은 유린당하며 고통당할 뿐 아니라, 견디다 못해 하나님 앞에 범죄하는 경우가 적지 않습니다. 히틀러나 스탈린 치하의 백성들, 군사 독재 정권하의 한국 백성들이 그 예가 될 것입니다. 악법으로 사회 구조 자체가 죄악 된 경우, 그런 악법에 굴종하는 것은 신앙인의 바른 태도가 아닙니다.

요나단을 구한 백성의 항거

사울은 백성의 속죄를 위해 생애 처음으로 단을 쌓았습니다(14:35). 그런데 큰 문제가 생겼습니다. 요나단이 기습 작전을 펴기 위해 먼저 블레셋 진영으로 떠났었기 때문에 사울의 맹세를 듣지 못하고 그만 수풀에 있는 토종꿀을 찍어 먹었습니다. 그의 죄가 발각되자 사울은 어처구니없게도 그날의 승리의 주역인 아들 요나단을 사형 집행하겠다고 나섰습니다.

이스라엘을 구원하신 여호와께서 살아 계심을 두고 맹세하노니 내 아들 요나단에 있다 할지라도 반드시 죽으리라 하되 모든 백성 중 한 사람도 대답하지 아니하매 (14:39).

여기서 우리를 어리둥절하게 만드는 것은 사울 왕이 "그거 뭐 없었던 일로 합시다"라고 하면 모두 끝날 텐데, 왜 그 맹세를 지키려고 이렇게 소동인가 하는 것입니다. 하나님께서는 우리에게 맹세하라고 명하신 적은 없었지만, 맹세했으면 손익損益을 불문하고 반드시 지키라고 명하셨습니다(레 5:4, 민 30장). 특히 여호와의 이름으로 맹세했다면 그 이름이 지극히 거룩하기 때문에 어떤 경우에라도 지켜야 했습니다. 그러므로 하나님의 백성들이 얼마나 언행에 신중해야 하는가를 깨닫게 해줍니다.

그러나 사울이 맹세를 지키려고 요나단을 죽이려 하자 백성들은 그 부당한 처사에 단호히 항거했습니다.

　　　　　　　　　　　　　5. 버림받은 사울

백성이 사울에게 말하되 이스라엘에 이 큰 구원을 이룬 요나단이
죽겠나이까 결단코 그렇지 아니하니이다 여호와의 살아 계심을 두고
맹세하옵나니 그의 머리털 하나도 땅에 떨어지지 아니할 것은 그가
오늘 하나님과 동역하였음이니이다 하여 백성이 요나단을 구원하여
죽지 않게 하니라 (14:15) .

이스라엘 백성들은 하나가 되어 폭군의 횡포에 정치적으로 항
거하는 '프로테스탄트' 정신을 보여주었습니다. 이른바 '시민 불복
종 운동 civil disobedience'의 모형을 보여준 것입니다. 이스라엘 백성
들은 단합된 '민중의 힘 people power'으로 사울 왕의 폭정에 항거하
여 요나단을 구했습니다.

성경은 기본적으로 하나님의 백성이 위에 있는 권세에 복종하
라고 명합니다(롬 13장). 왜냐하면 하나님께서는 국가의 질서를 위
해 왕에게 그 권위를 위임하셨기 때문입니다. 그럼에도 불구하고
정치 권세가 더 고차적인 권위인 하나님의 법을 어길 때는 사람보
다 하나님께 순종하기 위해(행 4:19) 정치 권세에 불복종하고 때로
는 항거해야 할 예외적인 시기가 있는 것입니다.

불의에 항거할 줄 모르는 백성은 자유롭고 정의로운 사회를 이
룰 자격이 없는 노예들과 같습니다. 1950년대 말부터 1960년대에
미국 흑인들의 민권 운동을 주도했던 마틴 루터 킹 목사는 이렇게
말했습니다.

수동적으로 악을 받아들이는 자는 악의 영속을 돕는 자와 마찬가지로
완전히 악에 빠져 있는 것이다. 악을 향한 아무 저항도 없이 그것을

받아들이는 자는 실로 협력하는 자다. 피압박 민중이 그들이 받는 압제를 즐겨 받아들일 때 그들은 압제자들에게 정당성을 부여해주는 구실을 맡고 있는 셈이다.[3]

어느 외국의 사학자가 조선 500년 역사를 자랑스럽게 말하는 한국인에게 "한 왕조를 500년이나 질질 끈 국민들의 역사에서 배울 점이 무엇이 있겠느냐"고 비아냥거렸다고 합니다. 오죽했으면 34번째 민족대표라 불리던 스코필드 박사가 "한국인이여, 부패와 싸우는 백성이 되어다오"라는 유언을 남겼겠습니까.

물론 이런 외국인들의 비판은 민족의 자긍심에 상처를 주는 말이지만 우리의 정치나 경제계뿐 아니라 교육계, 법조계, 종교계까지 온통 사회가 부패한 이유는 우리 백성, 특히 크리스천들이 하나님께 순종하기 위해 사람에게 불순종할 줄도 아는 용기가 부족하기 때문일 것입니다. 이제는 '목구멍이 포도청'이라는 말은 없어질 때가 되지 않았습니까?

정치적 항거에 대해서는 신학적 입장이 다양하고 그 폭이 넓습니다. 크게 나누어 킹 목사의 저항적 태도와 요더 J. H. Yoder의 무저항적 태도가 있으며,[4] 또한 저항의 형태로 비폭력적이어야 하는가 폭력도 사용할 수 있는가 등의 입장이 나누어집니다.[5]

프란시스 셰이퍼 F. A. Schaeffer는 《그리스도인의 선언 *A Christian Manifesto*》에서 보수 복음주의자로서는 광범위하고 과격하다고 볼 수 있는 입장을 취합니다. 그는 종교 개혁이 성공한 유럽 국가들은 폭력도 사용한 국가였다는 역사적 증거와 스코틀랜드 종교 개혁자들의 "정치권력자들이 성경에 배치된 통치를 할 때 백성은 반항해

5. 버림받은 사울

야 한다. 그렇지 않은 것은 하나님께 대한 반항"이라는 입장을 지지합니다. 그러므로 나치 독일에서 참 크리스천들은 히틀러를 지지했던 국교도들이 아니라, 국법을 어기면서 유대인들을 숨겨준 고백 교회 신자들이었다는 것입니다. 미국에서 이른바 '구출 운동Rescue movement'이라는 시민 불복종 운동이 일어난 적이 있습니다. 이 운동에 참여해서 생명을 합법적으로 죽이는 병원의 낙태 수술실을 파괴하다가 3만 6천 명 이상의 크리스천들이 투옥된 사실도 같은 맥락에서 이해해야 할 것입니다. 사울의 횡포에 항거하여 요나단을 구한 이스라엘 백성은 실로 위대했습니다.

아말렉 진멸 명령

14장 47-48절에는 사울의 군사적 업적을, 49-51절에는 사울의 가족에 대해 요약해주는 기록이 있습니다. 그는 군사 안보에 많은 관심을 두어 '힘 센 사람이나 용감한 사람을 보면 그들을 불러모으면서'(14:52) 지난번 블레셋과의 전투에서 겪은 곤욕스러운 경험을 거울삼아 전쟁에 대비했습니다.

그러나 사울 왕은 영적인 자기 점검은 하지 않았던 것 같습니다. 하나님께서 자신을 하나님의 백성의 왕으로 세우신 목적이 무엇인가를 기억하고 하나님과 깊이 교제하며 동행하는 신앙생활이 없었습니다. 하나님께 불순종하였기 때문에 하나님의 버림을 받았다는 선언을 받고서도 하나님과 자신의 관계가 어떠한가를 발견하고자 영적으로 투쟁하는 모습도 없습니다. 자기 신앙의 위기를 의식하는 영적 감각이 마비된 상태로 보입니다.

하나님께서 경솔하게 사울이 단지 한 번 불순종했는데 그를 버리겠다고 말씀하신 것이 아닙니다. 사울의 중심에 하나님을 사랑하는 기본 신앙이 보이지 않고, 왕이 된 후 점점 교만해져서 갈수록 하나님을 찾는 삶이 없어졌기 때문이었습니다(대상 10:13-14 참조).

긍휼이 풍성하신 하나님께서는 이처럼 영적으로 둔하여 답답한 사울이었지만, 다시 한 번 하나님 앞에 쓰임받을 기회를 주셨습니다. 이스라엘의 출애굽 역사를 크게 방해하고 끊임없이 괴롭혀온 아말렉을 향해 하나님의 심판을 대행하여 그들을 진멸하라는 명령을 내리신 것입니다(출 17장, 신 25:17 이하 참조). 선지자 사무엘은 "여호와께서 … 그의 백성 이스라엘 위에 왕으로 삼으셨은즉 이제 왕은 여호와의 말씀을 들으소서"(15:1)라고 사울의 마음을 준비시키며 하나님의 명령을 전했습니다.

> 만군의 여호와께서 이같이 말씀하시기를 … 지금 가서 아말렉을 쳐서
> 그들의 모든 소유를 남기지 말고 진멸하되 남녀와 소아와 젖 먹는
> 아이와 우양과 낙타와 나귀를 죽이라 하셨나이다 (15:2-3).

아말렉을 치되 젖 먹는 아이들까지 모조리 죽이라는 잔인한 명령은 현대 크리스천들에게는 신앙의 걸림이 되는 문제입니다. 이것은 한 생명을 온 우주보다도 더 귀하게 여기시는 하나님의 사랑의 성품과도 충돌하는 신학적인 난제입니다.

하나님께서 아말렉을 진멸하라는 것은 2절 말씀대로 이스라엘이 출애굽하여 가나안으로 오는 길을 방해했을 뿐 아니라, 피곤하여 뒤에 처진 노약자, 부녀자들을 무참하게 몰살한 죄에 대한 하나

님의 심판 집행이었습니다(출 17:8-13, 신 25:17-19).

구약 시대에 이스라엘이 하나님의 원수들을 진멸하는 행위는 하나님의 도구가 되어 심판을 대행하는 것이므로 원수들을 제물로 온전히 바친다는 개념이 내포되어 있었습니다. '진멸殲滅'이란 단어는 '하나님의 전리품으로 온전히 바쳐진다put to the ban, devoted-it-to-destruction'는 종교적 봉사의 뜻이 있는 특별 용어입니다. 따라서 이스라엘 백성들에게 전쟁은 하나님의 뜻을 행하는 '거룩한 전쟁holy war'이요, 성스러운 의무였습니다(신 20장).[6]

여호수아에게 가나안 족속들을, 본문에서 사울에게 아말렉을 진멸하라는 명령은 같은 맥락에서 이해해야 할 것입니다.[7] 도대체 하나님께서 왜 이방 족속들에게 이런 심판을 내리신 것입니까?

첫째, 음란한 가나안 종교의 영향으로 가나안 족속이나 아말렉이 극심한 성적 부패로 사실상 멸종해가고 있었기 때문입니다(2장 참조). 아프리카의 우간다를 비롯한 여러 나라에서 젖 먹는 아이들까지 에이즈에 감염되어 수많은 부족들이 사라지는 것을 보아 그리 놀라운 일은 아닙니다. 하나님께서는 온 세계의 도덕 질서를 위해 선민뿐 아니라 다른 민족도 도덕적으로 심히 부패하면 반드시 심판하시는 거룩한 분이십니다.

둘째, 선민 이스라엘의 신앙을 순수하게 유지하기 위한 예방책으로 행하신 것입니다. 하나님께서는 인류 구속의 계획을 점진적으로 진행시키는 과정에서 먼저 이스라엘을 신앙과 도덕 생활에서, '거룩한 백성' 삼으려는 계획이 있으셨기 때문입니다. 이스라엘을 통해 세계 만민에게 하나님을 바르게 섬기고 사는 공동체의 모습을 보이기 위해 우선 이스라엘을 실족시킬 위험이 있는 사악한 민족을 진멸시켜야 할 필요가 있었던 것입니다.

거룩한 전쟁

구약 시대의 '거룩한 전쟁' 개념은 신약 시대에 와서 영적 싸움의 개념으로 발전했을 뿐 아니라(엡 6:10-20), 교회 역사를 통해 콘스탄틴 대제 때부터 시작하여 이미 4, 5세기에는 '정의의 전쟁 Just War' 이론으로 정립되고 발전해나갔습니다. 타락한 세상에서 악을 정복하고 정의와 평화를 수립하기 위해서는 '차악次惡, the lesser evil'으로서의 전쟁이 불가피하다는 입장입니다.

중세 시대에 들어와서 십자군적 이상the crusading ideal을 실현하기 위해 거룩한 전쟁 이념을 극단적으로 적용하다가 기독교회에 많은 폐해가 있었습니다. 그래서 종교 개혁 시대에는 전쟁에 대해 크게 세 가지 입장으로 나뉘었습니다. 루터나 성공회는 가톨릭교와 함께 '정의의 전쟁' 입장, 개혁 교회는 '십자군'의 이상을 강조하는 입장, 재침례파와 퀘이커교는 '평화주의pacifism' 입장이었습니다.

1, 2차 세계대전 후에도 교파에 따라 그 입장이 다르지만 일반적으로 국가 간의 전쟁은 불법이요, 유일한 합법적 전쟁은 유엔의 경찰 행위에 의해 침략자를 응징하는 전쟁이어야 한다는 헌장을 존중하는 태도입니다.[8]

전쟁에 대한 크리스천들의 태도는 이렇게 신학적 입장에 따라 다양하므로, 우리는 구약의 어느 한 부분에 근거해 교리를 형성하는 위험을 인식하고, 성경 전체의 메시지가 무엇인가를 살펴보는 신학적 논구論究가 필요합니다.

5. 버림받은 사울

다시 불순종하는 사울 왕

재기의 기회를 얻은 사울은 하나님의 말씀을 받들어 군사를 이끌고 아말렉 진멸에 나섰습니다. 그러나 첫 순종 시험에 낙방한 사울이 안타깝게도 두 번째 명령에 또 불순종하여 하나님을 심히 슬프게 하고 하나님의 종 사무엘을 비탄에 빠지게 합니다.

> 사울이 … 아말렉 사람의 왕 아각을 사로잡고 칼날로 … 그의
> 양과 소의 가장 좋은 것 또는 기름진 것과 어린양과 모든 좋은
> 것을 남기고 진멸하기를 즐겨 아니하고 가치 없고 하찮은 것은
> 진멸하니라 (15:7-9).

사울의 불순종은 무지나 연약함에서 나온 것이 아니라 고의로 행한 것이었습니다. 하나님께서는 '그가 돌이켜서 나를 따르지 아니하며 내 명령을 행하지 아니하였음'(15:11)이라고 하셨는데 사울은 왜 거듭 하나님의 명령을 불순종한 것일까요?

첫째, 탐심 때문이었습니다. 사울은 무가치하고 쓸모없는 것은 없애고 가장 좋은 것, 기름진 것, 값나가는 것은 남겼습니다. 자신을 위해 무언가 남겨두는 것은 늘 하나님의 사람을 넘어뜨립니다. 우리가 이해하기 힘든 점은 어떻게 자기 아들 요나단까지도 죽이려던 사울이 끔찍한 악행을 해온 아각 왕은 살려두는가 하는 것입니다(15:33). 당시 관례대로 거액의 보석금을 노리고 계산한 행위가 아니었는가 추측할 수 있습니다.

둘째, 자기 영광만을 구했기 때문이었습니다. 전쟁에서 승리를

146

주신 하나님께 영광을 돌리며 감사제를 드리기보다 '자기를 위하여 기념비를 세우고'(15:12) 있습니다. 사울은 후에 사무엘을 통해 하나님께 버림받은 심판의 메시지를 듣고 나서야 사무엘의 옷자락을 붙잡으며 애원했습니다.

> 내가 범죄하였을지라도 이제 청하옵나니 내 백성의 장로들 앞과 이스라엘 앞에서 나를 높이사 (15:30).

그가 자기를 높이기 위해 얼마나 애쓰고 있으며 얼마나 초라하리 만큼 왕권에 매달리고 있는가를 보여주는 가엾은 모습입니다. 교만이 그를 패망시키고 있습니다.

셋째, 하나님보다 백성들을 두려워했기 때문입니다. 죄를 단호하게 지적하는 사무엘 앞에서 사울은 자기 마음을 열고 고백했습니다.

> 내가 여호와의 명령과 당신의 말씀을 어긴 것은 내가 백성을 두려워하여 그들의 말을 청종하였음이니이다 (15:24).

하나님보다 백성을 두려워할 때 빌라도와 같이 하나님의 뜻을 거역하게 됩니다(막 15:15). 탐심과 자기 영광을 추구하는 마음, 사람을 두려워하는 마음은 정도의 차이만 있을 뿐 사람이라면 누구에게나 있습니다. 다만 어떻게 이러한 마음을 다스리고 하나님의 말씀에 순종하느냐의 여부가 바로 믿음의 시금석일 것입니다.

사무엘의 준엄한 책망을 받고 사울은 자기 죄를 시인하였습니다. 용서해 달라고, 다시 하나님께 제사드릴 수 있게 해달라고 간구합니다. 물론 사울이 진정으로 회개했다면 죄사함은 받았을 것입니다. 그러나 30절에 나타난 사울의 태도를 보면 그의 죄 고백이 진정한 회개였다고 보기 어렵습니다. 결국 그는 하나님의 버림을 받아 하나님의 백성을 왕으로서 섬기는 영광스러운 직분을 박탈당했습니다. 사울이 하나님의 버림을 받은 이유는 그가 먼저 하나님을 버렸기 때문이었습니다(롬 1:28).

사무엘은 두 차례나 사울이 하나님의 말씀을 버렸기 때문에 하나님께 버림받았다고 반복해서 말합니다. 이것은 철저히 사울 자신의 선택의 결과이며, 사울 자신의 책임입니다.

> 이는 왕이 여호와의 말씀을 버렸으므로 여호와께서 왕을 버려
> 이스라엘 왕이 되지 못하게 하셨음이니이다 (15:23, 26) .

제사보다 순종을

아말렉을 다 진멸하지 않은 이유는 '가장 좋은 것으로 길갈에서 당신의 하나님 여호와께 제사하려고 양과 소를 끌어온'(15:21) 것이라고 거짓말하는 사울에게 선지자 사무엘은 말했습니다.

> 사무엘이 이르되 여호와께서 번제와 다른 제사를 그의 목소리를
> 청종하는 것을 좋아하심 같이 좋아하시겠나이까 순종이 제사보다
> 낫고 듣는 것이 숫양의 기름보다 나으니 이는 거역하는 것은 점치는
> 죄와 같고 완고한 것은 사신邪神 우상에 절하는 죄와 같음이라
> (15:22 - 23) .

이 말씀은 기독교 신앙의 본질이 담겨져 있는 성경의 가장 중요한 말씀 가운데 하나입니다. 하나님께서는 우리가 거창하게 제사를 드리는 외적·형식적 행위보다 우리의 중심을 바라보시며(시 51:6-7), 겸손한 마음으로 일상적인 생활의 전 영역에서 구체적으로 순종하는 삶을 더 기뻐하시는 하나님이십니다. 짐승이나 물건을 제사로 바치기보다 우리 자신을 거룩한 산 제물(롬 12:1)로 드리길 원하십니다.

하나님께서는 의식 중심, 사업 중심의 교회보다 말씀 중심의 교회를 참 교회로 보십니다. 하나님께서는 많은 업적을 남기고 성공한 목회자보다 하나님의 말씀을 진실하게 순종하는 종을 더 귀하게 여기십니다.

사울뿐만 아니라 이스라엘 백성들은 끊임없이 하나님을 불순종하면서도, 제물을 많이 바치고 종교 의식만 잘 지키면 그것이 바로 좋은 신앙의 표현으로 오해했습니다. 이스라엘 역사를 통해 하나님께서는 줄기차게 예언자들로 하여금 행함 없는 죽은 믿음으로 종교 행위에만 열중하고 윤리의식이 빠진 거짓된 종교 지도자들과 백성들을 통렬하게 책망하셨습니다(사 1:11-20, 암 4:4-5, 5:21-24). BC 730년대에 활동한 선지자 미가는 '삯을 위하여 교훈하는' 제사장들과 '돈을 위하여 점치면서' 재앙의 심판이 다가오는데도, 평안하다고 부담 없이 믿으라고 하던 예언자들(미 3:11)의 악영향으로 온 유다가 큰 위기에 직면했을 때 이렇게 선포했습니다.

여호와께서 천천의 숫양이나 만만의 강물 같은 기름을 기뻐하실까
내 허물을 위하여 내 맏아들을 내 영혼의 죄로 말미암아 내 몸의

5. 버림받은 사울

열매를 드릴까 사람아 주께서 선한 것이 무엇임을 네게 보이셨나니

여호와께서 네게 구하시는 것은 오직 정의를 행하며 인자를 사랑하며

겸손하게 네 하나님과 함께 행하는 것이 아니냐 (미 6:7-8).

정의와 사랑의 하나님과 동행하며 순종의 삶이 없는 개인이나, 기독교 윤리를 실천하지 않는 교회를 하나님께서는 버리실 수밖에 없습니다. 공의의 하나님께서는 결코 자기의 성품을 바꾸거나 변개變改하실 수 없기 때문입니다(15:29).

한때 기독교 국가였다가 회교도에게 영토를 빼앗긴 북아프리카와 중동 국가들, 공산주의자들에게 빼앗겼던 동유럽의 교회들은 모두 종교 의식은 화려하고 정교하며 열심이었으나, 말씀에 구체적 순종이 없어 항상 부자 편에만 서다가 개인과 사회 윤리가 심히 부패했기 때문에 하나님과 자기 민족에게 버림받은 교회들이었습니다(렘 7:28-29 참조). 교회가 세상의 소금으로서 그 맛을 잃으면, '후에는 아무 쓸데없어 다만 밖에 버려져 사람에게 밟힐 뿐'(마 5:13)이라는 우리 주님의 말씀이 그대로 성취된 것입니다.

순종은 창조주 하나님과 피조물인 인간, 구속주요 심판주이신 하나님과 구원받아 장차 그리스도의 심판대 앞에 설 책임 있는 존재인 인간들 사이에 바른 관계가 이루어졌다는 신앙의 핵심적 표현입니다. 순종은 내가 내 인생과 역사의 주인이 아니라 하나님의 종이라는 신앙 고백인 것입니다.

하나님께 순종하는 삶은 현실에서는 희생이 따릅니다. 사울도 손해를 감당 못하고 자기 불순종을 합리화시키기 위해 제물을 더 바쳐 보상하려는 자기기만에 빠졌습니다. 우리도 일시적으로 사

람에게서 버림받는 아픔을 감당하지 못하면 하나님께 버림받을
수 있음을 기억해야 합니다. 예수님께서는 건축자들의 버린 돌처
럼 사람들에게 버림받았지만 모퉁이의 머릿돌로 하나님께 택함받
는 길을 택하셨습니다(벧전 2:4-8).

우리 주님은 사울같이 왕 노릇 하든지 아니면 '주의 이름으로 선
지자 노릇 하며 주의 이름으로 귀신을 쫓아내며 주의 이름으로 많
은 권능을 행'(마 7:22)하면서도, 실제 생활에서 하나님의 말씀을 순
종하지 않는 교만하고 거짓된 자들, 사기 치는 목사들, 커닝하는 신
학생들, 음란한 평신도들, 모든 윤리의식 없는 가증한 자들을 '불법
을 행하는 자들아 내게서 떠나'(마 7:23)라고 천국에서 쫓아내어 밖
에서 슬피 울며 이를 갈도록 버리십니다. 개인과 교회, 민족 공동체
가 하나님께 버림받지 않으려면 꿈에서도 잊지 말아야 할 말씀이
있습니다.

나더러 주여 주여 하는 자마다 다 천국에 들어갈 것이 아니요 다만
하늘에 계신 내 아버지의 뜻대로 행하는 자라야 들어가리라
(마 7:21).

5. 버림받은 사울

6. 다윗과 골리앗

삼상 16:1–17:58

—   다윗이 블레셋 사람에게 이르되 너는 칼과 창과 단창으로
내게 나아오거니와 나는 만군의 여호와의 이름 곧 네가
모욕하는 이스라엘 군대의 하나님의 이름으로 네게
나아가노라(17:45).

6장의 중심 내용은 다윗이 기름 부음받은 후 골리앗을 물리치는
감동적인 사건입니다. 16장부터는 다윗이 역사의 전면에 주인공
으로 등장합니다. 사울도 31장까지는 완전히 사라진 것은 아니지
만 다윗의 조연 역할에 지나지 않습니다. 그래서 사무엘상 16–31장
을 흔히 '다윗 등장의 역사History of David's Rise'라고 부릅니다. 다윗
이 왕위에 오르기까지는 많은 우여곡절이 있었습니다. 그러나 하
나님의 택함받은 사람은 예기치 않은 굴곡과 뒤틀림 등으로 파란
만장하지만, 결국 하나님의 때에 하나님께서 세우신 목표까지 이
른다는 것을 보여줍니다.

외모보다 속마음

그동안 사무엘은 하나님께서 사울을 버리신 사실을 선포한 후 조
용히 은퇴 생활을 하고 있었습니다. 일생을 바쳐 하나님과 하나님

의 백성을 위해 봉사했으나, 그의 노년은 슬픔에 젖은 황혼이었습니다. 이때 하나님께서 사무엘에게 새 일을 맡기십니다.

> 네가 … 언제까지 슬퍼하겠느냐 너는 뿔에 기름을 채워가지고 가라
> 내가 너를 베들레헴 사람 이새에게로 보내리니 이는 내가 그의 아들
> 중에서 한 왕을 보았느니라 (16:1).

슬픈 감정을 이기는 것은 쉽지 않습니다. 더구나 사무엘이 딴 사람을 왕으로 세우러 간다는 정보가 사울 왕에게 새어 들어가면 죽임을 당할는지도 모릅니다. 그러나 사무엘은 자기 감정과 죽음의 두려움을 극복하고 하나님께 순종합니다. 그의 일생은 불순종하는 사울과 대조되는 순종의 삶입니다. 그가 무슨 창조적 사상, 큰 프로젝트를 가지고 엄청난 사업을 이루었기 때문에 위대한 종이 아니었습니다. 하나님을 경외하며 그분의 지시를 단순하게 순종하는 생애라는 점에 그의 위대함이 있었습니다.

사무엘이 이새의 아들들을 제사에 초청하여 하나님께 택하신 자를 기름 부으려 할 때 그는 사울을 택할 때와 마찬가지로 먼저 외모에 눈길이 갔습니다. 엘리압의 훤칠한 키, 당당한 체구, 영화배우같이 생긴 멋진 얼굴을 보자 "아하, 이 친구겠지!" 하고 기름 뿔을 쥔 주먹에 힘이 들어갔습니다. 이때 하나님께서 사무엘을 부끄럽게 하셨습니다.

> 그의 용모와 키를 보지 말라 내가 이미 그를 버렸노라 내가 보는 것은
> 사람과 같지 아니하니 사람은 외모를 보거니와 나 여호와는 중심을

　　　　　　　　　　　　　6. 다윗과 골리앗

보느니라(16:7).

사람은 외모를 보고 판단하지만, 하나님께서는 사람과 달라 사
람의 중심中心, heart, 곧 속마음을 보십니다. 내면성, 그 인격을 보십
니다. 사람이 사람들 앞에 나가기 위해 외모를 다듬듯이, 속마음을
깨끗하고 보배롭게 단장한다면 사람 만나는 일이 얼마나 향기로
워지겠습니까. 그러므로 키가 작고 외모가 그럴 듯하게 보이지 않
아도 콤플렉스를 가질 필요가 없습니다. 런던 동쪽 웨슬리 박물관
에 보관된 그의 침대를 보면, 18세기 영국을 살린 부흥 운동의 지도
자 웨슬리가 얼마나 왜소한 체격의 소유자인가를 알 수 있습니다.

기름 부음받은 목동 다윗

하나님께서 택하신 인물은 이새의 막내로, 들에서 양을 치던 목동
다윗이었습니다. 이새는 유다 지파 가운데 유력한 가문에 속했습
니다. 보아스와 룻의 증손자로 첫 부인과의 사이에 일곱 아들이 있
었고, 암몬족 나하스 왕의 전처 아니면 첩인 여자와 노년에 결혼하
여 다윗을 낳았습니다. 후에 등장하는 스루야와 아비가일은 이복
누이고, 아비새와 요압은 스루야의 아들들인데 그는 나이든 조카
들과 함께 자랐습니다(대상 2:12-17).[1] 사춘기 때 다윗은 이복형들의
구박 속에서 성격이 비뚤고 거칠고 반항적일 수밖에 없는 가정환
경에서 자랐습니다. 그러나 그의 중심은 하나님 보시기에 겸손하
고 정직하여 하나님의 마음에 합한 자였습니다(13:14). 환경 문제가
아닌 신앙의 유무가 인격 형성에 결정적 역할을 한다는 것을 보여

154

줍니다. 또한 지도자는 만들어지기 앞서 태어난다고 하는데, 다윗은 외모나 재능 면에서도 지도자감으로 부족함이 없었습니다.

> 그는 혈색이 좋고 눈에는 총기가 넘쳐 흐르는 잘 생긴
> 소년이었다 (16:12, 현대).

> 그는 수금을 잘 탈 뿐만 아니라 기백 있고 용감하며 구변 좋고 용모도
> 아름다운데다가 여호와께서 그와 함께 계십니다 (16:18, 현대).

다윗은 가족의 제사에도 초대받지 못하는 막내였지만 맡은 일에 성실했습니다. 그는 후에 이스라엘 백성의 목자가 되기까지 적은 양 무리부터 정성을 다해 돌보았습니다. 양을 치며 틈틈이 수금 타는 법을 익혔고, 돌로 목표물을 정확하게 맞히는 물매질 기술을 배웠으며, 곰과 사자와 싸우는 무술도 뛰어났습니다. 그리고 하나님과 동행하며 시를 썼습니다.

> 여호와는 나의 목자시니
> 내게 부족함이 없으리로다
> 그가 나를 푸른 풀밭에 누이시며
> 쉴 만한 물가로 인도하시는도다 (시 23:1-2).

다윗은 환경을 원망하지 않았습니다. '내가 만약 큰아들로만 태어났더라면', '예루살렘의 명문 학교를 나왔어야 하는데' 하며 운명을 탓하고 허송세월을 보낼 수도 있었겠지만, 다윗은 주어진 조건

6. 다윗과 골리앗

에서 자기에게 맡겨진 재능과 기회를 살려서 자신을 계발하며 현재 할 수 있는 작은 일 — 목동의 삶에 최선을 다하고 있었습니다. '지극히 작은 것에 충성된 자는 큰 것에도 충성'(눅 16:10)된다는 우리 주님의 말씀대로, 다윗은 허망한 백일몽만 꾸지 않고 착실하게 인생의 기초를 닦는 청년이었습니다. 하나님께서는 다윗이 도착하자 사무엘에게 "이가 그니 일어나 기름을 부으라"(16:12)고 명하셨습니다.

> 사무엘이 기름 뿔병을 가져다가 그의 형제 중에서 그에게 부었더니
> 이날 이후로 다윗이 여호와의 영에 크게 감동되니라 (16:13).

다윗이 이스라엘의 제2대 왕으로 하나님의 택함을 받은 것입니다. 온 백성 앞에서 대관식을 가진 것이 아니라 비밀리에 기름 부음을 받았습니다. '기름 부음받음'은 특별한 직분을 위해 하나님께서 따로 구별하여 능력과 권세를 덧입혀주시는 예식입니다.[2]

기름 부음을 받자 다윗은 성령님에 사로잡혔습니다. 성령님께서 주시는 은혜가 다양하고 풍성하지만 지도자에게 주시는 대표적인 은사는 '능력과 사랑과 절제'(딤후 1:7)입니다.

사울의 경호원이 된 음악가 다윗

사울은 나이가 들수록 발작적인 정신 신경 질환에 시달립니다. 우울증, 질투심, 피해 의식에서 오는 과대망상증, 복수심 등 복합적인 심리적 고통을 겪습니다. 그래서 사무엘상에 나타난 사울에 대해

정신분석학적 접근 방법으로 주해서를 쓴 정신과 의사들이 있을 정도입니다.[3] 아마 하나님과의 평화를 잃은 죄의식과 소외 의식이 그를 괴롭힌 것 같습니다. 왕으로서의 모든 특권을 다 누리면서도 그 영혼에 평화가 없는 사울은 불행한 인생을 보냅니다. 사무엘서 저자는 현대 심리학자들이 쓰는 학술 용어를 사용하고 있지는 않지만, 그의 증세와 원인을 이렇게 진단합니다.

> 여호와의 영이 사울에게서 떠나고 여호와께서 부리시는 악령이 그를 번뇌하게 한지라 (16:14).

성령님께서 주시는 것은 자유함과 평화입니다. 반면에 악령이 우리 내면을 장악하면 자아를 상실한 채 두려움과 얽매임에 빠집니다(롬 8:15). 사울의 번뇌의 원인은 악령 때문이었습니다.

그런데 이해하기 힘든 점은 '여호와께서 부리시는 악령an evil spirit from the Lord'이란 표현입니다. 거룩하신 하나님께서 어떻게 악한 영을 내려 보내신다는 걸까요? 이것을 하나님 자신이 악하거나 악을 행하신다는 뜻으로 오해해서는 안 됩니다. 다만 악의 근원인 사단과 그 하수인들인 악령의 활동까지도 우주의 주재이신 하나님의 통치 안에 있어서, 하나님께서는 악을 사용해서도 자신의 뜻을 이루신다는 것입니다.

이 점에서 우리는 희랍적 논리와 히브리 사상의 마찰을 보게 됩니다. 희랍 철학에서 상반되는 것은 서로 모순되기 때문에 둘 다 참일 수는 없다고 주장합니다. 반면에 히브리 사상은 상반되는 것도 둘 다 참일 수 있다고 믿습니다. 그래서 때로 악까지도 하나님께

6. 다윗과 골리앗

서 궁극적 선을 이루기 위해 허용하실 수 있다고 봅니다(창 50:19, 사 45:7, 암 3:6 참조). 이 역설적 진리는 희랍 철학의 굴레에서 벗어나지 못한 서구식 교육에 세뇌된 우리들이 무엇보다 성경 연구, 동양 사상 연구, 역사 연구 등을 통해 바른 이해에 힘써야 할 것입니다(욥 2:10, 사 45:7, 암 3:6 참조). 우리는 앞으로 사울이 악신의 지배 아래 있었기 때문에 다윗과 이스라엘 백성이 얼마나 귀한 신앙 훈련을 받았는가를 보게 됩니다.

다윗은 사울의 경호원으로 임명받아 궁전에 불려갑니다. 그리고 사울이 번뇌할 때마다 수금을 뜯으며 음악 요법으로 사울의 정신병 치료를 돕습니다. 좋은 음악, 특히 찬송은 우리의 정신 건강에 좋습니다.

하나님께서 부리시는 악령이 사울에게 이를 때에 다윗이 수금을 들고 와서 손으로 탄즉 사울이 상쾌하여 낫고 악령이 그에게서 떠나더라 (16:23) .

여기서 다시 확인되는 진리는 하나님께서 쓰시려는 인물은 반드시 하나님께서 준비시킨다는 준비의 원칙입니다. 사울은 아무 훈련 없이 중책을 맡았다가 즉시 교만해져 무너졌습니다. 그러나 모세를 바로의 궁전에서 애굽의 학문과 무예로 지도자 훈련을 시킨 후에야 출애굽 역사를 이루게 하셨듯이, 하나님께서는 다윗에게 첫 임무를 왕실에서 맡게 하셨습니다. 말하자면 양이나 치던 목동 다윗이 '제왕학입문帝王學入門' 코스에 들어가 사울 아래서 국정도 배우고 외국 대사들도 눈여겨보면서 왕 후보생 훈련을 받게 된 것입니다.

골리앗의 도전

너희 사울의 졸개들아, 이 블레셋 장수와 맞서 싸울 자를 골라 이리로
내려 보내라. 만약 그 자가 나한테 이겨서 나를 쳐죽이면 우리가 너희
종이 될 터이나, 내가 이겨서 그 자를 죽이면 너희가 우리의 종이 되어
우리를 섬겨야 한다 … 내가 오늘 이렇게 너희 이스라엘 진영에 욕을
퍼붓는데도, 나와 결판을 낼 사람을 내보내지 못하겠느냐?

(17:8 - 10, 공동).

엘라 계곡 전선에서 블레셋과 대치하고 있는 이스라엘에게 골
리앗의 고함은 산과 골짜기에 메아리치는 산울림과 함께 전율을
느끼게 하는 도전이었습니다. "원 세상에, 어떻게 저런 거인이 다
있담!" 키 3미터의 거구, 놋투구에 57킬로그램이나 되는 놋갑옷, 놋
각반, 놋창으로 무장한 장수 골리앗의 위협은 간담을 서늘하게 할
만큼 위압적이었습니다. 그는 이스라엘의 대표 장수와 싸워 승패
를 가르자고 도전했습니다. 당시 근동 국가 간에 전쟁이 터지면 거
의 모든 군사들이 죽기 때문에 병력과 물자를 아끼기 위해 챔피언
들끼리만 대결시키는 관행이 있었다고 합니다.[4]

역사에서 '만약'이라는 단어는 허용될 수 없지만, 그래도 만약에
1950년 6월 25일, 38선 위에서 조선민주주의인민공화국 백두 장사
와 대한민국 한라 장사가 나와 한판 씨름으로 승부를 가렸더라면
얼마나 좋을 뻔했습니까! 옛날 성경 인물들이나 《삼국지》에 등장

하는 주인공들이 공부 많이 한 현대인들보다 훨씬 지혜로웠던 것 같습니다.

골리앗은 계속해서 도전할 자 없으면 항복하라고 위협했습니다. 그런데 우리가 차분하게 골리앗의 정체를 살펴보면 사실 그는 한심한 존재였습니다. 그는 소년이 던진 돌멩이 하나에 거꾸러진 종이 호랑이였습니다. 골리앗의 전략은 허세를 부리며 '우는 사자 같이'(벧전 5:8) 으르렁거려, 이스라엘을 두려움에 빠뜨려 스스로 항복하도록 하는 것입니다. 최면 전술, 심리전이었습니다. 공포심, 패배주의, 절망감이라는 눈에 보이지 않는 불화살을 하나님의 백성의 가슴에 꽂는 것입니다.

이스라엘 군과 사울 왕의 반응

블레셋 거인은 40일 동안 아침저녁으로 나와 이스라엘 군 앞에 거구를 드러내고 베틀채 같은 창 자루로 허공을 휘두르며 거드름을 피웠습니다. 사울 왕과 이스라엘 군의 사기는 어떠했겠습니까?

> 이스라엘 모든 사람이 그 사람을 보고 심히 두려워하여 그 앞에서
> 도망하며 (17:24) .

놀라고 두려워하고 도망가는 군사들, 참으로 어려운 상황입니다. 이들은 골리앗의 심리전에 이미 패배당한 상태였습니다. 사람이 늘 스트레스를 느끼고 염려와 두려움에 얽매여 어디론가 도망가고 싶은 도피주의에 빠지는 이유가 무엇입니까? 골리앗 같은 문

제가 앞에 도사리고 있는데 자기가 가진 자원은 연약한 몸, 초라한 활이나 투석기 정도로 제한되어 있기 때문입니다. 이때 믿음 있는 자는 "도전이냐, 도망이냐fight or flight"의 기로에서 "죽으면 죽으리라" 하고 나섭니다. 그러나 이스라엘 진영에는 도전할 자가 아무도 없었습니다. 다만 "어떻게 안 될까" 하고 요행만 바라고 있었습니다(17:25).

골리앗과 대결할 만한 사람이 한 사람 있다면 그는 바로 사울 왕이었습니다. 그는 많은 전쟁을 승리로 이끈 왕이었습니다(14:47-48). 그가 비록 하나님으로부터 버림받은 상태일지라도, 회개하고 믿음으로 구했다면 하나님께서는 반드시 승리를 주셨을 것입니다. 하나님의 용서의 문은 결코 닫히는 법이 없기 때문입니다. 지난날 길르앗 야베스 사람들을 위해 암몬과 싸울 때처럼 하나님의 능력을 덧입기만 한다면(11장), 사울은 능히 승리할 수 있었을 것입니다. 그러나 그런 영웅적 용기는 모두 왕년의 추억일 뿐, 믿음을 잃은 지금 그는 두려움에 사로잡혀 무기력해 있었습니다.

본문에서 사울이 입을 연 것은 겨우 두 차례뿐이었습니다. 완전히 의기소침해 있었습니다. 소년 다윗이 보기에도 사울의 모습은 '낙담한lose heart' 상태였습니다(17:32). 하나님께서 이스라엘 왕을 허락하신 목적도 이런 전쟁에 앞장서서 나가 백성을 구원하라는 것이었습니다(9:16). 그러나 사울은 백성 중에서 누군가 자기 대신 나갈 자가 나타나기까지 마냥 기다렸습니다. 고작해야 궁여지책으로 골리앗을 이긴 자에게 딸과 현상금을 주고, 면세 특전도 주겠다는 포상과 물량 작전을 떠올리는 정도였습니다. 사울은 무한한 하나님의 자원을 믿음을 통해 끌어와 쓰는 지혜가 없는 자였습니

6. 다윗과 골리앗

다. 그래서 골리앗 같은 현실적 과제의 압력에 대처하는 길이 기껏해야 자기 꾀나 돈이나 인간을 의지하는 합리의 수준을 넘어설 수 없었습니다.

다윗의 도전

믿음 있는 한 사람이 공동체를 위해 무슨 일을 이룰 수 있는지 다윗은 생생하게 보여줍니다. 그는 출전한 형들을 면회하러 전쟁터까지 왔습니다. 다윗이 아버지의 심부름으로 엘라 골짜기까지 온 것은, 잃은 암나귀를 찾으러 나갔다가 사무엘을 만난 사울의 경우처럼, 하나님의 섭리가 있었기 때문이었습니다. 삶에는 우연이 없습니다.

골리앗이 호언장담하며 위협하는 모습을 보는 다윗의 눈은 사울과 달랐습니다. 똑같은 문제를 보지만 하나님을 믿는 신앙의 눈과 불신앙의 눈은 현격한 차이가 있습니다. 골리앗이라는 객관적 대상은 동일하나 같은 대상을 향하는 주관적 태도가 엄청나게 달랐습니다.

> 이 할례받지 않은 블레셋 사람이 누구이기에 살아 계시는 하나님의 군대를 모욕하겠느냐(17:26).

다윗은 하나님의 눈으로 골리앗을 보았습니다. 그때 살아 계신 하나님을 모욕하는 골리앗에 대한 의분이 솟구쳤습니다. 대륙을 떠오르는 먼지같이 보시고, 대양을 통의 한 방울 물같이 여기시는 하나님 앞에서(사 40:15) 3미터가 3옹스트롬(angstrom, 1억 분의 1센티미터)으로라도 보이겠습니까. 다윗은 너 같은 것이 하며 무시하는 큰형 엘리압의 말에 개의치 않았습니다(17:28-30). 자기 소신이 분명합니다. 사울 왕에게 당당하게 나아가 골리앗과 싸우겠다고 자원했습니다. 소년 다윗을 본 사울은 능치 못하리라고 말했으나 (17:33), 다윗은 이 말에 굴하지 않고 능히 이길 수 있다고 나섭니다. 그는 양 떼를 움켜쥐는 사자나 곰의 수염을 잡고 쳐죽이고 양 떼를 구했던 경험을 증거로 단호하게 사울에게 말합니다.

여호와께서 나를 사자의 발톱과 곰의 발톱에서 건져내셨은즉 나를 이 블레셋 사람의 손에서도 건져내시리이다(17:37).

다윗에게 과거의 체험은 확신과 용기를 주었습니다. 왜냐하면 그는 과거의 경험을 하나님의 관점에서 정확하게 해석할 줄 아는 신앙적 지혜가 있었기 때문입니다. 비록 맹수와 골리앗이라는 대상이 다르고, 목장과 전장이라는 상황이 다르나, 그에게 구원을 주신 전능의 하나님은 변함없이 동일한 분이심을 알고 있었습니다. 어제나 오늘이나 동일하시며, 지금도 '살아 계신 하나님'이심이 분명할진대, 3미터 아니라 300미터의 키를 가진 원수일지라도 감히 어쩌랴는 강하고 담대한 마음이 생겼습니다.

다윗은 사울이 준 군복과 칼을 벗어두고 시내에서 매끄러운 돌 다섯 개를 골라서 목양 주머니에 넣고, 양을 칠 때 사용하던 지팡이와 물매만 가지고 골리앗을 향해 나아갔습니다. 이스라엘 군에서 감히 도전자가 나왔다고 해서 약간 긴장하여 다윗을 향해 걸어 나

6. 다윗과 골리앗

오던 골리앗은 홍안의 귀여운 소년을 보더니 느닷없이 웃음을 터뜨리다가 자존심이 상한 듯 큰 소리를 칩니다.

"네가 나를 개로 여기고 막대기를 가지고 나아왔느냐 … 내게로 오라 내가 네 살을 공중의 새들과 들짐승들에게 주리라"(17:43-44). 다윗은 굴하지 않고 낭랑한 목소리로 골리앗을 향해 외쳤습니다.

> 너는 칼과 창과 단창으로 내게 나아오거니와 나는 만군의 여호와의
> 이름 곧 네가 모욕하는 이스라엘 군대의 하나님의 이름으로 네게
> 나아가노라 … 내가 너를 쳐서 … 온 땅으로 이스라엘에 하나님이
> 계신 줄 알게 하겠고 (17:45 - 46).

다윗의 찬란한 승리

골리앗은 으르렁거리며 단번에 다윗을 거꾸러뜨리려고 방패든 자를 앞세우고 가까이 달리기 시작했습니다. 알맞은 거리에 오기까지 침착하게 거리를 재며 나아가던 다윗은 골리앗을 향해 온 힘을 다해 질주하며 주머니에서 돌 하나를 꺼내어 물매로 돌리다가 휘익 던졌습니다. 그러자 물매에서 포물선을 그리며 빠져나간 그 돌은 골리앗의 이마에 '퍽' 하고 둔탁한 소리를 내며 정통으로 꽂혔습니다. 눈 깜짝할 사이에 게임이 끝났습니다. 골리앗이 비틀거리며 바닥에 쓰러졌습니다.

골리앗의 작전 미스입니다. 그의 투구, 놋갑옷, 놋각반은 칼과 창으로 싸울 때 유용한 것입니다. 빈자리라곤 얼굴뿐인데 그가 갖춘 모든 군장비가 토마호크 미사일처럼 날아오는 다윗의 물맷돌에는

속수무책이었습니다. 오히려 전경이 투석전에서 얼굴에 쓰는 마스크나, 야구 포수가 쓰는 마스크를 빌려갔으면 좋았을 뻔했습니다.

철무기 하나 없이 나간 다윗이 쓰러진 골리앗의 칼집에서 칼을 뽑아 그를 죽이고 목을 베자, 블레셋 군사들은 도망하기 시작했습니다. 이스라엘 군사들은 환호성을 지르며 추격하여 통쾌한 승리를 맛보았습니다. 하마터면 골리앗의 위협 앞에서 제대로 한번 싸워보지도 못하고 블레셋의 노예가 될 뻔했던 이스라엘은 한 사람을 통해 승리의 영광을 누릴 수 있었습니다.

다윗이 골리앗을 이길 수 있었던 비결이 무엇일까요? 첫째, 믿음, 둘째, 실력, 셋째, 도전했기 때문입니다. 다윗의 믿음이란 '전쟁은 여호와께 속한 것'(17:47)이므로, 하나님께서 구원과 승리를 주실 것을 믿는 믿음이었습니다. 다윗의 실력이란 오랫동안 갈고닦은 물매 기술과 곰이나 사자와 싸울 수 있는 무술을 말합니다. "내게 능력 주시는 자 안에서 내가 모든 것을 할 수 있느니라"(빌 4:13)는 말씀으로 신앙 만능을 잘못 해석하는 사람들이 적지 않습니다. "믿습니다!" 하고 나가기만 하면 1년 만에 영어도 마스터하고, 운전대만 잡으면 운전을 할 수 있고, 건반에 손가락만 놓으면 피아노 소나타를 칠 수 있는 게 아닙니다. 하나님께서는 반드시 시간과 노력을 바쳐야 실력을 갖출 수 있도록 우주의 질서를 세우셨습니다.

그러나 아무리 믿음과 실력이 있어도 나가서 싸우는 용기, 행동력이 없을 때는 쓸모가 없습니다. 투쟁 없이 어찌 승리를 기대할 수 있겠습니까. 다윗은 하나님의 명예가 모독당하는 것을 견딜 수 없었습니다. 하나님의 영광을 위해 목숨을 내걸고 모험적인 투쟁을 했을 때 하나님께서 친히 승리를 주신 것입니다.

6. 다윗과 골리앗

그리스도인은 거듭나는 순간부터 선한 싸움을 싸우는 투쟁의 인생을 살 수밖에 없습니다.[5] 솔직히 말해서 우리는 평안과 안식을 누리고 싶지, 결코 힘들게 전쟁하고 싶지는 않습니다. 그러나 종말에 보장된 최후 승리와 안식을 얻기까지 지상의 크리스천들은 원수와 끊임없이 싸워야 하는 것이 신앙생활의 본질적 성격입니다.

신앙생활에서도 승리하려면 먼저 원수를 알고 자신을 바로 알아야 한다는 손자병법이 적용됩니다. 일찍이 청교도들은 육신, 세상, 그리고 마귀 이 세 가지 신자의 원수와 싸워야 한다고 했습니다. 성경은 죽음, 곧 사망 권세까지 포함시키고 있습니다.

사도 바울은 '육신flesh'을 몸 또는 육체body와 구분합니다. 육체적 욕구를 충족시키는 것이 과도하지만 않다면 신앙에 무해합니다. 그런데 육신이란 예수 믿기 전의 우리의 타락한 본성, 예를 들어 육체적·정신적 죄악 된 습관이나 성향을 가리킵니다(롬 7:23, 갈 5:16-21, 벧전 2:11 참조). 우리는 과거에 죄사함을 받아 거듭났으나, 현재 내 속에 있는 죄의 권세에 얽매여 있습니다. 죄를 좋아하는 마음, 육신의 정욕과 못된 습관의 사슬을 끊지 못하고 있습니다. 내 신앙생활의 최대 원수는 나 자신입니다. 그러기에 바울처럼 "오호라 나는 곤고한 사람이로다 이 사망의 몸에서 누가 나를 건져내랴"(롬 7:24) 하며 울부짖게 됩니다.

죄의 권세보다 더 큰 권세를 가지신 그리스도의 도움 없이 내 속에 있는 죄성, 죄의 사슬에서 결코 풀려날 수 없습니다. 나 자신과의 싸움에서 늘 패배했다고 낙심해서는 안 됩니다. 또다시 일어나 싸워야 합니다. 점차 끈끈한 육신의 인력권에서 벗어나 성령 안에 있는 은혜의 대기권 안으로 진입하여 내면의 자유를 맛보게 될 것입니다.

두 번째 원수는 세상입니다. 성경에서 세상이란 단어는 지구(시 24:1), 인류(요 3:16), 그리고 여기서 말하는 시대정신, 또는 하나님 없는 가치 체계나 생활양식을 가리킵니다(요일 2:15-16). 예수님을 믿고 난 후에도 세속에 물들기는 너무나 쉽습니다. 이렇게 연약한 우리가 어떻게 죄악 된 세상을 이길 수 있겠습니까. 세상의 구석구석을 장악하여 신자들까지 부패시키는 죄의 세력, 그 세계악과 시대악을 과연 어떻게 이길 수 있단 말입니까. 계란으로 바위 깨기 하듯 미리 포기하기 쉽습니다. 닫힌 세계관과 인본주의 사상이 장악한 캠퍼스에서, 물신 사상의 노예 시장 같은 사회에서 우리는 마치 골리앗 앞의 사울과 이스라엘 같은 심정이 듭니다.

골리앗 같은 시대악과 싸우기 위해 우리는 믿음과 실력을 갖추고 다윗처럼 도전해야 하겠습니다. 특히 세상과의 싸움은 집단적인 투쟁이 필요합니다. 연약한 제자들이 주님의 부활을 체험하고 성령의 권능을 덧입었을 때, 1세기의 시대악을 정복하는 사도행전의 역사를 이룰 수 있었습니다. 그들은 세상을 뒤엎는 자들이었습니다. 부활 신앙으로 싸우는 자는 '세상이 감당하지 못하는'(히 11:38) 챔피언들입니다.

세 번째 원수는 어두움의 권세, 곧 사단입니다.

우리의 씨름은 혈과 육을 상대하는 것이 아니요 통치자들과 권세들과
이 어둠의 세상 주관자들과 하늘에 있는 악의 영들을 상대함이라

(엡 6:12).

많은 신자들이 신앙생활의 패배자로서 멍든 채 사는 이유는 사단의 실재를 믿지 않기 때문입니다. 성령 하나님과 천사들의 존재를 부인하지 않는다면 사단과 악령이 있다는 것도 인정해야 합니다. 이때 신앙의 새로운 차원이 열리고 '믿음의 비밀'(딤전 3:9)이 생길 것입니다.

사단을 대적하는 가장 효과적인 무기는 기도와 말씀입니다. 바울은 "모든 기도와 간구를 하되 항상 성령 안에서 기도하고 이를 위하여 깨어 구하기를 항상 힘쓰며 여러 성도를 위하여 구하라"(엡 6:18)고 권했습니다. 그러나 최선의 방어는 공격에 있습니다. '성령의 검 곧 하나님의 말씀'(엡 6:17)을 가지고 쉬지을 틈 없이 부지런히 말씀을 배우고 실천하고 증거하는 생활을 하는 성도나 교회는 사단이 감히 넘겨다보지 못합니다. 교회는 사교장이나 사업장이 아니라 '기도하는 집'이며, 행사나 회의하는 곳이 아니라 말씀의 서당인 것입니다.

마지막 원수는 죽음입니다(고전 15:26). 사람은 누구나 죽음 앞에 절망하고 있기 때문에, 인류는 모두 '죽기를 무서워하므로 한평생 매여 종 노릇 하는 모든 자'(히 2:15)입니다. 죽음을 목격한 사람은 죽음 앞에 인간이 얼마나 철저히 무력한가를 처절하게 깨달을 것입니다. 건강식품이, 의학이, 그리고 어떤 철학이나 종교가 얼마나 아무것도 아닌가를 느끼게 됩니다. 그런데 이러한 신앙생활의 네 가지 원수가 '팀 스피리트' 정신으로 교묘하게 합동 공격해서 우리로 하여금 무기력한 삶을 그저 연명하게만 만듭니다.

오직 예수! 십자가와 부활로 사망 권세를 '철장으로 그들을 깨뜨림이여 질그릇같이 부수듯'(시 2:9) 파하신 그리스도 외에 죽음을 이길 수 있는 길은 없습니다. 우리가 그리스도 안에만 있으면 육신, 세상, 사단, 그리고 사망 권세 등 — '이 모든 일에 넉넉히 이긴 자'(more than conquerors, 롬 8:37)들입니다. 이 점이 신약 시대의 크리스천들이 다윗과 다른 점입니다.

이미, 그러나 아직

그런데 문제가 있습니다. 이러한 영적 진리가, 바른 교리가 우리의 실존적 상황에 그대로 적용되지 못하는 것이 현실이기 때문입니다. 흔히 은사파라는 이들은 그리스도가 이미 승리하셨으므로 우리가 예수님만 믿으면 오직 승리만 있고 만사형통한다는 약간 맹신적 태도를 갖고 있습니다. 이른바 승리주의triumphalism라고 하는 그들의 신앙 양태를 보면 "예수 이름으로 승리를 얻었네" 하고 박수 치면서 마치 자기들에겐 아무 문제도 없는 것처럼 행동합니다.

이것은 기독교 역사관에서의 '이미, 그러나 아직Already, but not yet'이라는 구원의 종말론적 구조에 대한 몰이해에서 나온 것입니다.[6] 그리스도의 초림으로 이미 승리는 보장되었으나, 아직 승리는 완성되지 않았고 그리스도의 재림으로 성취됩니다. 그리스도의 초림과 재림 사이를 '말세'라고 하는데, 말세에 살고 있는 우리는 하나님나라를 확장하기 위해 싸우는 '그리스도 예수의 좋은 군사들'(딤후 2:3-4)로 징집된 것입니다. 유감스럽게도 하늘나라에 갈 때까지는 휴가나 제대를 기대할 수 없는 군사들입니다.

6. 다윗과 골리앗

그러므로 주님이 다시 오시기 전까지 우리에게는 어쩔 수 없는 고민과 갈등이 있습니다. 특히 우리 주위에서 악이 선을 이기며, 성령님께서 인도하신다는 교회에서도 하나님의 정의가 짓밟힘당하는 경우가 적지 않기 때문입니다. 이러한 도덕적 모순을 어떻게 보아야 합니까? 이 점에 관해 크리스천의 관점과 무신론자의 관점이 다릅니다.[7]

무신론자들은 악의 일시적 승리를 보며 하나님이 없다는 그럴 듯한 논리를 폅니다. 그들의 논리는 이렇습니다.

첫째, 하나님이 완전 선이라면, 악을 멸하실 것이다.

둘째, 하나님이 전능하시다면, 악을 멸하실 수 있다.

셋째, 그러나 악은 멸해지지 않았다.

넷째, 그러므로 완전히 선하시고 전능하신 하나님은 존재하지 않는다.

그러나 무신론자들의 논리는 영원하신 하나님의 개념에 시간 제한을 두는 모순을 범하고 있습니다. 하나님을 믿는 우리 크리스천들은 다르게 생각해야 합니다.

첫째, 하나님이 완전 선이라면, 악을 멸하실 것이다.

둘째, 하나님이 전능하시다면, 악을 멸하실 수 있다.

셋째, 악은 아직 멸하지 않았다.

넷째, 그러므로 악은 언젠가 패배할 것이다.

여기서 '언젠가 패배당할 것'이라는 미래 시제가 중요합니다. 최후 승리는 그리스도의 재림으로 완성됩니다. 골리앗 같은 악의 세력 그리스도의 부활로 등뼈가 부러졌으나 아직은 사지를 움직여 세상을 지배하려는 사단의 권세가 완전 섬멸되고, 하나님의 완전

통치가 실현되는 '새 하늘과 새 땅'은 우리 크리스천들의 종말론적 희망의 근거입니다. 우리는 "주여, 어서 오시옵소서"라고 기도하며 최후 승리의 날을 고대하고 있는 것입니다.

그러나 그날이 오기까지 우리에게는 싸워야 할 선한 싸움이 있습니다. 죄와 싸우되 피 흘리기까지 대항해야 할 싸움이 있습니다(히 12:4). 자기 자신과의 싸움(고전 9:26-27), 삶의 모든 영역을 지배하는 세계관과의 사상적 싸움(고후 10:4-5), 그리고 정사와 권세와 이 어두움의 세상 주관자들과 하늘에 있는 악의 영들에 대한 영적 투쟁입니다(엡 6:10-20). 감사한 것은 우리 믿는 자에게 백전백승의 전략과 무기와 군사를 이미 그리스도 안에서 허락해주신 것입니다.

우리 형제들이 어린양의 피와 자기들이 증언하는 말씀으로써 그를 이겼으니 그들은 죽기까지 자기들의 생명을 아끼지 아니하였도다 (계 12:11).

십자가 보혈의 복음, 증거의 말씀, 생명을 아끼지 않은 헌신이 있고, 성령의 권능을 덧입을 때 골리앗 같은 세계 악을 다윗 같은 믿음으로 승리할 수 있습니다.

6. 다윗과 골리앗

7. 다윗과 요나단

삼상 18:1-20:42

— 요나단의 마음이 다윗의 마음과 하나가 되어 요나단이
그를 자기 생명같이 사랑하니라(18:1).

골리앗을 물맷돌 하나로 쓰러뜨린 후 다윗은 이스라엘 민족의 영웅이 되었습니다. 전쟁터에 자기 자식이나 남편을 보낸 이스라엘의 여인들이 모든 성에서 나와 승전을 축하했습니다. 환성을 올리며 꽹과리에 맞추어 노래하고 춤추며 사울 왕을 맞았고, 덩실거리며 노래를 주고받는, 오랜만에 마음껏 즐기는 큰 민족적 축제였습니다.

온 백성의 마음이 기쁨에 차 있었으나 한 사람 사울 왕의 마음은 심히 불쾌했습니다. "모든 지킬 만한 것 중에 더욱 네 마음을 지키라 생명의 근원이 이에서 남이니라"(잠 4:23)라는 말씀이 있습니다. 그러나 본문에서 사울은 자기 마음을 잘못 다스려서 스스로 파멸의 길을 선택합니다.

이번 7장에서는 공동체의 안정과 평화를 유지하려면 정의로운 체제와 제도가 중요한 만큼 지도자의 인격 요소가 중요하다는 교훈을 배우게 됩니다.

사울의 걷잡을 수 없는 시기와 질투를 배경으로 하여 눈물겹도록 아름다운 다윗과 요나단의 우정 이야기가 나옵니다. 그들은 서

로 마음이 맞았을 뿐 아니라 하나님의 마음에 합한 자들이었습니다. 남달리 치열한 경쟁적 사회 분위기 속에서 부대끼며 사느라고 우정이 메마른 우리들에게 오늘 본문은 도전과 동시에 위로가 되는 말씀입니다.

사울의 시기심

개선 행진을 하는 사울 왕과 다윗, 그리고 이스라엘 군을 맞는 여인들의 한쪽에서 "사울이 죽인 자는 천천이요"라고 노래를 부르면 다른 쪽에서는 "다윗은 만만이로다" 하고 번갈아 노래를 불렀습니다. 문자 그대로 팝송을 지어 부른 것입니다. 이 노래를 들은 사울 왕은 그만 심사가 뒤틀리고 말았습니다.

> 사울이 그 말에 불쾌하여 심히 노하여 이르되 다윗에게는 만만을
> 돌리고 내게는 천천만 돌리니 그가 더 얻을 것이 나라 말고 무엇이냐
> 하고 그날 후로 사울이 다윗을 주목하였더라 (18:8-9).

여인들의 노래가 그렇게 사울을 불쾌하게 하고 심히 노하게 할 성격의 것은 아니었습니다. 왜냐하면 히브리 시에서 '천'이나 '만'은 아주 많은 수를 비교의 개념 없이 단순하게 표현한 것일 수도 있기 때문입니다(시 91:7).

여인들의 이행시二行詩는 "사울과 다윗 두 영웅이 수많은 자들을 죽였다네"라는 의미의 대구對句, couplet일 뿐이라고 너그럽게 이해할 수도 있습니다.[1] 다만 이 말을 받아들이는 사울의 마음 자세가

7. 다윗과 요나단

문제였습니다. 사울은 승전과 민족 구원의 감격도 사라지고, 다윗의 서열이 자기와 동급級으로 여겨진다는 사실이 괘씸하고 분했던 것입니다.

이날 이후로 사울은 다윗을 경쟁자, 곧 라이벌로 보기 시작했습니다. 한 번 경쟁과 비교의 눈으로 보게 되자 사울의 마음은 걷잡을 수 없는 소용돌이에 휩싸이게 되었습니다. 순간 불쾌한 마음을 잘 다스리지 못하자 '두고 보자' 하는 분노로 발전한 것입니다. 에베소서에 이런 말씀이 있습니다. "화가 나더라도 죄를 짓지 말고 해가 지기 전에 곧 화를 푸십시오. 그렇지 않으면 마귀에게 기회를 주게 됩니다"(엡 4:26-27, 현대), 마음에 분노를 품고 살면 사단의 밥이 되기 쉽다는 말입니다.

심리학자들의 말에 의하면 대개 분노가 생기는 심리적 원인은 크게 세 가지가 있다고 합니다. 좌절감frustration, 모욕감humiliation, 그리고 소외감rejection인데 사울의 경우는 이 세 가지가 복합적으로 작용했을지 모릅니다. 그는 이스라엘의 초대 왕으로서 홀로 존경과 영광을 차지하고 싶었지만, 다윗의 등장으로 자신이 백성들에게서 무시당하고 있다는 심정이 들었던 모양입니다.

훌륭한 지도자가 되려면 자기 밑에 자기보다 뛰어난 사람들을 둘 수 있는 통이 큰 사람, 넓은 마음의 소유자라야 합니다. 저 친구가 내 경쟁 상대가 아닐까, 더 크기 전에 눌러버려야지 하는 마음을 가질 때는 큰 사람이 될 수도, 큰일을 할 수도 없습니다. 하나님께서는 사람을 평가할 때 지위나 서열을 보지 않고 중심을 보시는 분이므로, 하나님을 바르게 믿고 사는 사회에서는 비교적 평등한 인간관계가 가능한 것입니다. 그러나 하나님을 그 마음에 모시지 못한 사람들의 사회는 늘 "누가 크냐" 하며 긴장하는 비교의식과 경쟁의식을 극복하기 힘듭니다(막 9:34).

서구의 기독교 문화에서는 하나님 앞에 만민이 평등하다는 수평적 의식 구조를 존중하는 데 비해 유교 문화권 아래 있던 동양인들은 모든 인간관계를 수직적이고 서열적으로 파악하려는 경향이 있습니다.[2] 사울의 경우도 이런 서열 의식이 문제였습니다. 설사 여인들이 그런 노래를 부를 때 다윗을 더 높이는 뜻으로 불렀다고 칩시다. 만약 사울이 이 노래를 들으면서 '정말 그래, 다윗이 아니었더면 우린 모두 블레셋의 밥이 됐을 거야. 다윗이야말로 국방장관 감이지. 이런 훌륭한 청년이 내 신하 중에 있다는 것이 얼마나 자랑스러운가' 하고 생각했다면 세상은 참으로 달라졌을 것입니다.

그러나 유감스럽게도 사울은 경쟁자를 없애야만 자기 자리를 유지할 수 있다고 생각했습니다. 늘 2등인 학생이 1등 하는 친구가 아프거나 자동차 사고라도 나길 바라는 심사와 비슷합니다. 그래서 자기를 위해 전처럼 수금을 타며 감미로운 음악을 들려주고 있는 다윗을 향해 두 번이나 창을 던져 죽이려고 했습니다(18:10-11). 전에는 수금 소리를 듣고 상쾌해졌으나 이제는 다윗을 향해 발작에 가까운 충동으로 살해하려 합니다. 자신이 직접 처리하는 것은 정치적으로 불리하다고 판단한 사울은 블레셋 사람 100명을 죽여 포피를 베어가지고 오면 딸을 주겠다고 하여 다윗을 전사시키려는 음모도 세워 보았습니다(18:17-29).

사울은 더 이상 나라를 어떻게 잘 다스릴까 하는 건설적인 일에 시간과 정력을 쓸 수 없었습니다. '생각하기를'(18:17), '스스로 이르되'(18:21), '이는 사울의 생각에'(18:25)라는 표현들을 보면 그가 정

7. 다윗과 요나단

상적인 사고 능력도 상실하고 음모와 술책으로 정적政敵 아닌 정적을 제거하려는 강박 관념에 사로잡혀 있음을 알 수 있습니다. 하나님 안에서 자기 생각을 다스리는 훈련이 된 사람은, 이런 생각이 머리에서 떠나지 않고 맴돌 때, 기도하고 얼른 생각의 테이프를 바꿔놓을 줄 알 것입니다.

크게 지혜롭게 행하는 다윗

이상한 점은 사울이 다윗을 암살하려는 음모를 꾸미고 술책을 행하는데도, 모든 일이 결과적으로는 항상 다윗에게 유리한 방향으로 전개되었다는 것입니다. 다윗을 왕궁에서 쫓아내 천부장으로 삼으면 인기가 떨어질 것이라고 생각했었는데, 다윗은 백성과 같이 지내게 되어 더욱 백성의 사랑을 받게 되고 명성을 얻게 됩니다.

> 그의 모든 일을 지혜롭게 행하니라 여호와께서 그와 함께 계시니라
> … 온 이스라엘과 유다는 다윗을 사랑하였으니 그가 자기들 앞에
> 출입하기 때문이었더라 (18:14 - 16).

미갈이 다윗에 대해 연애 감정을 가진 것을 미끼로 사울은 다윗에게 전쟁에서 이기면 사위로 삼겠다고 하여 블레셋 진영에서 전사할 것을 기대했지만, 그는 어쩔 수 없이 딸을 내어줄 수밖에 없었습니다. 후에는 잠자는 다윗을 암살하라고 군졸들을 보내었으나 오히려 미갈이 미리 알고 창에서 달아내려 도망가게 해줍니다 (19:11-17). 어쩌면 이토록 사울의 인생과 다윗의 인생이 하나는 하

향선을 그리면서 하는 일마다 안 되는 반면, 다른 하나는 상향선을 그리며 하는 일마다 잘되는 것일까요.

사무엘서의 저자는 '여호와께서 사울을 떠나 다윗과 함께 계시므로'(18:12)라고 설명합니다. 다윗은 애매하게 사울 왕의 질투를 받으며 미움의 대상이 되어, 사울이 사는 날 동안 죽음의 위협을 받으면서 애매하게 고통을 겪습니다. 그러나 그는 크게 지혜롭게 행했습니다. 우리는 다윗에게서 다른 사람의 시기와 질투를 받을 때는 어떻게 대처해야 하는지 지혜를 배울 수 있습니다. 다윗의 '지혜의 시'라고 불리는 시편 37편을 읽어 보십시오.

악인들 때문에 안달하지 말고
못된 짓 하는 자들을 시기하지 말아라.
그들은 풀과 같이 곧 시들어 없어질 것이다.
여호와를 신뢰하고 선을 행하라.
그러면 너희가 땅에서 하나님의 신실하심으로
번영을 누리며 안전하게 살 것이다.
여호와 안에서 너희 기쁨을 찾아라.
그가 네 마음의 소원을 이루어주실 것이다.
네 길을 여호와께 맡겨라.
그를 신뢰하면 그가 이루실 것이다.
저가 네 의를 정오의 태양같이 빛나게 하시리라.
여호와께서 행하실 때까지 참고 기다려라 (시 37:1-7, 현대).

다윗은 공의로우신 하나님의 심판에 모든 것을 맡기고 자신은

7. 다윗과 요나단

불평하거나 문제에 빠지지 않고 현실에 충실하며 선을 행하는 생활을 했습니다. 하나님과 동행하며 인내합니다. 하나님이 어떤 분인지를 알고 그분에 대한 확신을 가지고 살 때, 평온을 누리며 매일매일 의미 있게 창조적으로 살 수 있었습니다. 이러한 다윗에게 하나님께서는 요나단을 친구로 주셔서 그 우정을 통해 생명을 보존하고 고난을 극복할 수 있는 은혜도 주셨습니다.

마음이 연락되어 시작한 우정

> 사람이 친구를 위하여 자기 목숨을 버리면 이보다 더 큰 사랑이
> 없나니 (요 15:13).

예수님께서는 우리 같은 죄인들을 친구로 삼고 그 귀한 생명을 주심으로 친구의 사랑이 어떠해야 하는가 친히 보여주셨습니다. 본문에 나오는 요나단과 다윗의 우정은 고독한 세상, 마음 맞는 친구를 못 찾아 별로 재미없는 야박한 세상에 사는 우리에게 성경에 기록이 있다는 사실만으로도 눈물 나도록 고마운 우정입니다.

동양인들은 우정을 논할 때면 '관포지교'를 말하고 서양인들은 '다윗과 요나단'을 이야기합니다. 유안진의 〈지란지교를 꿈꾸며〉라는 수필이 왜 매력적입니까. "사람이 자기 아내나 남편, 제 형제나 제 자식하고만 사랑을 나눈다면 어찌 행복해질 수 있을까. 영원이 없을수록 영원을 꿈꾸도록 서로 돕는 진실한 친구가 필요하리라."

그런데 좋은 벗을 사귀기란 쉽지 않습니다. 그래서 공자는 귀한 말을 남겼습니다.

착한 사람과 함께 지내면 향기 좋은 화초를 방안에 둔 것같이
오래되면 그 향기는 맡지 못하더라도 그와 더불어 감화될 것이고,
착하지 못한 사람과 함께 지내면 마치 저 생선 가게에 든 것 같아서 그
냄새를 오래도록 느끼지는 못해도 역시 그와 더불어 감염될 것이다.
그러므로 군자는 그와 함께 사귈 사람을 신중하게 고른다.

요나단은 어떻게 다윗을 친구 삼았을까요?

다윗이 사울에게 말하기를 마치매 요나단의 마음이 다윗의 마음과
하나가 되어 요나단이 그를 자기 생명같이 사랑하니라 … 요나단은
다윗을 자기 생명같이 사랑하여 더불어 언약을 맺었으며 요나단이
자기가 입었던 겉옷을 벗어 다윗에게 주었고 자기의 군복과 칼과 활과
띠도 그리하였더라 (18:1-4).

요나단과 다윗의 마음이 하나 되어 우정이 출발했습니다. 여기
서 "하나 되었다"는 표현은 "사슬로 고리가 맺어져 끊어질 수 없이
연결되었다"는 뜻입니다. 요나단의 속사람이 다윗의 속사람과 서
로 나눌 수 없게 사슬로 묶여졌으므로 혼과 뜻이 맞아 맺어진 우정
이었습니다. 동양 격언에도 "얼굴을 아는 이는 천하에 가득하되 마
음 아는 이는 몇 사람이나 될까"라는 말이 있습니다. 그런데 다윗
과 요나단은 마음을 활짝 터놓고 우정을 만들어갈 수 있었습니다.
　요나단은 대장부다운 젊은이였습니다. 경호병 하나만 데리고
용감하게 블레셋 진영에 들어가 기습 작전을 승리로 이끈 용사였
습니다. 그러나 그렇게 용기 있던 요나단도 골리앗의 위협 앞에서

　　　　　　　　　　　　　7. 다윗과 요나단

는 꼼짝 못하고 있었습니다. 그런데 다윗이 통쾌하게 골리앗을 쳐 죽이고 돌아올 때 그들은 마음이 하나 되었습니다. 요나단이 "여호와의 구원은 사람이 많고 적음에 달리지 아니하였느니라"(14:6) 라고 선언한 신앙이나 다윗이 "여호와의 구원하심이 칼과 창에 있지 아니함을 이 무리에게 알게 하리라 전쟁은 여호와께 속한 것인 즉"(17:47) 하며 골리앗 앞에 나간 신앙은 똑같이 보배로운 신앙이었기 때문입니다.

그들은 하나님을 향한 단순한 신앙으로 하나가 되었고, 백성의 구원을 위해 자기 생명을 아끼지 않는 민족애로 하나가 되었습니다. 첫인상이 좋아서나 취미가 맞아서, 아니면 술친구로 사귄 우정이 아니었습니다. 하나님의 뜻 안에서 이루어진 신앙적 친구요, 하나님나라의 동역자로서 동지애로 맺어진 친구였습니다. 그러므로 요나단은 그를 자기 생명같이 사랑하게 되었습니다(18:1, 3, 20:17).

역경 중에 연단된 우정

만약 다윗에 대해 시기심을 갖고 경쟁자로 봐야 할 사람이 있다면 사울이 아니라 그의 아들인 요나단이었을 것입니다. 그런데 엉뚱하게 사울이 다윗을 시기하여 죽이려고 합니다. 요나단은 아버지 편에 서지 않고 오히려 다윗의 편에서 그를 보호하려고 애를 씁니다. 아버지 앞에서 다윗을 변호하다가 하마터면 단창에 맞아 죽을 뻔한 적도 있었습니다(20:33).

그러나 다윗을 향한 요나단의 사랑에는 변함이 없었을 뿐 아니라 역경 속에서 더욱 연단되었습니다. 요나단은 다윗 때문에 기뻐하고(19:1), 아버지와 다윗 사이를 화해시키려고 변호하며(19:4), 당황하는 다윗을 격려했습니다.

그러나 진실로 여호와의 살아계심과 네 생명을 두고 맹세하노니 나와 죽음의 사이는 한 걸음뿐이니라 요나단이 다윗에게 이르되 네 마음의 소원이 무엇이든지 내가 너를 위하여 그것을 이루리라(20:3-4).

끝내 아버지 사울이 다윗을 품지 못하는 것을 보고 요나단은 다윗을 위해 슬퍼했습니다(20:34). 이렇게 어떤 고난 속에서도 변하지 않는 그들의 우정의 기초는 무엇일까요?
첫째, 하나님 앞에서 맺은 언약 때문에 그 우정은 계속되었습니다. 그들 사이에 "더불어 언약을 맺었으며"(18:3), "여호와 앞에서 너와 맹약하게 하였음이니라"(20:8), "다윗에 대한 요나단의 사랑이 그를 다시 맹세하게 하였으니"(20:17)라는 말이 되풀이됩니다. 인간은 아무리 변하지 말자고 서로 약속하여도 변하기 쉽습니다. 그러나 어제나 오늘이나 영원토록 동일하신 하나님 앞에서 언약한 우정은 그들이 하나님을 순종하는 믿음을 지키는 한, 변하지 않습니다.
둘째, 함께 정의와 진리의 편에 섰기 때문에 그 우정은 지속되었습니다. 요나단은 혈육의 정이나 사사로운 이익보다 진리 편에 서서 다윗을 사울 앞에 변호했습니다(19:45). 요나단은 다윗과 언약하면서 이렇게 말합니다.

여호와께서는 다윗의 대적들을 치실지어다(20:16).

7. 다윗과 요나단

여기서 다윗의 대적이란 누굽니까? 아버지 사울까지도 포함되는 말이 아닙니까. 이러한 요나단에게 다윗도 말합니다.

> 그러나 내게 죄악이 있으면 네가 친히 나를 죽이라 나를 네
> 아버지에게로 데려갈 이유가 무엇이냐 (20:8) .

그들은 부정에 야합해서라도 이익을 나눠 먹자는 모리배가 아니었습니다. 지연, 학연, 혈연으로 얽혀 공명정대함을 버리는 졸장부들도 아니었습니다. 특히 젊은 날의 우정이 맹목적인 '정情'에만 치우쳐 진리에서 떠난 친구를 무조건 옹호해주다가는 잘못되기 쉽습니다. 우리 사회의 적지 않은 부조리가 정으로 얽혀 정의를 떠난 인간관계에 있지 않을까요?

대부분의 인간관계가 모든 일이 잘 풀려나갈 때는 좋으나 어려움 속에서는 지속되지 못하는 이유가 무엇일까요? 서로 갈라서거나 소원해지는 이유가 무엇일까요? 결국 교만한 마음과 이기심 때문입니다. 그러므로 영원토록 서로 마음 맞는 우정을 유지하는 길은 각자의 마음이 하나님의 마음에 합해 나가도록 힘쓰며, 각자 예수님과의 친구 사랑을 끊임없이 유지하여 영적으로 성장하는 것입니다. 하나님을 중심으로 진리의 길을 함께 걸어 나갈 때는 자신의 뜻을 굽히고 친구의 뜻을 존중하며 자신 있게 친구를 위해 손해 볼 수도 있을 것입니다.

셋째, 다윗과 요나단이 서로 비밀을 나누며 신의를 지켰기 때문입니다. 스위스의 정신과 의사이며 유명한 기독교 저술가인 폴 투르니에 Paul Tournier의 《비밀》은 이 문제를 깊이 있게 다루고 있습니

다. 서로 얼마나 비밀을 나누느냐에 따라 우정의 단계가 발전합니다. 어떤 점에서 인간의 친밀함이란 조금씩 비밀을 더 깊이 더 많이 나누는 예술입니다.

어떤 사람은 어항 속의 금붕어처럼 투명하고 숨김없이 다 내놓고 산다는 말을 하는데, 말로는 가능할지 모르지만 현실적으로는 불가능하고 또 필요하지도 않습니다. 사실 어항 속의 붕어도 자기의 내장까지 내보이지는 않습니다. 이것은 비밀이 많아야 한다고 주장하는 것이 아닙니다. 그러나 새 하늘과 새 땅이 오기까지는 타락한 인간의 한계를 임상학적으로 인정하는 현실적 접근이 우리 크리스천들에게도 있어야 한다는 말입니다.

친밀함을 발전시키기 위해서는 하나님과의 사귐, 부부 사이나 친구 사이의 사귐에서 모두 마찬가지로 비밀을 나누는 지혜가 요구됩니다. 마음을 터놓지 못하고 항상 상대방의 비밀은 듣지만 자기 비밀을 내놓지 않는 사람과는 우정을 지속하기 힘듭니다. 한편 내가 친구와 나눈 비밀을 지키지 못하고 남에게 공개해버릴 때도 그 우정은 지속되기 어렵습니다.[3] 신의를 깨어 버린 행위이기 때문입니다.

성경을 제멋대로 해석하는 어떤 자들은 "요나단이 다윗을 자기 생명같이 사랑했다"는 표현을 가리켜 그들의 관계가 동성애의 시초였다고 주장합니다. 심지어 동성 결혼식을 교회에서 집례하는 목사나 신부까지 생겼으니 부끄러운 일입니다. 이렇게 참된 동성 간의 우정이 사라지는 시대에 하나님나라와 그 의를 위하여 같은 뜻을 품은 신앙적 동지들이 복음의 교제를 갖는 것은 얼마나 큰 축복입니까(빌 1:5). 신앙적인 모임에서 만나 하나님의 영광을 위해,

7. 다윗과 요나단

이 시대를 위해 함께 일하려는 마음과 마음이 하나 되어 시작된 우정은 그리스도 예수의 날까지 지속될 수 있습니다.

또한 다윗에게 있어서 신앙적 친구 요나단은 하나님께서 그의 생명을 보호하기 위해 보낸 '생명의 수호자'였습니다. 그러므로 하나님 안에서 우정을 나누게 된 신앙적 친구들은 서로의 영적 생명이 성장하고 풍성해지도록 기도하고 격려하며 사랑 안에서 참된 것을 말하는(엡 4:15) 우정을 익혀 가야 할 것입니다. 우리는 신앙적 친구의 존재가 하나님께서 베푸신 얼마나 귀한 은혜인가를 잊지 말아야 합니다. 그때에야 달면 삼키고 쓰면 뱉는 얄팍한 인간관계에서 깊고 유유히 흐르는 강물처럼 끊임없이 이어지는 우정을 지킬 수 있을 것입니다.

하나님을 사이에 두고 헤어짐

사람은 만나면 헤어지는 것이 천리입니다. 사울의 적대적인 태도에 변함이 없자, 다윗은 사울의 손에 죽임을 당하지 않으려면 왕궁을 떠날 수밖에 없었습니다. 어쩔 수 없이 망명 생활로 들어가게 되었습니다. 이때 왜 자기 생명같이 다윗을 사랑한 요나단은 함께 떠나지 않았을까요? 그가 정의나 우정보다는 역시 혈연을 중시한 것은 아니었는가, 혹 왕위 계승의 미련을 포기하지 못했기 때문이 아니었을까 하는 의문이 듭니다. 사실 정의의 관점에서만 단세포적으로 생각하면 다윗과 더불어 모든 이스라엘 장로들과 협의해서 사울을 폐위시키든지, 아니면 죽이는 편이 옳지 않았을까요? 여기에 사랑의 복합성과 갈등이 있습니다.

요나단은 후에 아버지 사울과 함께 전사합니다. 이들을 애도하는 다윗의 애가에 이런 구절이 있습니다.

사울과 요나단이 생전에 사랑스럽고 아름다운 자이러니 죽을 때에도
서로 떠나지 아니하였도다 (삼하 1:23) .

골리앗과 싸우던 다윗이 결코 비겁해서 도망간 것도 아니었으며, "여호와께서 다윗의 대적들을 치실지어다"라고 말하던 요나단이 왕궁에 남아 있는 것이 결코 불의와 타협했기 때문이 아님도 분명합니다. 아버지에게도 친구에게도 자신이 필요하다는 것을 잘 알고 있는 요나단은 누구를 택해야 할지 고심했을 것입니다. 다윗이나 요나단의 선택은 각자의 신앙 양심에 따른 결정으로 보아야 할 것입니다. 그들의 결정을 "이기적이다", "하나님의 정의에 어긋난 결정이다"라고 쉽사리 판결을 내리기는 어렵습니다. 적어도 사무엘서 저자의 입장은 다윗이나 요나단의 이별을 어떤 비판 없이 사실로만 기록하고 있을 뿐입니다.

어쨌든 이별의 날은 다가오고야 말았습니다. 만날 때보다도 헤어질 때 그 사람의 됨됨이가 더 잘 드러나는 법입니다. 다윗은 요나단 앞에 나가서 땅에 엎드려 세 번 절하며 친구이자 황태자인 그에게 깊은 존경을 표합니다(창 13:3, 삼상 42:6). 그리고 입을 맞추고 목놓아 울었습니다. 그런 후 늘 그러듯 요나단이 먼저 다윗에게 작별인사를 했습니다.

평안히 가라 ⋯ 여호와께서 영원히 나와 너 사이에 계시고 내 자손과

7. 다윗과 요나단

네 자손 사이에 계시리라 (20:42) .

"눈에 보이지 않으면 마음도 멀어진다Out of sight, out of mind"라는
영국 속담 그대로 사람은 헤어지고 나면 마음도 멀어지며 세월이
흘러갈수록 잊히기 마련입니다. 그러나 다윗과 요나단은 공간적
으로 헤어지고 시간적으로 이별을 고하게 되었지만, 시공을 초월
하신 하나님께서 그들 사이에 구름다리가 되어 그들의 사랑이 영
원토록 변함없이 이어지길 간구하고 있습니다.

과연 그들의 눈물겨운 우정은 시공을 넘어서 오늘 우리에게까
지 전해지고 있습니다. 후에 요나단이 죽음으로 영원한 이별을 고
할 때 다윗은 망명 중에 이 소식을 듣고 옷을 찢고 금식하며 슬피
울었습니다. 정적인 사울이 죽었으니 이제 머지않아 왕위를 이어
받게 되리라는 기대보다는 생명을 나누던 친구 요나단의 죽음 때
문에 깊은 슬픔에 빠졌습니다. 그는 애가를 지어 이렇게 슬픔을 노
래했습니다. 젊은 날 이토록 친구 때문에 울 수 있었던 다윗은 참으
로 행복한 자였습니다.

내 형제 요나단이여, 내가 그대를 위해 슬퍼하노라, 그대는 나에게
얼마나 사랑스러웠는고! 나에 대한 그대의 사랑이 여인의 사랑보다
깊지 않았던가! (삼하 1:26, 현대) .

다윗은 많은 여인의 사랑을 체험했고 그 달콤함도 맛보았습니
다. 그러나 요나단과의 우정같이 진실하고 생명을 다하는 아름다
운 사랑이 없었다고 노래하고 있습니다.

박목월의 〈이별의 노래〉에 나오는 가사처럼 "아아 아아 너도 가고 또 나도 가야지" 하며 언젠가 우리는 모두 헤어져야 할 날이 올 것입니다. 사랑하는 부모와 자식, 부부, 형제자매 그리고 친구 사이에도 모두 헤어질 날이 오고야 맙니다. 헤어져야 한다는 것은 우리를 슬프게 합니다.

그러나 하나님 안에서 다시 만날 기약이 있다는 것은 얼마나 큰 위로와 소망이 됩니까! 그래서 우리는 다시 만날 소망 때문에, 이 땅 위에서 서로 이해와 용서를 배우며 인내하는 사람이 사랑의 예술성을 익히면서 소망 가운데 살아가는 것입니다.

우리 시대는 지나친 개인주의로 참된 우정이 드물어졌습니다. 고상한 뜻과 이상을 향해 하나 되어 서로 자기 생명같이 사랑하는 동성끼리의 진실한 우정이 아쉬운 시대입니다. 다윗과 요나단, 마리아와 엘리사벳의 우정이 한없이 그리워지는 때입니다(눅 1장). 만나서는 무척 친한 모습을 하지만 내심으로는 경쟁하며 서로 적당한 거리를 두는 형식적 관계가 아니라 마음과 마음이 하나 되어 하나님과 겨레를 함께 섬기는 우정이 부활되어야 할 때입니다.

그러기 위해서는 먼저 아브라함처럼 하나님을 친구 삼아야 할 것이며(약 2:23), 예수 그리스도의 친구가 되어야 합니다(요 15:12-15). 그리고 누가 내게 친구가 되려고 다가오지 않는가 막연히 기다려서는 안 됩니다. 요나단 같이 친구를 삼기 위해 내 편에서 먼저 나서야 합니다.

우리같이 냄새나는 죄인들을 친구 삼으시려고 하늘나라의 황태자이신 우리 주님이 먼저 낮아지고 하늘의 비밀을 나누어주며 자기 목숨까지 버리시지 않았습니까? 그러므로 우리가 이 땅 위에서

숨을 쉬는 동안, 아니 저 하늘나라에서 나의 변함없는 친구, 우리
주님을 얼싸안고 포옹할 그날까지 주님의 사랑을 배신하지 않겠
노라고 다짐해야 하지 않을까요? 또한 우리도 주님의 사랑으로 다
윗과 요나단 같은 우정을 꽃피워야 하겠습니다.

너희는 내가 명하는 대로 행하면 곧 나의 친구라 이제부터는 너희를
종이라 하지 아니하리니 종은 주인이 하는 것을 알지 못함이라 너희를
친구라 하였노니 내가 내 아버지께 들은 것을 다 너희에게 알게
하였음이라 (요 15:14 - 15) .

8.   다윗의 아둘람굴 공동체

삼상 21:1–23:29

— 　그러므로 다윗이 그곳을 떠나 아둘람굴로 도망하매 …
　환난 당한 모든 자와 빚진 모든 자와 마음이 원통한 자가
　다 그에게로 모였고(22:1–2).

이제부터 다윗의 고달픈 도피 생활이 시작됩니다. 다윗은 자신을
체포해 죽이려는 사울 왕을 피해 부모 형제와 아내 미갈, 그리고 생
명같이 아끼던 친구 요나단과 헤어져야 했습니다. 골리앗을 물리
친 국민적 영웅의 위치에서 밀려나, 이제는 국왕을 반역한 정치범
이요, '법외방치자法外放置者, outlaw'로서 절박한 추격을 받는 긴장의
세월로 들어서게 된 것입니다.

　　이 시련의 기간에 다윗은 정금 같은 신앙 인격의 연단을 받습니
다. 그것은 장차 하나님의 백성 이스라엘의 왕이 되기 위한 하나님
의 훈련 코스였습니다. 고독한 다윗은 황야의 무법자가 되어 쫓기
는 생활 가운데 오히려 평생 동지들, 곧 후에 통일 왕국의 기둥과
대들보가 될 인재들을 얻을 수 있었습니다. 그들이 바로 아둘람굴
동지들이었습니다.

　　이번 장에서 우리는 하나님의 뜻을 찾아 그 뜻대로 사는 다윗의
신앙과 그의 공동체에 대해서 배우게 될 것입니다. 그리고 거듭되
는 위기 가운데서 다윗과 그의 사람들의 요새가 되시는 하나님의

인도와 보호의 손길을 보게 될 것입니다.

제사장 아히멜렉을 속인 다윗

그동안 사무엘서에 등장한 다윗은 하나님과 가까이 동행하며 사람들 앞에서 흠 없이 살아온 인물이었습니다. 그러나 자신의 유일한 변호자요 보호자였던 황태자 요나단과도 작별을 고한 후, 당황하여 신앙마저 잃어버린 모습입니다. 그는 먼저 사울의 추격에서 비교적 안전한 놉의 제사장 아히멜렉을 찾아갑니다. 당시 놉은 실로가 블레셋에게 파괴당한 후 제사장들이 모여 살던 곳이었으므로, 다윗은 혹시 제사장에게 가서 자기 앞날에 두신 하나님의 뜻을 알아보고자 했을지 모릅니다. 아히멜렉은 다윗이 혼자 찾아온 것이 뭔가 이상해서 떨며 물었습니다.

어찌하여 네가 홀로 있고 함께 하는 자가 아무도 없느냐 (21:1).

자신의 약점이 노출되자 다윗은 재빨리 자신은 왕의 특명을 받아 비밀 작전을 수행하는 중이라고 둘러댔습니다(21:2). 그리고 하나님께 대한 감사의 표현으로 성소 안 우편에 차려두었다가 후에 제사장만이 먹는 '진설병', 곧 거룩한 떡을 여러 덩이 얻었습니다. 아마 세상에 가장 속이기 쉬운 부류의 사람들이 성직자인지도 모릅니다. 다윗은 황급히 나오느라 무기도 못 가지고 나왔다며 박물관용으로 보관해두었던 골리앗의 명검名劍까지 얻습니다. 칼과 빵을 얻었으니 우선은 자신을 보호할 수 있게 된 셈이었습니다.

다윗의 행동이 특별히 잘못된 것이라고 할 수 없습니다. 전쟁 중에는 거짓말이 반드시 악일 수 없습니다. 사울과의 준전쟁 상태에 들어간 다윗이 극한 상황에서 이 정도의 거짓말로 위기를 모면했으니 배고픔을 해결하기 위한 그의 임기응변은 오히려 칭찬받을 만합니다(막 2:25 이하 참조).

그러나 저자의 견해는 분명합니다. 다윗의 기만행위는 자신의 이익만 위한, 하나님을 온전히 의지하는 믿음이 없어서 저지른 과오였다고 보고 있습니다. 다윗은 나중에 자기 죄를 인정했으며 (22:22), 다윗의 거짓말은 얼마 후 제사장들의 참혹한 대학살의 직접 원인이 되었습니다(22:18-19). 믿음이란 과거에 어떠했든지 간에 매 순간마다 새롭게 하는 영원한 현재형입니다. 다윗에게서 믿음이 없어지자 진실도 사라지게 된 것입니다. 잠언 기자는 말합니다.

진실한 입술은 영원히 보존되거니와 거짓 혀는 잠시 동안만 있을 뿐이니라 (잠 12:19) .

지도자에게 진실한 입술의 소유라는 도덕적 자질처럼 중요한 자격은 없습니다. 닉슨 대통령이 지위를 박탈당한 이유도 바로 거짓말 때문이었고, 반면에 에이브러햄 링컨이 가장 존경받는 정치가가 된 것도 '정직한 에이브honest Abe'라는 별명이 붙을 만큼 진실했기 때문이라고 합니다.

8. 다윗의 아둘람굴 공동체

국내에 머물러 있다가는 아무래도 생명이 위태롭겠다고 판단한 다윗은 외국으로 망명처를 찾아 나섰습니다. 가장 안전한 길이 사울의 원수인 블레셋의 가드로 가는 것이라고 생각하고 아기스 왕을 찾아갔습니다. 당시는 신문이나 TV 같은 매스미디어도 없었을 텐데, 아기스의 신하들은 다윗의 얼굴을 알아보았습니다. 더욱 놀랄 일은 유대 땅에 유행하는 팝송 "사울의 죽인 자는 천천이요 다윗은 만만이로다"라는 노래가 그곳에도 퍼져 있다는 것입니다. 노래는 정말 국경이 없습니다.

당황한 다윗은 재치 있는 촌극을 꾸며 위기를 모면했습니다.

다윗이 … 가드왕 아기스를 심히 두려워하여 그들 앞에서 그의 행동을 변하여 미친 체하고 대문짝에 그적거리며 침을 수염에 흘리매 (21:12-13).

다윗은 본래 장난기가 심한 청년이었던 것 같습니다. 또한 이 연극은 그의 문학적 천재 기질을 유감없이 보여주고 있습니다. 가드로 가면서 자신의 정체가 폭로되면 어떻게 해야 할지 상상력을 발휘해 미리 각본을 만들어 간 것 같지는 않습니다.

고대 사회에서 정신 이상자는 모두 악신 들린 것으로 여겨 터부시했으므로 왕궁은 물론 마을에서도 멀리 쫓겨났었다고 합니다.[1] 그러니까 다윗이 미친 체한 것은 그 위기를 모면하기 위한 기발한 아이디어였고 멋진 연기라고 할 수 있을 것입니다.

그러나 저자는 다시 다윗이 하나님의 기름 부음받은 자다운 믿음 있고 품위 있는 모습이 아니었다고 보고 있습니다. 다윗도 이 사건은 회상할 때마다 얼굴이 화끈 달아오르는 자신의 일생에서 가장 부끄러운 사건 중의 하나일 것입니다. 왜 이런 추한 모습을 보이게 된 것일까요?

그날에 다윗이 사울을 두려워하여 일어나 도망하여 (21:10).

다윗이 … 아기스를 심히 두려워하여 (21:12).

사람을 두려워했기 때문에 저지른 수치스러운 행동이었습니다. 다시 잠언 기자의 말을 새겨봅시다. "사람을 두려워하면 올무에 걸리게 되거니와 여호와를 의지하는 자는 안전하리라"(잠 29:25).

다윗이 훌륭함은 신앙생활의 성공과 실패의 경험을 잊어버리지 않고 거기서 귀중한 교훈을 발견하고 글로 남길 줄 알았다는 것입니다. 다윗의 많은 시가 이러한 영적 체험에서 나온 것입니다. 여러 신앙의 선배들이 '영혼의 일지日誌, spiritual journal'를 기록하는 삶의 유익을 강조합니다.[2] 놉과 가드에서의 경험을 통해 다윗은 시편 34편 같은 귀한 글을 쓸 수 있었습니다. 이 시에는 '다윗이 아비멜렉 앞에서 미친 체하다가 쫓겨나서 지은 시'라는 제목이 붙어 있습니다.

생명을 사모하고 연수를 사랑하여 복 받기를 원하는 사람이 누구뇨 네
혀를 악에서 금하며 네 입술을 거짓말에서 금할지어다

8. 다윗의 아둘람굴 공동체

(시 34:12 - 13) .

참말만 하고 살아도 부족한 인생인데, 왜 내가 비굴하게 거짓말을 하고 미친 체하는 거짓 행동을 취했었던고. 다윗은 자신에게 하나님께 매달려 기도하는 믿음이 없었음을 깨달았습니다. 그래서 철저히 회개하고 하나님 앞에서 새로운 신앙에 대해 다짐합니다. 이 시는 다시 계속됩니다.

> 여호와는 마음이 상한 자를 가까이 하시고 충심으로 통화하는
> 자를 구원하시는도다 의인은 고난이 많으나 여호와께서 그의 모든
> 고난에서 건지시는도다 그의 모든 뼈를 보호하심이여 그 중에서
> 하나도 꺾이지 아니하도다 (시 34:18 - 20) .

'인간의 전공은 실수하는 것이요, 하나님의 전공은 용서해주시는 것'이라는 말이 있습니다. 아무리 믿음으로 산다고 해도 우리는 늘 실수할 수밖에 없습니다. 어쩌면 이것이 인간다운 모습이라 할 수 있습니다. 저 높은 곳을 향하여 날마다 하나님과 동행하려 해도 하나님의 걸음 폭은 너무나 커서 우리 연약한 인간은 자주 실족합니다. 그러나 신앙생활이란 늘 넘어지지만 다시 일어나 하나님께 나아가는 삶입니다. 늘 빗나가지만 다시 방향을 바로잡고 하나님의 길을 걸어가는 생활입니다.

다윗의 위대함은 그가 실수 없는 완전한 삶을 산 데 있는 것이 아닙니다. 오히려 실수했을 때 속히 일어나서 하나님께 다시 나아가 신앙을 회복하고, 실수의 경험을 통해 하나님과 자기 자신, 세상을

아는 지식이 한 단계씩 성장해 간 데 있습니다.

아둘람굴 공동체

도피 생활의 출발부터 맛본 쓰라린 아픔을 딛고 일어선 다윗은 이 방인에게로 피난 가지 않고, 자기 혈족인 유다 지파의 땅에서 가깝고 지형이 험준해 은신처로 알맞은 아둘람굴로 옮겨갔습니다. 어떻게 다윗의 소문이 퍼졌는지 모르나 다윗처럼 억울한 일을 당하고 상처받은 자들이 한 사람씩, 한 가족씩 모여들었습니다.

다윗이 아둘람굴에 머문 기간이야말로 통일 이스라엘을 창출하는 배태기胚胎期였습니다. 본문은 짧은 두 절로 요약되어 있지만, 다윗과 '다윗의 사람들'(22:6, 23:3, 5, 13, 24)은 사무엘서의 마지막까지 계속 한 동아리가 되어 일합니다. 그러므로 그 중요성을 깊이 생각해봐야 합니다. 아둘람굴에는 장차 통일 왕국을 이룰 인재들이 모여 하나의 신앙 공동체를 이루었습니다. 그러나 '인재'라 부르기엔 너무나 짓눌리고 상처받은 사람들이었습니다.

> 다윗이 그곳을 떠나 아둘람굴로 도망하매 그의 형제와 아버지의
> 온 집이 듣고 그리로 내려가서 그에게 이르렀고 환난 당한 모든
> 자와 빚진 모든 자와 마음이 원통한 자가 다 그에게로 모였고,
> 그는 그들의 우두머리가 되었는데 그와 함께한 자가 사백 명
> 가량이었더라 (22:1-2).

사울의 폭정 아래서 극소수의 특권층을 제외한 모든 백성이 고

통을 당하고 있었습니다. 그중에서도 사울의 긴급 명령 위반자, 국가 보안법 위반자, 법적 보호를 받지 못하여 억눌려 지내는 사람들이 모였습니다. 가진 자들의 착취 때문에, 또는 교육 기회가 없어 무식하거나, 가족 중에 환자가 있어서, 또는 사기당해서 어쩔 수 없이 파산하여 빚지고 갚을 길이 없는 극빈자들도 모였을 것입니다. 여러 가지로 상처받아 마음이 원통한 자들, 폭력 정권에 불만을 품은 무리들이 끼리끼리 모인 것입니다. 오합지졸이었으나 그 수가 400명이나 되었고, 아둘람굴은 사울 정권에 소외당한 자들의 난민촌이 되었습니다.

착하고 교육을 잘 받은 사람들도 400명 정도가 모여서 같이 살자면 보통 어려운 일이 아닙니다. 더구나 젊은 다윗이 상처 많은 무리의 지도자가 되었을 때, 그 고통은 쉽게 말로 표현하기 힘들었을 것입니다. 이해심과 인내심, 겸손과 너그러움 없이는 불가능했을 것이며, 그들을 정신적으로 하나 되게 하기 위해서는 영적 권위도 있어야 했을 것입니다.

지도자는 다른 사람으로 하여금 자기를 따르게 하고 헌신하게 하는 지도력이 있어야 합니다. 그러한 지도력이 형성되려면 한없는 지혜와 희생적인 사랑이 있어야 합니다. 다윗은 소외당하는 고독과 슬픔이 무엇이며, 오해받고 빼앗기는 아픔이 무엇이고, 쫓기며 도망하는 두려움이 무엇인지를 알았습니다. 또 가난이 무엇인지도 알았습니다. 자기 자신이 상처받은 적이 있기 때문에 상처받은 자를 동정하며 치유해주는 '상처 입은 치유자The Wounded Healer'가 될 수 있었던 것입니다.[3]

다윗은 이스라엘 가운데 가장 문제 많은 사람들을 훈련시키기 시작했던 것입니다. 그들을 훈련시켜 먼저 사람을 만들고, 믿음을 키워 비전을 심어 주고, 하나님과 하나님의 백성에 충성하며, 자신에게 헌신하도록 만들었습니다. 그래서 후에 다윗 왕국을 건설할 지하 운동권, 임시정부군 정예부대를 양성한 것입니다. 마치 패잔병과 부상병들까지도 훈련시켜 독일군을 물리치는 용맹스런 군사를 만들었다는 2차 대전의 영웅, 패튼G. S. Patton, 1885-1945 장군과 같습니다.

다윗은 폐인이 되기 십상이었을 400명의 무리를 펄펄 나는 용사들로 키웠습니다. 무술, 물매질이나 활쏘기, 창검술, 전술학 등을 훈련시켰습니다. 장차 블레셋을 비롯한 원수들과의 싸움에서 백전백승할 수 있는 실력 있는 장군들이 망명 시절에 연마된 것입니다. 상처 많은 그들의 정서 순화를 위해 지휘자를 세워 음악을 가르치고, 합창을 하게 하며 수금과 비파를 가르쳐 오케스트라도 구성했을 것입니다. 코 고는 소리, 요란한 동굴과 바람 소리, 세찬 광야로 쫓기며 도피하는 중에도 다윗은 새벽녘이나 황혼 깃든 저녁에 많은 시를 썼습니다. '다윗의 시'라는 제목이 붙은 시만 해도 시편 32, 52, 54, 56, 57, 59, 63, 142편이 있습니다. 어떤 시의 제목에는 '다윗의 마스길, 영장으로 현악에 맞춘 노래' 등의 설명이 있습니다. 이것은 '다윗의 교훈시, 성가대 지휘자를 따라 현악기에 맞춘 노래' 등으로 번역되었습니다. 수많은 작시를 했으나 작곡해서 가르치기 힘들 때는 익숙한 이스라엘 민요 곡조에 맞추어 불렀다고 합니다.

수많은 교훈시로 하나님을 알렸고 신앙과 인생, 민족과 역사를 가르쳤습니다. 노래로 배웠으니 기억력이 나쁜 자들도 잘 따라 불렀을 것입니다. 동굴이라는 열악한 환경, 언제 어디서 원수들이 덤

벼들지 모르는 위기 상황에서 하나님을 피난처 삼아 공동생활하며 훈련받는 생활을 했던 것입니다.

홀로 서기와 모둠살이

다윗과 그의 사람들이 군사 훈련으로 힘을 기르고, 예술 교육으로 정서를 순화하며, 지식 교육으로 지성을 계발했던 것보다 중요한 것은 삶 자체를 나누는 공동생활 훈련이었습니다. 열등감이 있거나 과거에 상처를 많이 받아 한이 쌓인 사람은 그 성격이 모가 나 조그만 오해에도 쉽게 화를 냅니다. 어쩌다 식사 당번이 실수해서 다른 사람에겐 고기 두 점, 자기에겐 한 점만 주었다면 아마 큰일이 날 것입니다. 속에 쌓인 울분을 기회만 있으면 밖으로 내보내 처리해야 하기 때문입니다. 아마 아둘람굴에서는 코피 흘리며 싸우는 일도 심심찮게 벌어졌을 것입니다.

세상에 제일 힘든 훈련 중에 하나가 사람이 같이 생활하는 것입니다. 그만큼 가치 있는 훈련이기도 합니다. 왜냐하면 사람은 혼자만 있을 때는 자기를 바르게 이해하기 어렵습니다. 그러나 힘든 사람과 같이 살아보면 자신이 어떠한 인격의 소유자인가를 더 바르게 알 수 있습니다. 얼마나 이기적이고 사랑 없고 참을성 없고 교만한가 등을 깨닫게 되어, 공동생활로 연단된 자는 참으로 성숙한 인격의 소유자가 됩니다.

이 시대를 사는 한국 크리스천들에게 가장 필요한 훈련도 아마 다윗의 아둘람 공동체 같은, 예수님의 제자 공동체 같은 더불어 사는 훈련입니다. 왜냐하면 현대 사회가 지나치게 개인주의화되었기 때문입니다.[4] 농경 사회에서는 '두레'를 만들어 서로 도우며 함께 일하며 나누어 먹지 않고서는 살 수 없었지만, 고도로 발달된 현대의 산업 정보 사회에서는 사람들끼리 아무런 인격적 관계 없이 컴퓨터나 기계 앞에서도 생활할 수 있게 되었습니다. 개인이 사회의 기계적 조직체의 구성원은 될 수 있으나 인격적 관계를 이루며 서로 유기적인 지체肢體, member로서 살기는 어렵게 되었습니다.

그리스도를 머리로, 성도가 서로 지체로서 한 몸을 이루는 교회도 현대 사회의 축소판이 되어가는 것을 경계해야 합니다. 일방적으로 수직적인 개인 경건 생활은 하늘을 오르락내리락 할 정도인데, 수평적으로 이웃과 사이좋게 지내는 법을 잘 몰라 성숙하고 균형 잡힌 신앙생활이 되지 못하고 있습니다. 한국 크리스천들은 대부분 가정과 학교, 사회 어디서도 공동체 생활에 익숙하지 않아 서로 상처를 주고, 남의 말을 잘 옮기고, 공과 사를 조화시키지 못해 괜히 남에게 폐 끼치는 것을 대수롭지 않게 여기므로, 몇 번 '형제자매'로 지내보려다가 피곤해서 포기하고 쉽게 교회를 옮깁니다.

신앙생활에서는 먼저 하나님 앞에 확고한 자립 신앙과 자립 생활, 홀로 서기가 있어야 합니다. 성령으로 거듭나 머리이신 그리스도의 뜻대로 순종하는 신앙의 기초가 분명해야 할 것입니다. 그러나 크리스천의 영적 성숙은 어떠한 신앙 공동체에 속하여 있느냐에 따라 크게 달라집니다. 신자들은 거듭날 때 하나님의 독자獨子나 무남독녀로 태어나는 것이 아니라 하나님의 가족인 형제자매로 태어나는 것이므로 '모둠살이'의 훈련도 쌓아야 합니다. 한 몸에 기능과 역할이 다른 여러 지체가 서로 필요하듯, 교회에서도 열등감이나 우월감을 극복하고 자기의 은사를 발견하고 다른 사람의

8. 다윗의 아둘람굴 공동체

은사를 인정해주며, 각자 그 은사를 발휘하여 그리스도의 몸이 균형 있게 성장하도록 해야 할 것입니다. '다양성 속의 통일diversity in unity'은 거짓 없는 사랑이 충만한 성숙한 신앙 공동체 안에서만 가능합니다(롬 12장, 고전 12-14장, 엡 4:1-16 참조).[5]

현대 교회에서 사도행전 2장의 예루살렘 교회 같은 공동체 생활은 불가능하다고 생각합니다. 그러므로 1년에 몇 차례라도 수양회 같은 모임을 통해 공동생활을 하는 것은 성숙한 크리스천을 훈련시키는 데 매우 유익할 것입니다. 가정과 교회에서 공동체 생활을 익힌 크리스천들의 지도력을 통해 국가 사회도 공동체 의식을 키워갈 때 지역감정, 극단적인 과소비, 교통 혼란 등도 점차 해소될 것입니다. 이기심과 가족 이기주의로 살면 피차 괴롭게 되는 것을 몸으로 깨닫고 모둠살이의 지혜를 배우게 되기 때문입니다.

아둘람굴 생활을 통해 다윗과 그의 사람들은 장차 이스라엘의 역사를 변혁시킬 '창조적 소수'들로 성숙해갔습니다.

생명이 결탁된 동역자들

사무엘서 부록 가운데 한 부분인 삼하 23장 8-39절에는 다윗의 3대 명장과 용장 30명의 공적이 실려 있습니다. 그중에는 아둘람굴 시절 다윗과 3대 명장들의 생명이 얼마나 뜨겁게 목숨을 거는 사랑으로 묶여 있었는가를 보여주는 가슴 뭉클한 사건이 나옵니다.

이때 다윗이 고향을 그리워하면서 "베들레헴 성문 곁에 있는 우물물이 먹고 싶어 못 견디겠구나! 누가 그 물을 좀 길어올 사람이 없는가?" 하자 그 세 사람이 블레셋군의 진영을 뚫고 들어가 그 우물물을 길어서 가져왔다. 그러나 다윗은 그 물을 마시지 않고 그것을 여호와께 제물로 부어드리고 이렇게 부르짖었다. "여호와여, 나는 결코 이 물을 마실 수 없습니다. 이것은 죽음을 무릅쓰고 갔다온 사람들의 피와 다를 것이 없습니다"(삼하 23:15-17, 공동).

3대 명장인 요셉밧세벳, 엘르아살, 삼마는 다윗과 이처럼 서로 목숨을 건 충성심으로 하나 되어 있었습니다. 이들을 비롯한 30명의 용장들이 후에 다윗 왕국의 핵심 인물로 중추적 역할을 감당했습니다(대상 11:10). 다윗 말년에 아들 압살롬의 반역으로 왕실의 운명이 풍전등화 같을 때 많은 사람들이 다윗을 배반했습니다. 은혜 입은 여러 사람들이 변절하고 배신했습니다. 그러나 30명의 용사들은 다윗의 무서운 범죄와 실수에도 불구하고 그에게 등을 돌리지 않고 끝까지 충성했습니다. 그래서 다윗의 왕권을 회복시키는 데 결정적으로 공헌했습니다.

다윗과 생명을 같이하는 동역자들의 수는 후에 가족들까지 포함해서 600명으로 불어났습니다. 선지자 갓이 사울을 떠나 다윗과 합류했으며(22:5), 제사장 아비아달도 다윗을 찾아왔습니다(22:20). 따라서 다윗의 망명 임시 정부는 하나님 편에서 정통성을 주장할 수 있게 되었습니다. 예수님께서는 어부들, 세무서원, 열혈 당원 등 열두 명과 3년간 공동생활을 하며 그들의 인격과 신앙을 훈련시켰습니다. 걸핏하면 "누가 크냐"로 다투던 소망 없는 제자들이었으나 (막 9:34), 발 씻김도 받으며 예수님의 '서로가 함께'의 실천 훈련을 마친 그들은, 성령의 권능을 받게 되자 세상을 뒤엎는 복음의 용장

으로 온 세계에 나아갈 수 있었습니다.[6]

본회퍼는 2차 대전이 터지기 전 히틀러의 시대 악에 도전할 때 먼저 신앙으로 뜻을 같이하는 동지들과 공동체 생활을 했습니다. '고백 교회'의 불법 신학교로 시작해 후에 핀켄발데Finkenwalde에 세워진 이 공동체에서의 경험을 기록한 책들이 바로 《신도의 공동 생활 Gemeinsames Leben, *Life Together*》과 《나를 따르라 Nachfolge, *The Cost of Discipleship*》입니다.[7] 본회퍼와 그의 동지들은 2차 대전 중 조국과 인류를 위해, 미친 버스 운전사 같은 히틀러를 암살하는 저항 운동에 몸을 바쳤습니다. 결국 본회퍼는 1945년 4월 9일 처형당했으나 그의 복음 정신은 죽지 않고 세계 악과 싸우는 수많은 크리스천을 지금도 깨우치고 있습니다.

형제가 연합하여 동거함이 어찌 그리 선하고 아름다운고 (시 133:1) .

다윗의 이 시는 3천 년 후 본회퍼에게 영감을 준 《신도의 공동 생활》의 첫 문장이자, 오늘 한국의 크리스천들이 마음 깊이 새겨야 할 말씀입니다.

하나님의 뜻을 묻는 다윗

22장 6-19절에는 신앙으로 결탁된 다윗의 동지들과는 달리, 이권利權으로 결탁된 사울과 도엑에 대한 기록이 나옵니다. 굴과 숲에 있던 다윗에게는 사람들이 모였지만, 왕궁에 있던 사울에게서는 사람들이 떠났습니다. 다윗을 추격하러 에셀나무 아래 지휘 사령부

를 둔 사울 왕이 자기 신하들에게 불평하는 말은 독재자의 외로움
을 잘 보여줍니다.

> 너희가 다 공모하여 나를 대적하며 내 아들이 이새의 아들과
> 맹약하였으되 내게 고발하는 자가 하나도 없고 나를 위하여
> 슬퍼하거나 내 아들이 내 신하를 선동하여 오늘이라도 매복하였다가
> 나를 치려 하는 것을 내게 알리는 자가 하나도 없도다(22:8).

"하나도 없도다"를 반복하는 사울의 심경은 소외감으로 가득 차
있었습니다. 그런 사울에게도 한 사람이 있었습니다. 사울의 양 떼
를 돌보는 에돔 사람 도엑이라는 간악한 자였습니다.

도엑은 아히멜렉이 다윗에게 떡과 무기를 준 것을 일러바쳐 일
등 공신이 되고자 했습니다. 복수심에 찬 사울 왕의 명을 받아 도엑
은 낫으로 풀을 베듯 아히멜렉과 85명의 제사장들, 그들의 젖 먹는
자녀들까지 모두 쳐죽였습니다. 제사장의 하얀 에봇은 붉게 물들
고, 그 땅은 독재자에게 무고하게 희생당한 자들로 인해 그 피가 땅
에서 울부짖었을 것입니다. 하나님의 뜻을 거스르며 '당黨을 지어
불의를 따르는'(롬 2:8) 사울과 도엑으로 말미암아 주의 종들과 양
민良民이 학살당하는 비극이었습니다.

유일한 생존자인 제사장 아비아달이 다윗에게로 피해온 것은
중요한 상징적 의미가 있습니다. 사울이 행한 불의를 볼 때 그는 이
미 하나님께 버림받은 자로 하나님의 백성을 통치할 합법성을 상
실했음이 분명해졌으며, 그를 대신해 왕이 되어야 할 자는 다윗밖
에 없음을 알려준 사건입니다.

8. 다윗의 아둘람굴 공동체

그런데 다윗에게 문제가 생겼습니다. 아둘람굴에서 약 5킬로미터 떨어져 있는 그일라에 블레셋군이 침략해서 1년 먹을 양식을 추수해놓은 타작 마당을 탈취하고 있다는 속보가 들어온 것입니다. 마땅히 왕인 사울이 도와야 했으나 다윗의 유다 지파에 속한 땅이어서 아마 푸대접을 받은 것이 아닌가 추측할 수 있습니다. 데모를 막으러 보낼 경찰력은 있으나 강도 잡을 경찰력이 없는 형편과 비슷하다고나 할까요. 다윗은 망명객의 입장에서 돕기도 힘들고, 그렇다고 자기 지파인 유다 백성이 고난받는데 600명의 정예 용사를 갖고 있으면서 모른 체할 수도 없었습니다. 다윗의 타고난 기질로는 소식을 듣자마자 용사들을 완전 무장시켜 출전했을 것 같습니다. 그러나 놉과 가드에서의 실패 후 다윗은 이제 하나님의 뜻대로만 사는 것이 무엇인가를 깊이 배웠습니다. 하나님과 호흡을 같이 하듯 가깝게 대화하는 기도의 사람이 된 것입니다.

이에 다윗이 여호와께 묻자와 이르되 내가 가서 이 블레셋 사람들을 치리이까 … 다윗이 여호와께 다시 묻자온대 (23:2, 4).

성경 어디서도 다윗처럼 하나님과 가깝게 구체적으로 의논하면서 행하는 인물을 찾기는 힘듭니다. 수많은 시편의 기도시가 좋은 증거입니다. 하나님께 묻지 않고 행했다가 무고한 제사장들의 죽음을 본 다윗은 그것을 모두 자기의 책임으로 받아들였습니다 (22:22). 기도 없는 행동은 설령 그것이 좋은 결과로 나타난다 하더라도 하나님께서 원하시는 하나님의 일이 아님을 깨닫게 되었습니다.

다윗은 하나님께서 무척 바쁘실 테니까 자기가 대신 모두 결정해놓고 나서 "하나님, 도와주세요" 하는 태도가 왜 잘못된 태도인가를 뼈저리게 깨달았습니다. 신자의 생활은 기도pray → 계획plan → 실천practice의 3P의 우선순위가 확실해야 합니다. 다윗은 자신의 꾀나 능력을 의지하던 생활을 회개하고, 하나님의 지혜와 그분의 지시를 따르는 '종'으로 완전히 방향을 바꾸었습니다. 하나님의 뜻대로 출전한 다윗과 그의 용사들은 그간 연마한 전술과 무술을 마음껏 실전에 써보았을 것입니다. 그러나 승리는 하나님께서 주시는 선물이었습니다(23:4).

하나님의 인도와 보호

사울의 다윗 추격은 조금도 고삐를 늦추지 않고 점점 조여 왔습니다. 전국에 비밀 정보망을 구축하여 다윗의 소재를 알리도록 긴급 명령도 시달했습니다. 그일라 사람들은 배은망덕하게 다윗이 자기들에게 왔다고 사울에게 보고했습니다. 다윗은 살아가면서 이처럼 은혜를 모르는 자들의 배신을 받으면서 인간 본성에 대한 이해가 깊어지고 간사한 인간들 사이에서 살아가는 지혜도 배웠습니다. 피난을 떠나면서도 다윗은 다시 하나님의 뜻을 묻고 그일라에서 피했습니다(23:12-13). 하나님의 인도하심과 보호하심을 받는 다윗과 그의 사람들을 원수가 어떻게 손댈 수 있겠습니까?

다윗이 광야의 요새에도 있었고 또 십 광야 산골에도
머물렀으므로 사울이 매일 찾되 하나님이 그를 그의 손에 넘기지

　　　　　　　　· 8. 다윗의 아둘람굴 공동체

아니하시니라 (23:14) .

다윗과 그의 사람들이 피난 다니기에는 이미 수가 너무 많아져서 숨어 활동하는 데 어려움이 많았습니다. 그래서 아둘람굴에서부터 한때 증조할머니 룻의 고향 모압으로도 갔었고(22:34), 오늘은 이곳 내일은 저곳, 황무지와 숲, 동굴 요새지로 피해 다녔습니다.

하마터면 사울 군사들에게 포위망이 좁혀지면서 헬리콥터 구출 작전이 없는 한 체포될 수밖에 없는 숨 막히는 곤경에 처한 적이 있었습니다. 광야 남쪽 마돈 황무지 아라바에 있을 때였습니다. 이곳은 깊은 협곡과 메마른 개울, 그리고 바위로 이루어진 험준한 지형으로 쫓고 쫓기는 추격전 끝에 거의 절망적 상황에 이르렀을 때였습니다. 바로 그 시각에 블레셋군이 이스라엘을 다시 침략해오고 있다는 소식이 전해지자 사울은 어쩔 수 없이 다윗의 추격을 포기하고 블레셋군과 싸우러 돌아갔습니다.

하나님의 구원은 신기한 방법으로 정확한 타이밍을 맞추어 임했습니다. 하루만 블레셋이 늦게 침공했더라도 다윗은 체포되어 처형당했을 것입니다. 블레셋이 침공한 그 사건 자체는 초자연적인 것이 아니었으나, 그 시간은 하나님께서 초자연적으로 간섭해 다윗을 보호하신 것이었습니다. 하나님께서는 이토록 친히 다윗을 인도하고 보호하셨을 뿐만 아니라, 다윗이 지쳐 낙심할 때 요나단을 보내어 용기도 주셨습니다.

사울의 아들 요나단이 일어나 수풀에 들어가서 다윗에게 이르러 그에게 하나님을 힘 있게 의지하게 하였는데 (23:16) .

다시 만날 기약 없이 헤어진 다윗과 요나단이 다시 십 광야 수풀에서 만난 것은 분명 하나님의 인도하심이었을 것입니다. 이것은 그들의 마지막 만남이었습니다. 그들은 서로 부둥켜안고 많은 눈물을 흘렸을 것입니다.

사울은 하나님 뜻을 거역하고 자기 뜻대로 살다가 자기 아들에게도 버림받은 자가 되었습니다. 그러나 다윗은 자기 뜻을 하나님의 뜻에 순복시키며 살 때, 하나님께서는 동역자들과 친구 요나단을 보내셔서 보호해주셨습니다. 하나님의 도우심을 체험한 다윗은 이 기간 중에 시편 31, 54편과 같은 귀한 시를 남겼습니다.

> 주는 나의 반석과 산성이시니 그러므로 주의 이름을 생각하셔서 나를
> 인도하시고 지도하소서 그들이 나를 위하여 비밀히 친 그물에서
> 빼내소서 주는 나의 산성이시니이다 (시 31:3-4).

> 하나님이여 내 기도를 들으시며 내 입의 말에 귀를 기울이소서 낯선
> 자들이 일어나 나를 치고 포악한 자들이 나의 생명을 수색하며
> 하나님을 자기 앞에 두지 아니하였음이니이다 (셀라) 하나님은 나의
> 돕는 이시며 주께서는 내 생명을 붙들어주시는 이시니이다
> (시 5:2-4).

다윗과 그의 동역자들을 인도하고 보호하시는 하나님은 선한 목자이십니다. 선한 목자의 음성을 따르는 한, 하나님께서는 개인과 공동체의 삶을 책임지고 인도하실 것입니다. 우리 주님은 말씀하십니다.

8. 다윗의 아둘람굴 공동체

내 양은 내 음성을 들으며 나는 그들을 알며 그들은 나를 따르느니라

내가 그들에게 영생을 주노니 영원히 멸망하지 아니할 것이요 또

그들을 내 손에서 빼앗을 자가 없느니라 (요 10:27-28) .

9. 광야의 다윗

삼상 24:1-26:25

— 십 사람이 … 이르되 다윗이 광야 앞 하길라산에 숨지
   아니하였나이까(26:1).
— 여호와께서 사람에게 그의 공의와 신실을 따라
   갚으시리니 이는 여호와께서 오늘 왕을 내 손에
   넘기셨으되 나는 손을 들어 여호와의 기름부음을 받은 자
   치기를 원하지 아니하였음이니이다 (26:23).

본문에서도 쥐를 쫓는 고양이같이 다윗을 향한 사울 왕의 추격은
집요하게 계속됩니다. 특히 마온 황무지에서 다윗은 독 안에 든 쥐
신세였으니 이번에는 틀림없이 잡았다고 생각했는데, 블레셋의
침공으로 아쉽게 기회를 놓친 사울 왕은 '온 이스라엘에서 택한 사
람 삼천'(24:2)을 대동하고 다시 엔게디 황무지로 토벌하러 나섰습
니다. 그러나 이 이야기는 마치 사울을 비꼬기라도 하듯 하마터면
고양이가 쫓기던 쥐에게 물릴 뻔한 상황이었습니다.

　24장과 26장에서 두 차례나 사울이 다윗의 손에 죽임을 당할 수
도 있었던 극적인 사건이 나옵니다. 사울을 살려준 다윗의 태도는
원수에 대한 사랑뿐만 아니라 광야의 사람으로서의 깊은 신앙과
범상하지 않은 정치적 경륜을 보여주고 있습니다.

　다윗의 손자인 르호보암 때 이르러 왕국은 남유다와 북이스라

엘로 분열되었는데, 이스라엘의 경우 약 300년 동안에 무려 열두 차례나 폭력적인 내란을 겪었습니다. 그러나 다윗 왕국은 예외적으로 건국 초기 1세기 동안 전혀 내전이나 혁명이 없는 정치 안정을 누릴 수 있었습니다. 부족 연맹 체제에서 갓 출발한 왕국으로서 놀라운 정치 현상이 아닐 수 없습니다. 어떻게 이러한 통일과 안정이 가능했겠습니까?

그것은 다윗의 하나님 중심의 통치 원칙이 이스라엘 공동체의 기초를 든든하게 형성해놓았기 때문이었습니다. 다윗은 '여호와의 기름부음을 받은 내 주를 치는 것을 여호와께서 금하시는'(24:6, 26:11) 것이라는 원칙을 굳게 지키면서 사울 왕에게 보복하지 않았습니다. "정의를 위해 불의를 따를 수는 없다"는 원리라고도 할 수 있을 것입니다.

제3세계의 여러 신생 국가들이 독재 정권이나 무능한 정권을 타도하고 민생고에 시달리는 백성을 살리고자 쿠데타를 일으켰을 때, 동기는 그럴 듯했지만 그 결과 어떤 혼란을 겪었는가 익히 알고 있습니다. 뿐만 아니라 진리의 기둥과 터인 교회 안에서도 여러 가지 혼란과 갈등을 겪는 경우를 적지 않게 보았습니다. 그런 점에서 오늘 말씀에서 보여주는 다윗과 사울의 관계는 우리에게 귀중한 교훈을 줍니다.

사울 왕을 아끼는 다윗

자기들의 은신처인 굴속으로 사울이 용변을 보려고 제 발로 들어왔을 때, 다윗과 그의 사람들의 견해는 서로 달랐습니다. 신학 해석의 차이라고도 말할 수 있습니다.

다윗의 사람들이 이르되 보소서 여호와께서 당신에게 이르시기를
내가 원수를 네 손에 넘기리니 네 생각에 좋은 대로 그에게 행하라
하시더니 이것이 그날이니이다 (24:4).

다윗의 사람들은 호랑이 굴에 제 발로 들어온 토끼를 잡아먹는
것이 하나님의 뜻이지 않느냐는 논리였습니다. 성경 어디에도 하
나님께서 직접 24장 4절 말씀을 하신 적은 없습니다. 다만 다윗이
하나님의 기름 부음받은 자이며, 23장 17절에서 요나단이 말하는
중에 다윗이 사울 다음으로 이스라엘의 왕이 될 것이라는 내용을
자기들에게 유리하게 해석했을 뿐입니다.

믿음이 좋다는 한 처녀가 자기 마음에 드는 청년을 보고 "하나님
께서 내게 저 사람과 결혼하라고 하셨다"고 말한 적이 있습니다. 나
중에 보니, 하나님께서 하신 말씀이 아니라 자기 기분을 계시화시
켜서 한 소리였습니다. 다윗의 사람들은 하나님의 뜻이 사울을 죽
이는 것이라고 말하고 있으나, 내심 피난살이에 시달릴 대로 시달
렸기 때문에 이런 천우신조天佑神助의 기회를 통해 끝장을 내겠다는
생각이 들었을 것입니다.

다윗은 생명을 같이하는 동지들의 권면이 매우 신앙적으로 들
렸지만, 듣지 않았습니다. 그는 이 사건을 달리 보았습니다. 지금이
야말로 사울을 회개시킬 증거를 얻을 수 있는 하나님의 기회로 본
것입니다. 그래서 자신이 죽일 수 있었지만 살려주었다는 증거를
제시하기 위해 사울의 옷자락만 살며시 베었습니다. 그리고 볼일

을 보고 굴에서 나가는 사울을 향해 자신의 무죄함과 사울의 생명
을 아끼는 충정을 담대하게 알렸습니다. 다윗은 어떻게든 폭력에
의지하지 않고 대화로 문제를 해결하려고 노력했습니다.

> 오늘 여호와께서 굴에서 왕을 네 손에 넘기신 것을 왕이 아셨을
> 것이니이다 어떤 사람이 나를 권하여 왕을 죽이라 하였으나 내가 왕을
> 아껴 말하기를 나는 내 손을 들어 내 주를 해하지 아니하리니 그는
> 여호와의 기름부음을 받은 자이기 때문이라 하였나이다 (24:10).

태어날 때부터 마음이 너그럽고 정이 많아서 다윗이 그토록 포
악해진 사울을 관용한 것은 아닙니다. 25장에서 나발에게 격분하
여 부하들에게 칼을 차게 하고 씨를 말리겠다고 나섰던 사건을 보
면 다윗은 자존심도 강하고 성깔도 있는 청년입니다. 다윗이 사울
을 아끼는 유일한 이유는 '여호와의 기름부음을 받은 왕'이었기 때
문입니다.

그러므로 다윗의 입장은 하나님께서 성별하여 세우신 왕이므로
내가 직접 피 흘려 보복하지 않아도 하나님께서 친히 심판하신다
는 것이었습니다. 왕 자체보다 하나님께서 위임하신 직분과 그 권
위의 신성함을 존중하고 있었던 것입니다.

원칙의 사람 다윗

다윗은 결코 나와 사울이라는 개인적 차원에서만 문제를 보지 않
았습니다. 공동체의 질서는 하나님께서 세우신 권위에 대한 기본

적 존경 없이는 유지될 수 없다는 신학적 원칙을 지키려는 것이었습니다. 이것은 하나님 앞에서 다윗의 신앙 양심이 확신하는 바였기 때문에 통치 기간 중 그는 결코 타협하지 않았습니다.

이 원칙을 고수하기 위해서는 자신의 정치적 입지를 받쳐주는 지지 세력들의 집단적 압력에도 대항해야 했습니다. 다윗은 600명 동지들 모두가 원한다 하더라도 다수의 횡포에 굴복하지 않았을 것입니다. 그런 점에서만 본다면 그는 의회 민주주의의 신봉자는 될 수 없었을 것입니다. 다수가 반드시 옳은 것은 아니기 때문입니다.

'민중, 민중' 말은 많이 하지만 개념화된 민중이 아니라 현실적 실체로서의 민중이란 적지 않은 경우 원칙 대신 이익과 편의便宜를 따르는 줏대 없는 무리일 경우가 많습니다. 그래서 때로는 51퍼센트가 100퍼센트를 장악하는 민주주의, 곧 'democracy'는 마귀주의, 곧 'devil-cracy'가 될 수 있다는 극단적인 주장도 가능할 것입니다. 다윗은 결코 현실의 이익을 좇는 기회주의자나 편리에 따라 타협하며 사는 편의주의자가 아니었습니다. 물론 '원칙의 사람'이란 말이 시대 상황에 대한 유연성을 버린 고집불통이라는 뜻은 아닐 것입니다. 역사를 일관하는 원리를 붙잡고 그것을 지킬 수 있는 저력을 가진 사람이라는 말입니다.

다윗은 어떻게 현실적으로 손해가 나더라도 하나님과 역사 앞에서 바른 길을 선택하는 용기를 갖춘 인물이 될 수 있었을까요?

첫째, 그는 깨끗한 양심의 소유자였습니다. 사울의 옷자락을 벤 것을 두고 다윗이 '마음이 찔려'(24:5)라고 표현한 것은 '양심의 가책을 받아'라는 뜻입니다.[1] 하나님께서는 인간에게 옳고 그름을 판단하고 선악을 구분할 수 있도록 태어날 때부터 양심을 주셨습니다.

그런데 이 양심이 타락 후 부패한 인간 본성과 죄악 된 문화의 영향으로 더러워질 수 있고 화인 맞아 마비 상태가 될 수도 있습니다(딤후 4:2). 마치 나침반 곁에 자석을 놓으면 자침의 방향이 본래의 남북 방향을 가리키는 것이 아니라 자석이 끄는 쪽으로 끌려가는 이치와 같습니다.

그러나 하나님을 믿는 자는 그리스도의 피 뿌림으로 악한 양심이 순수성을 회복하게 됩니다(히 10:22). 깨끗한 양심을 찾게 된 사도 바울은 벨렉스 총독 앞에서 자신을 이렇게 변호한 적이 있습니다.

> 나도 하나님과 사람에 대하여 항상 양심에 거리낌이 없기를
> 힘쓰나이다 (행 24:16).

둘째, 다윗은 철저하게 하나님의 주권과 그분의 의로운 심판을 믿었습니다. 다윗은 하나님께서 자기 개인이나 사울의 일생을 주관하시는 분이며, 이스라엘 역사의 모든 사건을 통치하고 계심을 믿었습니다. 그러므로 비록 악한 사울 정권일지라도 하나님께서 숨은 계획을 두고 섭리하고 계신다는 사실을 믿었던 것입니다. 이 것이 다윗의 역사 철학이라고 할 수 있습니다.

하나님의 심판의 필연성에 대한 확고한 신앙이 없다면 우리는 끝내 타협하는 인생을 살 수밖에 없습니다. 하나님의 은혜에도 한계가 있는 법인데(히 3:12-19 참조), 하물며 연약한 인간의 선행과 인내에 한계가 없을 수 있겠습니까. 역사의 과정에서 인과응보의 법칙이 나타나든지, 아니면 역사의 종말에라도 반드시 하나님의 보응이 있다는 믿음이 의에 살고 의에 죽는 용기 있는 사람, 원수를

관용하는 큰 사람을 만들어주는 것입니다.

> 여호와께서 나와 왕 사이를 판단하사 여호와께서 나를 위하여 왕에게
> 보복하시려니와 내 손으로는 왕을 해하지 않겠나이다 … 그런즉
> 여호와께서 재판장이 되어 나와 왕 사이에 심판하사 (24:12, 15) .

사도 바울은 하나님의 절대적인 심판 기준을 이렇게 제시합니다.

> 하나님께서 각 사람에게 그 행한 대로 보응하시되 참고 선을 행하여
> 영광과 존귀와 썩지 아니함을 구하는 자에게는 영생으로 하시고 오직
> 당을 지어 진리를 따르지 아니하고 불의를 따르는 자에게는 진노와
> 분노로 하시리라 (롬 2:6 - 8) .

다윗은 비록 사울을 죽이는 것이 정당 방위였고 공동체에 유익한 행위로 합리화할 수 있었겠지만, 자기 자신이 하나님의 심판 대행자는 될 수 없다고 생각했습니다. 그러한 내적 확신이 있었기 때문에 주위의 동지들이 뭐라고 하든 요동하지 않고 주어진 기회가 섭리적 인도하심같이 보일 때도 결코 흔들리지 않았습니다. 장차 하나님의 심판대 앞에 설 것을 순간순간 염두에 두고 자기 행동의 방향을 설정하고 있었기 때문입니다.

울며 후회하는 사울 왕

다윗이 말씀대로 사는 것과는 달리 사울은 마음대로 사는 인생의

상반된 모습을 보여줍니다. 자기를 죽일 수도 있었으나 너그러운 마음으로 살려준 다윗 앞에서 포악해졌던 사울도 감동받지 않을 수 없었습니다. 그래서 다윗이 말을 마치자마자 "내 아들 다윗아 이것이 네 목소리냐"(24:16) 하고 소리 높여 울며 다윗을 칭찬했습니다.

> 나는 너를 학대하되 너는 나를 선대하니 너는 나보다
> 의롭도다 (24:17).

그리고 장차 다윗이 왕위에 오를 때 자기 자손들을 잘 돌봐주라고 부탁까지 합니다. 사울은 다윗이 선하고 자기가 악한 행동을 하고 있음을 알고 있었습니다. 다윗이 왕이 되어야 나라가 든든해질 것도 인정했습니다. 마땅히 다윗 추격을 중지하고 평화적인 정권 교체가 바람직하다는 것도 깨닫고 있었습니다. 그러나 사울은 잘 알면서도 행동으로 옮길 수 없는 무력감에 빠져 있었습니다. 본래의 자기 인생을 사는 것이 아니라 죄로 오염된 감정과 탐심의 지배를 받고 있는, 자신을 상실한 인생이었습니다. 다른 각도에서 보자면 사울은 주위 사람들의 설득이나 압력에 따라 사는, 자신을 도둑 맞은 인생이라고 말할 수 있을 것입니다.

사울은 입으로는 하나님을 믿는 것처럼 말하면서도 마음에는 전혀 하나님이 없고, 따라서 진정한 회개도 없었습니다. '회悔'는 있는데, '개改'가 없다고도 할 수 있을 것입니다. 그래서 울며불며 감동적인 연극을 했던 사울은 다윗과 아무런 기약도 없이, 구체적으로 아무런 달라짐도 없이 자신은 왕궁으로, 다윗은 광야에 그냥 남겨

둔 채 서로 갈라졌습니다. 다시 옛 생활로 돌아간 것입니다.

> 사울은 집으로 돌아가고 다윗과 그의 사람들은 요새로
> 올라가니라 (24:22).

나발과 아비가일, 그리고 다윗

25장의 나발과 아비가일 사건은 다윗이 사울의 생명을 살려주는 24장, 26장의 유사한 사건 사이에 샌드위치처럼 끼어 있습니다. 이 야기는 재미있지만 역사 서술의 맥을 끊어놓는 것이 아닌가 하는 생각이 들기도 합니다. 이 기록이 망명 중에 다윗이 아내를 얻은 역 사적 의미도 있겠고 다윗과 600여 명 사람들의 병참兵站 문제에 힌 트를 주기도 합니다.

그러나 천재 이야기꾼이라고 할 수 있는 사무엘서 저자가 이 사 건을 통해 주려는 메시지는 더욱 의미심장한 것 같습니다. 독자들 에게 나발의 운명을 통해 앞으로 나타날 사울의 운명을 넌지시 말 해주는 한편, 아비가일의 지혜로운 말을 통해 다윗이 망명 생활 중 에 무죄했다는 사실을 입증해주며, 또한 신앙 위기를 맞아 다윗이 어떻게 결정적인 성숙을 맛볼 수 있었는가를 보여주는 사건이기 때문입니다.

> 그 여자는 총명하고 용모가 아름다우나 남자는 완고하고 행실이
> 악하며 그는 갈렙 족속이었더라 (25:3).

살다보면 영 어울리지 않는 부부를 만날 때가 있는데, 아마 갈멜의 졸부 나발과 아비가일이 대표적인 경우일 것입니다. 나발은 구약의 '어리석은 부자'로서(눅 12:15-21 참조), 큰 재산도, 아리따운 아내도 소유했으나 지혜가 없는 자였습니다. 가장 가까운 아내에게나 고용원들에게조차 존경과 사랑을 받지 못하는, 실상은 빈곤한 자였습니다(25:17, 25).

당시 양털 깎는 날은 추수하는 날 같은 큰 잔치여서 누구에게나 먹을 것을 나누어주는 때였습니다. 다윗과 그의 사람들은 그간 나발의 양 떼와 소유를 보호해주었고, 그 대가로 식량을 공급받아온 것 같습니다. 물론 현대처럼 계약을 체결한 것은 아니지만, 손님 대접이 사회의 가장 중요한 덕목이 되던 근동이었고 이런 일은 그 사회의 통례通例였습니다.

그런데 호의를 구하는 다윗의 사람들에게 나발은 졸부의 거드름을 피우며 거절합니다. 그는 다윗 같은 야당 지도자에게 정치 헌금을 줄 수 없다는 듯이 말했으나 사실은 인색했기 때문이었습니다.

심한 인격적 모독을 받은 다윗은 꾹 참았던 분노가 폭발하여 나발의 씨를 말려야겠다고 작정하고 400명 용사를 데리고 복수의 칼을 휘두르며 달려 나갔습니다. 하마터면 놉의 제사장들을 죽인 사울처럼(22:18-19), 동족의 피를 직접 흘림으로써 1980년 광주민주화운동을 총칼로 제압했던 전두환 등의 신군부 세력같이 다윗의 경력에 큰 오점을 남길 뻔한 위태로운 순간이었습니다.

나발의 총명한 아내 아비가일은 자기 종들에게서 다윗이 출동했다는 정보를 입수하고 민첩하게 대책을 세워 수습에 나섰습니다. 격분하여 거친 숨을 몰아쉬며 "돌격 앞으로!" 하며 달려오는 다윗을 도중에서 만난 아비가일은 황급히 나귀에서 내려 그 앞에 엎드려 얼굴을 땅에 대고 간청합니다.

24절부터 31절까지에 나오는 아비가일의 말 300단어는 성경에 기록된 여자의 말로서는 가장 긴 말입니다. 그녀의 지혜, 그 신앙, 그 비전에 범상한 여인의 수다가 아니었습니다. 참으로 '때에 맞는 말'(잠 15:23)의 위력을 엿볼 수 있는 말이었습니다.

월드비전 총재를 역임한 톰 휴스턴은 여기 기록된 아비가일의 말이야말로 섭외 활동PR의 교본으로 사용할 만하다 했습니다.[2] 잠시 성경을 펴놓고 본문을 같이 읽어보시기 바랍니다.

1. 상대방을 비판하기 전 당신 자신의 실수를 먼저 인정하고 말하라 (24-25절).
2. 상대방의 실수를 지적할 때는 완곡하고 간접적으로 말하라 (26절).
3. 상대방에게 과오를 시정하는 것은 아주 쉬운 것이라고 느끼게 하라 (27절).
4. 정직하게 상대방을 인정해주라 (28절).
5. 상대방을 높이 평가해 주고 그 수준에 맞추어 행동할 수밖에 없게 하라 (28-29절).
6. 상대방이 체면을 세울 수 있도록 기회를 만들어주라 (30-31절).
7. 상대방이 당신의 제안을 기쁘게 받아들이도록 해주라 (32-33절).

아비가일은 외모도 아름다웠을 뿐 아니라 용기와 지혜, 그리고 덕을 함께 갖춘 여자였습니다. 여자의 침묵이 항상 덕이고 금이라

9. 광야의 다윗

고만 할 수 없습니다. 여자들이 아비가일같이 그 잠재력을 한껏 발휘해 가정뿐 아니라, 교회와 사회에서 믿음을 가지고 지혜롭게 활동한다면 세상은 훨씬 살기 좋아질 것입니다.

사무엘서 저자는 나발과 아비가일의 이야기를 통해 다시 한 번 다윗의 생애에 일관하는 삶의 원칙을 더욱 부각시키고 있습니다. "심판은 온전히 하나님께 맡기고 내가 직접 사람을 심판하고 보복하지는 않는다"고 했던 다윗도 하마터면 나발 때문에 그 원칙을 깰 뻔했으나 아비가일의 시의적절한 도움을 입어 지켜낼 수 있었습니다.

> 그는 (나발) … 여호와께서 치시므로 결국 죽고 말았다. 다윗은
> 나발이 죽었다는 말을 듣고 이렇게 말하였다. "여호와를 찬양하세!
> 하나님은 나발에게 행한 대로 갚아주시고 내가 악한 일을 하지 않도록
> 하셨구나, 결국 나발은 자기 죄에 대한 대가를 받고 말았다"
> (25:38 - 39, 현대).

이 사건은 심리적으로 다윗에게 큰 확신을 심어주었을 것입니다. 그간 "선으로 악을 이겨야지", "하나님의 심판을 믿고 끝까지 악인을 보복해서는 안 되지", 몇 번이나 자신에게 스스로 다짐하면서도 도저히 수그러들 줄 모르는 사울의 집요한 핍박에 시달릴 때, 내가 혹시 착각한 것이 아닐까 하는 의구심이 슬며시 일어날 때가 있었을 것입니다. 자기가 직접 손대지 않았으나 나발을 하나님께서 친히 징벌하심을 경험했을 때 다윗은 더욱 하나님의 공의로운 심판을 기대하면서 현재의 고난을 감내할 수 있었을 것입니다. 더구

나 아비가일을 아내로 맞이하게 되었으니 다윗은 영적으로나 정
서적으로 더욱 안정과 확신을 갖게 되고, 그녀의 지혜로운 내조에
힘입어 골치 아프게 하는 수백 명의 아둘람굴 동지들의 인간관계
나 앞날의 계획 등을 다듬어갈 수 있었을 것입니다.

사울 왕을 거듭 소중히 여긴 다윗

쫓기는 입장에 있는 다윗이 다시 한 번 사울 왕을 쉽게 처치할 수
있는 기회를 얻습니다. 자신을 추격하러 온 사울 왕의 병영에 다윗
과 아비새가 슬며시 들어가 보니 사울 왕과 군사령관 아브넬이 경
호원이나 보초도 없이 잠들어 있었습니다. 이때 아비새가 다윗에
게 속삭입니다. "하나님이 오늘 당신의 원수를 당신의 손에 넘기셨
나이다"(26:8). 그러니까 간단히 창으로 찔러 죽이라는 말입니다. 사
울과 마찬가지로 아비새도 자기가 하나님 심판의 대행자가 되겠
다고 자청한 것입니다. 다윗의 반응은 단호했습니다. 나발 사건을
체험한 후 더욱 흔들림 없는 신념을 가지고 그는 말합니다.

> 죽이지 말라 누구든지 손을 들어 여호와의 기름부음을 받은 자를
> 치면 죄가 없겠느냐 … 여호와께서 살아 계심을 두고 맹세하노니
> 여호와께서 그를 치시리니 혹은 죽을 날이 이르거나 또는 전장에
> 나가서 망하리라 (26:9-10).

다윗은 증거물로 사울의 머리맡에 있는 창과 물병을 가지고 떠
난 후, 군사령관의 직무를 태만히 하고 있는 아브넬을 책망했습니

다. 다윗의 목소리를 알아들은 사울은 "내 아들 다윗아 이것이 네 음성이냐"고 또다시 감동하며 "내가 범죄하였도다 … 내가 어리석은 일을 하였으니 대단히 잘못되었도다"(26:21)라며 용서를 빌기까지 합니다. 그러나 사울은 잘못을 쉽게 시인하면서도 그 잘못을 바로잡으려는 의지는 전혀 없었습니다. 다윗은 사울에게 그의 일생 마지막으로 말합니다.

> 여호와께서 사람에게 그의 공의와 신실을 따라 갚으시리니 이는
> 여호와께서 오늘 왕을 내 손에 넘기셨으되 나는 손을 들어 여호와의
> 기름부음을 받은 자 치기를 원하지 아니하였음이니이다 오늘 왕의
> 생명을 내가 중히 여긴 것같이 내 생명을 여호와께서 중히 여기셔서
> 모든 환난에서 나를 구하여 내시기를 바라나이다(26:23-24).

다윗은 하나님의 심판과 상급을 믿고 생명을 소중하게 여기고 있는 것입니다.

다윗의 원수 사랑

하나님께서는 이스라엘 공동체에게 보복을 허용하시지 않았습니다. 오히려 인간의 의무는 원수를 사랑하는 것이며 원수 갚음은 하나님의 권한임을 명백히 하셨습니다. 이 원리는 일반 사회뿐 아니라 신앙 공동체인 교회에서도 그대로 적용되어야 한다고 바울은 역설합니다.

내 사랑하는 자들아 너희가 친히 원수를 갚지 말고 하나님의
진노하심에 맡기라 기록되었으되 원수 갚는 것이 내게 있으니
내가 갚으리라고 주께서 말씀하시니라 네 원수가 주리거든 먹이고
목마르거든 마시게 하라 그리함으로 내가 숯불을 그 머리에
쌓아놓으리라 (롬 12:19 - 20) .

산상 수훈에서 예수님께서는 더 높은 수준의 사랑을 명하셨습
니다. "너희 원수를 사랑하며 너희를 박해하는 자를 위하여 기도하
라"(마 5:44). 다윗은 소극적이며 수동적으로 사울의 핍박을 참고 견
디기만 한 것이 아니라 그를 사랑하였습니다. 다윗은 후에 이렇게
고백하는 시를 남겼습니다.

나는 사랑하나 그들은 도리어 나를 대적하니 나는 기도할 뿐이라
(시 109:4) .

다윗은 '원수를 사랑함으로써 원수를 굴복시키는 것이 하나님
의 뜻'이라는 진리를 순종했습니다. 죄 없는 예수님께서 원수들을
어떻게 대하셨습니까? '욕을 당하시되 맞대어 욕하지 아니하시고
고난을 당하시되 위협하지 아니하시고 오직 공의로 심판하시는
이에게 부탁하시며 친히 나무에 달려 그 몸으로 우리 죄를 담당하
신'(벧전 2:23-24) 원수 사랑의 참모습을 보여주셨습니다.

그러나 사울 같은 폭군의 위협을 끝까지 참고 그 생명을 존중한
다윗의 태도를 타락한 일반 세속 사회에 그대로 적용할 수 있느냐
는 질문에 대해서는 입장이 다를 수 있습니다. 히틀러 같은 자에게

는 원수 사랑의 원리를 문자적으로 적용할 수 없을지 모릅니다. 그러나 예수님의 제자 공동체에서는 반드시 '원수 사랑의 비범성'이 요구됩니다.[3]

이러한 사랑은 인간 본성으로는 불가능하기 때문에 다윗은 오직 기도할 수밖에 없다고 말합니다. '성령으로 말미암아 하나님의 사랑이 우리 마음에 부은 바'(롬 5:5) 되지 않고서는 불가능하기 때문입니다. 세리나 이방인들의 자연적이고 조건적인 사랑의 단계를 뛰어넘어 원수 사랑의 단계까지 이를 때에야 비로소 우리가 하나님의 자녀라 일컬음을 받을 수 있다고 했으니(마 5:46-48), 크신 하나님의 사랑을 전인격으로 체험하고 덧입지 않고서 단지 인간의 의지와 노력만으로는 주님의 제자다운 제자가 될 수 없을 것입니다.

다윗은 다른 무엇보다 바로 원수 사랑을 통해 이스라엘이 겉모양은 세속 국가의 형태를 갖추었으나, 그 속알맹이는 하나님의 공의와 사랑을 담아 하나님나라의 윤리를 실천하는 신앙 공동체를 이룰 수 있었습니다. 후에 사울의 베냐민 지파까지도 다윗을 통일 이스라엘의 왕으로 기쁜 마음으로 추대한 것은 이러한 다윗의 비범한 사랑이 밑받침해 주었기 때문이었습니다.

생명의 위협을 시시각각 느끼는 극한 상황 속에서도 다윗이 이처럼 흔들림 없는 내적 확신과 비범한 사랑을 소유할 수 있었던 비결은 도대체 어디서 나온 것일까요?

사울에게 쫓기는 10년 가까운 긴 세월을 다윗과 그의 사람들은 어쩔 수 없이 비바람 치는 거친 광야와 들짐승 울음소리 청승맞은 동굴을 이리저리 옮겨가며 살아야 했습니다. 그 위치는 주로 예루살렘의 서남쪽이나 정남쪽 방향에 있었습니다.

다윗은 십 광야 산간 지대에 숨어 있었는데 (23:14, 현대) .

다윗이 엔게디 광야로 갔다 (24:1, 현대) .

그후에 다윗은 바란 광야로 내려갔다 (25:1, 현대) .

다윗이 광야로 돌아와 (26:1, 현대) .

저자가 광야 지형을 자주 언급한 것은 역사적 사실을 남기고 피난 생활의 힘들고 두려운 생활환경을 강조하기 위해서였을 것입니다. 또 한편 광야의 고난을 겪고 난 후에 찾아올 다윗의 영광을 교훈하려는 의도가 숨겨 있었는지도 모릅니다.

다윗의 광야 생활은 육체적으로나 정신적으로 끊임없이 시험의 나날이었습니다. 그것은 고통의 시험이요, 유혹의 시험이었습니다 (약 1:2, 14). 그러나 다른 한편으로는 고독하게 하나님과 교제하는 은총의 시기이기도 했습니다. 광야는 사물과 인간들 사이에서만 바쁘게 생활하다가 자신을 상실하기 쉬운 다윗이 절대 고독 속에서 영이신 하나님을 만나 그분의 음성을 듣고 자신을 발견하는 곳입니다. 광야에서 하나님의 말씀을 받은 자는 누가 뭐래도 흔들리지 않는 생의 목적과 사명을 찾습니다.

광야는 이스라엘 역사에서 지리적 중요성 이상의 신학적 의미를 함축하고 있습니다.[4] 구약 시대와 신구약 중간 시대, 그리고 신약 시대를 한결같이 꿰뚫는 광야라는 신학 주제는 멀리 이스라엘의 40년 광야 생활로 거슬러 올라가게 됩니다.

광야는 이중의 의미가 있는 장소였습니다. 왜냐하면 광야에서 이스라엘은 시험에 빠져 범죄했으므로 인간에게 부정不淨함, 질병, 죽음의 위협이 있는, 말하자면 마귀가 활동하는 위험한 곳이었습니다. 그러나 동시에 광야는 하나님께서 현현顯現하는 계시의 장소요, 자기 백성에게 물과 만나를 공급해주고 불기둥 구름기둥으로 인도해주시는 은총의 장소였으며, 비전이 보이는 곳(계 17:3, 행 8:26)이기도 했습니다.

이렇게 마귀가 활동하기도 하며 하나님께서 나타나시기도 하는 상반된 개념을 이해하려면 논리적 접근보다 광야에서 얼마나 줄기차게 이스라엘이 하나님을 반역했으며, 반면에 하나님께서 얼마나 신실하게 그들을 용서하고 은총으로 보살펴주셨는가 하는 출애굽기와 민수기의 기록을 살펴보는 것이 더 나을 것입니다. 이러한 역설은 광야 같은 이 세상에서 하나님나라의 이중 시민권을 가지고, 마귀의 시험과 하나님의 은총을 체험하고 있는 우리의 발가벗은 실존의 정황에 대한 상징이기도 합니다.

이스라엘의 후기 역사로 갈수록 광야는 특별히 하나님과 가까이할 수 있는 곳으로 이해되었습니다(호 9:10, 11:1, 12:10, 13:4). 또한 종말론적 구속 사상과 합쳐져서 메시아는 광야에서 올 것으로 기대하기도 했습니다(사 40:3, 렘 31:2, 겔 34:25). 그래서 선지자 엘리야 시대부터 시작하여 광야와 동굴에서 가까이 하나님과 교제하며 메시아를 고대하던 경건한 자들이 있었습니다. 예수님께서 오시기 조금 전에 쿰란 동굴에 공동체를 이루어 살던 엣세네파들이 대표적인 사람들이었습니다.

세례 요한이 '아이가 자라며 심령이 강하여지며 이스라엘에게 나타나는 날까지 빈 들에 있었고'(눅 1:80), 그가 후에 목에 칼이 들어와도 두려워하지 않고 회개의 복음을 전하며 메시아의 선구자가 될 수 있었던 확신도 모두 광야에서 심비에 깊이 새겨진 것이었습니다.

안나스와 가야바가 대제사장으로 있을 때에 하나님의 말씀이 빈 들에서 사가랴의 아들 요한에게 임한지라 (눅 3:2) .

그러므로 예수님의 메시아 사역이 광야에서 출발한 것은 놀라운 일이 아닙니다. 예수님께서는 성령의 충만함을 입어 광야에서 40일 동안 성령에 이끌리어 마귀에게 시험을 받으셨습니다. 그 시험을 말씀으로 이기신 후 성령의 권능으로 갈릴리에 가서 하나님 나라의 복음을 전파하기 시작하셨습니다. 이 기록을 쓴 역사가요, 신학자인 누가는 마귀의 시험 전후에 '성령의 충만함을 입어'(눅 4:1)라는 말과, '성령의 권능으로'(눅 4:14)라는 말을 강조합니다.

세상이 감당할 수 없었던 위대한 믿음의 선배들은 도서관이나 서재의 사람들이라기보다 광야의 사람들이었습니다.

이런 사람은 세상이 감당하지 못하느니라 그들이 광야와 산과 동굴과
토굴에 유리하였느니라 (히 11:38) .

'다윗의 시, 유대 광야에 있을 때에'라는 제목이 붙은 시편 63편
을 보면 다윗에게 광야는 성소였습니다. 광야에서 다윗은 하나님
의 권능과 영광을 보았으며, 하나님을 만나고 그분의 음성을 들었
던 것입니다. 광야를 떠나 이방 땅으로 망명을 떠나지 않으면 안 될
상황에 이르렀을 때, 다윗은 조국 강토에서 하나님을 예배할 수 없
는 애절한 슬픔을 호소하면서 사울에게 말했습니다.

그들이 이르기를 너는 가서 다른 신들을 섬기라 하고 오늘 나를
쫓아내어 여호와의 기업에 참여하지 못하게 함이니이다 (26:19) .

'여호와의 기업'(출 15:17, 34:9)이란 하나님의 백성과 그들이 사는
땅을 뜻합니다. 바꾸어 말하면 하나님의 백성들과 함께 하나님을
예배하고 하나님을 섬기지 못한다면 자신의 인생은 아무 의미가
없다는 신앙 고백이 담긴 항의라고 할 수 있습니다.
다윗의 하나님의 인도하심과 심판에 대한 내적 확신, 현실적 유
혹에 넘어가지 않고 원칙대로 살 수 있었던 용기, 하나님의 때를 기
다리는 인내, 생의 의미와 사명을 하나님의 역사 속에서 찾는 지혜,
원수까지도 품을 수 있었던 그 놀라운 사랑 — 이 모든 내면의 부요
함은 그의 척박한 광야 생활에서 축적된 영적 보화였습니다. 사울
의 궁전 교육만으로는 도저히 터득할 수 없는 보배로운 영적 축복
이었습니다. 광야는 다윗의 성소요, 수도원이요, 영성훈련센터였

습니다.

갚으시는 아버지

우리가 살고 있는 이 시대는 참으로 시끄러운 시대입니다. 현대인들은 주로 미국의 영향으로 번영의 신화에 미혹당해 풍성한 물질 문화를 이루었으나, 정신적으로는 더욱 빈곤해져 전반적인 삶의 질이 떨어졌다고 아우성치고 있습니다.[5] 교통과 통신, TV와 인터넷, 잡지와 핸드폰을 비롯한 대중 매체의 발달은 우리로 하여금 교묘하게 기계 소리와 사람 소리만 들으며 살기를 강요합니다. 새 소리, 물 소리, 바람에 흔들리는 나뭇잎 소리를 들을 기회도, 명상의 여유도 없이 여론에 조작되고, 남이 하는 대로 따라하며 바쁜 것이 무조건 좋은 줄 알고, 소유욕에 속아 존재를 상실하는 안타까운 인생이 얼마나 많습니까.

이러한 시대일수록 고독한 광야에서 사단의 시험을 이기고 하나님의 '세미한 소리'를 들을 수 있는 자, 골방에서 방해받지 않고 하루에 단 몇 분이라도 기도할 수 있는 자, 곧 제자의 은밀성을 지킬 줄 아는 자만이 하나님의 사람으로서 비범성을 가지고 확신에 찬 삶을 살 수 있을 것입니다. 다윗이 늘 하나님의 심판과 상급을 의식하며 살았던 것처럼, 우리도 장차 하나님의 심판대 앞에 섰을 때 부끄럼 없이 이 땅 위에서의 삶을 간증할 수 있도록 진리의 길을 좌우로 치우치지 않고 똑바로 걸어나가야 할 것입니다. 우리 주님은 제자들에게 간곡히 말씀하셨습니다.

은밀한 중에 보시는 네 아버지께서 갚으시리라 (마 6:4, 6, 18) .

우리가 다 반드시 그리스도의 심판대 앞에 나타나게 되어 각각
선악간에 그 몸으로 행한 것을 따라 받으려 함이라 (고후 5:10) .

10. 다윗과 사울

삼상 27:1–31:13

— 다윗이 크게 다급하였으나 그의 하나님 여호와를 힘입고
   용기를 얻었더라(30:6).
— 이에 사울이 자기의 칼을 뽑아서 그 위에
   엎드러지매(31:4).

오늘 본문에서 10년 가까이 다윗의 뒤를 쫓던 사울이 비참하게 죽습니다. 쫓기던 다윗은 망명 생활의 마지막 고비에서 큰 실패와 곤경에 빠진 적이 있었으나 믿음으로 회복의 기회를 얻게 됩니다. 사울과 다윗의 일생은 참으로 극적인 반전과 대조의 극치를 이룹니다. 우리는 사울을 통해 인본주의자의 인생이 그 과정에는 얻는 것이 많아 보이지만 끝내는 모든 것을 빼앗기는 잃은 자의 삶이라는 사실을 보게 될 것입니다. 반면에 다윗을 통해서는 신본주의자의 인생이 그 과정에서는 늘 손해 보며 사는 것 같으나 종국에는 찾은 자의 삶이라는 귀중한 교훈을 배우게 됩니다.

오늘 말씀을 통해 우리는 하나님 앞에서 진정한 자기 발견의 은혜를 덧입을 뿐 아니라, 하늘이 무너져도 요동함이 없는 바른 기독교 인생관을 확립해야 할 것입니다.

우리는 선을 행하다 낙심하기 쉬운 나약한 인간입니다. 다윗도
10년 가까운 떠돌이 생활에 지친 나머지, 블레셋의 5대 도시 국가
중 하나인 가드 왕 아기스에게 피난 갔습니다. 전에는 혼자서 찾아
갔다가 혼쭐이 난 적도 있었으나(21:10-15), 이번에는 정예군 600여
명과 함께 찾아갔더니 아기스 왕은 다윗을 이용 가치가 있다고 생
각했는지 쉽게 받아주었습니다.

어떤 점에서 다윗의 블레셋 이주移住는 지혜로운 선택이라고 할
수 있습니다. 무작정 쫓기는 생활만을 하다가는 모든 힘이 소진될
수밖에 없습니다. 다윗이 만약 측근들의 압력으로 사울과 일전一戰
이라도 벌이는 길을 택한다면 하나님의 백성이 둘로 분열될 수밖
에 없었습니다. 그래서 때로 성경 역사나 교회사를 보면 하나님의
일을 할 때도 끝없는 불화보다는 서로 헤어지는 것이 나은 경우가
적지 않았습니다(행 15:16-41, 고전 7:10-11). 더구나 600명 군사와 그
가족들, 다윗의 친족들, 사울에게 불만을 품고 온 베냐민과 유다 지
파의 무리들(대상 12장 참조)로 다윗이 돌봐야 할 식솔들의 수는 눈
덩이처럼 불어났습니다.

이렇게 현실적으로 더 이상 버티기 힘든 때에 일시적이지만 블
레셋으로 옮긴 것은 최선책은 아니지만 차선책은 됨직한 현명한
처사였을 것입니다. 왜냐하면 세상을 살다보면 차선으로 만족해
야 하거나, 최악을 피하기 위해 어쩔 수 없이 차악lesser evil을 택해야
하는 경우가 허다하기 때문입니다. 그러나 저자의 평가는 달랐습
니다.

> 다윗이 그 마음에 생각하기를 내가 후일에는 사울의 손에 붙잡히리니
> 블레셋 사람들의 땅으로 피하여 들어가는 것이 좋으리로다 사울이
> 이스라엘 온 영토 내에서 다시 나를 찾다가 단념하리니 내가 그의
> 손에서 벗어나리라 (27:1) .

'여호와께 묻자와 이르되'(23:2-4) 하던 다윗의 자세는 어디로 갔습니까? 위의 말씀을 자세히 살펴보십시오. 다윗이 '그 마음에 생각하기를'(27:1), '그의 생각에'(27:11) — 이것이 문제의 출발이었습니다. 하나님과 의논하는 인격적인 대화와 교제가 끊긴 가장 확실한 증거입니다. 그동안 아슬아슬한 위기 때마다 사울에게서 벗어난 것이 하나님의 보호와 간섭의 은혜였다는 것을 잠시 까맣게 잊은 것이었습니다(23:14, 25:29 참조).

다윗이 얻은 것과 잃은 것

시글락에서의 1년 4개월은 다윗의 망명 생활 가운데 신앙적으로는 가장 바닥으로 떨어진 때라고 할 수 있을지 모르지만, 물질적으로는 제법 수확이 큰 시기였습니다.

늘상 이스라엘에게 위협의 대상이었던 그술족, 기르스족, 아말렉족을 쳐서 그들을 털었습니다. 털되 아주 깨끗이 털곤 했습니다.

> 다윗이 그 땅을 쳐서 남녀를 살려두지 아니하고 양과 소와 나귀와
> 낙타와 의복을 빼앗아 가지고 돌아와 아기스에게 이르매 아기스가
> 이르되 너희가 오늘은 누구를 침노하였느냐 하니 다윗이 이르되 유다

네겝과 여라무엘 사람의 네겝과 겐 사람의 네겝이니이다(27:9-10).

　다윗과 그의 부하들은 노획물이 많아져 소유가 불었습니다. 그들은 춥고 배고프던 광야와 동굴 생활에서 시달릴 대로 시달린 사람들입니다. 그러므로 '우리도 잘 살아보세' 하며 한풀이하듯 재산을 모으며, 그 재산을 쌓아둘 집도 장만했을 것입니다. 다윗뿐 아니라 그의 용사들도 아내를 얻었고, 떡두꺼비 같은 자식들도 낳았습니다. 비록 이스라엘의 적국이었지만 안정된 블레셋에서 식량 걱정 없이 단란한 가정을 이룰 수 있었습니다.
　그런데 재산과 자식들은 늘어갔으나 오히려 다윗의 신앙과 내면은 날이 갈수록 야위어만 갔습니다. 먹고 입을 것은 많아졌으나 온 마음을 다해 하나님을 경외하는 신앙에서 솟구쳐 뿜어나오던 꿈과 비전, 사명감은 사라지고 있었습니다. 그는 사실 이방의 이스라엘 원수들을 노략한 후에도, 마치 자신이 블레셋을 위해서라면 목숨을 내놓을 수 있는 귀순 용사라도 되는 것처럼, 이스라엘을 치고 왔다고 거짓말로 아기스 왕을 속이며 곡예 부리듯 이중생활을 하고 있었습니다.
　다윗은 본래 타고나기를 거짓을 참말처럼 잘 꾸며낼 줄 아는 성향이 있었던 것 같습니다. 이런 기질이 성령님의 다스림을 받을 때 천재적 상상력을 발휘해 창조적 예술 활동이나 사업을 할 수 있었겠지만, 그렇지 못하니 진실을 잃어버리고 때에 따라 이익을 좇아 약삭빠르게 사는 싸구려 인생으로 전락하고 만 것이 아닐까요? 하나님을 잃어버리자 다윗의 삶에는 그 아름답고 영감 어린 시도, 노래도, 수금도 사라지고 말았습니다. 소유는 쌓여가는데 삶은 무너져내리고 있었습니다. 삶의 맛도, 멋도, 골리앗을 때려눕히던 그 용기와 박력도 찾아볼 수 없게 되고 말았습니다.

젊은 시절, 하나밖에 없는 인생을 하나님의 영광과 조국을 위해 송두리째 바치겠다고 사명감에 불타던 이들이 나이 들면서 중산층 이상의 안정된 여유를 누리게 되면, 그동안 아기자기하게 꾸며 놓은 삶의 둥우리의 온기에 파묻혀, 젊은 날의 거짓 없는 믿음은 한때 멋모르고 가졌던 객기 정도로 치부되고 맙니다. 그리고 교회에서의 모습과 직장이나 사회에서의 모습이 연극처럼 다른 이중생활에 그 영혼이 시들어버려, 살았으나 죽은 것 같은 인생으로 전락하기가 쉽습니다.

다윗이 블레셋에서 세련된 술책을 쓰며 아기스 왕 앞에서 가면을 쓰고 신임도 받고 물질적 풍요를 누리던 삶은 그리 오래가지 못했습니다. 블레셋이 이스라엘과의 대접전을 앞두고 다윗과 그 용사들도 아기스 왕과 함께 출전할 수밖에 없는 난처한 입장이 되었기 때문입니다.

다윗의 딜레마

> 그때에 블레셋 사람들이 이스라엘과 싸우려고 군대를 모집한지라
> 아기스가 다윗에게 이르되 너는 밝히 알라 너와 네 사람들이 나와
> 함께 나가서 군대에 참가할 것이니라 (28:1).

속임수로 아기스 왕의 신임을 받게 된 다윗은 이제 진퇴양난의 고통을 겪게 됩니다. 거짓은 더 큰 거짓을 끌고 왔습니다. 그동안

10. 다윗과 사울

이스라엘을 침략해 왔다고 거짓말한 다윗으로서는 아기스의 제안을 거절할 수 없었습니다. 아기스 왕은 다윗의 뛰어난 무술과 빼어난 능력을 높이 사 자신의 경호실장으로 임명했습니다.

이스라엘을 공격하려는 블레셋의 작전은 그간 간헐적으로 행해 온 국지전局地戰이 아니라, 골리앗의 수치스런 패배 이후 10년 만에 다시 벌이는 전면전全面戰이었습니다. 특히 샘이 있고 비옥한 이스르엘 평지 쪽을 점령하지 않고는 국력을 키워나가기 힘든 블레셋이 치밀하게 준비한 전쟁이었습니다. 시글락에서 블레셋군 집결 장소인 아세까지는 사흘 행군 거리였습니다(30:1). 전쟁터로 나가는 다윗의 심정이 얼마나 착잡했을까요. 하나님의 백성 이스라엘의 공적公敵 제1호인 블레셋군의 1개 대대장으로, 자신의 동족을 죽이러 전장에 나가는 신세가 된 것입니다.

다윗은 아마 이런 생각을 했을지 모릅니다. '블레셋군으로 참전했다가 이스라엘과 전쟁이 시작되면, 때를 봐서 바로 공격 목표를 바꾸어 블레셋과 싸워야지.' 그러나 그것은 전쟁에 대해 약간의 상식이 있는 사람이라면 사실상 불가능한 작전임을 잘 알 것입니다. 다윗의 행군길은 점점 수렁으로 빠져 들어가는 것 같았습니다. 다윗은 그제야 비로소 기도했을 것입니다. 평소에 하나님을 잊었다가도, 위기에는 어김없이 하나님께 돌아와 회개하고 은혜를 구할 줄 아는 뿌리 깊은 믿음을 소유했기 때문입니다.

우연이라 보기에는 너무나 놀라운 일이 일어났습니다. 다윗과 그의 용사들이 전장에 온 것을 보고 블레셋 장군들이 반대해 결국 쫓겨나게 된 것입니다(29장). 분명한 하나님의 간섭이라고 볼 수 있습니다. 하나님께서 나발과 그 가족을 죽이는 피 흘림의 죄에서 다윗을 막아주셨듯이(삼상 25장), 이번에는 동족을 피 흘리게 해야 하는 곤경에서 '피할 길'(고전 10:13)을 주신 것입니다.

그러나 블레셋 땅으로 돌아온 다윗에게는 더 큰 재난이 기다리고 있었습니다. 블레셋이 이스라엘과의 전쟁을 앞두고 모두 북방 전선에 병력이 집결되었으므로 자연히 남방 지역에는 힘의 공백이 생겼습니다. 이 시기를 놓치지 않고 아말렉은 유다와 블레셋 남부 도시를 습격해 크게 전과를 올렸습니다. 그중에 시글락, 곧 다윗과 그의 용사들의 기지촌도 포함되었습니다. 노동력 부족에 허덕이던 아말렉은 그곳의 여자들과 자녀들까지 포로로 잡아 가고 가축과 재산을 모조리 끌고 갔습니다. 그리고 그곳을 떠나며 온 성에 불을 질렀습니다.

> 다윗과 그의 사람들이 성읍에 이르러 본즉 성읍이 불탔고 자기들의
>
> 아내와 자녀들이 사로잡혔는지라 다윗과 그와 함께 한 백성이 울
>
> 기력이 없도록 소리를 높여 울었더라(30:3-4).

다윗과 그의 용사들은 하늘이 무너져 내리는 충격을 받았습니다. 소리 높여 우는 것으로 끝나지 않았습니다. 600명 용사들이 웅성거리며 군중 심리에 사로잡히자 이성을 잃고 모든 책임을 다윗에게 물어, 그를 돌로 쳐죽이자고 할 정도로 사태는 무섭게 진전했습니다. 처자식을 잃은 슬픔과 분노가 증오로 변해서 속죄양을 찾게 된 것입니다. 격정의 화약고에 불이 당겨지자 그들은 이제 여호와의 기름 부음받은 자니 통일 이스라엘 왕국이니 도무지 아무것도 보이지 않았습니다.

10. 다윗과 사울

혹시 다윗이 하나님을 의지하던 믿음을 잃고 생명의 존엄성을 무시하며 근처 여러 족속들의 여자들까지 죽이던 그 잔인성이 부하들에게까지 전염되었는지 모릅니다.

여호와를 힘입고 회복하는 다윗

다윗의 망명 생활 10년의 최대 위기였습니다. 아무리 난민 생활같이 고생스러운 삶이라 해도 생명을 같이하던 아둘람굴의 동지들이 있었기에 견딜 수 있었습니다. 그러니 가장 믿고 신뢰하며 사랑을 쏟던 가까운 사람들에게 배반당하는 심정이 어떠했겠습니까. 이 모든 책임이 다윗에게 있다 하더라도 생명을 나누던 동지들의 변심, 친구들의 배신은 가장 견디기 힘든 고통이었을 것입니다.

증오심으로 충혈된 눈을 부릅뜨며 돌을 들고 자신에게로 몰려오는 성난 무리들의 모습 앞에서 다윗은 비로소 자신이 송두리째 무너져 내림을 느끼며 인간의 한계를 뼈저리게 맛보았을 것입니다. 아무리 형제보다 더 믿음을 주던 친구라 하더라도 "호흡은 코에 있나니 셈할 가치가 어디 있느냐"(사 2:22)라는 슬프지만 받아들여야 하는 진리를 얻었을 것입니다.

> 백성들이 자녀들 때문에 마음이 슬퍼서 다윗을 돌로 치자 하니
> 다윗이 크게 다급하였으나 그의 하나님 여호와를 힘입고 용기를
> 얻었더라 (30:6).

'다급하다'라는 말은 '일이 트이지 않고 막히어 몹시 급하다. 몹시

궁색하다'라는 뜻입니다. 그러나 신앙인에게 위기는 항상 하나님의 기회가 됩니다. 신앙이 없는 자는 시련의 돌풍에 침몰하나 신앙을 가진 자는 오히려 돌풍을 타고 솟아오릅니다. 보통 새들은 날개가 있어도 돌풍에 추락하지만 독수리가 돌풍에 오히려 더 높이, 더 빠른 속도로 치솟아오를 수 있는 비결은 그 날개의 각도에 있다고 합니다. 잽싸게 날개 각도를 기울이는 경사 조정 능력 때문에 침몰하지 않고 치솟아오를 수 있는 것입니다. 다윗은 고난의 돌풍에 치솟아오를 수 있는 신앙의 나래를 하늘을 향해 펼 줄 알았습니다.

그간 사랑을 나누던 두 아내 아히노암과 아비가일도 잡혀가고, 슬금슬금 모으는 재미를 주던 가산은 잿더미가 되고, 이스라엘의 회복을 꿈꾸며 동고동락하던 동지들이 일그러진 성난 얼굴로 돌을 치켜들고 달려드는 살벌한 한계 상황에서 고독한 다윗의 영혼이 어디를 향할 수 있었겠습니까. 땅에서부터 눈을 치켜들어 하늘을 우러러보는 수밖에 없는, 철저하게 무력해진 다윗이 어디서 도움을 구할 수 있었겠습니까.

하나님은 긍휼과 자비가 풍요로운 분이십니다. 자신이 택한 종을 불쌍히 여기고 힘과 용기를 주십니다. 하나님께서는 존재의 심연까지 내려가는 절망 속에 있는 다윗의 차가운 가슴에 다시 소망의 불씨를 심어주셨습니다.

'다윗이 여호와께 묻자와 이르되'(30:8). 다윗이 신앙을 회복한 증거입니다. 하나님께 대한 신앙이 회복되자 오랫동안 상실했던 생명에 대한 경외심과 사랑도 되살아났습니다. 아말렉이 죽으라고 내어버린 병든 애굽 청년을 그런 긴박한 상황에서도 돌봐줍니다. 그를 통해 정보를 얻게 된 다윗과 용사들은 하나님의 도움으로 아말

10. 다윗과 사울

렉을 쫓아가서 기습 작전으로 잃었던 처자식들, 빼앗겼던 양 떼와
소 떼 모두를 도로 찾아왔습니다. 작전은 대성공이었습니다. 30장
18-19절에 "도로 찾아왔다"라는 말이 반복됩니다. 신앙을 회복하자
다윗은 빼앗겼던 모든 것을 줄줄이 회복할 수 있었습니다.

공동 분배의 율례를 정한 다윗

지도자의 리더십은 곤경을 극복할 때 더욱 강화됩니다. 사울은 아
말렉과의 전쟁에서 하나님을 불순종하여 버림을 받았습니다(15장).
반면에 다윗은 아말렉과의 전투에서 하나님의 기름 부음받은 자다
운 자질을 과시했습니다.

비록 600명 정도의 적은 무리들에게지만 다윗은 이 사건이 전환
점이 되어 왕으로서의 지도력을 발휘하기 시작합니다. 그 결정적
인 사건은 전쟁에 나섰던 용사들이나 피곤하여 일선에 투입되지
못하고 낙오된 후방 예비군으로 머물렀던 용사들이나 전리품을 똑
같이 분배해준 것이었습니다. 일선에 나섰던 자들 중에 심술궂은
자들이 불평을 터뜨렸습니다. "이 친구들은 우리와 함께 가지 않았
으니 우리가 되찾은 전리품은 하나도 줄 필요가 없습니다. 그들에
게는 처자들만 주어서 데리고 가게 합시다"(30:22 – 공동), 다함께 가
난할 때는 이런 불평이 없었습니다. 그러나 오히려 물질이 많아지
니 인간의 탐심이 기승을 부리게 됩니다.

이때 다윗은 왕과 같은 위치에서 재판했습니다.[1] 그리고 이 사건
에서 보여준 다윗의 선례先例는 이스라엘 자손만대의 관습법이 되
었습니다.

나의 형제들아 여호와께서 우리를 보호하시고 우리를 치러온 그 군대를 우리 손에 넘기셨은즉 그가 우리에게 주신 것을 너희가 이같이 못하리라 이 일에 누가 너희에게 듣겠느냐 전장에 내려갔던 자의 분깃이나 소유물 곁에 머물렀던 자의 분깃이 동일할지니 같이 분배할 것이니라 (30:23-24).

공동체 의식은 먼저 똑같이 나눠 먹는 데서 출발하므로, 그런 점에서 공동체란 본질적으로 밥상 공동체입니다. 다윗은 망명 생활에서부터 동지들에게 나눔의 공동체 원칙을 분명히 하여, 복지 사회의 원리를 실천한 셈입니다.

그러나 다윗의 선례가 공산주의나 사회주의 이데올로기와 일치하는 것은 아니었습니다. 현재 획득한 재화가 자신의 능력으로 얻은 것이 아니라, 하나님의 보호와 승리의 은총으로 주어진 선물이라는 신앙에서 온 것이었습니다.

다윗과 그의 용사들은 시글락에서 재산을 모았다가 모두 빼앗겼고 불에 타버렸습니다. 이때 그들은 재산을 의지하는 삶의 우매함을 깨달았어야 했습니다. 그러나 다윗의 부하들은 다시 물질이 생기자 탐심이 되살아나 또다시 쌓아두고 싶어졌습니다. 내가 더 능력 있어 얻은 것을 어째서 무능하여 가난할 수밖에 없는 경쟁의 낙오자들에게 공짜로 나누어줘야 하는가 생각했을 것입니다. 이처럼 모든 물질의 진정한 소유주는 하나님이시며, 우리는 하나님의 소유를 맡아 관리하는 자라는 청지기 사상, 확고한 신학이 없을 때 공정한 분배란 한갓 맹랑한 망상에 그치고 맙니다.

10. 다윗과 사울

무당을 찾는 하나님의 선민 이스라엘의 지도자. 도대체 있을 것 같지 않은 일입니다. 날이 갈수록 착착 증강되는 수람 전선의 어마어마한 블레셋 진영을 쳐다보는 사울 왕의 가슴에 찬 서리가 내리고 있었습니다. 골리앗 이후 처음으로 다시 위협적인 블레셋의 대공략을 눈앞에 두게 되었습니다. 이제야 사울은 하나님을 찾지 않을 수 없었습니다.

그런데 사울이 찾는 하나님은 살아 계신 인격이라기보다는 초자연적 계시로 재앙을 피할 길을 알려주시는 대상이라고 할 수밖에 없습니다. 애간장이 타는 다급한 상황에서 사울이 절대 필요로 한 것은 오직 신의 계시였습니다. 그것이 개인의 꿈을 통해서든, 제사장이 지니고 있는 우림을 매개체로 하든, 아니면 예언자라는 대행자를 통해서든 절박한 현실을 초월할 수 있는 그 무엇이 있어야 했습니다. 그러나 하나님께서는 끊임없이 불순종하며 회개하지 않은 죄인에게 제멋대로 이용당하기만 하시지 않습니다. 하나님께서는 응답하시지 않았습니다.

그리하여 물에 빠져 허우적거리는 사람이 지푸라기라도 잡는 심정으로 생각해낸 것이 자기가 인간쓰레기라고 쫓아냈던 '신접神接한 여인', 곧 영매靈媒였습니다. 무당의 강신술降神術, necromancy을 통해서라도 무슨 도움을 얻어 보려고 매달립니다. 이것은 인간이 자기 지혜가 거대한 벽에 부딪혔을 때 어떤 초자연적인 계시를 통해 자동적인 해결을 구하는 심리에서 나온 행동입니다.

사울이 그의 신하들에게 이르되 나를 위하여 신접한 여인을 찾으라
내가 그리로 가서 그에게 물으리라 하니 그의 신하들이 그에게 이르되
보소서 엔돌에 신접한 여인이 있나이다 사울이 다른 옷을 입어
변장하고 두 사람과 함께 갈새 (28:7-8).

영매의 집에서 사울은 죽은 사무엘의 혼백을 만납니다.[2] 그리고
그의 처절하도록 절망적인 갑갑한 심정을 쏟아내기 시작했습니다.

나는 심히 다급하니이다 블레셋 사람들은 나를 향하여 군대를
일으켰고 하나님은 나를 떠나서 다시는 선지자로도 꿈으로도
내게 대답하지 아니하시기로 내가 행할 일을 알아보려고 당신을
불러올렸나이다 (28:15).

다급했을 때 다윗은 여호와께 물었습니다. 다윗은 인간 한계를
넘어선 초월자를 향해 '열려 있는 인생'이었습니다. 그러나 사울은
세계내적世界內的으로 '닫혀 있는 인생'이었습니다. 여기서 '나의 행할
일을 알아보려고'라는 말은 얼마나 처절한 고백입니까? 어쩌면 사
울의 유언과 다를 바 없는 토로입니다. 이 말이 좀더 생의 전반부에
서 인생 요절이 되었더라면 얼마나 좋았겠습니까. 그러나 지금은
너무 늦었습니다. 기회가 늘 있는 것은 아닙니다. 하나님께 나아가
그분의 음성을 듣는 훈련이 하나의 생활양식으로 확고하게 자리
잡혀 있지 않을 때 인생의 홍수가 몰아치면 와르르 허물어지는 인
생이 되고 맙니다.

사무엘은 내일 전쟁터에서 사울과 자식들이 죽을 것이며, 이스

10. 다윗과 사울

라엘은 패전하고 나라의 왕위는 다윗에게로 옮겨갈 것이라고 선고했습니다.

> 사울이 갑자기 땅에 완전히 엎드러지니 이는 사무엘의 말로 말미암아
> 심히 두려워함이요 또 그의 기력이 다하였으니 이는 그가 하루 밤낮을
> 음식을 먹지 못하였음이니라 (28:20).

'기력이 다하여 땅에 엎드러진' 사울 — 이것이 제한된 자기 자원만을 의지해 살아온 인생의 바닥난 모습입니다. 영매가 차려주는 음식으로 간신히 의식을 회복해 일어선 사울 왕은 구름떼 같은 적들의 위협 앞에서 "왕만 있으면 무슨 수가 있겠지" 하고 자신을 기다리는 어리석고 순진한 백성들이 있는 길보아산으로 발길을 옮깁니다. 칠흑같이 어두운 그 밤길을, 가룟 유다의 밤과 같은 그 밤을 가르며(요 13:30), 휘청거리면서 죽음의 길을 걷는 사울을 통해 하나님 없이 인간의 최선을 다해 살아보려다가 기력이 다해버린, 슬프디 슬픈 인생의 마지막을, 그리고 거기서 더 나아가 하나님 없이 합리주의에 기초한 현대 인본주의 문화의 비극적 종말까지도 가슴 아프게 바라보게 됩니다.

자기 칼을 뽑아 자결한 사울

사람이 살기도 잘해야 하지만 죽기도 잘해야 합니다. 때로 잘 살지 못했으나 죽을 때 멋있게 죽어 인생에 합격 점수를 얻는 사람들이 있습니다. 살았을 때보다 죽으면서 더 많은 원수들을 죽인 삼

손(삿 16:30)이나, 평생을 강도질이나 하다가 생애 처음이요 마지막 기도를 잘해 낙원에 제1호로 도착한 십자가상의 어느 유대인(눅 23:39-43) 같은 경우입니다.

그러나 사울은 성경에서 자살한 첫 인물로 기록됩니다. 그는 죽기 전, 길보아 전투에서 먼저 아들들 곧 요나단과 아비나답과 말기수아의 죽음을 목격해야 했습니다. 부모는 무덤에 묻지만, 자식은 가슴에 묻는다고 합니다. 이런 비극의 증인이 된다는 것은 얼마나 끔찍한 고통이었겠습니까! 뿐만 아니라 저자는 사울이 어떻게 죽는가도 강조하고 있는 듯합니다.

> 이처럼 사울의 주변에 싸움이 치열하자 그는 적군의 화살에 맞아 심한 부상을 입었다. 이때 사울은 자기 경호병에게 "너는 칼을 뽑아 저 블레셋 이방인들이 나를 잡아 괴롭히기 전에 어서 나를 죽여라" 하고 명령하였다. 그러나 그 경호병이 두려워서 감히 그를 죽이지 못하자 사울은 자기 칼을 집어 칼끝을 배에 대고 그 위에 엎드러졌다 (31:3 - 14, 현대).

사울의 자살이 영웅적 행위라고 볼 수도 있겠고, 아니면 블레셋이 포로에게 행하는 잔학 행위를 두려워한 것이라고 볼 수도 있을 것입니다. 그러나 어쩔 수 없이 사울의 자살은 필연적이었습니다. 사울은 일생을 통해 자기에게 부딪쳐오는 문제들을 하나님께 의지하고 용감히 대결할 도전으로 생각하지 않고 언제나 도피해야 할 귀찮은 것으로만 생각했기 때문에, 세월이 흐를수록 의식의 초점이 자기 자신에게만 집중되었습니다. 그래서 죽음에 직면해서

10. 다윗과 사울

도 다만 적이 자신을 잔인하게 모독할지 모른다는 자기중심적인 생각만 할 따름이었습니다.[3]

사울의 자기존대의식自己尊大意識은 죽는 순간까지 그를 놓아주지 않았습니다. 우리 사회 지도자들에게서 자주 보듯 자기가 부서지는 경험 없이 큰 책임을 맡은 자들에게 공통된 증상입니다. 삼손이 죽을 때 하나님 앞에 회개하고 기도하며 하나님의 영광과 하나님의 백성을 위해 자기 생명을 써달라고 최후로 기도했던 이타적인 태도와는 대조가 됩니다. 인간이 철저히 자기 자신밖에 생각하지 못하게 되면, 오히려 존재 의미를 상실하고 자살할 수밖에 없는 역설적 존재입니다.

사울의 비극은 개인의 비참함으로 끝나는 것이 아닙니다. 그의 가족, 그의 민족 공동체에게 미치는 악영향이 실로 엄청난 것이었습니다. 공동체에서 지도자 한 사람의 중요성을 새삼 되새기게 됩니다.

닫혀 있는 사람과 열려 있는 사람

사울의 생애를 되돌아보면 현대의 독자들은 몇 가지 의문이 생길 것입니다. 사울이 그토록 나쁜 사람인가? 무슨 죄를 그렇게 크게 범했다고 하나님께서는 택하신 왕을 무참히 버리실 수 있단 말인가? 오히려 간사하고 나쁜 짓을 많이 한 이는 다윗이 아닐까? 하나님께서 공평하시지 않은 게 아닌가? 그래서 성경을 주로 문학적 시각에서만 연구하는 학자들 중에는 사울은 다윗을 돋보이게 만들려는 배경 인물이 아닐까, 어쩌면 다윗으로 하여금 득점할 수 있도록 사울이 희생타를 날린 것이라고 보기도 합니다.

잔신경을 많이 쓰고 조울증에 잘 빠지는 성격 결함도 사울에게 보이지만, 결국 하나님께서 정해놓은 운명의 각본에 따라 어쩔 수 없는 외적인 힘, 또는 환경의 강요로 그런 어두운 역할을 할 수밖에 없었다는 견해도 있습니다.

그러나 성경 저자의 입장은 분명합니다. 다윗은 비록 매너가 없고 인간들의 행동 기준에서 부족함이 많이 발견될지는 모르나, 하나님 앞에서 하나님 중심으로 살려는 믿음이 있었습니다. 반면에 사울은 하나님 말씀대로 살기를 거역하고, 끝까지 자기중심으로 살았습니다.

만약에 사울이 하나님의 종 사무엘의 말씀을 받고 회개하여 하나님 뜻에 따라서 다윗을 왕위 계승자로 영접해 동역했더라면 블레셋과의 전쟁에서의 승리는 물론, 그의 생애나 가족, 이스라엘 공동체는 하나님의 축복을 크게 누릴 수 있었을 것입니다. 그러므로 성경 저자는 과연 그 사람이 십계명 중 제1계명을 따르고 있느냐로 판단 기준을 삼아 평가합니다. '사람들이 보기에'는 중요하지 않습니다. '하나님 보시기에'가 중요합니다. 이것이 후에 열왕기 사가史家의 준엄한 평가 기준이기도 합니다.

여기서 우리는 사무엘서 전체를 통하여 인본주의자로서의 사울의 모습을 잠시 훑어보는 것이 그의 생애를 정리해보는 데 도움이 될 것입니다. 그는 본래 성실하나 영의 세계에는 무관심한 청년이었습니다(9:46). 또한 자의식과 비교 의식이 강한 사람이었으며(10:22), 그의 행동 기준은 거의 상황 윤리적이었습니다(13:11-12). 하나님을 기쁘시게 하려는 의식이 없고, 사람을 기쁘게 하려고만

했습니다(15:9, 24). 그의 인생 목적은 철저히 자기 영광을 구하는 것이었습니다(15:12). 생활 태도가 퍽 합리적인 것 같으나 믿음이 없었고(17:25, 33, 38), 늘 경쟁의식과 시기심에 사로잡혀 마음에 노를 품고 살았습니다(18:8). 그러므로 그의 인생 기초는 하나님의 말씀이 아니라 감정이었다고 할 수 있습니다(24:1-2, 16-22, 26:21-25). 하나님 없이 자기중심으로 사는 삶은 그의 생애에 비가 내리고 홍수가 나고 바람이 불어 그 집에 몰아치기 전까지는 그럴 듯해 보입니다. 모래 위에 지은 집과 같은 인생이기 때문입니다. 그러나 인간의 능력이 바닥나는 결정적 상황에 부닥칠 때 무당이나 점쟁이, 그리고 점성가를 찾다가 그 마지막은 흑암과 절망의 심연으로 침몰하고 맙니다.

인본주의자 사울과 대조해볼 때 신본주의자 다윗은 근본적으로 하나님을 의지하며 하나님 중심으로 사는 사람이었습니다. 그 역시 범죄하고 실수가 많았으나 결국 회개하며 하나님께 나아갔습니다. 그러므로 그의 망명 생활의 마지막 단계에서 겪은 패배와 승리의 영적 체험은 그로 하여금 겸손을 몸에 익히는 인격 성숙의 기회가 되었고, 후에 통일 이스라엘의 왕이 될 만한 그릇으로 빚어져 갈 수 있었습니다. 교만한 마음으로 왕위에 올랐더라면 다윗 역시 사울같이 비극적 인생이 되었을지 모릅니다.

인생에는 여러 갈래의 길이 있을 것 같으나 사실은 두 길밖에 없습니다. 신본주의자의 인생과 인본주의자의 인생, 초월자를 향해 '열려 있는 인생'과 세계 내적으로 '닫혀 있는 인생', 위를 우러러보는 인생과 땅의 것만 바라보는 인생입니다. 나 중심으로 살다가 하나님 중심을 사는 삶의 방향을 바꾸는 것을 회개라고 합니다. 회개하고 하나님의 아들 예수를 그리스도, 왕으로 믿지 않고 사람이 구원받는 길은 없습니다. 당신의 인생은 어떻습니까?

이제 내가 사람들에게 좋게 하랴 하나님께 좋게 하랴 사람들에게 기쁨을 구하랴 내가 지금까지 사람들의 기쁨을 구하였다면 그리스도의 종이 아니니라 (갈 1:10) .

10. 다윗과 사울

2부

11.   통일 이스라엘

삼하 1:1–5:3

—   이에 이스라엘 모든 장로가 헤브론에 이르러 왕에게
    나아오매 다윗왕이 헤브론에서 여호와 앞에 그들과
    언약을 맺으매 그들이 다윗에게 기름을 부어 이스라엘
    왕을 삼으니라(5:3).

"우리의 소원은 통일" — 이것은 우리 한민족뿐 아니라, BC 1000년
경 다윗과 이스라엘 백성들의 간절한 소망이기도 했습니다.

이번 장에서는 사울이 죽은 후 분단된 이스라엘이 어떻게 다윗
의 지도력 아래서 민족 통일을 이루는가를 살펴보고자 합니다. 7년
반에 걸친 이스라엘의 통일 운동의 전개 과정은 분단 시대의 막바
지에 살고 있는 우리에게 귀한 역사적 교훈을 줍니다.

사울이 죽은 후

사무엘하는 '사울이 죽은 후'라는 말로 시작하는데, 이 말은 사울 독
재 40년의 묵은 시대가 가고 드디어 다윗 통치의 새 시대가 왔다는
선언입니다. 새 시대가 독재로부터의 해방을 가져오는 듯했지만
사실 블레셋에 의한 새로운 형태의 종속을 뜻했습니다. 더구나 다
윗이 블레셋 지방에 1년 4개월이나 망명해 있던, 블레셋의 봉신封臣

252

이나 다름없었으므로 이스라엘은 사실상 주권을 빼앗긴 블레셋의 속국이었습니다.

블레셋은 사울과 그의 세 왕자까지 길보아산 전투에서 죽인 후 이스라엘의 도성을 차례로 점령해갔습니다. 그 후 이스라엘에는 중앙 정부가 없고 더 이상 군사적 위협이 안 되었으므로 블레셋은 이스라엘 각 지파에게 자치권을 주었던 것 같습니다. 말하자면 '분할하여 통치한다'는 제국주의의 식민지 통치 방식을 원시적으로 적용한 셈입니다.[1]

사울이 죽자 이스라엘은 무정부 상태가 되어 외우내환外憂內患이 겹치게 되었는데, 이런 혼란을 틈타 기회주의자들이 등장했습니다. 사울의 왕관과 팔찌를 가지고 다윗을 찾아와서 자기가 사울을 죽인 공로자라고 거짓을 말한 아말렉 사람이 그 대표자였습니다. 사울이 갔으니 이제는 대세가 어디로 기울 것인지 저울질하다가 다윗에게로 달라붙어 한자리를 차지하려는 속셈이었는지 모릅니다. 어쩌면 해방 후 친일파들의 작태와 비슷합니다.[2]

다윗이 속이 좁은 사람이었더라면 사울의 전사 소식을 들었을 때 환호성을 질렀을지 모릅니다. 사울의 왕관을 가지고 온 사람을 포상하고 그 왕관을 써보고 싶었을 텐데, 다윗은 결코 그런 소인배가 아니었습니다.

이에 다윗이 자기 옷을 잡아 찢으매 함께 있는 모든 사람도
그리하고 사울과 그의 아들 요나단과 여호와의 백성과 이스라엘
족속이 칼에 죽음으로 말미암아 저녁 때까지 슬퍼하여 울며
금식하니라 (1:11 - 12).

11. 통일 이스라엘

'하나님이 기름 부은 자', 즉 왕의 신분이 신성함을 굳게 믿는 다윗은 몹시 슬퍼했습니다. 더구나 생명같이 사랑하던 친구 요나단의 때아닌 죽음은 감당할 수 없는 슬픔이었을 것입니다. 저녁때까지 슬퍼하던 다윗은 눈물을 거두고 사태를 수습하기 위해 나섭니다. 그래서 자기 손으로 사울을 죽였다고 말한 아말렉 청년을 즉시 처단하고 사울과 요나단을 애도하는 노래를 지어 온 유다 족속에게 가르치게 했습니다.

> 이스라엘아 네 영광이 산 위에서 죽임을 당하였도다 오호라 두 용사가
> 엎드러졌도다 (1:19).

다윗의 애가는 '활 노래'로 백성들에게 불리었는데, 구약에 나온 히브리 시 가운데 최고 걸작의 하나로 평가됩니다. 이 시에는 한 마디도 사울에 대한 비난이나 원한이 없고 오히려 사울과 요나단을 '이스라엘의 영광'이요, '독수리보다 빠르고 사자보다 강한 용사'들로 칭송하고 있습니다. 이스라엘 병사들은 활을 매만지고 화살 끝을 갈면서 이 노래를 불렀고, 다시는 사울이 당했던 패배의 쓰라림을 되풀이하지 않겠다는 다짐을 했다고 합니다.

민족 분열

사울이 갔으니 다윗의 왕위 계승은 당연한 것이라고 생각했는데 그 길이 그리 순탄하지는 않았습니다. 오히려 다윗의 유다 지파와 나머지 지파가 나뉘어져 민족 분열과 동족상잔의 내전까지 험난

한 과정을 겪어야 했습니다.

> 그후에 다윗이 여호와께 여쭈어 아뢰되 내가 유다 한 성읍으로
> 올라가리이까 여호와께서 이르시되 올라가라 다윗이 아뢰되 어디로
> 가리이까 이르시되 헤브론으로 갈지니라 (2:1).

시글락에서의 경험은 다윗을 겸손한 기도의 사람으로 만들었습니다(삼상 30장), 구체적인 기도 제목을 가지고 '여호와께 여쭈어 아뢰'는 생을 살게 되었습니다.

그는 광야 생활의 연단받는 과정을 통해 온전히 하나님의 마음에 합한 왕으로서, 하나님의 백성을 섬기는 지도자가 되려는 통치 구도를 마음 깊이 새겼습니다. 통치자가 어떤 과정을 거쳐 지배 권력을 획득하느냐에 따라 후에 피지배자의 승인을 받느냐 못 받느냐 하는 중대한 결과를 가져옵니다. 예컨대 쿠데타를 통해 정권을 획득한 자들이 백성들과 어떤 관계를 갖게 되었는지 우리는 잘 알고 있습니다. 그러므로 다윗은 하나님의 백성을 통치하는 왕으로서 먼저 하나님의 승인을 받고, 백성들의 동의를 얻어 왕위에 오르겠다는 원칙을 확고하게 세운 후, 고달픈 황야의 무법자 생활을 마치고 조국에 돌아가기로 결심한 것입니다.

다윗이 기도 응답을 받고 600명 동지들과 함께 헤브론에 도착하자, 유다 사람들이 다윗에게 기름을 부어 유다 족속의 왕을 삼았습니다(2:4). 이스라엘의 열두 지파 가운데서 유다 지파만의 왕이 된다는 것은 많은 아쉬움을 갖게 했을 것입니다. 비록 가장 인구가 많은 지파라고는 하지만 남쪽 한 지파만의 왕국을 세우는 것은 민족

11. 통일 이스라엘

분단을 고착화시키는 무분별한 정치욕에서 나온 것으로 추궁받을 수 있는 선택이었습니다. 그러나 다윗의 경우는 해방 후 우리 민족의 분단 과정 속에 나타나는 외세의 분할 점령에 편승한 일부 세력의 자세와는 근본적으로 달랐습니다.[3]

다윗은 자기 혈족인 유다 지파를 통치 기반으로 삼아 이스라엘 전체를 통일시키기 위한 설계를 가지고 망명 생활 중에도 꾸준히 준비해왔습니다. 블레셋 사람들이 유다 성읍 가운데 하나인 그일라 사람들이 추수하고 곡식을 저장해놓은 타작마당을 기습했다는 소식을 듣고서 아둘람굴 용사들을 이끌고 가서 구원해준 적이 있습니다(삼상 23:1-5). 또한 다윗과 그의 사람들이 시글락에 머무는 동안 아말렉 군사들과 싸워 가축들을 비롯하여 많은 탈취물을 얻은 적이 있었습니다. 이때 다윗은 모든 유다의 장로들에게 탈취물을 예물로 보내면서 "보라 여호와의 원수에게서 탈취한 것을 너희에게 선사하노라"(삼상 30:26)라고 호의를 표하고 우정을 지속했던 것입니다. 다윗은 하나님을 의지하면서도 이미 사무엘을 통해 기름 부음받은 사실을 잊지 않고 왕위 계승을 위해 빈틈없는 노력을 기울였습니다.

다윗이 유다 왕이 된 지 5년 반 후, 북쪽에는 사울의 아들 이스보셋이 마하나임에서 이스라엘 왕으로 즉위했습니다. 그러나 이스보셋은 꼭두각시에 불과한 허세였고, 실세는 사울의 군사령관으로 길보아 전투에서 살아남은 사울의 사촌 아브넬이었습니다. 아브넬은 오랫동안 다윗의 라이벌이요 사울 정권의 총사령관으로서 유다 지파 이외의 모든 이스라엘 지파를 장악하고 있었습니다.

남유다와 북이스라엘은 서로 자기들이 민족의 정통성을 가지고 있다고 주장했을 것입니다. 열방과 같은 왕국의 시각으로 본다면 이스보셋이 사울 왕조를 계승했으므로 정통성을 주장하는 데 더 유리한 입장이었습니다. 그러나 저자는 한 번도 하나님께서 사울의 자손이 왕위를 계승할 것이라고 말씀하신 적이 없고, 오히려 하나님께서 사울을 버리셨음을 선지자 사무엘을 통해 거듭 말씀하셨다고 기록했습니다. 이스보셋이 왕 된 것도 아브넬이 '데리고 … 가서'(2:8) 왕 삼은 것이지, 하나님에게도 백성에게도 승인받은 적이 없음은 명백합니다. 따라서 이스라엘이 신정 국가 체제를 갖는 한, 하나님의 뜻을 따르는 신앙적 지도자 다윗의 유다 왕국이 정통성을 갖고 있음을 시사하고 있습니다.[4]

동족상잔의 내전

정통성을 서로 주장하는 두 지배 세력 간의 갈등은 필연적입니다. 북이스라엘의 군사령관 아브넬은 남유다의 군사령관인 다윗의 조카 요압에게 도전했습니다. 그는 30여 만의 대군사를 지휘하고 있었기 때문에 요압의 소수 정예 부대를 우습게 보고 군인 대표들로 하여금 "우리 앞에서 겨루게 하자"고 싸움을 걸었습니다(2:14). 요압이 이에 응하여 북이스라엘과 남유다의 젊은 군인들을 뽑아 기브온 연못가에서 전투를 통해 군사력을 겨루어 보기로 했습니다.

> 그래서 양편에서 각각 12명씩 뽑아 세웠는데 그들은 서로 머리를 붙잡고 칼로 상대편의 옆구리를 찔렀다. 그러자 모두 그 자리에서 쓰러지고 말았다. 그래서 그때부터 그곳을 '칼의 밭'이라 부르게

11. 통일 이스라엘

되었다(2:15-16, 현대).

얼마나 어처구니없는 참극입니까? 자기실현과 조국 건설을 위해 훌륭히 쓰일 수 있는 그 귀한 젊은 생명들이, 지휘관들의 라이벌 의식 때문에 단지 일개 '병력'으로 소모품이 된 것입니다. "만일 서로 물고 먹으면 피차 멸망할까 조심하라"(갈 5:15)는 말씀대로 이 사건은 민족의 앞날에 멸망이 예고되어 있음을 상징적으로 보여줍니다.

12명의 대표 결투로 승부가 나지 않자 전면전이 벌어졌습니다. 피비린내 나는 보복전이 시작되었고, 결국 아브넬의 군사가 아둘람굴 용사 출신이 주축이 된 요압 군사들에게 패하여 후퇴하게 되었습니다. 도망가는 아브넬을 끝까지 추격하던 아사헬은 아브넬의 창에 찔려 즉사합니다. 요압과 아비새는 아우의 피에 복수하기 위해 살기등등해 아브넬을 뒤쫓습니다. "네가 언제 무리에게 그의 형제 쫓기를 그치라 명령하겠느냐"(2:26)라고 동족임을 일깨워주는 아브넬의 평화 제안을 요압도 받아들여 일시적인 평화 공존의 시기가 있었습니다.

그러나 그것도 잠깐이었고 남북 간에 적대 관계는 변함이 없었습니다. 아마 이때 유다 군인들 사이에선 "때려잡자 이스보셋", 이스라엘군은 "무찌르자 다윗"이라는 구호를 목이 터져라 외치는 살벌한 사회 분위기가 계속되었을 것입니다. 이 격전에서 다윗 편은 아사헬과 19명, 아브넬 편은 360명의 생명이 무참하게 죽었습니다(2:30-31). 동족 간의 전쟁은 비생산적인 소모일 뿐이었습니다.

우리는 3년 1개월간의 한국전쟁에서 양쪽 모두 각각 약 150만 명의 사망자와 360만 명의 부상자를 낸 동족상잔의 비극을 경험했습니다. 그리고 전후 40년 가까이 우리는 가난과 증오와 한을 품고 살아오면서, '만일 나라가 스스로 분쟁하면 그 나라가 설 수 없'(막 3:24)다는 예수님의 말씀이 진리임을 뼈아프게 확인해왔습니다.[5] 어쩌면 우리 삼천리 반도는 동족끼리 싸우다 피 흘린 또 하나의 '칼의 벌판'이요, '피의 강산'일 것입니다.

일어나는 통일운동

분단이 점점 고착화되고 있을 때 전혀 기대하지 않았던 북이스라엘의 군사령관 아브넬을 통해 남북의 통일 협상이 시작되었습니다. 이것은 역사의 아이러니라고밖에 다른 어떤 말로도 설명할 길이 없습니다. 왜냐하면 아브넬이야말로 권력욕의 화신 같은 정치 군인이요, 기회주의자의 전형이었기 때문입니다.

통일 협상의 전개는 아주 사소하게 보이는 데서 시작되었습니다. 아브넬이 사울의 첩과 동침하자 이스보셋의 추궁을 받았습니다. 고대에는 첩이 주인의 합법적 재산이었으므로 왕의 첩과 내통하는 것은 왕위를 장악하려는 시위 행위로 여겼습니다(삼하 16:20-21 참조). 추궁받은 아브넬은 격분하여 무능한 이스보셋, 자신이 세워놓았으나 백성들이 따르지 않던 허수아비 왕을 퇴위시키고, 온 이스라엘 족속을 다윗에게 데려가서 민족을 통일시키겠다고 결심했습니다.

아브넬은 처음 북쪽 지파들을 규합해서 왕국을 세울 때나 세도 정치로 실권을 휘두르던 지난 2년간, 하나님께서 사무엘을 통해 다윗을 통일 이스라엘의 왕으로 세우셨다는 사실을 잘 알고 있었을 것입니다. 그러나 권세욕 때문에 하나님의 뜻을 거역하며 버티고 있었던 것입니다(2:9). 그는 내친 김에 다윗에게 사람을 보내어 통일 협상을 제안했습니다.

직접적으로는 아브넬이 이스보셋과의 내분 때문에 다윗에게 통일 협상을 제의한 것이지만, 좀더 깊이 생각해보면 아브넬에게 다른 대안은 없었을 것입니다. 왜냐하면 첫째, 남북 간의 힘의 균형은 깨지고 갈수록 국력의 차이가 커졌기 때문입니다.

> 사울의 집과 다윗의 집 사이에 전쟁이 오래매 다윗은 점점 강하여가고
> 사울의 집은 점점 약하여 가니라 (3:1).

유다 왕국은 다윗의 지도력 아래 정치적 안정을 이루었고 경제력·군사력이 날로 증강해 이제는 경쟁이 되지 않는 단계까지 이르렀습니다. 아브넬은 정권을 잡는다 해도 얼마 가지 못할 것을 뻔히 내다보았을 것입니다.

둘째, 이스라엘 장로들을 비롯해 민심이 점점 다윗에게로 돌아오고 있었기 때문입니다.

> 아브넬이 이스라엘 장로들에게 말하여 이르되 너희가 여러 번 다윗을
> 너희의 임금으로 세우기를 구하였으니 이제 그대로 하라 여호와께서
> 이미 다윗에 대하여 말씀하시기를 내가 내 종 다윗의 손으로 내
> 백성 이스라엘을 구원하여 블레셋 사람의 손과 모든 대적의 손에서
> 벗어나게 하리라 하셨음이니라 (3:17-18).

북이스라엘은 이스보셋이 허수아비 왕으로 있으면서 장로들이 집단 지도 체제를 이루고 있었습니다. 아브넬의 말에 비추어보면 그들은 이미 여러 차례 다윗을 왕으로 삼자고 요구했었습니다. 그들은 블레셋을 비롯한 강력한 군사력을 소유하고 있는 주변 국가들의 위협에서 이스라엘 민족이 대외자주화對外自主化를 유지하고 자존할 수 있는 길은 민족 통일뿐이며, 통일은 다윗을 정점으로 하여 이루는 것이 국제 역학적 현실을 고려할 때나 자손만대를 위해 가장 바람직하다는 일치된 견해를 가지고 있었습니다.

다윗을 중심으로 남북 합작만이 이스라엘과 베냐민의 온 집이 '선히 여기는'(3:19) 방향이었습니다. 어떻게 보면 흡수 통일 방안 같기도 하지만, 남북이 신정 군주 체제의 차이가 없었으므로 비교적 쉽게 통치자 중심의 통일 방향을 잡을 수 있었던 것입니다.

한편 아브넬의 입장에서 생각해보면 통일 운동이 그의 생애 마지막으로 하나님의 뜻을 따라야겠다는 신앙 양심의 호소를 들었다고 보는, 다분히 개인적 요소도 작용했다고 볼 수 있고, 또는 그에게 똑같은 피를 나눈 형제들끼리 싸우는 것을 가슴 아파하는 민족애가 살아난 것이 아닌가 생각할 수도 있습니다(2:26).

다윗과 아브넬의 회담

아브넬의 통일 협정 체결 제의를 받은 다윗은 조건부로 승낙했습니다.

아브넬이 자기를 대신하여 전령들을 다윗에게 보내어 이르되 이 땅이

누구의 것이니이까 또 이르되 당신은 나와 더불어 언약을 맺사이다 내
손이 당신을 도와 온 이스라엘이 당신에게 돌아가게 하리이다 하니
다윗이 이르되 좋다 내가 너와 언약을 맺거니와 내가 네게 한 가지
일을 요구하노니 나를 보러올 때에 우선 사울의 딸 미갈을 데리고
오라 그리하지 아니하면 내 얼굴을 보지 못하리라 (3:12-13) .

과연 아브넬이 부하 20명을 데리고 헤브론의 다윗을 찾아오자
다윗은 큰 잔치를 베풀어 최고의 국빈으로 일행을 환대했습니다.
그 자리에서 아브넬은 이미 제안한 대로 온 이스라엘을 다윗의 치
하에 돌아오도록 하며, "마음에 원하시는 대로 모든 것을 다스리시
게 하리이다" (3:21)라고 말합니다. 두 사람 사이에 평화 통일을 위
한 협정을 체결한 셈입니다. 이 자리에서 통일 후 아브넬에게 군사
령관의 지위를 보장해주겠다는 밀약이 오갔을 가능성도 있습니
다. 다윗은 아브넬의 제의를 정중하게 받아들이고 그들 일행을 안
전하게 돌아가게 했습니다.

그런데 여기서 의문이 생깁니다. 첫째, 왜 매사에 적극적인 다윗
이 먼저 주도권을 잡고 통일 정책을 세워 밀고 나가는 적극성을 보
이지 않고 오히려 북에서 제의가 오기까지 기다리며 수동적인 태
도를 보였는가 하는 것과, 둘째, 이토록 민족사적인 면에서 중차대
한 국사를 논하는 때에 센티멘털하게 아내 미갈을 돌려 달라는 말
을 했을까입니다. 조금만 기다리면 다 될 텐데….

다윗이 미갈을 보내라는 요구는 100명의 블레셋군을 죽여 얻은
첫 부인이라는 애틋한 정도 있었을 것이며 이산가족이 결합한다
는 의미도 있겠지만, 그보다 사울의 왕권을 존중하는 북이스라엘

족속으로 하여금 자신이 사울의 왕위를 계승한 자로 왕권의 정통성과 합법성을 확보하겠다는 정치적인 몸짓이기도 했습니다. 또한 아브넬의 협상 제안에 즉각 조건을 거는 지혜를 보면 다윗이 결코 통일에 소극적인 것이 아니라, 사태가 어떻게 진전될 것인지를 미리 내다보고 치밀하게 복안을 세워 준비해온 출중한 정치력을 보여주었다고 해석해야 할 것입니다.

이리하여 민족 통일의 대과업은 순탄하게 진행되어가고 평화통일에의 길은 훤히 트이는 것 같았습니다. 바로 이런 중요한 시기에 민족 통일을 저해하는 세력이 나타났습니다. 바로 요압과 그의 추종세력이었습니다.

평화로운 통일의 저해 세력

통일 회담을 마치고 부푼 꿈을 안고 돌아가던 아브넬은 후에 전쟁터에서 돌아온 요압에게 암살당합니다.

> **아브넬이 헤브론으로 돌아오매 요압이 더불어 조용히 말하려는**
> **듯이 그를 데리고 성문 안으로 들어가 거기서 배를 찔러 죽이니 이는**
> **자기의 동생 아사헬의 피로 말미암음이더라 (3:27) .**

요압의 아브넬 암살은 무서운 범죄 행위였습니다. 본래 헤브론은 하나님께서 지정하신 '도피성'으로(수 21:13), 그곳은 살인자가 군중 앞에서 정당한 재판을 받기까지 복수하려는 자들에게 죽임을 당하지 않고 안전하게 피신할 수 있는 곳입니다(민 35:12, 22-25).

11. 통일 이스라엘

아브넬이 아사헬을 죽인 것은 사실상 정당방위에 해당하는 것이기도 했습니다(2:19-23).

요압의 생각에 아브넬의 살해는 국가 안전 보장을 위한다는 명분이 있었을 것입니다. 다윗 왕이 정탐을 온 간교한 아브넬을 순진하게 믿다가는 장차 안보에 큰 위험이 올 것이라고 항의하면서 (3:25), 요압은 월권행위도 서슴지 않았습니다. 당시 이스라엘에서 사형 언도나 집행은 오로지 왕의 권한에 속한 것이었습니다. 그러나 대외적인 정치적 이유가 무엇이든, 저자는 간단히 "이는 자기의 동생 아사헬의 피로 말미암음이더라"라고 주석합니다. 요압의 증오에 찬 개인적 복수심이 아브넬을 죽인 것이었습니다.

또 한 가지 간과할 수 없는 사실은 요압과 아브넬 사이의 경쟁 관계입니다. 장차 누가 통일 왕국에서 2인자가 되겠습니까. 해방 후 김구 선생을 비롯해 적지 않은 민족 지도자들이 암살당했던 배경을 상기해보면 어렵지 않게 이해할 수 있을 것입니다. 요압의 입장에서는 민족이 통일되어 3인자로 밀려가 아브넬 밑에서 부사령관으로 지낼 바에는 차라리 분단된 채 2인자의 자리를 그대로 유지하고 싶었을 것입니다.

그러므로 이스라엘 민족의 평화 통일을 저해하는 것은, 오랜 적대 관계 때문에 응어리져 있는 상호 불신과, 증오라는 심정적 요소와, 분단 체제 안에서 특권을 누리는 자들이 통일로 인해 기득권을 상실할 것을 두려워하여 현상 유지를 추구하는 집단적 압력 요소였다고 정리할 수 있습니다.

다윗이 그토록 지켜온 최우선의 원칙이 폭력을 배제한 평화적인 민족 통일이었는데, 가장 가까이에서 자신을 보좌하는 심복이 이 원칙을 와르르 무너뜨리고 있었습니다. 요압은 소의를 위해 대의를 저버림으로써 다윗과 민족의 역사, 더욱이 하나님 앞에서 용서받기 힘든 무서운 범죄를 저질렀습니다.

개인적 차원의 어떤 도덕적 과오보다 감정과 욕심에 눈이 멀어 민족 공동체의 앞날에 치명적 고통을 주는, 역사의식이나 사회의식의 부재로 저지르는 죄가 더욱 무서운 것입니다. 이것은 예수님을 못 박은 바리새인들의 범죄, 또는 쿠데타로 정권을 잡았던 군인들이 민족 앞에 저지른 범죄와 그 맥락을 같이한다고 볼 수 있을 것입니다. 요압은 군인일 뿐 하나님의 사람은 못 되었습니다. 무르익어가던 통일 운동에 재를 뿌리고 찬물을 끼얹은 요압의 행위로 온 이스라엘은 경악했을 것입니다. 이때 난관에 봉착한 다윗은 어떻게 민족적 위기를 타개해갑니까?

아브넬을 애도하는 다윗

아브넬이 암살당한 사건이 북이스라엘에 미친 파고波高는 상상 외로 컸습니다. 누가 보더라도 아브넬의 암살은 다윗의 사주에 의한 것처럼 보였습니다. 하나님께서 주신 통일의 기회가 이 사건으로 무산될지 모른다는 것을 다윗은 충분히 감지했을 것입니다. 다윗은 그동안 왕권을 얻기까지 생명을 나누었던 자기의 충신이요, 혈통으로는 조카인 요압을 하나님의 심판의 대리자로서 무섭게 저주했습니다.

아브넬의 피에 대하여 나와 내 나라는 여호와 앞에 영원히 무죄하니

11. 통일 이스라엘

그 죄가 요압의 머리와 그의 아버지의 온 집으로 돌아갈지어다

또 요압의 집에서 백탁병자(성병환자)나 나병 환자나 지팡이를

의지하는 자나 칼에 죽는 자나 양식이 떨어진 자가 끊어지지

아니할지로다(3:28-29).

그러고 나서 요압까지 포함해 모든 백성에게 옷을 찢고 굵은 베를 띠고 아브넬 앞에서 애도하라고 명령했습니다. 다윗 자신도 직접 상여를 따라 묘지까지 가서 장사하고, 그 무덤가에서 소리 높여 울었고, 해가 질 때까지 금식하며 슬퍼했습니다. 정치적 쇼가 아니라 진심으로 슬퍼하는 다윗의 진실하고 공적인 애도 행위는 아브넬 암살 사건을 배후에서 조종했을 거라고 의심의 눈길을 보내던 백성들에게 자신의 무죄함을 확인시켜줄 수 있었습니다. 비극적 참사 사건이 발생했을 때, 지도자의 진정성 있는 애도가 보이지 않으면 백성들은 그 지도자 세력을 불신하게 된다는 사실을 21세기를 사는 한국인들은 가슴 아프게 경험했기 때문에, 본문을 더 공감하며 이해할 것입니다.

온 백성이 보고 기뻐하며 왕이 무슨 일을 하든지 무리가 다

기뻐하므로 이날에야 온 백성과 온 이스라엘이 넬의 아들 아브넬을

죽인 것이 왕이 한 것이 아닌 줄을 아니라(3:36-37).

다윗은 사울이 죽었을 때나 사울의 심복 아브넬이 죽었을 때, 애가를 지어 큰 슬픔을 공적으로 표현했습니다. 그는 원수를 향한 존경과 사랑의 표현으로 백성들의 마음을 살 줄 아는 아량 있고 관용

의 덕이 있는 지도자였습니다. 그는 오늘의 직분이 사울같이 백성들에게 권세 부리기 위한 것이 아니라 양 떼와 함께 동고동락하는 목자의 삶으로 이해했습니다.

사실 다윗이 군사력을 빌려서 통일하기로 마음먹었다면 7년 반이란 긴 세월을 기다릴 필요가 없었을 것입니다. 그러나 폭력을 수단으로 삼아 지배자가 되었을 때 피지배자의 형식적 굴종을 얻어낼 수는 있으나, 결코 그들의 마음을 얻을 수 없다는 것을 사울의 폭정에 쫓기며 피해 다니는 동안에 뼛속 깊이 깨달았을 것입니다.

이 시대를 사는 한국 크리스천들이 민족 통일을 위해서 다윗에게서 배워야 할 것은, 무엇보다도 남북 동포들이 먼저 불신과 증오를 그리스도의 사랑으로 씻어내어 민족애를 회복하는 심정적 통일 운동일 것입니다. 우리의 가슴에서부터 통일의 장애물을 헐어내는 일에 앞장서야 합니다. 이것은 장벽을 허무시는 예수님의 마음을 품고(엡 2:14) 남북 동포들이 형제자매로서 민족 공동체 의식을 회복하는 길밖에 없을 것입니다.[6]

왕국의 기초를 정의 위에

아브넬까지 암살당하고 북이스라엘에 무정부 상태의 혼란이 오자 무질서한 사회에 다시 기회주의자들이 날뛰었습니다. 이스보셋의 군지휘관 중 레갑과 바아나 형제가 침상에서 낮잠 자는 왕의 목을 베어 다윗에게로 가지고 왔습니다. 그들은 아마 큰 포상을 기대했을 것입니다. 그러나 다윗은 인륜에 어긋난 반역 행위를 행하고 민족의 화합을 방해하며 하나님의 법도를 거스르는 자들을 단호하

11. 통일 이스라엘

게 처단했습니다.

하물며 악인이 의인을 그의 집 침상 위에서 죽인 것이겠느냐 그런즉
내가 악인의 피흘린 죄를 너희에게 갚아서 너희를 이 땅에서 없이
하지 아니하겠느냐(4:11).

다윗은 통치자로서 사회에 공의를 세우기 위해 권선징악의 의
무와 책임을 다하고 있습니다. 정치권력이 필요한 이유, 다른 말로
국가의 주된 존재 목적은 질서 유지와 정의 실현에 있습니다. 사도
바울은 로마서 13장 4절에서 정치권력의 기능에 대해 이렇게 말했
습니다.

그는 여러분의 유익을 위해 일하는 하나님의 일꾼입니다. 그러나
여러분이 악한 일을 하면 두려워하십시오. 그가 쓸데없이 칼을 가진
것이 아닙니다. 그는 악한 일을 하는 사람들에게 하나님의 형벌을
내리는 하나님의 일꾼입니다(롬 13:4, 현대).

다윗은 정의가 실현되는 나라를 건설하기 위해 하나님으로부터
위임받은 권력을 공정하게 사용하고 있습니다. 사울 왕을 죽였다
고 말한 아말렉 청년이나, 이스보셋 왕을 암살한 레갑과 바아나 같
은 비도덕적인 정치 군인들이 득세하게 되면 폭력의 악순환이 반
복되어 국가의 도덕 질서나 법 체제가 무너지고 부정부패가 난무
하게 됩니다. 다윗은 단호하게 죄를 처벌함으로써 처음부터 불의
한 폭력을 국가 공동체에서 근절시키고 있습니다.

범죄 행위에 대해 공정한 처벌이 있어야 사람들은 죄가 초래하는 무서운 결과에 대해 경각심을 갖게 되므로 범죄 예방 효과도 있고, 죄의 질에 따라 알맞은 형벌을 받게 함으로써 죄인들을 교도教導시켜 범죄 발생을 근원적으로 막을 수 있습니다. 이스라엘은 하나님께서 세우신 율법에 따라 반드시 죄를 벌하도록 규정되어 있는 공의로운 사회였습니다.

특히 지도자가 죄를 묵인하고 범죄 행위를 방조하여 도덕적 권위를 상실하면 민심은 그 지도력을 떠나게 됩니다. 친일파들이 해방 후에도 득세하여 독립 운동가 가족을 학대했듯이, 남유다에서 레갑과 바아나가 득세하게 된다면 북이스라엘 백성이 결코 다윗의 리더십을 신임할 수 없었을 것입니다. 그러나 그들이 극형으로 처벌받고 그들의 시체가 헤브론에 걸린 것이 확인되자 백성들은 왕을 경외하게 되었을 것입니다.

하나님의 기름 부음받은 왕으로서 하나님의 백성을 하나님의 법도에 따라 정의와 공의로 유다를 통치하는 다윗의 왕도王道는 북이스라엘로 하여금 다윗을 왕으로 모시게 하는 인력引力이 되었습니다.

독일 분단 이후 먼저 서독이 정치의 민주화, 경제 정의 실현, 사회 복지 제도, 인권 보장 등을 이루어 백성들에게 정권이 신뢰를 받게 된 후에, 동독 시민들이 기회가 주어지자 노도처럼 자유와 행복을 찾아 서독으로 탈출해오던 사건과 흐름을 같이한다고도 볼 수 있습니다.

11. 통일 이스라엘

본문에서 저자는 당시 다윗의 지파인 남유다 백성들이 얼마나 적극적으로 민족 통일 운동에 일치된 노력을 기울였는지에 대해서는 다루지 않습니다. 다만 북이스라엘의 모든 지파의 장로들이 아브넬에게 요청했던 사실과, 후에 다윗에게 찾아와 그의 통치권에 소속하길 청했던 사실을 미루어보면 모든 백성이 민족 통일은 당위적인 것으로 인정했던 것 같습니다.

당시 국가 형태나 지도 체제로 보아 이스라엘의 통일 운동은 거의 전적으로 지도 세력의 정치적 리더십과 협상에 의존했다고 볼 수 있습니다. 특히 저자의 의도이든 아니든 민족의 평화 통일을 위해 다윗이 다각적인 노력을 기울여왔다고 추측할 수 있는 여러 증거들을 찾을 수 있습니다.

첫째, 다윗은 즉위하여 맨 먼저 사울 왕의 지지파인 길르앗 야베스 사람들에게 친선 사절단을 파견해 사울의 시체를 장사한 것에 대해 사례했습니다. 그리고 '유다 족속이 내게 기름을 부어 그들의 왕으로 삼았음'을 알리면서 그들의 마음을 사기 위해 노력했습니다(2:5-7).

둘째, 그술 왕 달매의 딸 마아가와의 결혼을 통해 북쪽 국가들을 우방으로 삼아 친선 관계를 이룸으로써 통일에 대한 국제 분위기를 우호적으로 유도하려고 애썼습니다(3:3). 그러나 이것은 다윗의 실수였습니다. 하나님을 의지한 것이 아니라 당시 근동 국가들의 관례인 정략 결혼이었고, 이방인과의 결혼을 금하는 하나님의 율법을 어긴 것이었으므로 그 결과는 쓰라렸습니다. 후에 그들 사이에 태어난 압살롬이 부왕을 반역하여 다윗과 그의 왕국에 치명적 상처를 주었습니다.

셋째, 이미 언급한 대로 사울의 딸 미갈을 다시 아내로 데리고 옴으로써 왕권의 정통성을 확보하려 했습니다(3:13-16).

넷째, 군사력 경쟁에서 우위를 차지하려는 노력도 통일 협상에서 유리한 위치에 서기 위한 것이었습니다(3:1).

다섯째, 이스보셋 왕 암살범들을 처형함으로써 북이스라엘 왕조에 대한 예우에 소홀하지 않았으며, 통일이 결코 폭력으로 이루어져서는 안 된다는 통치자의 강한 의지를 보여주었습니다. 그래서 온 백성들에게 통일의 목표와 방향이 정의와 평화라는 점을 시위하면서 전쟁 없는 평화 통일의 분위기를 성숙시켜 나갔습니다 (4장).

마지막으로, 다윗은 개인적으로 동역자들과 함께 믿음으로 기도하고 하나님의 때를 기다렸습니다. "내가 유다 한 성읍으로 올라가리이까 … 어디로 가리이까"(2:1) 하고 구체적으로 기도하던 다윗이 민족 통일 문제를 놓고 기도하지 않을 수 없었을 것입니다. 이 시기에 쓴 시로 여겨지는 시편 27편을 통해 다윗은 확신에 찬 목소리로 노래하고 있습니다.

이 세상에서 머무는 내 한 생애에, 내가 주님의 은덕을 입을 것을 나는 확실히 믿는다. 너는 주님을 기다려라. 강하고 담대하게 주님을 기다려라. (시 27:13 - 14, 새번역) .

그러므로 이스라엘에 일어난 통일 운동은 어느 한 요소, 예컨대 국력의 현격한 차이, 상대방의 내분, 민족주의, 종교적 일체감, 외세에 대한 자구책 등 어느 한 가지로만 설명할 수 없습니다. 여러 갈래의 시내가 강물을 이루면서 바다를 향해 흐르듯이 다양하고 복합적인 요소가 동시에 작용해서 통일의 한 방향으로 나아가게 된, 말하자면 '역사의 기운'에 의한 것이라고 할 수밖에 없습니다. 이 역사의 기운을 불신자들은 '시운時運'이라고 부르지만, 기독교 역사관에서는 '하나님의 주권적 섭리'라고 합니다. 하나님의 사람은 하나님께서 인생과 역사의 주관자로서 자신의 뜻에 따라 통치하고 계신다는 사실을 확실히 믿습니다. 다만 하나님의 주권적 섭리의 진행 과정이나 그 방법은 시공에 제한된 피조물인 우리에게는 감추어진 비밀입니다(사 55:8 9, 롬 11:33 36 참조).

드디어 하나님의 때가 왔습니다. 갑자기 온 것 같으나 사실은 오랜 준비의 결실이었습니다. 마치 독일 통일이 국제 환경이 유리하게 작용해 갑작스레 이루어진 것처럼 보이지만 이것은 하나님의 선물이요, 또한 브란트 수상의 동방 정책 이후 10여 년의 다각적인 정치적 노력과 동독 교회와 총회를 같이 여는 등 끝까지 민족 통일을 위해 힘쓴 서독 교회의 기도와 희생이 만든 기적이었습니다.

유다와 이스라엘의 통일을 법적으로 확인하는 절차는 이스라엘의 장로들이 다윗을 이스라엘 왕으로 기름 부어 세우는 예식으로 이루어졌습니다.

이스라엘 모든 지파가 헤브론에 이르러 다윗에게 나아와 이르되 보소서 우리는 왕의 한 골육이니이다 전에 곧 사울이 우리의 왕이 되었을 때에도 이스라엘을 거느려 출입하게 하신 분은 왕이시었고

여호와께서도 왕에게 말씀하시기를 네가 내 백성 이스라엘의 목자가
되며 네가 이스라엘의 주권자가 되리라 하셨나이다 하니라 이에
이스라엘 모든 장로가 헤브론에 이르러 왕에게 나아오매 다윗 왕이
헤브론에서 여호와 앞에 그들과 언약을 맺으며 그들이 다윗에게
기름을 부어 이스라엘 왕으로 삼으니라 (5:1-3).

다윗의 대관식은 다시 하나님 ― 왕 ― 백성 사이의 3중 언약을 세
우는 예식이었습니다(왕하 11:17 참조).[7]
통일 이스라엘 왕국은 신정의 기초 위에 입헌 군주 국가의 구조
를 갖추었습니다. 근대 국가의 성립 훨씬 이전에 국민의 합의와 승
인 절차를 거쳐 통치권자가 세움받는 정치 선진국을 수립한 것입
니다.

한민족 통일을 위한 교회의 역할

11장 공부를 마치면서 우리가 기억해야 할 점이 있습니다. 엄격한
의미에서 본문이 당시 이스라엘의 민족 통일 운동에 대한 객관적
서술이라기보다는, 다윗이 어떻게 통일 이스라엘의 왕으로서 정
통성과 합법성을 가지고 있느냐에 초점을 맞추어 기록했다는 점
입니다. 그러므로 현대 역사학이나 사회과학에서 사용하는 객관
적인 학문 방법을 본문에 그대로 적용하는 데는 무리가 따릅니다.
성격상 성경 역사는 성경 저자의 주관적 역사 철학서로서의 색채
가 매우 강합니다.
또한 당시 이스라엘 상황을 해석학적 적합성에 대한 비판적 여

11. 통일 이스라엘

과 과정을 거치지 않고 오늘의 한국 현실에 적용하려는 태도는 위험합니다. 특히 성경이 하나님의 말씀이니까, 다윗은 하나님의 마음에 합한 자니까, 다윗이 행한 것은 모두 옳겠지 하고 비판 없이 받아들인다면, 시대착오적인 태도에 빠지기 쉽습니다.

그럼에도 불구하고 본문은 한민족 통일 운동의 성서 신학적 근거를 제시하는 데 무시할 수 없는 부분입니다. 일반적으로 한국 교회의 통일 신학는 그 텍스트를 주로 교리서나 예언서에 의존하는 경향이 짙습니다. 예컨대 '화목하게 하는 직분'(고후 5:18), 유대인 신자와 이방인 신자 사이에 막힌 담을 헐고 그리스도의 피로 가까워져 '둘로 하나를 만드시는' 에베소서 2장의 교회론을 다룬 서신, 또는 에스겔 37장의 "내 손에서 하나가 되리라"는 이스라엘에 대한 종말론적 예언서에서 택하고 있습니다, 하지만 역사서의 뒷받침이 지나치게 어슬프고 허술합니다.[8]

그런 점에서 오늘 본문은 이스라엘이라는 민족 공동체가 사울이 죽은 후, '분열 → 적대 → 화합'의 단계를 거치며 어떻게 평화 통일을 이룰 수 있었던가를 역사적으로 보여주는 구약 역사 중 거의 유일한 부분이기 때문에 통일 신학의 성서적 근거를 제시하기 위해 반드시 참고해야 할 텍스트입니다.

다윗의 지도력 아래 분열을 극복하고 하나님의 법도에 기초한 통일 민족 국가를 세운 이스라엘 역사를 공부하면서, 그리고 가까이 독일 통일을 지켜보면서 과연 한국의 크리스천들이 이 시점에서 민족 통일을 위해 무엇을 해야 할 것인가 하는 질문을 피할 수 없습니다.

다윗 시대 주전 10세기, 이스라엘의 통일 운동과 주후 21세기,

한반도에 거주하는 우리의 현실과는 유사한 점이 적지 않으나 차이점도 많이 발견할 수 있습니다. 사무엘서 저자의 입장은 주로 지도자의 인격과 경륜 등 인격주의, 기능주의 통일 운동을 다루고 있는데, 이것은 독재 치하의 북쪽 현실에서는 적용이 가능할지 모르나 남쪽의 현실에서는 거의 불가능한 일입니다. 남한의 경우, 국가 권력이 비교적 분산되어 있고, 최고 통치권자의 통치 기간도 헌법으로 제한되어 있기 때문입니다.

또한 교회가 다윗의 통일 정책을 비판 없이 받아들인다면 한국 상황에서는 통치권의 당리당략을 위해 역이용당할 수 있는 위험 가능성도 배제할 수 없습니다. 예를 들어 다윗과 아브넬의 회담은 지난 날 자기들의 유신 정권 유지를 위해 밀사를 보내어 흥정을 한 후, 백성들을 철저하게 기만했던 분통 터지는 경험을 가지고 있는 우리로서는 본받을 일이라기보다는 눈을 부릅뜨고 감시해야 할 일일 것입니다. 또한 군사력 우위 유지 정책도 미국의 무기 산업 주도의 세계 질서에 교묘하게 이용당할지도 모를 정책입니다.

어떤 점에서 다윗의 정책이 한국 교회 안에 팽배한 체제 우위를 통한 흡수 통일론에 근접해 있어서 '맏형다운 입장'에서 북한을 포용해야 한다는 분위기에도 알맞은 이론적 근거로 쓰일 수도 있을 것입니다. 잊지 말아야 할 것은 당시 북이스라엘과 남유다의 분단 상황이 현재 북한과 남한의 반세기 가까운 이념과 체제의 차이에서 나오는 분단 구조와는 확연하게 다르다는 점입니다.

한국 교회가 지난날 3·1 독립 운동에 주도적 역할을 감당했듯이, 민족 통일 운동에 기여하려면 적어도 다음과 같은 몇 가지 사명을 다해야 할 것입니다.

11. 통일 이스라엘

첫째, 교회는 북한의 김일성 주체사상이나 남한의 천민자본주의 이데올로기가 아닌 성경적이며 우리 상황에 가장 맞는 국가 체제를 지향하는 통일 강령을 민족 전체와 자손만대를 위해 제시해야 할 것입니다. 진보주의나 보수주의 교회, 할 수 있는 대로 가톨릭교회의 신학자와 사회과학자들까지 하나 되어 평화 통일 신학을 정립해 8천만 겨레 앞에 통일 조국의 청사진을 제시해야 할 것입니다.

그동안 교회, 특히 보수 교회는 승공 이데올로기를 지향하는 정부 통일 시책의 충실한 후견인 역할밖에 한 것이 없습니다. 50-60년대의 북진 통일론, 70년대의 선의의 경쟁 관계론, 80-90년대의 상호 체제를 인정하는 화해와 공존의 연방제적 통일 정책에 거의 무비판적인 추종만을 거듭해왔다고 해도 지나친 말이 아닐 것입니다. 교회의 통일 신학은 거의 북한 선교론에 기울어져 있었습니다. 물론 북한 동포들의 영혼을 구하는 것은 중요합니다. 그리고 남과 북이 에베소서 2장 12-18절에 나오는 교회론적 일치를 민족 통일의 차원에도 확대 적용할 수 있다면 좋을 것입니다.

그러나 교회의 통일 신학이 기도와 말씀과 선교의 범주에만 갇혀 있다고 해서 신앙을 보수하는 것은 아닐 것입니다. 자칫 관념론이나 이상론에 치우쳐 교회론을 무신론적 사회주의 국가 체제, 또는 종교의 자유를 인정하나 내용적으로 세속적 자본주의 체제가 깊게 뿌리내린 국가 체제에 적용한다는 것은 성경의 주제를 잘못 파악한 것입니다. 또한 성경 각 권의 장르 비평으로서도 바른 적용이라 할 수 없고 현실적으로 적용하기도 불가능합니다.

그러므로 이미 진보적인 신학자들이 주장한 바를 참고하여 보수 교회도 통일 조국의 정치 이념, 구조와 체제 문제에 관해서는 사회과학자들의 의견을 비판적으로 수렴하고, 과감하게 교회의 새로운 지표를 설정하여 남과 북 '사이에' 그 자리를 정해 기독교회가 남南의 전유물이 아니라 북의 백성들도 안심하고 '우리 것'으로 영접할 수 있는 것임을 행동으로 증거하는 모험적 용기가 있어야 하겠습니다.

둘째, 교회는 남북한 사회의 반反통일 장애 요소 제거에 앞장서서 체제 정화에 힘쓰는 주도 세력이 되어야 할 것입니다. 우선 통일에 앞서 남한 사회의 민주화, 경제 정의 실현을 통한 빈부 격차 해소, 범죄를 뿌리 뽑는 도덕성 회복, 정부와 국민의 신뢰성 회복 등을 위해 교회가 사회의 모범을 보이며 예언자적 기능에 더욱 앞장서야 합니다. 남한이 먼저 기본적으로 민주화·복지화의 기초를 이루지 못한 상태에서 통일이 이루어지면 무서운 혼란을 가져올 수도 있습니다.

셋째, 교회는 평화통일에 기여하는 시민운동가를 양성, 후원하고 여론 형성을 위해 창의적이고 다양한 방책을 제시해야 합니다. 남북분단이 장기화되면서, 또한 정권에 따라 대북정책이 극단적으로 변하면서, 국민들의 통일 문제에 대한 피로감이 쌓여가고 갈수록 무관심해지고 있습니다. 특히 청년 세대가 할아버지·할머니 세대 같은 전쟁 세대가 아님에도 불구하고, 통일이 불필요하다고 여기는 비율이 증가하고 있습니다. 민족애도 사라져가고, '민족주의는 반역이다'는 류의 주장에 무비판적으로 추종하기도 합니다. 더구나 일반 사회에서 교회(특히 개신교)의 신뢰도가 추락하면서, 더 이상 교회의 목소리가 일반 국민에게 영향을 주지 못합니다. 그

11. 통일 이스라엘

럴수록 교회가 직접 예언자 코스프레를 하기보다는 평화통일을 이루려는 국민의 한 사람 신분으로 앞장서든지, 또는 의식 있는 시민들이 평화통일 운동을 주도하도록 시민단체를 구성하거나 후원자 역할을 해서, 통일에 우호적 사회 여론을 이끄는 역할을 해야 할 것입니다.

넷째, 교회는 더욱 평화적인 민족 통일을 위해 역사의 주재, 만군의 여호와 하나님께 지속적으로 기도해야 합니다. 이런 말은 진부하게 들리기 쉽습니다. 그러나 통일의 시기, 방법 등 모든 것이 근본적으로 하나님의 주권적 섭리에 달린 것을 인정하는 신앙 고백이 기도로 표현될 수밖에 없습니다. 궁극적으로 통일은 하나님의 선물로 주어질 것입니다. 다윗 시대의 통일이 전혀 기대하지 않은 아브넬과 이스보셋의 불화로 구체화되었듯이, 독일의 통일이 소련이 연방 해체를 앞둔 극심한 경제 파탄으로 서독의 경제 원조에 기댈 수밖에 없는 상황과 이데올로기의 붕괴로 인한 국제 질서의 재편성의 기회로 얻어졌듯이, 어떠한 사회과학 이론이나 신학 이론도 현실 정치에 그대로 적용하기에는 한계가 있습니다.

민족 국가의 분단과 통일, 흥망성쇠, 왕의 즉위나 폐위도 하나님의 주권에 달려 있습니다. 사도 바울은 아테네 설교에서 이렇게 말했습니다.

> 우주와 그 가운데 있는 만물을 지으신 하나님께서는 천지의 주재시니
> … 인류의 모든 족속을 한 혈통으로 만드사 온 땅에 살게 하시고
> 그들의 연대를 정하시며 거주의 경계를 한정하셨으니 (행 17:24, 26).

민족들이 이 땅 위에 사는 동안 '그들의 연대를 정하시며 거주의 경계를 한정하신'(행 17:26) 역사의 주관자 하나님만이 민족 통일의 마지막 열쇠를 가지고 계신 궁극적 권세이십니다. 통일의 때와 시기는 하나님께서 자신의 권한으로 정하십니다(행 1:7). 그러나 그분은 우리가 얼마나 기도하고 준비를 갖추었나에 따라 유연성 있게 대처하는 인격적이고 전능하며 기도를 들으시는 하나님이시지(요 2:37 참조), 기계적으로 시간과 방법을 확정해 놓으시는 하나님이 아닙니다. 문제는 우리의 생각과 하나님께서 생각하시는 바가 다르다는 점입니다.

> 내 생각이 너희의 생각과 다르며 내 길은 너희의 길과 다름이니라
> 여호와의 말씀이니라 이는 하늘이 땅보다 높음같이 내 길은 너희의
> 길보다 높으며 내 생각은 너희의 생각보다 높으니라 (사 55:8-9).

그러므로 통일 문제를 위해 기도하는 한국의 크리스천들은 기본적으로 하나님의 주권과 섭리에 대한 겸손한 신앙 고백을 가지고 사도 바울과 함께 이렇게 외칠 수 있어야 합니다.

> 깊도다 하나님의 지혜와 지식의 풍성함이여 그의 판단은 헤아리지
> 못할 것이며 그의 길은 찾지 못할 것이로다 누가 주의 마음을
> 알았느냐 누가 그의 모사가 되었느냐 누가 주께 먼저 드려서 갚으심을
> 받겠느냐 이는 만물이 주에서 나오고 주로 말미암고 주에게로
> 돌아감이라 그에게 영광이 세세에 있을지어다 아멘 (롬 11:33-36).

11. 통일 이스라엘

여기서 우리가 경계해야 할 것은 일부 크리스천에게 있는 통일 유토피아주의입니다. 민족의 죄, 고통의 모든 원인을 오직 분단에서만 찾으려는 신학적 환원주의자들은 분단을 극복하고 민족 통일만 이룬다면 이데올로기나 체제는 문제가 되지 않는다는 극단적인 주장으로까지 치닫는 경우가 있습니다.

통일이 된다고 해서 당장 하나님나라가 임하는 것은 아닙니다.[9] 우리는 통일을 이루기에 앞서 먼저 하나님나라와 그 의가 실현될 종말론적인 하나님나라의 비전을 간직하고 민족 통일 국가를 이 땅에 이루기까지 하나님의 때를 기다리며 인내하면서 통일을 위해 현재 해야 할 일을 찾아 힘써야 할 것입니다.

하나님께서 택하신 백성들의 부르짖는 한을 어찌 풀어주시지 않겠습니까(눅 18:7). 우리 하나님은 '하나' 되게 하시는 '님'이십니다.

> 하늘에 있는 것이나 땅에 있는 것이 다 그리스도 안에서 통일되게
> 하려 하심이라 (엡 1:10) .

12. 다윗 왕국, 다윗의 신앙

삼하 5:4-7:29

— 다윗이 여호와께서 자기를 세우사 이스라엘 왕으로
  삼으신 것과 그의 백성 이스라엘을 위하여 그 나라를
  높이신 것을 알았더라(5:12).
— 네 집과 네 나라가 내 앞에서 영원히 보전되고 왕위가
  영원히 견고하리라(7:16).

1945년 해방의 감격을 안고 작사·작곡했다는 현제명의 〈희망의 나라〉에 이런 가사가 있습니다. "자유, 평등, 평화, 행복 가득 찬 곳 희망의 나라로." 살기 좋은 나라에서 태어나 생을 즐기는 사람들은 얼마나 축복받은 사람일까요? 자기는 고생하고 있지만 후손들에게 살기 좋은 나라를 남겨주기 위해 땀 흘리는 사람들은 얼마나 더 보람 있는 삶을 사는 사람이겠습니까?

사무엘하 5-10장에서 우리는 이스라엘을 통일한 다윗이 생애의 절정에서 어떻게 뛰어난 왕도王道를 발휘하면서 이스라엘 역사상 전무후무한 황금기인 다윗 왕국을 건설하는가를 배우게 됩니다. 본문의 분량이 많아 편의상 '다윗 왕국, 다윗의 신앙'과 '다윗의 왕도'라는 두 제목으로 나누겠으나, 내용상으로는 구분하기 어렵다는 점을 염두에 두기 바랍니다. 특히 오늘 말씀은 다윗이 먼저 그의 왕국을 하나님의 말씀 위에 세워 '성서 이스라엘'의 기초를 이루는

역사를 중심으로 공부하게 됩니다.

다윗의 왕도와 그의 왕국은 이스라엘 역사에 면면히 흐르는 메시아 신앙을 태동시켰습니다. 메시아 신앙이란, 인류의 구세주는 '다윗의 자손'으로서 다윗 같은 사랑과 평강의 왕이시며, 메시아가 다스릴 하나님나라는 다윗 왕국처럼 '공평과 정의의 나라'가 될 것이라는 소망을 간직하는 믿음이었습니다(사 9:6-7, 11:1-9, 눅 1:32 33). 그래서 사무엘하 7장은 신학적인 면에서 구약 성경의 가장 중요한 말씀 가운데 하나입니다.

다윗성 정복

다윗 왕국 건설은 먼저 새로운 수도를 정하여 국민적 일체감을 갖게 하는 일부터 시작되었습니다. 통일 왕국을 이룬 다윗으로서는 분단이 가져다준 민족적 상처를 치유하기 위해 상징적인 정치 행위가 필요했습니다. 다윗은 백성의 정치의식의 초점을 과거에서 빼내어 신바람 나는 미래의 국가상으로 집중하게 하는 정치력을 발휘합니다. 수도를 예루살렘으로 옮긴 것이 바로 그것입니다.

다윗이 통일 이스라엘의 수도를 예루살렘으로 천도한 것은 신기神技에 가까운 정치 기술이었다고 평하는 사람도 있습니다.[1] 예루살렘은 다윗의 유다 지파와 사울의 베냐민 지파의 경계가 되는 중립 지대에 위치해 있었습니다. 지리적으로 어느 지파도 소외 의식을 느낄 필요가 없는 곳이었습니다. 백성들 모두가 새로 정착해 새 나라 건설의 꿈에 부풀게 만든 도성이었습니다. 그리고 자연스럽게 지파간의 알력이 해소될 수 있는 지리적 이점이 있었습니다.

예루살렘은 여호수아 이후 300여 년간 정복하지 못한 채 가나안 땅 여부스 족속이 차지한 곳이었습니다(삿 1:21 참조). 따라서 예루살렘 정복은 이방 족속의 마지막 흔적을 가나안 땅에서 말끔히 닦아내는 역사적 업적이기도 했습니다.

> 다윗이 예루살렘에 사는 여부스 사람들을 치고자 그의 군대를 이끌고
> 올라갔을 때 그들은 "네가 절대로 이리 들어오지 못할 것이다.
> 장님이나 절뚝발이라도 너를 막아낼 수 있다!" 하고 큰 소리쳤다.
> 이것은 자기들의 성이 침공할 수 없을 만큼 튼튼하다고 생각했기
> 때문이었다. 그러나 다윗과 그의 군대는 그들을 공격하여 시온
> 요새를 점령하였다. 지금은 그것이 다윗성이라고 불려지고 있다
> (5:6-7, 현대).

군사적 천재인 다윗은 시온산 위에 세워져 있고 삼 면이 깊은 계곡으로 둘러싸여 있는 천혜의 요새지 예루살렘을 기막힌 '수구水口 침투 작전'으로 점령했습니다. 1867년, 워렌Warren 일행이 예루살렘을 방문하여 다윗과 그의 군대가 들어간 수구를 발견했다고 합니다. 그는 본래 장교요 등산가 출신이었는데, 그가 기혼 못가에서 머리 위에 있는 바위에서 구멍을 발견하고, 약 12미터를 수직으로 절벽을 타서 기어 올라가니 좁은 통로가 나왔습니다. 거기서부터 손과 무릎으로 포복해 어느 둥근 천장 비슷한 곳까지 갔더니 거기에 오래되어 부서진 토기 그릇들이 있었습니다. 약간의 빛이 스며나오는 곳을 향해 바위틈을 비집고 기어 올라가니, 예루살렘 한복판에 들어온 것입니다. 바로 다윗의 수구를 발견한 것이었습니다.

12. 다윗 왕국, 다윗의 신앙

1910년 고고학적으로 더욱 정확하게 조사를 한 결과 이 수구는 약 BC 2000년 전부터, 그러니까 다윗의 군대가 들어가기 훨씬 전부터 이미 예루살렘 산성을 꿰뚫고 있었다고 합니다.[2] 다윗은 불가능한 작전을 가능하게 했습니다.

사람이 살아가는 동안 반드시 점령할 산성이 있습니다. 너무나 견고해서 감히 도전하기 어려워 보이는 산성에도 수구와 같은 틈이 있을 것입니다. 그것이 가정 문제든 아니면 민족의 통일 과업이든 '수구'를 발견하고 점령할 수 있는 다윗 같은 지혜와 용기가 있으면 얼마나 좋겠습니까.

예루살렘은 순전히 다윗과 그의 개인적인 군대에 의해 점령되었고, 다윗이 거하면서 확장했기 때문에 '다윗성'이라고 불린 것 같습니다. 이곳에 두로왕 히람이 보낸 건축 자재와 기술자를 통해 왕궁을 세우고 많은 건설을 했으며(5:11), 국방을 위해 성을 둘러쌓았습니다(5:9).

만군의 하나님 여호와께서 함께 계시니 다윗이 점점 강성하여 가니라 (5:10).

민족 통일의 상징이 된 통일 이스라엘의 수도 예루살렘은 본래 아브라함 시대부터 멜기세덱이 다스리던 왕성이요(창 14:18), 후에 하나님나라를 상징하는 도성으로 표현되기도 합니다(계 21:2-3).

다윗성을 공부하면서 우리는 통일 조국의 수도를 세계에서 가장 자연 보호가 잘되었다는 군사 분계선 안의 비무장 지대에 새로 건설한다는 조금은 비현실적인 꿈을 꾸는 것은 어떻습니까?

다윗이 유다 왕으로만 있을 때는 블레셋이 다윗을 자기들의 봉신封
臣으로 간주했기 때문에 가만두었습니다. 그런데 이스라엘 온 지파
의 왕으로 즉위했다는 정보가 들어가자 더 커지기 전에 잡아두어
야겠다고 생각하고 르바임 골짜기에 군사를 집결시켰습니다.

그 당시엔 왕의 첫 의무가 전쟁에서 백성을 구원하는 것입니다.
다윗은 이 전쟁이 바로 외세에 종속되었던 하나님의 백성 이스라
엘의 자주권을 되찾는 참으로 중요한 독립 전쟁임을 알았습니다.
그리고 이처럼 중요한 전쟁에 승리를 주실 분이 바로 하나님임을
믿었습니다. 5장 17-25절의 전쟁 기록은 다윗이 얼마나 철저히 하
나님만을 의지하여 전쟁에 임했는가를 보여 줍니다.

> 다윗이 여호와께 여쭈어 이르되 내가 블레셋 사람에게로
> 올라가리이까 여호와께서 그들을 내 손에 넘기시겠나이까 (5:19).

두 차례에 걸쳐 다윗은 하나님의 작전 명령을 따라 완벽한 승리
를 거두었습니다. 언제나 군사력의 우위를 유지해온 블레셋군이
처음에는 예루살렘 가까운 르바임 골짜기까지 쳐들어와 위협했으
나 '여호와께서 물을 흩음같이'(5:20) 흩으셨습니다.

그 후 다윗은 아예 블레셋의 본거지인 게바에서 게셀까지 군사
를 이끌고 가서 평정하고 옵니다. 다윗 왕국을 다시는 넘보지 못하
게 이스라엘을 자주 독립 국가로 만들었습니다. 자주自主 없이는 민
족 국가가 설 수 없고 참 평화가 없음을 다윗은 익히 알고 있었기

때문이었습니다.

저자는 다시 한 번 독립 전쟁의 승리가 철저히 하나님의 도우심과 순종하는 다윗의 믿음으로 이루어졌음을 강조하는 표현을 반복합니다. 이것은 사울과 다윗의 근본적인 차이가 어디에 있는가를 설명하는 것입니다.

다윗이 여호와께 여쭈니 (5:23) .

이에 다윗이 여호와의 명령대로 행하여 (5:25) .

법궤를 들여오는 축제

그 궤는 그룹들 사이에 좌정하신 만군의 여호와의 이름으로 불리는
것이라 (6:2) .

다윗은 왕국의 통치 이데올로기가 오직 하나님의 말씀이며 그 말씀으로 온 백성이 하나 되는 나라, 기쁨이 넘치는 나라를 건설하고자 애씁니다. 그래서 예루살렘을 수도로 정하면서 다윗이 최우선적으로 한 일은 법궤를 들여오는 것이었습니다.[3]

사울이 왕위에 있는 동안 하나님의 궤는 바알레 유다(또는 기럇여아림, 삼상 7:2)에 방치되어 있었습니다. 사울의 신앙을 미루어볼 때 놀랄 일은 아니지만 백성들의 신앙을 위해서는 심히 불행한 일이었습니다. 법궤 중심의 신앙은 위험성도 있으나 이미 사무엘과 다윗의 지도력 아래 말씀 중심으로 백성의 신앙이 정립된 상태에서,

286

하나님의 현존과 영광의 상징인 법궤를 모셔오는 것은 국가의 최우선을 어디에 두는가를 보여주는 정치적 의미도 있는 것이었습니다.

다윗은 망명 중에도 늘 생각했을 것입니다. '후일에 하나님께서 나를 왕으로 세우시면 무엇보다도 먼저 하나님의 법궤를 가까이 모셔야지.'

이스라엘은 주변 국가와 달리 법궤 안에 담겨 있는 계명으로 국가의 기초를 삼아 말씀으로 사는 하나님의 거룩한 백성입니다. 그러므로 다윗은 법궤를 국가의 상징으로 삼고 하나님의 말씀을 통치 이념으로 삼았습니다. 또한 모두 함께 하나님을 예배함으로써 뿔뿔이 나뉘어지기 쉬운 열두 지파를 하나로 모으고자 했습니다. 그래서 이스라엘이 근본적으로 하나님을 예배하는 '예배 공동체'임을 분명히 하고, 예루살렘을 정치뿐만 아니라 종교적인 중심지가 되게 하려는 것이었습니다.

법궤를 다윗성으로 옮겨오는 일은 백성들과의 합의를 거쳐 이루어졌으나(5:1, 2) 첫 단계에서는 참담한 실패를 맛봐야 했습니다. 그것은 열심만 있고 하나님 말씀에 대한 바른 지식이 없었기 때문이었습니다. 다윗과 백성들은 법궤를 옮겨오는 일에만 흥분하였지, 하나님의 규례를 차분히 살펴보고 그대로 행하는, 하나님에 대한 경외심이 없었습니다.

법궤는 반드시 레위 지파 가운데서 뽑힌 고핫 자손들만 어깨에 메고 옮겨야 했으며, 결코 성소를 들여다보지 말라는 규례가 있었습니다(민 4:5, 15, 20). 그런데도 그들은 오랫동안 성경을 보지 않았기 때문에 전에 블레셋인들이 옮긴 방식 그대로 아무 생각 없이 새

12. 다윗 왕국, 다윗의 신앙

수레로 옮기려 했습니다. 그러다가 도중에 법궤가 흔들리자 궤를 붙잡은 웃사가 그만 즉사하는 재앙이 임했습니다.

다윗은 무서워 궤를 모셔오지 못하고 오벧에돔의 집에 석 달 동안 두었는데, 그 집에 하나님의 축복이 임함을 보고서야 다시 시도하게 되었습니다. 다윗은 지난번에 자신의 무지가 어떤 결과를 초래했는지를 깊이 깨닫고 하나님의 율법을 연구해 이번에는 말씀대로 행했던 것입니다. 하나님을 사랑하는 것은 막연하게 감정적으로 좋아하거나 자기 열심으로만 봉사하는 것이 아니라 다윗처럼 구체적으로 계명에 순종하는 데 있습니다(요 14:15, 23).

> 다윗이 가서 하나님의 궤를 기쁨으로 메고 오벧에돔의 집에서
> 다윗성으로 올라 갈새 … 다윗이 소와 살진 송아지로 제사를 드리고
> 다윗이 여호와 앞에서 힘을 다하여 춤을 추는데 그때에 다윗이 베
> 에봇을 입었더라 다윗과 온 이스라엘 족속이 즐거이 환호하며 나팔을
> 불고 여호와의 궤를 메어오니라 (6:12-15).

이 장면을 마음속에 한번 그려보십시오. 얼마나 벅찬 감격과 기쁨이 넘치는 국민적 축제입니까! 다윗은 택한 백성과 기름 부은 종을 축복해주시는 은총에 감사하고 기뻐하며 성가대가 노래하고 오케스트라가 연주하는 가운데 힘껏 춤을 추었습니다. 춤추는 데는 아무래도 왕의 복장이 거추장스러웠는지 제사드릴 때 제사장이 입는 에봇만 입고서 온몸을 흔들며 다윗은 자신의 기쁨을 표현했습니다. 춤은 시인이요 음악가인 다윗이 기쁨을 나타내는 가장 자연스러운 표현이었을 것입니다.

오벧에돔의 집에서 예루살렘성에 이르기까지 온 이스라엘이 함께 찬양하며 기쁨으로 순례의 대행진을 하는 동안 이스라엘에는 국민적 일체감이 형성되었을 것입니다. 그 후 이스라엘의 남자들은 적어도 1년에 한 번 이상 예루살렘으로 순례 여행을 다니는 전통이 시작되었다고 합니다.

다윗과 온 이스라엘 족속이 다함께 하나님에 대한 헌신과 민족애로 혼연 일체가 되어 기뻐 춤추며 즐거워하는 모습이야말로 하나님나라의 모습입니다. 어떤 사람은 하늘나라는 너무 재미없을 것 같다는 농담을 하는데, 그것은 메시아가 다스리시는 나라, 그리스도가 다스리시는 교회, 말씀대로 사는 나라에 이런 기쁨이 넘친다는 것을 모르기 때문에 하는 말입니다.

꽃피는 문화 예술

법궤를 들여오는 축제를 위해 다윗은 주옥같은 몇 편의 시를 썼는데(시 16, 68, 24편), 그중에서도 백미白眉를 이루는 노래가 24편입니다. 이 노래는 예루살렘성으로 올라가면서 성가대가 부른 시라고 합니다.[4] 후에는 성전에서 매주 안식일 다음 날, 즉 주일 아침 예배 때 불리던 시였습니다.

예루살렘이 서 있는 시온성의 언덕 기슭에서 제1성가대가 시편 24편 1-3절을 부르면 제2성가대는 46절을 부릅니다.

땅과 거기에 충만한 것과
세계와 그 가운데에 사는 자들은

12. 다윗 왕국, 다윗의 신앙

다 여호와의 것이로다

여호와께서 그 터를 바다 위에 세우심이여

강들 위에 건설하셨도다

여호와의 산에 오를 자가 누구며

그의 거룩한 곳에 설 자가 누구인가 (1-3절).

곧 손이 깨끗하며 마음이 청결하며

뜻을 허탄한 데에 두지 아니하며

거짓 맹세하지 아니하는 자로다

그는 여호와께 복을 받고

구원의 하나님께 공의를 얻으리니

이는 여호와를 찾는 족속이요

야곱의 하나님의 얼굴을 구하는 자로다 셀라 (4-6절).

성문 앞에 도달해서는 제1성가대가 7절, 제2성가대가 8절 상반절을 부릅니다.

문들아 너희 머리를 들지어다

영원한 문들아 들릴지어다

영광의 왕이 들어가시리로다 (7절).

영광의 왕이 누구시냐 (8절).

이때 제1성가대가 8절 하반절로 응답한 후, 제2성가대가 9절, 제

2성가대가 10절 상반절, 그리고 제1성가대가 10절 하반절을 부른 다고 합니다.

강하고 능한 여호와시요
전쟁에 능한 여호와시로다 (8절) .

문들아 너희 머리를 들지어다
영원한 문들아 들릴지어다
영광의 왕이 들어가시리로다 (9절) .

영광의 왕이 누구시냐
만군의 여호와께서 곧 영광의 왕이시로다 셀라 (10절) .

다윗은 미리 성막을 쳐서 마련해놓은 자리에 여호와의 궤를 모 셔놓고 번제와 화목제를 드렸습니다. 그 후 백성들을 여호와의 이 름으로 축복하고 모여든 백성 모두에게 각자 떡 한 덩이, 고기 한 조각, 건포도떡 한 덩이씩을 나누어주었습니다(삼하 6:17-19). 먹을 것을 똑같이 나누어먹는 백성들은 기쁨이 넘쳤습니다.

다윗과 온 백성이 궤를 메어오며 이토록 환호성을 지르고 춤추 며 기뻐하는데, 성 안에 이를 못마땅해하는 한 여인이 있었습니다. 사울의 딸 미갈이었습니다. '미갈의 미소' — 이것은 하나님의 궤가 예루살렘에 들어오는 영적인 의미, 역사적 의미를 모르는 데서 오 는 냉소였습니다. 그녀는 다윗에게 매너가 없다고 하면서 하나님 앞에서 순진무구하게 춤추는 그의 신앙적 엑스터시ecstasy를 이해

12. 다윗 왕국, 다윗의 신앙

하지 못하는 여인이었습니다. 결국 다윗의 노여움을 산 미갈은 자식을 낳지 못해 사울의 씨는 끊기고 맙니다(6:20-23).

오랜 세월이 흐른 후 이스라엘 백성들은 조국을 떠나 다니엘같이 유학 생활을 할 때나 포로 생활을 할 때도 하나님의 궤가 있는 예루살렘 성전을 향하여 기도하였습니다(단 6:10, 시 137:1-5). 궤가 있는 성전은 이스라엘 백성에게 영원한 마음의 고향이 된 것입니다. 시인들은 성전을 그리워하며 주옥같은 시를 남겼습니다.

> 만군의 여호와여 주의 장막이 어찌 그리 사랑스러운지요 … 주의 궁정에서의 한 날이 다른 곳에서의 천 날보다 나은즉 악인의 장막에 사는 것보다 내 하나님의 성전 문지기로 있는 것이 좋사오니
> (시 84:1, 10).

시인 왕 다윗을 통해 이스라엘은 문화가 융성해갔습니다. 화려하고 장엄한 건축 예술이 발전했고, 예술의 꽃인 문학이 발달했습니다. 다윗과 솔로몬 시대에 시편, 아가서 등의 시 문학뿐 아니라 열왕기, 역대기 등 역사서의 기초 자료 편찬, 그 후 잠언과 전도서 같은 불후의 작품들이 나와 인류의 정신을 부요하게 했습니다. 다윗의 후원으로 많은 악기가 발명되었고, 성가대와 오케스트라를 모집해 정교하고 아름다운 예배 음악이 발달했습니다. 하나님의 형상대로 지음받아 진선미를 추구하는 성품을 타고난 인간이 학문과 예술을 창조하고 감상하는 고상한 문화를 이루지 못하면, 저급한 본능적 쾌락만을 좇는 짐승 문화에 빠질 수밖에 없습니다. 바울이 골로새 성도들에게 준 권면을 새롭게 생각해 보십시오.

그리스도의 말씀이 너희 속에 풍성히 거하여 모든 지혜로 피차 가르치며 권면하고 시와 찬송과 신령한 노래를 부르며 감사하는 마음으로 하나님을 찬양하고 (골 3:16) .

이 말씀에 비추어볼 때 인생을 멋있게 사는 비결은 마음속에 그리스도의 말씀이 풍성히 거하는 삶이요, 아름다운 교회와 나라를 이루는 길도 하나님의 말씀이 풍성해지는 것임을 다시 확인하게 됩니다. 다윗 왕국은 법궤를 중심으로, 말씀의 기초 위에 세워진 성서 이스라엘이었습니다.

성전 건축의 꿈

왕권이 확고해지고 왕국은 태평 성세를 이루게 되자 다윗은 선지자 나단에게 성전 건축의 부푼 계획을 의논했습니다. "나는 이렇게 호화로운 왕국에서 편안히 지내는데, 하나님의 궤를 그냥 천막에 모시다니 죄송해서 견딜 수가 없습니다"(7:1-2 참조).
어떤 이들은 다윗이 성전 건축을 제안하는 동기가 사실은 딴 데 있었다고도 말합니다. 당시 근동의 왕들은 자기 업적을 과시하는 기념물로 자기네 신들의 사원을 짓는 것이 관례였는데, 다윗도 주변 국가 왕들의 영향을 받았을 것이라는 견해입니다. 아니면 성전 예배와 활동이 커지고 성가대장 아삽과 성가대원, 오케스트라 당원, 제사장들, 성전 관리하고 심부름하는 사람 등 전임 일꾼들의 수가 증가했으므로 실제적 필요 때문에 성전 건축 계획을 세웠다고 보는 견해도 있습니다.

12. 다윗 왕국, 다윗의 신앙

그러나 목동 시절에는 양 떼와 함께 들판에서, 망명 시절에는 아둘람굴이나 광야에서 들짐승 울음소리 들으며 머리 둘 곳 없이 살던 다윗이 두로 왕 히람의 도움을 받아 지은 화려한 왕궁에 살면서 "하나님을 위해 무엇을 해드릴 수 있을까"를 생각하지 않을 수 없었을 것입니다. 삶의 우선순위가 분명한 사람이 하나님보다 먼저 자신을 위해 시간이나 돈, 재능을 썼을 때 마음이 편할 수가 없었습니다. 선지자 나단도 다윗의 제안을 듣고 찬성했습니다. 그날 밤 하나님께서는 나단을 통해 다윗의 제안을 완곡히 거절하셨습니다. 그리고 더 크고 놀라운 축복을 다윗에게 알려주셨습니다.

네가 나를 위하여 내가 살 집을 건축하겠느냐 … 여호와가 너를 위하여 집을 짓고 (7:5, 11).

여기서 다윗이 하나님을 위해 지으려는 '집'과 하나님께서 다윗을 위해 지으시려는 '집'은 다릅니다. 히브리말로 똑같은 'bayith(집)'이지만 그 말은 '왕조' 그리고 '성전'이라는 뜻도 있습니다.[5] 하나님께서 다윗의 성전 건축을 허락하시지 않은 이유를 본문에서 찾기는 어렵습니다. 하나님께서 인조 건물 안에 제한될 분이 아니시므로 불필요하다고 하시는 것 같기도 하고(7:6-7), 아니면 성전 건축이 언젠가는 필요하겠으나 아직 정복해야 할 원수가 남아 있으므로 지금은 때가 아니라는 말씀 같기도 합니다(7:11).

역대상 22장에서 다윗이 아들 솔로몬에게 성전 건축의 위업을 맡기면서 들려준 말을 보면, 하나님께서는 그 이유를 분명하게 알려주십니다.

너는 피를 심히 많이 흘렸고 크게 전쟁하였느니라 네가 내 앞에서

땅에 피를 많이 흘렸은즉 내 이름을 위하여 성전을 건축하지 못하리라

보라 한 아들이 네게서 나리니 그는 온순한 사람이라 … 그가 내

이름을 위하여 성전을 건축할지라 (대상 22:8 - 10) .

성전 건축을 하려던 자신의 꿈은 하나님의 거절로 실현되지 않았지만, 다윗은 솔로몬 시대에 이루어질 성전 건축을 위해 금과 은을 모으며 힘을 다하여 예비하기 시작했습니다(대상 29:2).

다윗은 그의 왕국이 자신이 집권 중인 당대에만 대과大過 없이 번영하면 된다고 생각하며 통치하는 단견短見을 가진 왕이 아니었습니다. 먼 후대를 바라보면서 국가 백년대계를 세워 후손을 위해 현시점에서 자신이 담당해야 할 일감을 찾아 미리 준비하는 경륜 있는 통치자였습니다. 다윗 왕국은 후손들에게 이 세상에 태어나면서부터 빚을 지게 하는 나라가 아니라, 조상이 준비해둔 풍성한 물질적·정신적 유산을 물려받으며 태어나게 하는 나라였습니다. 비록 성전 건축은 허락하지 않았으나 다윗이 온 마음을 다해 하나님을 사랑하며 그 뜻대로 행하려는 진심을 하나님께서는 깊이 인정하였습니다. 그래서 다윗의 집, 곧 다윗 왕조를 영원히 견고하게 세워주시겠다는 영원한 언약을 주셨습니다.

내가 네 몸에서 날 네 씨를 네 뒤에 세워 그의 나라를 견고하게 하리라

그는 내 이름을 위하여 집을 건축할 것이요 나는 그의 나라 왕위를

영원히 견고하게 하리라 … 네 집과 네 나라가 내 앞에서 영원히

보전되고 네 왕위가 영원히 견고하리라 (7:12 - 13, 16) .

12. 다윗 왕국, 다윗의 신앙

다윗에게 주신 하나님의 언약의 내용은 다섯 가지로 요약할 수 있습니다. 1. 다윗은 자신을 계승하고 왕국을 세울 아들을 갖게 되며(7:12), 2. 그 아들(솔로몬)은 성전을 건축할 것이며(7:13), 3. 솔로몬 왕국의 왕위는 영원히 견고할 것이며(7:13), 4. 다윗의 왕조, 왕국, 왕위는 영원하겠고(7:16), 5. 이스라엘은 영원히 자기 땅에 심기워져 다시 옮기지 않으리라(7:10)는 것입니다.

하나님은 언약의 말씀을 반드시 지키는 신실하신 하나님입니다. 하나님의 역사란 언약의 성실한 성취의 역사이며, 믿는 자의 신앙과 소망의 근거 역시 바로 하나님의 언약에 있는 것입니다. 이스라엘에게 주신 하나님의 언약 가운데 가장 중요한 것을 세 가지만 뽑는다면, 첫째는 모리아산에서 하나님께서 아브라함에게 주신 언약이요(창 22:18), 둘째는 시내산에서 하나님께서 모세를 통해 이스라엘과 맺은 언약이며(출 19:46), 셋째는 본문의 다윗에게 주신 언약the Davidic covenant일 것입니다. 다윗 언약은 아브라함 언약과 시내산 언약을 심화시키고 확대시킨 내용으로 하나님의 구언약의 정점을 이루는 것으로서 아무리 그 신학적 중요성을 강조해도 지나치지 않을 것입니다.

역사적으로 보면 솔로몬 이후 계승되던 다윗 왕조는 BC 587년 유다 왕국이 바벨론에게 멸망당할 때 사라지고 말았습니다. 그렇다면 다윗의 집과 그 나라, 왕위가 영원히 견고할 것이라는 하나님의 언약은 도대체 어떻게 된 것입니까?

이 다윗 언약이 결국 성경적 '메시아주의'의 모태가 된 것입니다.[6] 다윗 언약은 예언자들을 통해서 끊임없이 이스라엘 백성에게 메시아를 대망하게 했습니다. 그들은 장차 올 메시아가 다윗의 자손이며, 메시아 왕국은 다윗 왕국 같은 공평과 의의 나라가 될 것이라고 예언했습니다(시 2편, 사 9:6-7, 11:1-9, 렘 23:5, 겔 34:23).

신약이 "아브라함과 다윗의 자손 예수 그리스도의 계보라"라는 말씀으로 시작하는 것은 매우 중요한 의미를 갖고 있습니다. 마리아에게 임한 가브리엘 천사의 메시지에 메시아가 '다윗의 왕위'를 이을 분이시며 "그 나라가 무궁하리라"(눅 1:32-33)라고 했습니다. 요한계시록은 만왕의 왕, 만주의 주가 '다윗의 뿌리'라고 했습니다 (계 5:5).

하나님께서는 다윗에게 언약하신 지 약 1,000년 후 다윗의 동네 베들레헴에 다윗의 자손 요셉과 마리아를 통해 메시아를 이 땅에 보내셨습니다. 그분이 예수 그리스도이십니다. 그리스도는 죄와 사망의 노예가 된 인류를 대속하는 십자가의 죽으심과 부활을 통해 인류의 구세주가 되시며 하나님나라를 건설하신 것입니다.

다윗은 이스라엘 역사상 가장 위대한 왕이었습니다. 그럼에도 불구하고 사도 바울은 다윗과 그리스도의 차이를 이렇게 말했습니다.

다윗은 당시에 하나님의 뜻을 따라 섬기다가 잠들어 그 조상들과
함께 묻혀 썩음을 당하였으되 하나님께서 살리신 이는 썩음을 당하지
아니하였나니 (행 13:36)

결국 썩느냐 썩지 않느냐의 차이였습니다. 다윗은 죽음을 이길 수 없는 인간이며 그의 왕국도 쇠망을 막을 길이 없는 세상 나라일 뿐이었습니다. 뛰어난 인걸人傑도 왔으면 가야 하고, 그 어떤 강대한

제국도 흥할 때가 있으면 쇠할 때가 오는 법입니다. 그러나 예수 그리스도는 사망 권세를 파하심으로 영생하는 왕이 되셨으며, 그의 피로 세운 하나님 왕국은 고통이나 썩음이 없는 영원무궁한 나라입니다.

언약 영접 기도

사람의 참 모습은 하나님 앞에 무릎을 꿇었을 때 드러납니다. 하나님의 영원한 언약을 받고서 다윗은 영접 기도를 드립니다(7:18-29). 다윗의 기도 속에는 하나님을 향한 경외심, 그의 겸손한 인격, 민족에 대한 애틋한 사랑이 다른 어떤 외적 행위보다 확연하게 표현되어 있습니다. 그리고 독자들에게는 통일 왕국을 이룬 후 많은 사건과 눈부신 통치 업적의 나열만을 좇다가 자칫 잃기 쉬웠던 명상의 여유를 갖게 해줍니다.

성전 건축의 이상은 좌절되었으나 오히려 더 큰 축복의 언약을 받은 다윗은 여호와 앞에 들어가 앉았습니다(7:18). 여호와 앞이란 다윗이 궤를 모셔둔 성막을 뜻합니다. 다윗이 떨리는 심정으로 하나님께 올린 기도의 첫 마디는 무엇입니까?

주 여호와여 나는 누구이오며 내 집은 무엇이기에 나를 여기까지 이르게 하셨나이까(7:18).

세상에 교만을 떨어도 될 만한 인물이 있다면 그는 바로 다윗일 것입니다. 그러나 다윗은 지금까지의 업적이 자기 능력으로 된 것이 아니라, 모두 하나님께서 친히 이루신 것을 아는 겸허한 사람이었습니다(5:12). 다윗은 하나님께서 말씀하신 그대로 '목장 곧 양을 따르는 데에서 데려다가 내 백성 이스라엘의 주권자로 삼으신'(7:8) 하나님 앞에 영혼의 가장 깊은 곳에서 우러나오는 감사를 올리고 있습니다. 내가 무엇이관대를 잊지 않는 한 그는 하나님께 쓰임받을 것입니다.

다윗은 하나님의 선하심에 감사하며(7:19), 세계 만민 중에서 그의 나라가 누리는 축복을 기억하며 찬양합니다(7:23).

> 주 여호와여 이러므로 주는 위대하시니 이는 우리 귀로 들은 대로는
> 주와 같은 이가 없고 주 외에는 신이 없음이니이다 땅의 어느 한
> 나라가 주의 백성 이스라엘과 같으리이까 … 만군의 여호와는
> 이스라엘의 하나님이라 (7:22-23, 26).

하나님께서 친히 출애굽 역사와 가나안 정복 역사를 이루고, 이스라엘을 자기 백성으로 삼아 온 세계에 하나님의 영광을 나타내시려는 뜻을 기리면서, 다윗은 하나님께서 말씀하신 그대로 다윗 왕국을 견고하게 하실 언약을 믿음으로 영접했습니다.

다윗의 기도는 말씀하신 것을 반드시 이루는 전능하고 신실하신 하나님이 그 주제입니다.

> 주의 말씀으로 말미암아 주의 뜻대로 이 모든 큰 일을 행하사 …
> 말씀하신 것을 영원히 세우셨사오며 말씀하신 대로 행하사 … 주
> 여호와여 오직 주는 하나님이시며 주의 말씀들이 참되시니이다

12. 다윗 왕국, 다윗의 신앙

(7:21, 25, 28).

다윗 왕국의 영원성, 곧 메시아 통치에 대한 소망의 근거는 하나
님의 말씀의 불변성과 그 신실한 성취에 있습니다. 다윗 이후 이스
라엘이 어떤 역사의 암흑기에도 메시아에 대한 소망을 잃지 않을
수 있었던 근거도 '다윗의 등불'(왕상 11:36)을 지키시리라는 하나님
의 약속의 말씀에 대한 신앙 때문이었습니다.

다윗 왕국과 메시아 공동체

다윗 왕국의 역사와 언약을 공부할 때 신약 시대의 그리스도인들
은 세 가지 차원에서 접근해야 합니다.
첫째, 다윗 왕국을 국가 공동체로 보고 이상적 국가의 모형para-
digm을 배우는 접근 태도입니다. 둘째, 다윗 왕국을 신앙 공동체로
보아 다윗의 후손인 그리스도의 초림으로 그분의 통치가 실현되는
신약 교회, 곧 메시아적 공동체의 예표type로 이해하는 접근 태도입
니다. 셋째, 다윗 왕국의 다윗 언약을 메시아의 재림과 함께 종말에
완성될 '새 하늘과 새 땅' 곧 종말론적인 공동체에 대한 구약 예언으
로 이해하는 태도입니다.
우리는 다음 장에서 다윗의 왕도를 통해 실현되는 다윗 왕국의
국가 공동체로서의 모습을 살펴보게 될 것입니다. 또한 우리는 현
대 교회가 과연 종말론적이며, 메시아적 공동체로서 본래 하나님께
서 의도하신 목적과 사명을 다하고 있는가를 생각해볼 것입니다.
과연 우리 교회는 진리이신 그리스도께서 다스리시는 '그리스

도의 몸'인가, 혹시 한국 교회는 말씀과 성령으로 통치하시는 유기적 공동체organic community로부터 변질되어 교권 행사와 제도와 상업주의 이데올로기가 지배하는 '단체organization'나 기업으로 화한 것은 아닐까 하는 괴로운 질문을 피할 수 없습니다.

대형 교회에서 예배를 즐기는 청중의 수는 증가하지만, 종적으로 그리스도와의 사귐이 얼마나 깊어지며 횡적으로 성도들과의 사귐이 지체 의식을 가질 만큼 친밀해지고 있을까요.

교회는 본질적으로 '왕의 공동체'이며[7] 메시아 공동체입니다. 메시아 공동체는 장차 다가올 초월적인 그리스도의 통치를 기대하면서, 그 통치를 선구적으로 역사 안에서 실현하며 선포하는 공동체입니다. 다윗 왕국이 세상 만방에 하나님의 주권과 통치를 선포하는 '이방의 빛'이 되어야 했듯이, 교회는 하나님의 통치를 이 땅위에 실현해야 할 '세상의 빛'인 것입니다.

이 집은 살아계신 하나님의 교회요 진리의 기둥과 터니라
(딤전 3:15).

13. 다윗의 왕도

삼하 8:1-10:19

— 다윗이 어디로 가든지 여호와께서 이기게 하셨더라
다윗이 온 이스라엘을 다스려 다윗이 모든 백성에게
정의와 공의를 행할새(8:14-15).

다윗은 헤브론에서 7년 반, 예루살렘에서 33년 동안 온 이스라엘과
유다를 다스렸습니다(5:5). 다윗은 이스라엘 역사상 가장 뛰어난
왕으로 지도력을 발휘했습니다. 다윗의 왕도는 이스라엘을 살기
좋은 나라로 이루었고, 지도자 빈곤 시대를 사는 우리들에게는 큰
도전과 격려가 됩니다.

다윗의 영토 확장

살기 좋은 나라는 우선 전쟁이 없는 평화로운 나라입니다. 그러기
위해서는 반드시 국제 관계에서 평화 보존 정책이 필요합니다. 국
가 간의 관계에서는 무엇보다 힘이 우선됩니다. 다윗은 먼저 내정
에 힘을 써 나라에 안정을 정착시킨 후 영토 확장을 위한 전쟁을 승
리로 이끌었습니다. 이러한 다윗의 정책을 제국주의라고 말할 수
도 있습니다. 그러나 당시 이스라엘 백성은 이러한 영토 확장을 조
상 아브라함에게 주신 하나님의 언약의 성취로 보았습니다.

그날에 여호와께서 아브람과 더불어 언약을 세워 이르시되 내가 이
땅을 애굽강에서부터 그 큰 강 유브라데까지 네 자손에게 주노니
(창 15:18) .

하나님께서 이스라엘 민족의 조상 아브라함에게 BC 2000년경 약속하신 영토의 경계는 1,000년 후 다윗 왕의 정복 작전을 통해서 확보되었습니다. 당시 근동은 팔레스타인 서남쪽의 애굽과 북쪽의 앗수르가 강국으로 세력을 떨치고 있었고, 팔레스타인 안에서는 줄곧 이스라엘을 괴롭히는 군소 국가들의 지역 헤게모니 쟁탈전이 있었습니다.

우리는 이미 5장에서 다윗이 블레셋과의 독립 전쟁에서 승리한 사실을 살펴보았지만 블레셋 외에도 이스라엘 주변에 있는 원수들은 롯의 후손 모압(민 25:1-3, 삿 3:11-30, 삼상 14:47), 소바왕 하닷에셀, 에서의 후손 에돔(왕하 8:20, 렘 49:7-22, 겔 25:12) 등이 있었습니다. 다윗은 이런 주변 국가들을 정복하여 군사 위협을 없앤 후 주종 관계를 위해 두 가지 정책을 세웠습니다. 하나는 주둔군을 두는 것이요, 다른 하나는 피정복 국가들로 하여금 조공을 바치게 하는 것입니다. 다윗 왕국의 군사력 유지와 행정을 위한 경비는 대부분 조공으로 충당되었을 것입니다. 나라의 평화는 국토의 안전 보장 없이 이룰 수 없습니다. 이것은 국방력과 외교를 통해 얻는 것입니다. 다윗은 당시 초강대국 애굽과 앗수르의 위협에 대처하기 위해서라도 주변 국가들을 정복하여 완충지대를 두어야 했습니다. 따라서 백성들은 다윗의 제위 기간 동안 그토록 괴롭히던 블레셋의 침략과 같은 안보 위협에 시달리지 않고 늘 편히 살 수 있었습니다.

13. 다윗의 왕도

사무엘서 저자는 다윗의 정복 기록을 남기면서 두 가지 면을 강조합니다.

첫째, 다윗의 승리는 하나님의 도움으로 온 것이라는 사실입니다.

다윗이 어디로 가든지 여호와께서 이기게 하시니라 (8:6, 14).

둘째, 다윗이 전리품과 주변 국가들에게 받은 선물들을 먼저 하나님께 바쳤다는 사실입니다.

요람이 은 그릇과 금그릇과 놋그릇을 가지고 온지라 다윗왕이 그것도
여호와께 드리되 그가 정복한 모든 나라에서 얻은 은금 곧 아람과
모압과 암몬 자손과 블레셋 사람과 아말렉에게서 얻은 것들과 소바왕
르홉의 아들 하닷에셀에게서 노략한 것과 같이 드리니라 (8:10 - 12).

사울 왕은 승전할 때 먼저 자신의 이름을 내세우기 위해서 승전비를 세우는 일에 관심이 있었습니다(삼상 15:12). 전리품도 자신을 위해 남겼습니다. 그러나 다윗은 전쟁을 하나님의 언약의 성취로 여기며(7:9-11) 싸웠습니다. 승리했을 때도 자기도취에 빠지지 않고 하나님을 찬양하는 시를 썼습니다.

메시아의 승리의 시

다윗이 영토 확보의 전쟁을 하는 동안에 남긴 시로는 시편 2편, 20편, 21편, 60편, 110편 등이 있습니다. 이러한 시 속에는 다윗의 신

앙이 샛별처럼 빛나고 있습니다. 그는 병거나 말을 의지하지 않고 하나님만을 의지했습니다(시 20:7).

특히 '메시아 시'라 일컫는 시편 2편과 110편은 그 신학적 중요성에 비추어 잠시 살펴볼 필요가 있습니다. 이 시에서 다윗은 '여호와의 기름 부음받은 왕'으로서의 자기 확신에서 한 걸음 더 나아가 그리스도가 하나님의 아들 되심과 사단의 권세를 꺾고 승리하시는 메시아 시대까지 영감을 받아 예언하고 있습니다.

> 어찌하여 이방 나라들이 분노하며 민족들이 헛된 일을 꾸미는가
> 세상의 군왕들이 나서며 관원들이 서로 꾀하여
> 여호와와 그의 기름부음 받은 자를 대적하며 …
> 내가 여호와의 명령을 전하노라 여호와께서 내게 이르시되
> 너는 내 아들이라 오늘 내가 너를 낳았도다
> 내게 구하라 내가 이방나라를 네 유업으로 주리니
> 네 소유가 땅끝까지 이르리로다 (시 2:1-2, 7-8).

시편 2편은 기독론에서 가장 중요한 시 가운데 하나로, 그 주제는 여호와의 기름 부음받은 왕의 주권과 승리입니다. 그 내용은 세상 이방 나라들의 대적함(1-3절), 하나님의 비웃음과 분노(4-6절), 하나님의 선포(7-9절), 하나님께서 세상 군왕을 부르심(10-12절), 이렇게 4연으로 구성되어 있습니다.[1]

이 시의 예언은 그리스도의 십자가와 부활을 통해서 성취되었습니다. 메시아는 자기 백성의 원수들을 정복하시는 하나님의 아들입니다(행 4:25 28, 13:33 참조). 기름 부음받은 왕에게는 하나님께

서 주시는 승리가 있을 뿐입니다. 그분은 오직 정복자일 뿐입니다.
또한 우리 크리스천들은 모두 왕 같은 제사장(벧전 2:9)이며, 지상
교회는 전투적인 교회로서 시대악과 내 속에 거하는 죄의 세력, 사
단의 권세와 싸울 때 항상 승리가 보장되어 있다는 것을 잊지 말아
야 합니다.

정의와 공의의 정치

살기 좋은 나라는 부정부패가 없는 공정하고 정의로운 나라입니다.
억울한 일을 당하는 사람이 없으며, 혹시 있더라도 그 억울함을 호
소할 때 반드시 정의롭게 해결되는 사회일 것입니다.

> **다윗이 온 이스라엘을 다스려 다윗이 모든 백성에게 정의와 공의를
> 행할새 (8:15) .**

> and David administered justice and equity to all his
> people (RSV) .

이 짧은 문장으로 사무엘서 저자는 다윗의 왕도를 요약하고 있
습니다. 이 시대를 사는 한국 백성은 이 말씀을 되새기며 마음속에
울분과 부러움의 눈물이 함께 치솟을지 모릅니다. 우리는 모두 얼
마나 안타깝게 다윗 같은 정치 지도자, 공정하고 신뢰할 수 있는 정
부를 갈망하고 있습니까.
이스라엘의 사회 정의 실현은 정치 구호가 아니었습니다. 공의

306

로운 하나님의 언약 백성으로서 필수적인 사회 구조의 기초와 골격이 된다는 점에 그 특수성이 있습니다. 다윗이 공의로 정치한 것은 대단한 것이 아니라 당연한 것이었습니다. 왜냐하면 이스라엘의 주권자이신 하나님의 속성이 공의로우시기 때문입니다. 하나님을 바르게 알고 바르게 섬기는 한, 하나님의 사람은 공의롭게 살지 않을 도리가 없다는 말입니다.

성경에서 '의'란 개념은 본질적으로 '하나님과 바른 관계'를 뜻하며, 하나님과의 바른 수직적 관계가 전제되어야 이웃과의 수평적 관계가 필수적으로 뒤따르는 것입니다.

앤드류 커크A. Kirk는 성경 속에 나타난 의justice의 다섯 가지 측면을 다음과 같이 요약했습니다.[2]

1. 의란 율법을 공정하게 시행하는 것이다 (시 72:1 - 2, 잠 29:4).
   따라서 법률이 뇌물이나 어떤 위협에 의해 왜곡되지 않고
   (신 16:19 - 20) 백성 전체에게 예외 없이 (출 18:13 - 26), 지체
   없이 (레 19:15) 행해져야 한다.
2. 의는 권력을 바르게 사용하는 것이다 (사 5:7, 61:8).
3. 의는 가난한 자를 보호하는 것이다 (시 72:4).
4. 의는 개인적으로 완전하게 정직한 삶을 사는 것이다 (출 20:16 - 17,
   23:1).
5. 의는 불경건한 자의 구원도 포함한다. 즉 하나님께서는
   사회에서의 정의뿐만 아니라 사람 자체가 의로워지기를
   요구하신다 (사 45:21).

다윗이 정의와 공의로 다스렸다는 의미는 하나님의 통치 아래 있는 왕으로서 신정 국가의 기본을 확고하게 붙잡고 있는 것입니다. 다윗이 하나님의 뜻에 합하게 통치하기 위해서는 구체적으로 하나님의 계명과 율법을 따라 행해야 했습니다. 하나님은 공의로 우시므로 그분의 법도 공의롭습니다. 구약의 하나님의 법은 형법, 민법, 가족법, 제사법과 구제법 등으로 나눌 수 있습니다.[3]

이러한 하나님의 법은 다윗이 예루살렘에 모셔온 법궤로 상징됩니다. 법궤 안에 있는 십계명은 헌법과 같이 여러 법률과 규례의 기본 정신과 방향을 규정해줍니다. 왕도, 백성도 십계명의 원리를 순종할 때 사회는 정의가 뿌리내린 사회가 됩니다. 오직 정의로운 사회만이 평화로운 사회가 될 수 있습니다(사 32:17)[4].

왕이 절대 권력을 휘두르던 시대에 이스라엘의 왕은 하나님의 권위를 대행하는 자로서 권력 사용을 절제할 수밖에 없었습니다(신 17:14 이하 참조). 이스라엘 백성이 왕을 구하게 된 동기 가운데 하나가 사무엘의 두 아들이 사사로 있을 때 돈을 탐내어 뇌물을 받고 재판 업무를 공정하게 처리하지 않았기(삼상 8:3) 때문이었습니다. 집권자가 권력을 이용해 공익보다 사익을 추구하기 시작할 때 사회는 부패합니다. 그래서 이스라엘은 왕까지도 정의와 공의가 하나님으로부터 비롯됨을 알고 이렇게 기도하였던 것입니다.

하나님이시여, 왕에게 주의 판단력을 주시고 왕의 아들이 주의 의로운 길을 걷게 하소서. 그러면 그가 주의 백성을 바르게 판단하며 가난하고 고통당하는 주의 백성을 공정하게 다스릴 것입니다 (시 72:1-2, 현대).

경제 정의

성경은 공동체 생활에서 '경제 정의'의 중요성에 대해 끊임없이 강조합니다. 생산과 분배 과정의 정의를 실현하기 위해 사회주의나 자본주의, 아니면 사민주의社民主義, social democracy 어느 하나의 정치 이데올로기를 주장하는 것은 아닙니다. 왜냐하면 야훼 신앙의 본질적 성격이 어떤 이데올로기가 아니라 말씀으로 자신을 계시하시는 하나님과의 인격적 관계이기 때문입니다.

하나님께서는 본래 천지창조 때부터 인류가 자원 활용과 노동을 통해 생산한 수확을 고르게 나누길 원하셨습니다. 그러나 타락 후 인간 사회에는 경제 정의가 없어졌습니다. 그래서 하나님께서는 이스라엘 백성에게 경제생활의 공평과 정의를 위해 율법을 주셨습니다. 무제한의 사유 재산 축적을 방지하기 위해 가족 단위로 준 토지의 경계선을 옮기지 못하게 하며(신 19:14), 이자를 받는 대여 행위를 금지시키고(출 22:25, 레 25:36, 신 23:19), 성직자와 가난한 자를 위해 반드시 십일조를 바치게 했습니다(신 14:22-27, 14:28, 출 23:11, 레 26:6).

노동 착취를 예방하기 위해 안식일을 엄격히 지키며(출 20:11), 축제 기간을 설정해 휴가 제도를 주고(신 16:11, 14), 안식년 제도를 두게 했습니다(레 25, 26장). 50년마다 노예 해방, 빚 탕감, 가난 때문에 팔았던 토지를 돌려받는 '희년禧年'을 제도화시켜 토지 공개념을 하나님의 백성들에게 심어주었고, 정의로운 나눔의 원리를 실현시켰습니다.

특히 희년 제도는 '가옥에 가옥을 이으며 전토田土에 전토를 더하여 빈틈이 없도록 하고 이 땅 가운데에서 홀로 거주하려 하는'(사 5:8) 부동산 졸부들의 탐욕을 법적 조치로 막는 하나님의 공법이었 습니다. 토지는 모든 경제 활동의 근본입니다. 아무리 정보 산업화 시대에 살고 있다 하더라도 결국 하나님께서 선물로 맡겨주신 땅 을 이용해 모든 경제가 이루어집니다.⁵ 땅을 가꾸어 농사를 짓거나 땅에서 자라는 풀을 먹여 목축을 하든지, 땅 아래 묻혀 있는 자원을 이용해서 공업을 일으키든지, 아니면 땅 위에 건물을 지어 서비스 업을 경영하든지, 결국 토지 소유가 부의 축적을 결정합니다. 그러 므로 하나님께서는 땅을 가정 단위로 제한시켜 소유하게 함으로 써 소유권을 무제한으로는 행사할 수 없게 하셨습니다.

> 토지를 영구히 팔지 말 것은 토지는 다 내 것임이니라 너희는
> 거류민이요 동거하는 자로서 나와 함께 있느니라 (레 25:2.3) .

토지를 비롯한 모든 생산 수단의 소유권을 국가가 장악하여 경 제력을 중앙 정부에 집중시키는 사회주의나 공산주의 이념은 성경 적인 모형이 될 수 없습니다. 사회주의 이념을 현실화시키려면 결 국 인간의 자유가 억압되는 전체주의 국가가 될 수밖에 없습니다. 동구권의 몰락과 소연방의 해체에서 보듯이 이론은 그럴듯하나 실 제로는 인간의 죄성과 한계 때문에 이루어질 수 없는 것입니다.

그렇다고 무제한의 자원 사용과 생산을 통해 인간의 탐욕을 만 족시키려다가 환경과 인간성의 파괴, '부익부 빈익빈'의 사회 모순 과 갈등을 초래하는 자본주의 이념도 성경적인 모형이 아닙니다.

성경은 먼저 토지와 모든 자원의 소유권이 하나님께 속한 것임

을 주장합니다. 그리고 인간이 하나님으로부터 위탁받은 자원의 관리인으로서 신성한 노동력을 통해 생산한 것을 서로 공평하게 나누어 살아가길 원하십니다. 물론 균등주의egalitarianism를 말하는 것은 아닙니다. 다만 공산주의처럼 더 노력하고 절약해서 더 소유하게 된 자에게까지 폭력과 강제로 빼앗아 분배하는 것이 아니라, 하나님의 자비를 덧입어 가난한 자를 '자발적으로' 구제하도록 하셨습니다. 문제는 탐심으로 얼룩져 있는 인간에게 자발적으로 나누어줄 만큼 하나님의 자비를 덧입는 것이 가능하겠느냐는 것입니다. 그러므로 정부는 공정한 세금 제도를 통해 가난한 자를 보호할 책임이 있습니다.

다윗이 이스라엘을 다스리되 정의와 공의로 행했다는 것은 성경 원리대로, 하나님의 법도대로 경제 정의를 실현했다는 뜻입니다. 복음주의 신학자 로널드 사이더Ronald J. Sider가 이런 말을 했습니다. "국내적으로나 국제적으로나 가난한 자를 위한 경제 정의야말로 정치에 참여하는 크리스천들의 최고 관심이 되어야 한다."[6]

공정하고 능률적인 행정

살기 좋은 나라는 생활하기에 편하고 질서가 잘 잡힌 나라입니다. 그러기 위해 사회 구조나 제도가 능률적으로 운영되는 행정력이 필요합니다. 국민 생활의 안녕과 편리를 위해 행정 관리들이 효과적으로 나라 살림을 관리 운용하는 체계가 서야 합니다. 예컨대 자연 환경 보호, 경찰, 교육, 보건 등 모든 분야에서 백성들의 일상생활에 불공평, 위험, 불편함, 시달림이 없어야 합니다.

사울 왕은 끊임없는 블레셋과의 전쟁, 다윗 추격 등 국방과 정권 확보 차원에서 활동하는 것만도 벅찼습니다. 결국 다윗 왕 때에 이르러서야 국가 행정이 조직을 갖추게 되었습니다. 다윗은 뛰어난 행정가였습니다. 무엇보다도 적재적소에 인재를 잘 활용했습니다.

> 요압은 군사령관이 되고 … 여호사밧은 사관史官이 되고 아히둡의
> 아들 사독과 아비아달의 아들 아히멜렉은 제사장이 되고 스라야는
> 서기관이 되고 여호야다의 아들 브나야는 그렛 사람과 블렛 사람을
> 관할하고 다윗의 아들들은 대신들이 되니라 (8:16 - 18).

다윗 정부의 조직이나 그 책임자에 대한 기록은 역대상 27장에 자세히 나옵니다. 다윗은 요압을 군대 장관으로 해서 3명, 30명, 100명, 1,000명, 24,000명 단위로 피라미드 형태의 군을 조직했습니다. 백부장, 천부장, 군단장(장관)을 세우고 총 28만 8천 명의 병력을 두어 국방을 튼튼히 했습니다. 각 군단 병력은 2,400명으로 구성되었는데 이들은 1년에 한 달씩 교대해가면서 현역으로 근무하고, 나머지 기간은 예비군으로 있었습니다. 병역 기피자가 생기지 않도록 공평하게 병역 의무를 다하면서 생활할 수 있도록 배려한 정책이었습니다.

다윗은 열두 지파 중심의 지방 자치 체제와 중앙 행정을 지혜롭게 조화시켰습니다. 각 지파에는 행정관(관장, 官長)을 임명하여(대상 27:16–22), 국가적으로 주요 의제가 있을 때는 그들을 소집하여 의논했습니다(대상 28:1). 이것은 부족 연맹에서 소제국을 건설한 당시 이스라엘 형편으로서는 지파간의 알력을 없애고 국민 통합을

이루는 데 효과적이었습니다.

그는 공정한 인사 정책을 쓰기 위해 힘썼습니다. 자기 혈족인 유다 지파와 망명 동지인 아둘람굴 출신, 말하자면 'JA Judahe Adullam' 사단에 속한 자만 우대한 것이 아닙니다. 우선 경호원들을 열두 지파 중 어디에도 속하지 않은 외국인들 '그렛 사람과 블렛 사람들'로 채용했습니다. 능력 위주로 사람을 등용했습니다. 다윗 왕국의 최고위직 30명 가운데 7명만 유다 지파 출신이었습니다.

공동체의 발전에 암적 요소 중의 하나가 친척 등용 정책nepotism입니다. 중세의 기독교회나 제3세계 국가들의 부패 원인이 주로 혈연, 지연, 학연에 편중해 인사 등용이 이루어진 데 있습니다. '네포티즘'이란 단어는 '조카nephews'라는 라틴어 'nepotes'에서 왔습니다. 중세 교황의 사생아들을 'nepotes'라 불렀는데, 이들이 공적 활동에서 권세 있는 명예직을 얻었던 정실인사情實人事를 가리켜 하는 말이었습니다.

가족과 친척을 돌보는 것은 신자의 기본 책임입니다(딤전 5:8). 문제는 공공 기관이나 하나님의 공의가 앞서야 할 기독교회의 기관에서 친척을 중용하여 더욱 능력 있는 사람들이 봉사할 수 있는 기회가 차단된다는 데 있습니다. 일반 사회단체나 직장에서만 아니라 현대 한국 교회와 선교 기관에서도 세습이 이루어지는 등, 친척 중용 정책이 아무 비판 없이 허용되는 것은 심히 부끄러운 일이 아닐 수 없습니다. 그런 교회나 단체는 앞날이 그리 밝지 않을 것입니다. 왜냐하면 진리이신 예수 그리스도를 십자가에 넘겨 준 인간의 죄 가운데 하나가 바로 공의를 버린 안나스와 가야바의 친척 중용 정책의 죄였기 때문입니다(요 18:12 이하).

13. 다윗의 왕도

다윗은 왕이었으나 백성들이 쉽게 왕에게 접근할 수 있도록 여론 수렴과 의사소통의 통로를 열어놓았습니다(삼하 12장, 14장 참조). 독재하지 않고 백성의 지도자들과 의논해서 결정했습니다(대상 13:1-4). 모든 공을 자신이 독차지하려 하지 않고 논공행상論功行賞을 공정하게 했습니다(대상 11장, 12장). 자신이 실수했을 때는 24장의 인구 조사에서 보는 바와 같이 정직하게 인정하고 과오를 시정할 줄도 알았습니다.

복지 정책

살기 좋은 나라는 불행한 일을 당한 사람이나 능력이 부족한 사람도 소외당하지 않고 사회 구성원 모두가 사람 대접받으며 행복하게 살 권리가 보장된 나라입니다. 성경적 표현으로는 '은혜가 넘치는 나라'입니다. 다윗은 왕국이 부강해지고 번영과 안정을 누릴 때 소외된 사람을 왕자 대접하면서 은혜를 베풉니다.

> 왕이 이르되 사울의 집에 아직도 남은 사람이 없느냐 내가 그
> 사람에게 하나님의 은총을 베풀고자 하노라 하니 시바가 왕께 아뢰되
> 요나단의 아들 하나가 있는데 다리 저는 자니이다 (9:3).

다윗이 사울의 유족을 찾아 보호하려는 것은 먼저 하나님 앞에서 요나단과 맺은 언약을 지키기 위해서입니다(삼상 20:15, 42). 그래서 유일한 사울의 유가족인 요나단의 아들 므비보셋을 왕궁으로 초청합니다. 다윗은 므비보셋에게 사울에게 속했던 땅을 돌려주

고 사울의 종 시바를 재산 관리자로 세워주었습니다.

사울에게 속한 재산이 다윗만큼 많지는 않았겠으나, 시바에게 열다섯 아들이 있고 종이 20명이나 되었던 것을 보면 상당한 재산이 있었음을 추측할 수 있습니다(9:10). 다윗이 사울의 재산을 모두 므비보셋에게 돌려준 것은 모험적일 만큼 관대한 행위였습니다. 왜냐하면 앞서 정권을 담당했던 자가 풍부한 재력을 소유하고 있으면 정권을 되찾으려는 야망이 생길 수 있기 때문입니다(삼하 16:3 참조). 다윗은 재산을 주는 데 그치지 않고 므비보셋을 왕궁으로 초청하여 함께 생활했습니다.

> 므비보셋은 왕자 중 하나처럼 왕의 상에서 먹으니라 … 므비보셋이
> 항상 왕의 상에서 먹으므로 예루살렘에 사니라 그는 두 발을 다
> 절더라 (9:11, 13) .

재산도 주었고 명예도 주었습니다. 언제나 왕의 식탁에서 왕자 대접을 받았다는 것은 국가 정책의 결정 과정이나 행정 집행에도 참여한 것으로 볼 수 있기 때문입니다.[7]

저자는 그가 두 발을 다 저는 지체 장애인이라는 사실을 거듭 강조하고 있습니다. 사울과 요나단이 죽을 때 므비보셋은 다섯 살이었습니다. 그들의 전사 소식을 듣고서 유모가 그를 안고 급히 도망가다가 아이를 떨어뜨려 그때부터 다리를 절게 되었습니다(삼하 4:4). 지체 장애인을 왕궁에 두면 늘 돌보는 사람이 필요했을 것입니다. 국정을 보살피는 큰일을 하는 다윗이 매우 비능률적이고 비효율적인 일을 평생 동안 감당한 셈입니다. 다윗에게 있어서 므비

315

보셋은 '사용 가치'나 능률로는 따질 수 없는 귀한 존재였습니다.

과부와 고아, 나그네를 보살피고 가난한 자, 지체 부자유자나 지적 장애자들을 돌보는 일은 경제적 가치로 계산할 수 있는 차원의 것이 아닙니다. 질병과 사고로 고통당하는 병자, 실직자나 노약자를 돕는 것은 건강과 재능의 은혜 입은 자가 마땅히 베풀어야 할 사랑의 빚입니다. 다윗은 왕으로서 특권층이 더욱 세도를 부리도록 세금을 감하거나 그들의 이익만 보장해주는 지도자가 아니었습니다. 선한 목자의 심정으로 찢기고 상처 난 연약한 양 떼를 민망히 여기며 품에 안고 보살피는 어버이 같은 왕이었습니다.

하나님의 은혜를 입은 자가 값없이 그 은혜를 남에게 나누어주는 것은 신앙이 아니고서는 불가능한 일입니다. 다윗이 "내가 그 사람에게 하나님의 은총을 베풀고자 하노라"라고 말할 때의 '은총'이란 히브리말로 '헤세드hesed'인데 구약에 약 250회나 반복되는 중요한 단어입니다. 이 말은 하나님께서 언약 관계를 맺은 자기 백성에게 향하신 영원토록 변치 않는 신실한 사랑을 가장 강력하게 표현하는 단어입니다(호 2:19 참조).

다윗이 본래 착하여 불쌍한 사람에게 친절을 베풀었던 것이 아닙니다. 하나님의 값없는 은총과 무한한 사랑을 덧입고 그 은혜와 사랑을 나누고 있을 뿐입니다. 우리는 여기서 복지 사회는 유토피아 이데올로기나 제도 개혁으로만 이루어질 수 없으며, 먼저 지도자와 공동체 구성원들이 하나님의 사랑을 덧입어야 가능하다는 원리를 되새기게 됩니다.

다윗은 므비보셋에게 은총을 베풀었듯이 과거 나하스 왕과의 언약을 기억하고 왕위 계승자인 그의 아들 하눈에게 은총을 베풀고자 합니다. 그러나 하눈은 주위의 자문을 잘못 받아들여 다윗의 특사들을 모독했습니다. 남자의 수염을 반쪽만 깎아놓고 바지를 잘라 엉덩이가 다 드러나게 해서 돌려보냈습니다. 현대에도 이런 일은 충분히 개전開戰의 이유가 될 수 있는 사태입니다. 암몬은 아람에게 미리 군사 원조를 요청하여 연합 세력을 형성했습니다. 다윗은 암몬을 정복해 오히려 영토를 확장하고 국제 관계에서 영향을 확대할 수 있었습니다.

하눈과 다윗은 국제 관계에서 지혜로운 지도자와 어리석은 지도자를 극적으로 대조시켜 보여줍니다. 하눈은 우선 그 인격이 비뚤어져 있었고, 성숙하고 지혜로운 자문 위원들을 측근에 두지 못했습니다. 어리석은 결정을 분별할 수 있는 능력이 없었습니다. 다윗의 손자 르호보암 같은 자였습니다(왕상 12장 참조). 결국 왕 한 사람의 어리석은 외교 정책이 온 국민을 전쟁으로 몰아갔고, 그 결과 많은 경제적 손실과 국민적 수치를 겪으며 패배로 몰려 갔습니다. 그에게는 다윗 왕국의 힘과 동맹국 아람의 힘을 객관적으로 분석하여 대처할 수 있는 상황 판단력이 전혀 없었습니다(눅 14:31 이하 참조).

반면에 다윗은 신실하고 지혜로운 지도자였습니다. 그는 모든 거래와 인간관계, 국제 관계에서 신뢰할 수 있게 행동했습니다. "은총을 베풀리라"는 말에서 '은총'이란 변함없는 충성심을 뜻합니다.

13. 다윗의 왕도

개인이나 국가 간에나 신의를 지킬 수 있어야 참 명예를 얻어 국격이 높아집니다. 국가 간의 친선 관계, 조약 관계, 상거래의 신용도는 나라의 평화와 번영을 이루는 데 매우 중요합니다. 국가 간에는 오직 이익과 힘의 논리만이 존재한다고 합니다. 그러나 참 이익을 얻는 길은 어느 국가처럼 약삭빠르게 행하는 것이 아니라 때때로 약간은 손해를 보더라도 명예로운 길을 선택해야 하는 것입니다.

다윗의 지도력

이상에서 다윗의 왕도와 그의 왕국에 대해서 살펴보았습니다. 다윗이 그렇게 멋진 통치를 할 수 있었던 비결은 무엇입니까? 다윗의 왕도를 후대의 시인은 이렇게 요약했습니다.

> 또 그의 종 다윗을 택하시되 양의 우리에서 취하시며 젖양을 지키는 중에서 그들을 이끌어내사 그의 백성인 야곱 그의 소유인 이스라엘을 기르게 하셨더니 이에 그가 그들을 자기 마음의 완전함으로 기르고 그의 손의 능숙함으로 그들을 지도하였도다 (시 78:70 - 72).

마지막 절을 영어 성경은 이렇게 번역했습니다.

And David shepherded them with integrity of heart ; with skillful hands he led them (Ps. 78:72, NIV).

위대한 왕은 먼저 '마음의 완전함'이 있어야 합니다. 그러나 완전한 인격자라고 해서 훌륭한 지도자가 되는 것이 아니라 '손의 능숙함' 곧 정치 기술도 있어야 합니다.

두 가지 요소 중 어느 한 가지가 결여되더라도 결코 훌륭한 정치가가 될 수 없습니다. 성실한 태도만으로, 또는 타고난 정치 센스나 감만 가지고 정치를 해서는 안 됩니다. 타고난 자질과 인격뿐 아니라 오랜 공부와 연구, 그리고 경험이 쌓여야 합니다. 정치가야말로 젊은 시절부터 꾸준히 연단된 '프로'가 되어야 합니다. 정치 선진국으로 평가받는 영국의 경우, 젊은 시절부터 정치 경력을 쌓고 정당 활동을 하고 국회의원 경력을 쌓지 않고서는 수상이 될 수 없습니다. 공부 잘해서 고시에 합격하고 출세하고 유명해졌다고 해서, 군인들이 불타는 애국심이 있다고 해서, 학자들이 이론과 꿈이 있다고 해서, 또는 사업가들이 돈이 많다고 해서 한자리 해봐야지 하는 태도를 가진다면, 결국엔 하눈 같은 정치가밖에 될 수 없습니다. 좋은 정치가는 좋은 백성에게서 나옵니다. 남북이 아직 전쟁 상태가 종결되지 않은 한국 같은 국가의 대통령이 군대도 안 갔다오고, 구청장이나 국회의원 경력도 없는 사람을 대중의 인기가 있다고, 어느 날 불쑥 대통령으로 무책임하게 투표해서 세우면 국격이 바닥치는 건 당연한 결과 아니겠습니까.

다윗은 뛰어난 왕도, 곧 완전한 마음과 능숙한 손으로 백성을 다스렸습니다. 후에 이스라엘 백성이 다윗의 자손 가운데서 메시아가 나타나길 기다리게 할 만큼 탁월한 다윗의 지도력은 어디서 나왔겠습니까?

다윗은 자기 권세를 지키려는 왕이 아니었습니다. 철저히 하나님과 백성을 섬기는 왕이었습니다. 그러므로 다윗의 왕도는 '종의

13. 다윗의 왕도

도리'라고 할 수 있습니다. 하나님을 순종하는 종이요, 하나님의 백성들을 섬기는 종으로서의 기본자세와 경륜을 가지고 큰 정치, 섬세한 행정을 펼쳤기 때문입니다.

> 다윗이 여호와께서 자기를 세우사 이스라엘 왕으로 삼으신 것과 그의
> 백성 이스라엘을 위하여 그 나라를 높이신 것을 알았더라 (5:12) .

다윗은 경천애인敬天愛人의 통치 철학을 가지고 자신을 왕으로 삼으신 하나님의 말씀대로 하나님의 백성을 섬겼습니다.

우리는 정치에 대한 냉소주의 시대에 살고 있습니다. 정치 지도자들에 대한 깊은 배신감과 실망 때문에 생긴 정신적 질병일지도 모릅니다. 그럼에도 불구하고 우리 한국 교회는 다윗 같은 정치 지도자를 키워내는 모밭이 되어야 할 것입니다.

더 나아가 교회의 신앙 지도자들은 다윗과 같은 리더십을 발휘해야 합니다. 존 스토트 목사는 현대야말로 크리스천의 리더십이 진정으로 요구되는 시대라고 말하면서 지도자에게 필수 불가결한 다섯 가지 인격적 요소를 제시합니다.[8]

첫째, 분명한 비전vision

둘째, 그 비전과 꿈을 현실화시키기 위해 힘써 일하는 근면industry

셋째, 어떤 반대나 희생에도 굽히지 않는 불굴의 투지perseverance

넷째, 군림하지 않고 종으로서 섬기는 겸손한 봉사service

다섯째, 자기 자신에 대한 엄격한 훈련과 하나님을 의지하는 법을 익히는 영성 훈련discipline

교회가 국가 사회를 향해 지도력을 발휘해야 할 시대이지만, 교

회 지도자들인 목회자나 장로, 집사들이 우리 사회에서 공신력을 인정받지 못하는 것은 참으로 가슴 아픈 일입니다. 지속적인 목회자 교육, 신학생들이 자질 향상 등 교회 지도자들을 위한 교육 훈련에 더욱 힘써야 할 때입니다. 목회자들의 영적·지적 수준이 평신도들의 일반 수준에 미치지 못하는 경우가 적지 않음을 솔직히 시인하고 목자로서의 부르심을 새롭게 해야 할 것입니다.

또한 이 시대는 이미 평신도들이 깨어나서 기지개를 켜면서 자신들의 지도력을 발휘하고자 일감을 찾는 시대라고 할 수 있습니다. 그러므로 장로, 집사들부터 교회 안에서 신앙의 모범을 보이는 데 그칠 것이 아니라, 지역 사회를 위해서 지도력을 발휘할 수 있도록 서로 격려해주는 분위기가 조성되어야 합니다. 이러한 평신도 지도자들을 양성하기 위해 젊은 시절에 기독교 세계관에 입각해 학문을 익히며 기독교 정신으로 사회를 섬기려는 훈련을 쌓을 수 있도록 교육시켜주는 기독교 대학들의 정체성 회복, 또는 학제간의 교류를 도우며 집단지성을 격려하는 아카데미 운동이나 연구 센터 같은 활동이 절실히 요구됩니다.

일반 대학생 복음 운동 단체나 교회 대학부가 회원수 증가를 위해 전도와 교제 중심의 교육 프로그램으로 장차 교회에 봉사할 성가대원, 교회학교 교사 양성 등 단기적 효용 가치에 치우치는 것은 안타까운 현상입니다. 아니면 오로지 선교사가 되는 길만이 참 제자도인 것처럼 인정받는 분위기가 된다든지, 단체의 바벨탑 쌓는 일에만 열을 올리는 것은 균형 잡힌 지도자 양성의 바람직한 방향이 아닐 것입니다.

지금이야말로 예수님의 제자 양성, 하나님의 모세, 다윗을 비롯한 지도자 양성의 지혜를 깊이 있게 배워야 할 때입니다. 그래서 인류 사회의 각 분야에 크리스천들이 지도력을 발휘해 하나님나라를 실현하는 데 앞장서야 합니다. 이 시대가 세상의 빛과 소금이 될 예수님의 참 제자를 애타게 부르고 있기 때문입니다. 우리 주님은 말씀하셨습니다.

> 너희 중에 누구든지 으뜸이 되고자 하는 자는 모든 사람의 종이
> 되어야 하리라 인자가 온 것은 섬김을 받으려 함이 아니라 도리어
> 섬기려 하고 자기 목숨을 많은 사람의 대속물로 주려 함이니라
> (막 10:44-45).

14. 다윗과 밧세바

삼하 11:1-13:39

— 다윗이 나단에게 이르되 내가 여호와께 죄를 범하였노라
하매 나단이 다윗에게 말하되 여호와께서도 당신의 죄를
사하셨나니 당신이 죽지 아니하려니와(12:13)

다윗같이 하나님을 경외하고 백성을 아끼던 믿음의 사람이 이런 끔찍한 짓을 행하다니 믿기지 않는 충격입니다. 충신의 아내를 빼앗아 간음하고 이방인의 손을 빌려 그를 죽이는 범죄로 인해, 다윗은 무서운 하나님의 벌을 받아 고통의 세월을 살게 되며 그의 왕국에는 먹구름이 드리우게 됩니다. 현대 사회를 가리켜 누군가는 '섹스에 미친 세상'이라고 표현했습니다. 성 범죄를 가볍게 여기는 풍조가 되다 보니 많은 사람들이 유혹에 넘어가 신앙을 버리는 시대가 되었습니다. 우리 주위에 존경받던 신앙 지도자들까지 유혹에 넘어져 그 개인과 가정은 물론 공동체가 회복하기 힘든 고통을 겪는 경우도 종종 보게 됩니다.

그런 점에서 이 장에서 공부할 내용은 성적 유혹과 범죄의 심각성을 일깨워주는 경고의 말씀이며, 또한 어쩔 수 없이 유혹에 넘어져 범죄한 후 절망하는 죄인들에게 빛을 던져주는 소망의 말씀이기도 합니다. 왜냐하면 죄 있는 그대로 하나님 앞에 나아가는 다윗의 모습은 진정한 회개와 영적 회복에 대한 값진 교훈을 주기 때문

14. 다윗과 밧세바

입니다.

성의 유혹

그 해가 돌아와 왕들이 출전할 때가 되매 다윗이 요압과 그에게 있는
그의 부하들과 온 이스라엘 군대를 보내니 그들이 암몬 자손을 멸하고
랍바를 에워쌌고 다윗은 예루살렘에 그대로 있더라 저녁 때에 다윗이
그의 침상에서 일어나 왕궁 옥상에서 거닐다가 그곳에서 보니 한
여인이 목욕을 하는데 심히 아름다워 보이는지라 (11:1 - 2)

밧세바 사건의 배경이 되는 시기는 이스라엘의 암몬 정복 전쟁
때였습니다. 다윗은 아마 전쟁 초기에는 출전했다가 겨울 휴전 기
간이 되어 예루살렘에 돌아온 것 같습니다. 다시 따스한 봄이 돌아
와 전쟁이 시작될 때였으나, 다윗은 이미 암몬 수도 랍바가 포위된
상태였기 때문에 안심하고 전선을 요압에게 맡기고 자신은 궁전
에서 봄의 꽃향기를 즐겼던 것 같습니다. 저자는 "다윗은 예루살렘
에 그대로 있더라"(11:1)는 말을 덧붙여 다윗이 유혹에 빠진 원인이
무엇인지를 넌지시 꼬집는 것 같습니다.

어느 날 다윗이 왕궁 침실에서 낮잠을 즐기고 일어났는데, 황혼
이 질 무렵 왕궁 지붕을 거닐다가 한 여자의 목욕하는 모습을 보게
되었습니다. 다윗의 눈에 비친 그 여자는 황홀하도록 아름다웠습
니다.

이때 다윗이 과감히 눈길을 돌렸더라면 유혹에 빠지지 않았을
것입니다. 그러나 다윗은 유혹을 이기지 못하고 상당한 시간 동안

밧세바의 나체를 몰래 훔쳐봄으로써 본능을 즐기고 있었던 것 같았습니다.

이런 행동이 습관이 되면 '관음증觀淫症, voycurism'에 걸립니다.[1] '안목의 정욕'이란 무서운 것이어서 외설 사진, 그림책이나 음란물 영상, 영화 등이 마약과 같이 무서운 이유가 다윗의 경우를 통해서도 확인됩니다. 또한 저자가 전혀 여인의 책임에 대해 아무런 주석을 달고 있지 않지만 여자들이 몸가짐을 정숙히 해야 하는 이유도 찾을 수 있습니다.

그녀의 모습이 머리에서 떠나지 않자 다윗은 정보원을 보내 그 여자에 대해 알아보게 했습니다. 그녀의 이름은 밧세바인데 '엘리암의 딸', 곧 자신의 가장 가까운 정치 고문 아히도벨의 손녀요, 충성스러운 30용사 가운데 한 명으로 암몬과의 전쟁에 출전중인 '우리아의 아내'라는 사실을 알게 되었습니다. 이때 다윗은 유혹을 뿌리쳤어야 했습니다. 그러나 쾌락에 대한 황홀한 '상상'에 빠져 정욕의 노예가 되어 비밀스러운 자리를 만들고 끝내 간음을 저지르고 맙니다.

우리가 늘 마음을 하나님의 말씀으로 채우지 않으면 '성적 공상sexual fantasy'에 빠지기 쉽습니다(시 119:9). 아마 음란 문학이 정신세계에 해로운 이유도 쉽게 우리의 상상의 세계를 추하게 만들기 때문일 것입니다. 그래서 예수님께서 "음욕을 품고 여자를 보는 자마다 마음에 이미 간음하였느니라"(마 5:28)라고 하셨습니다.

다윗은 즉위하기 전에 세 명의 아내를 두었고, 왕이 된 후 다섯 명의 아내 외에 여러 명의 첩을 두었습니다. 하나님께서 주신 선線을 지키면서 부부가 성을 즐기는 것은 어디까지나 하나님의 선물

14. 다윗과 밧세바

입니다. 그러나 다윗은 과도하게 성에 탐닉했던 것 같습니다. 혹시 다윗은 성에 약한 기질을 타고났는지 모릅니다.

그러므로 이런 사람일수록 유혹에 빠지기 쉬운 환경을 피하도록 힘써야 할 것입니다. 환경의 영향은 무서운 것이어서 눈에 안 보이는 독이 생명을 질식시키듯 영혼을 시들게 합니다. 그러므로 순결을 지키는 길은 성과 대결하는 것이 아니라 요셉처럼 그런 환경에서 용감하게 도망가는 것입니다(창 39:12).

또한 다윗은 많은 처첩으로 감각적 쾌락에 길들여져 있었으므로, 특히 나이 들어서 '혼자서' 다니면 위험한 사람입니다. 가정환경을 건전하게 가꾸어 마땅히 아내와 자식들과 함께 저녁 시간을 많이 가졌어야 옳았을 것입니다. 그리고 무거운 책임을 지고 바쁘게 과도한 업무를 감당하는 사람일수록 취미와 여가를 즐기는 법도 평소에 익혀야 할 것입니다.

무엇보다도 다윗이 17-18년 왕위를 장기 집권하고 있는 동안 전쟁마다 승리하고 인기의 절정에서 백성들의 환호를 받으며 중단 없는 번영과 성공을 누리고 있었던 것이 가장 큰 문제였을 것입니다. 축복을 얻기보다는 그 축복을 감당하기가 더 어려운 일입니다. 다윗은 갈수록 전쟁터에 나가기보다 안일을 사랑하게 되었고, 마음의 빗장이 풀려 사단에 대해 무방비 상태로 있었던 것 같습니다. 그래서 고난의 때보다 성공의 때가 더 위험합니다. 부지런히 최선을 다해 하나님과 백성을 위해 자기 몸을 '의의 병기'로 사용하지 않으면 다윗도 우리도 타락한 내면 속에 도사리고 있는 죄성을 극복할 수 없는 나약한 존재입니다(창 4:7, 고전 9:27 참조). 그러므로 우리가 일생 동안 명심해야 할 말씀이 있습니다.

그러므로 너희는 죄가 너희 죽을 몸을 지배하지 못하게 하여 몸의
사욕에 순종하지 말고 또한 너희 지체를 불의의 무기로 죄에게
내주지 말고 오직 저희 자신을 죽은 자 가운데서 다시 살아난 자같이
하나님께 드리며 너희 지체를 의의 무기로 하나님께 드리라

(롬 6:12 - 13)

범죄 은폐

밧세바가 임신하자 어쩔 수 없이 그 소식을 다윗 왕에게 알리게 되
었습니다.[2] 다윗이 얼마나 당황했겠습니까. 그때부터 다윗의 마음
에는 평화가 사라졌고, 밧세바에게는 견디기 힘든 고통이 찾아왔
을 것입니다.

다윗은 자기 죄를 숨기기 위해 우리아를 전장에서 소환해 특별
휴가를 주어 아내와 동침시키려 했습니다. 특별 휴가에다 술과 기
름진 음식으로 대접받게 되면, 나른해지면서 긴장이 다 풀리는 법
인데도 우리아는 아내에게로 가지 않았습니다. 그는 전시 원칙을
지키며 결코 타협하지 않는 엄격한 군인이었습니다.

우리아가 다윗에게 아뢰되 언약궤와 이스라엘과 유다가 야영중에
있고 내 주 요압과 내 왕의 부하들이 바깥 들에 진 치고 있거늘 내가
어찌 내 집으로 가서 먹고 마시고 내 처와 같이 자리이까 내가 이 일을
행하지 아니하기로 왕의 살아 계심과 왕의 혼의 살아 계심을 두고
맹세하나이다 (11:11) .

14. 다윗과 밧세바

어떤 점에서 우리아는 하나님과 백성을 위해 목숨을 내놓았던 지난날의 다윗의 모습을 닮았습니다. 현재의 다윗은 타락했으나 아직도 그의 용사들은 위대했습니다. 우리아를 소환해 온 의도가 뜻대로 되지 않자, 이제 다윗이 취할 수 있는 조처는 한 가지밖에 없었습니다. 일생을 바쳐 자기에게 충성해 온 우리아를 없애는 것이었습니다. 한번 잘못 디딘 발걸음이 더 깊은 죄악의 수렁으로 다윗을 끌고가 참혹한 범죄를 저지르게 했고, 일생 동안 쌓아올린 명예를 한순간에 더럽혔습니다.

아침이 되매 다윗이 편지를 써서 우리아의 손에 들려 요압에게 보내니 그 편지에 써서 이르기를 너희가 우리아를 맹렬한 싸움에 앞세워두고 너희는 뒤로 물러가서 그로 맞아 죽게 하라 하였더라 (11:14 - 15).

다윗은 죄를 숨기기 위해 더 끔찍한 범죄를 저지르고 말았습니다. 우리아는 하나님께 대해 경건했고 왕과 요압 사령관에 대하여 끝까지 충성했습니다. 그 모습이 독자들을 더 슬프게 합니다. 요압도 '불의로 당을 지어' 다윗의 하수인이 되었으나, 아마 그 이후로 다윗에 대한 존경심은 영원히 사라졌을 것입니다. 자기를 죽이라는 밀령을 스스로 가지고 가서 요압에게 전달한 우리아는 억울하게 전사하고 말았습니다. 악인들의 음모에 의인이 이처럼 죽는 일이 역사 속에, 그리고 우리의 현실 속에도 얼마나 비일비재합니까. 하나님께서도 왜 이런 일을 허용하시는지 불만스럽지만 사무엘서 저자는 끝내 이 의문에 대해서는 침묵합니다.

다윗은 이 모든 일을 치밀하게 이루어냈습니다. 물론 밧세바에게는 알리지 않고 행했을 것입니다. 우리아의 장례가 끝나자 안심하고 밧세바를 아내로 데려왔고 후에 자식도 낳았습니다. 왕의 권세가 국법 위에 있던 당시 주변 국가의 관례를 생각하면 다윗이 특별히 악한 왕이라고 할 수는 없었을 것입니다. 그러나 다윗과 그의 신하들이 어떤 식으로든 합리화시킬 수 있었는지 모르나, 하나님께서 보시는 것은 사람과 달랐습니다.

다윗이 행한 그 일이 여호와 보시기에 악하였더라 (11:27) .

일생을 통해 하나님과 숨결을 같이하듯이 사랑으로 교제하던 기도의 사람 다윗, 하나님을 찬양하는 숱한 시를 쓴 위대한 시인이며 하나님을 경외하고 백성들을 공과 의로 다스리던 사랑과 평화의 왕 다윗, 그와 같은 믿음의 사람까지도 거친 정욕의 포로가 되어 파멸의 시궁창에 빠진 사실 앞에서 우리도 전도자 마이어 F. B. Meyer와 함께 두려움을 가지고 이렇게 기도할 수밖에 없는 것 같습니다.

나는 어떡해야 합니까? 오 나의 하나님이시여, 제가 그러한 틈이나 흠 없이 달려갈 내 인생길을 마칠 수 있도록 도와주소서. 오, 마지막 그날까지 한 점 부끄럼 없는 인생의 새하얀 꽃을 피울 수 있게 도와주소서.[3]

범죄한 후에도 다윗은 1년 정도를 회개하지 않고 지냈습니다. 왕의
절대 권력을 행사하는 동안 자기 범죄는 역사 속에 영원히 은폐시
킬 수 있다고 생각했을지 모릅니다. 의도적으로 하나님을 생각하
지 않으려고 애쓰며 죄의식이 괴롭힐 때마다 또 다른 쾌락이나 일
에 몰두함으로써 도피하려 했을 것입니다. 그러나 죄를 고백하지
않고 이중생활을 계속하는 동안 양심의 가책은 갈수록 거세어갔
던 것 같습니다. 이중생활의 고통이 얼마나 견디기 힘든 것이었는
지 다윗은 죄책감으로 인한 자기 내면의 갈등과 영혼의 신음을 후
에 이렇게 고백했습니다.

내가 죄를 고백하지 않았을 때에는 종일 신음하다가 지쳤습니다.
밤낮으로 주의 손이 나를 무겁게 누르시므로 여름의 뙤약볕에 물이
말라버리듯 내 기력이 쇠하였습니다(시 32:3-4, 현대).

다윗은 '열방과 같은' 왕이 아니라 '하나님의 기름 부음받은' 왕입
니다. 그러므로 다윗이 스스로 회개할 능력조차 상실하자 하나님
께서 친히 그를 돌이키셨습니다. 하나님께서는 선지자 나단을 보
내 가난한 자의 암양 새끼를 빼앗아간 부자의 비유를 들려주게 하
셨습니다. 당시 왕은 아내나 첩을 더 둘 수도 있었습니다. 그런데도
우리아의 하나밖에 없는 아내를 빼앗아갔으니 그 죄를 비유로 깨
우쳐주고자 했던 것입니다.

인정 많은 다윗은 노발대발하며 그 악한 부자를 죽여야 한다고

판결을 내렸습니다. 대개 거짓되고 교만한 지도자일수록 남은 잘 판단하나 자기는 예외라고 핑계하는 '내로남불'의 위선에 빠집니다. 이때 나단은 하나님의 종으로서 목숨을 걸고 왕에게 정면 도전하여 죄를 지적했습니다.

> 당신이 그 사람이라 (12:7).

선지자의 사명은 하나님의 말씀을 받아 그대로 선포하는 것입니다. 특히 왕들의 권력 남용이나 오용의 죄악을 하나님의 공의의 말씀으로 도전하는 것입니다. 말씀의 종들이 하나님의 객관적인 진리의 말씀을 전할 때 말씀을 받는 사람에게 "당신이 그 사람이라"고 주관적으로 적용시키는 지혜와 용기가 있어야 할 것입니다. 그리고 우리가 말씀을 받을 때도 하나님께서 '나에게' 들려주시는 말씀으로 영접해야 할 것입니다. 나단은 하나님께서 다윗에게 얼마나 풍성한 은혜를 베풀어 오셨는가를 가슴 아프게 상기시킨 후 그의 죄를 예리하게 지적했습니다.

> 그러한데 어찌하여 네가 여호와의 말씀을 업신여기고 나 보기에
> 악을 행하였느냐 네가 칼로 헷 사람 우리아를 치되 암몬 자손의 칼로
> 죽이고 그의 아내를 빼앗아 네 아내로 삼았도다 (12:9).

사람 앞에서 죄가 숨겨질 수 있고, 양심도 점점 무뎌질 수도 있습니다. 그러나 죄를 품고 있는 것은 마치 암세포나 한센병균 같아서 그 영혼을 죽이고 맙니다. 그러므로 반드시 치료의 하나님 앞에서

14. 다윗과 밧세바

죄가 노출되고 수술받아야만 그 영혼이 회복될 수 있습니다. 거기에는 회개의 아픔이 있어야 합니다. 그래서 하나님께서는 나단을 통해 다윗에게 회개의 복음을 증거하게 한 것입니다. 죄에 대한 하나님의 징벌은 단호하고 무서운 것이었습니다.

> 이제 네가 나를 업신여기고 헷 사람 우리아의 아내를 빼앗아 네
> 아내로 삼았은즉 칼이 네 집에서 영원토록 떠나지 아니하리라 하셨고
> 여호와께서 또 이와같이 이르시기를 보라 내가 너와 네 집에 재앙을
> 일으키고 내가 네 눈 앞에서 네 아내를 빼앗아 네 이웃들에게 주리니
> 그 사람들이 네 아내들과 더불어 백주에 동침하리라 너는 은밀히
> 행하였으나 나는 온 이스라엘 앞에서 백주에 이 일을 행하리라
> 하셨나이다 (12:10-12).

하나님의 심판의 예언은 가혹할 정도로 정확하게 실현되었습니다. 남의 가정을 파괴한 다윗의 가정에 처참한 사건이 연달아 일어났습니다. 13장을 보십시오. 첫 번째 사건이 그의 딸 다말이 이복 오빠 암논에게 강간당하는 사건이었습니다. 어떤 점에서 우리아의 아내를 빼앗은 자기 아비와 암논의 짓이 비슷합니다. 그리고 나서 암논은 다말의 오빠인 압살롬에게 피살당하였고, 그 후에도 압살롬의 반역과 참혹한 죽음(18:14), 그리고 솔로몬의 아도니야 처형(왕상 2:25) 등 "칼이 네 집에서 떠나지 않으리라"고 하신 하나님의 심판이 문자 그대로 집행되었습니다.

더구나 다윗이 은밀하게 범죄한 죄를 대낮에 많은 공중 앞에서 다 드러내고 응징하겠다는 예언을 압살롬의 짐승보다 더 추악한

행위를 통해 성취시키셨습니다(16:22). 죄악에 대해 타오르는 하나님의 진노의 불길은 참으로 무서웠습니다. 하나님께서는 개인이나 공동체가 저지른 죄악에 대해 기필코 그 책임을 추궁하며 공의를 실현시키시는 거룩한 분이십니다.

죄 고백

다윗이 나단에게 이르되 내가 여호와께 죄를 범하였노라 (12:13).

다윗은 나단 선지자 앞에서 비로소 숨겨온 죄를 고백합니다. 빛이 어두움에 비칠 때 가리워진 것들이 제 모습을 드러내듯 하나님 앞에서는 티끌 같은 죄도 숨길 수 없었습니다. 다윗은 하나님 말씀의 조명으로 진정한 자기 모습을 발견하게 되었고 진실을 되찾아 숨김없이 죄를 토설한 것입니다.

이것은 다윗의 진실이었습니다. 하나님의 진실이 그분의 언약을 지키는 신실함에서 드러난다면, 사람의 진실은 자기 죄를 고백하는 데서 나타나는 것입니다(요일 1:8-9). 그후 다윗은 참회의 기도를 드리면서 하나님의 정결하게 하시는 은혜를 간구했습니다.

하나님이여 주의 인자를 따라 내게 은혜를 베푸시며 주의 많은 긍휼을 따라 내 죄악을 지워주소서 나의 죄악을 말갛게 씻으시며 나의 죄를 깨끗이 제하소서 ··· 하나님이여 내 속에 정한 마음을 창조하시고 ··· 하나님께서 구하시는 제사는 상한 심령이라 하나님이여 상하고 통회하는 마음을 주께서 멸시하지 아니하시리이다

14. 다윗과 밧세바

(시 51:1-2, 10, 17) .

사죄의 은총

통회하고 자복하여 죄 씻음받은 다윗은 이렇게 죄사함받은 은총
을 찬양합니다.

> 잘못을 용서받고 하나님이 죄를 덮어주신 사람은 행복하다! 마음에
> 거짓된 것이 없고 여호와께서 그 죄를 인정하지 않는 사람은 행복하다
> … 내가 내 죄를 고백하기로 결심하고 내 잘못과 죄를 숨김없이 다
> 털어놓았더니 주께서 나의 모든 죄를 용서해주셨습니다
> (시 32:1-2, 5, 현대) .

하나님 앞에서 진실하게 살려는 사람은 마땅히 '죄와 싸우되 아
직 피흘리기까지는 대항'(히 12:4)해야 합니다. 그런데 이러한 죄와
의 싸움은 첫째, 범죄하지 않으려는 의지적 결단이요, 둘째, 범죄
후 죄를 고백하지 않고 숨기려는 거짓과의 싸움이며, 마지막으로
죄사함의 은혜를 받은 자로서 과거의 죄책이 되살아날 때 나는 죄
를 기억하나 하나님께서는 기억도 않으신다는 하나님의 사죄의
약속을 붙잡고 놓지 않으려는 믿음으로 나타납니다(시 103:12, 사
44:22, 롬 6:11-13 참조). 하나님의 사죄 선언은 즉각적이었습니다. 하
나님께서는 언제나 얼마든지 용서해주십니다.

> 나단이 다윗에게 말하되 여호와께서도 당신의 죄를 사하셨나니

334

당신이 죽지 아니하려니와 이 일로 말미암아 여호와의 원수가

크게 비방할 거리를 얻게 하였으니 당신이 낳은 아이가 반드시

죽으리이다 (12:13-14).

    다윗의 범죄는 사함받을 수 있었으나 그 죄의 열매는 자신이 책임져야 했습니다. 물론 신약 시대에 사는 우리는 다윗과 다른 점이 있습니다. 예수님께서 우리 죄뿐 아니라 죄에 대한 저주까지 대신 담당하셨다는 교리를 믿기 때문입니다(갈 3:13).

    그러나 현실적으로 보아 자신이 범한 죄의 결과에 대해서는 스스로 책임을 질 수밖에 없는 우주의 도덕적 원리가 남아 있음도 간과해서는 안 될 것입니다(갈 6:7-8). 이러한 도덕적 원리를 팽개치고 죄를 지어도 고백만 하면 용서해주신다는 생각으로 습관적으로 죄악된 생활을 계속한다면 그 결과가 어떻게 되겠습니까.

    크리스천들 가운데도 사죄의 교리만 악용하는 사람이 있습니다 (롬 6:1-3 참조). 그러나 하나님께서는 만홀히 여김을 받지 않으시기 때문에 죄의 심각성을 깨달아 순간적인 쾌락에 속아 넘어가지 말아야 합니다. 내 죄 때문에 죄 없으신 하나님의 아들이 십자가에서 고통당하신 사실을 진심으로 믿는다면 우리는 더 이상 죄의 자리에 머무를 수 없습니다.

사랑의 채찍

하나님의 준엄한 심판으로 다윗과 밧세바 사이에서 태어난 아기가 심히 앓다가 죽었습니다. 그런데 아기의 죽음을 맞는 다윗은 놀

랍게도 보통 사람들과는 전혀 다른 태도를 보였습니다. 다윗은 아기가 아플 때 금식하면서 밤새도록 애통하며 하나님의 자비를 구했습니다.

그러나 아기가 죽자, 오히려 땅에서 일어나 몸을 씻고, 기름을 바르고, 의복을 갈아입고, 여호와의 전에 들어가서 경배하고, 궁으로 돌아와서 명하여 음식을 그 앞에 베풀게 하고 먹었습니다. 오랫동안 가까이서 다윗을 모시던 신복들이 의아하며 물었습니다. "아이가 살았을 때에는 그를 위하여 금식하고 우시더니 죽은 후에는 일어나서 잡수시니 이 일이 어찌됨이니이까"(12:21).

이때 다윗의 대답은 영적으로 회복한 다윗다운 깊은 신앙을 감동적으로 보여줍니다.

> 아이가 살았을 때에 내가 금식하고 운 것은 혹시 여호와께서 나를
> 불쌍히 여기사 아이를 살려주실는지 누가 알까 생각함이거니와
> 지금은 죽었으니 어찌 금식하랴 내가 다시 돌아오게 할
> 수 있느냐 나는 그에게로 가려니와 그는 내게로 돌아오지
> 아니하리라 (12:22 - 23).

자기 죄 때문에 무죄한 자식이 대신 고통당하는 것은 죽음과 같은 괴로움이었을 것입니다. 어린 자식의 죽어가는 생명을 살려 달라고 간구하는 다윗의 심정이 어떠했겠습니까. 하나님은 자비로 우셔서 다윗을 용서하셨으나 동시에 엄위하신 분이심으로 사랑의 매를 들고 계신 것입니다. 밧세바와의 사이에 낳은 자식은 죄와 수치의 자식입니다. 하나님께서는 아이의 장래를 위해서나, 다윗과

밧세바를 위해서나, 이방 세계에 추락된 하나님의 명예를 위해서나 그 아기의 생명을 거두어가는 것이 일시적인 고통은 따르지만 후에는 유익하리라는 것을 아셨습니다.[4]

하나님께서는 사랑하는 자를 징계하십니다. 사생아처럼 내팽개치시지 않고 참 아들로 삼으려고 하나님 자녀다운 인격을 빚기 위해 견책하십니다. 이때 우리는 결코 하나님의 사랑을 의심하거나 낙심하지 말고 믿음으로 끝까지 순종하며 인내해야 합니다. 찬송가 317장 가사대로, "채찍 맞아 아파도 주님의 손으로 때리시고 어루만져 위로해주시는 우리 주의 넓은 품으로 어서" 돌아가야 합니다.

히브리서 저자는 이렇게 말합니다. "육체의 아버지는 그들이 좋다고 생각하는 대로 잠시 우리를 징계하지만 하나님 아버지는 우리의 유익을 위해서 우리를 징계하여 그분의 거룩하심에 참여하게 하십니다. 징계를 받을 당시에는 그 징계가 달갑지 않고 괴로운 것 같지만 후에 그것으로 단련을 받은 사람들은 의와 평안의 열매를 맺습니다"(히 12:10-11, 현대). 우리가 하나님의 징계를 받음으로 하나님의 거룩하심에 참여하여 '의의 평강한 열매'를 주렁주렁 맺는다는 것은 얼마나 큰 축복입니까! 인자한 어머니의 사랑과 엄격한 아버지의 징계가 있는 가정 분위기는 아이의 인격 성장에 필수적이라고 합니다.

그러므로 신앙 공동체에도 반드시 "아무나 와도 좋소"의 은총과 '회개시키며 권징하는' 성결이 동시에 있어야만 합니다. 현대 교회가 권징의 성경 진리를 회복하지 않는 한 결코 하나님의 거룩함에 참여할 수 없을 것이며, 교회 내부나 사회에서 의의 평강한 열매를 맺을 수도 없을 것입니다.

14. 다윗과 밧세바

어린 자식의 잘못을 고쳐주기 위해 매를 때린 부모가 아이를 다시
품에 안고 위로해주며 사랑을 확인시켜주듯 하나님께서도 다윗을
징계한 후 사랑을 확증시켜 주셨습니다. 회개하고 새로워진 다윗
과 밧세바 사이에 아들을 선물로 허락하신 것입니다. 다윗은 자식
의 이름을 솔로몬이라 지었는데 '샬롬shalom', 즉 평화라는 히브리
말에서 유래한 것으로 보입니다.[5]

아들의 이름에는 부모의 바람이 담겨 있었습니다. 다윗 자신은
무죄한 피를 흘린 적도 있고 전쟁터에서 많은 피를 흘려 왕국을 세
웠으나 너의 시대에는 평화가 올 것이라는 소원을 담고 있습니다.
또 성전을 건축할 평화의 왕이 될 것이라는 예언이기도 했습니다.
그러나 더 중요한 것은 죄로 인한 하나님과의 불화가 끝나고 하나
님과 평화를 이루게 된(롬 5:1), 그래서 하나님과의 관계가 회복된
것을 기념해서 지은 이름이라 볼 수 있습니다.

하나님께서도 다윗에 대한 사랑의 증거로 나단을 보내서 솔로
몬의 이름을 '여디디야'라고 지어주시는데, 이는 '하나님의 사랑을
받은 자Loved by the Lord'라는 뜻입니다. 다윗과 그 아들 솔로몬을 향
한 한결같은 사랑을 확인시켜주신 셈입니다. 이와 같이 하나님의
사랑을 다시 한 번 전인격적으로 체험한 다윗은 죄악의 쾌락을 즐
기고자 하는 마음이 다시 사라졌을 것입니다. 성령님으로 말미암
아 하나님의 거룩하신 사랑이 내면에 충만할 때 그 표현은 죄악에
대한 거룩한 분노가 생기게 될 것이기 때문입니다. 인간관계의 사
랑도 증거가 있어야만 확인되듯이 눈에 보이지 않는 하나님께서

우리를 사랑하신다는 것을 증거 없이 깨닫기란 쉽지 않습니다. 하나님께서는 독생자의 죽음을 통해서 우리에게 대한 자신의 사랑을 확증하신 것입니다(롬 5:8).

하나님께서는 솔로몬을 주신 사건을 통해 다윗과의 사랑의 관계를 온전히 회복시켜 주셨습니다. 그리고 사무엘서 저자는 솔로몬이 장차 다윗의 왕조를 계승할 자로 하나님께서 미리 정하셨음을 은연중에 알리고 있습니다.

그리스도인과 영성

다윗과 밧세바 사건을 공부하면서 이는 그저 재미있는 역사적 사건으로만 지나칠 수 없고 바로 우리의 문제일 수 있다는 경고를 받습니다. 다윗 같은 신앙의 거장도 넘어졌다면 감히 어느 누가 '나는 선 자'(고전 10:12)라고 자랑할 수 있겠습니까.

더구나 물질의 풍요와 섹스의 상업화, 쾌락주의 문화로 이 시대는 노아(창 6장)나 소돔과 고모라 시대(창 19장)를 방불케 하는 '음란하고 패역한 시대'가 되고 말았습니다. 이러한 시대에 사는 크리스천들은 다윗이 걸려든 덫이 무엇이었나를 돌이켜보며 거룩한 하나님의 자녀로서 우리가 구체적으로 힘써야 할 점들을 명심해야 할 것입니다(레 11:45).

다윗이 저 높은 곳을 향하여 하나님의 거룩함에 이르지 못하고 오히려 자기 속에 내재해 있는 작은 동물적 본능에 몸을 맡기고 만 근본 이유는 영성의 빈곤이라고 말할 수밖에 없을 것입니다. 하나님께서 나단을 통해 지적한 다윗의 실패 원인은 무엇입니까?

14. 다윗과 밧세바

어찌하여 네가 여호와의 말씀을 업신여기고 (12:9) .

이제 네가 나를 업신여기고 (12:10) .

결국 하나님을 적극적으로 사랑하지 않고 말씀을 업신여긴 것이 문제의 원인이었습니다(삼상 2:30). 다윗이 십계명의 제6계명과 제7계명을 몰라서 살인하고 간음한 것이 아니라, 그 말씀대로 행하려는 '영의 소욕desires of the Spirit'보다 죄의 유혹에 이끌리는 '육의 소욕desires of the sinful nature'이 더 강렬했기 때문이었습니다(갈 5:16-26).

크리스천들의 내면에는 언제나 영과 육의 소욕이 갈등하고 있습니다. 타락한 인간이기 때문에 내 속에 늘 죄를 좋아하는 육신의 욕구가 있는가 하면, 동시에 성령으로 거듭난 자이기 때문에 하나님의 뜻을 좋아하는 영의 욕구가 싸우고 있기 때문입니다. 그러므로 이 땅 위에 사는 동안 우리가 성령 충만하여 성령의 열매를 맺으면서 하나님의 성결에 이르기 위해서는, 소극적으로는 죄성을 죽여야 하며 적극적으로 영성을 개발하는 훈련이 필요한 것입니다.

나의 죄성을 죽이는 과정을 성경에서는 "정욕과 탐심을 십자가에 못박았느니라"(갈 5:24), 또는 "영으로써 몸의 행실을 죽이면 살리니"(롬 8:13)라고 표현했고, 영성 신학에서는 '죽임mortification'이라는 말을 씁니다.[6] 절제나 금욕주의라는 말이 현대에 결코 쓸데없는 낡은 말이 아닙니다.

적극적인 영성 개발에 대해서는 교부 시대나 중세 시대부터 현재에 이르기까지 많은 사람들의 여러 훈련 방법이 제시되어 왔습니다. 현대의 고전이 된 리처드 포스터Richard Foster의《영적 훈련과 성장 Celebration of Discipline》은 이렇게 소개하고 있습니다.[7]

내면적 훈련 ─ 묵상, 기도, 금식, 공부

외면적 훈련 ─ 단순, 고독, 순종, 봉사

공동체적 훈련 ─ 고백, 예배, 인도, 잔치

이러한 여러 영적 훈련들은 사도 바울의 "너희는 성령을 따라 행하라"(갈 5:16) "영을 따르는 자는 영의 일을 생각하나니"(롬 8:5)라는 말씀에 의지해 어떻게 하면 육을 입은 인간이 초월자이고, 영이신 하나님과 하나 되는 경지에 이를 수 있는가에 대한 영적인 '사모함' 또는 갈망aspiration에서 비롯된 것입니다.

하나님의 거룩한 백성 이스라엘의 통치자요 선지자요 시인이며 믿음의 사람이었던 다윗의 성적 타락은 이스라엘 땅을 '음행이 전국에 퍼져 죄악이 가득한'(레 19:29) 사회로 만들고 말았습니다. 정의와 사랑의 나라를 이루었던 다윗이 범죄하자, 그의 가정과 국가가 모두 음욕과 살육의 난장판으로 화하는 것을 사무엘상 13장 이하에서 보게 됩니다.

우리 사회 지도자들의 성 도덕 타락, 그리고 가정 파괴, 젊은 학생들의 성 도덕 무너짐은 너무나 무섭게 번지는 전염병 같아 어떻게 바로잡을 수 있을지 절망적인 상태가 되었습니다. 그러므로 크리스천으로서 이 시대를 섬기는 길은 우리 모두가 먼저 개인 생활뿐 아니라 가정생활, 사회생활에서 하나님의 거룩함에 이르는 성령 충만한 사람들이 되어서 '영풍靈風'으로 '음풍淫風'을 몰아내는 데

14. 다윗과 밧세바

있습니다. 그러기 위해 구체적으로 우리 사회에서 음란 문화의 도
구들을 축출하는 운동에 교회가 앞장서야 할 것입니다. 우리는 젊
은 지도자 디모데에게 준 사도 바울의 권면을 마음속 깊이 새겨야
하겠습니다.

경건에 이르도록 네 자신을 연단하라 (딤전 4:7) .

Spend your time and energy in the exercise of keeping
spiritually fit (LB) .

15.   다윗과 압살롬

삼하 14:1-20:26

— 왕이 사독에게 이르되 보라 하나님의 궤를 성읍으로
    도로 메어가라 만일 내가 여호와 앞에서 은혜를
    입으면 도로 나를 인도하사 내게 그 궤와 그 계신 데를
    보이시리라(15:25).

우리는 앞서 다윗의 자식들 간에 일어난 강간과 살인 사건을 살펴
보았습니다(13장). 입에 담기에도 거북한 이런 지저분한 사건들을
왜 거룩한 성경에, 그것도 아주 자세하게 기록했을까요? 첫째, 이
것이 다윗의 범죄에 대한 하나님의 징벌이라는 사실을 알리려는
것입니다. 둘째, 먼저 이 사건을 알아야 다윗과 그의 왕궁에 뒤이어
발생한 모든 사건을 이해할 수 있기 때문입니다. 셋째, 성욕과 증
오심을 곧바로 다스리지 않은 결과가 무엇인가를 교훈하기 위함
입니다. "욕심이 잉태한즉 죄를 낳고 죄가 장성한즉 사망을 낳느니
라"(약 1:15)는 말씀의 뜻을 새롭게 해줍니다.

마지막으로 역사적인 면에서 큰아들 암논이나 셋째 아들 압살
롬이 모두 다윗의 왕위 계승자로서 자격을 잃었고, 솔로몬을 세우
는 것이 하나님의 정하신 뜻임을 독자들에게 심어주기 위함입니
다.[1]

15. 다윗과 압살롬

사람 막대기와 인생의 채찍

본문의 중심 사건은 압살롬의 반역입니다. 다윗은 자식 압살롬 때문에 피눈물 나는 고통을 겪었으나, 후에 거의 빼앗길 뻔한 예루살렘과 왕권을 회복합니다. 하나님께서는 다윗과 언약을 맺으시면서 이런 말씀을 하신 적이 있습니다.

> 그가 만일 죄를 범하면 내가 사람의 매와 인생의 채찍으로
> 징계하려니와 (7:14).

이 말씀은 직접적으로 다윗의 아들을 두고 하신 것이지만 동시에 하나님의 자녀들을 훈련할 때 일반적으로 적용될 말씀이기도 합니다. 본문은 다윗이 어떻게 하나님의 매, 곧 '사람 막대기와 인생 채찍'을 맞으면서 고통을 겪는가, 그리고 후에 어떻게 영적으로 회복하게 되는가를 감동적으로 보여줍니다.

그 후에 다윗은 솔로몬에게 왕위를 양도하기까지 오직 성전 건축을 위해 준비하면서 평화로운 말년을 보냈습니다. 다윗이 경험한 영적 회복, 왕권 회복의 모습은 우리의 개인적 신앙 생활에도 희망을 줄 뿐 아니라, 창조—타락—구속(회복)의 하나님의 인류 구속 역사의 구도를 보여주기도 합니다.

압살롬의 양심

압살롬은 인물 연구의 대상으로 충분한 가치가 있는 특이한 성격

의 소유자입니다. 압살롬은 다윗의 많은 처첩 가운데서 유일하게 이방인인 그술왕의 딸에게서 태어난 아들입니다. 이러한 가정환경 때문에 성장하면서 신앙과 인격 형성에 중대한 결함이 생긴 것이 아닌가 추측할 수 있습니다. 그는 아주 비정하고 과격한 사람이었습니다. 그는 자기 누이 다말이 강간당한 사건 후, 2년 이상 복수의 기회를 기다리며 치밀하게 준비해 이복 형 암논을 쳐죽였습니다. 그는 3년 동안 피신하여 외가인 그술에서 망명 생활을 했습니다(13:37). 그 후 요압의 도움으로 예루살렘에 돌아왔으나 다윗이 그를 만나주지 않아 4년 동안 따돌림당한 채 지냈습니다(14:28). 요압의 건의로 다시 만나 서로 입을 맞추었으나 다윗과 압살롬 사이에 참 화해가 이루어지지 못했습니다(14:33). 이러한 부왕과의 불화는 결국 압살롬으로 하여금 4년여의 준비를 거쳐 쿠데타를 일으키게 하는 요인이 되었습니다.

압살롬이 다윗에 대해 앙심을 품은 책임은 주로 다윗에게 있었습니다. 다윗은 마땅히 암논을 벌했어야 옳았지만, 누이를 욕보인 아들을 그대로 묵인했습니다. 나라를 다스릴 때 그토록 '정의와 공의'를 행하던 다윗이었으나 가정은 공의로 다스리지 못했습니다. 큰아들에 대한 지극한 부정父情 때문이었는지, 아니면 노인이 되면서 엘리처럼 단호한 태도가 사라져버린 것인지, 그렇지 않으면 자신이 행한 죄 때문에 도덕적 권위를 잃고 마음이 연약해진 자괴감 때문이었는지 모릅니다. 어쨌든 불의를 용납하기 시작하자 가정이나 국가 모두 도덕적 질서가 붕괴되고 맙니다.

강간범 암논도 큰 죄인이지만 살인범 압살롬은 더 큰 죄인입니다. 그런데도 압살롬을 처벌하지 않고 그냥 예루살렘에 데려온 것을 보면 다윗의 도덕적 감각이 무뎌져 있었을 뿐 아니라 정치적 통찰력도 흐려진 것 같습니다. 다윗이 하나님께서 솔로몬을 그의 왕위 계승자로 삼으실 것을 알았고 그를 세우려는 정치 구도를 가졌다면, 압살롬의 존재가 장차 무슨 영향을 미칠 것인가를 내다보면서 준비시켰어야 옳았습니다.

아무리 나라의 막강한 실권을 쥐고 있는 요압의 권고가 있었다고 하더라도 왕으로서 그런 압력에 단호히 대처했어야 합니다. 그리고 전에 그랬듯이(7:2), 이런 문제를 마땅히 선지자와 의논하며 하나님의 지시를 따라야 했습니다. 가정과 국가의 대소사를 하나님의 뜻에 따라 결정하고 집행하는 기본이 흔들리자 다윗은 결정적인 과오를 범한 것입니다. 압살롬은 예루살렘에 돌아왔으나 황태자로서의 특권을 빼앗긴 채 가택 연금 상태가 길어지며 원한을 품게 되었습니다.

압살롬의 반역

압살롬은 공주로 자란 어머니의 영향 때문이었는지, 아니면 자기의 뛰어난 외모 때문이었는지(14:25), 교만했고 정치권력에 야심이 많았습니다. 그는 오랫동안 집권욕을 키워왔습니다. 법적 절차를 따라 순리대로 왕위를 얻으리라는 기대를 갖기 힘들게 되었을 때, 치밀한 전략을 세워 고단수의 정치 기술을 발휘하기 시작했습니다.

이 기간 중에 다윗 왕은 질병을 앓았는지 확실하지는 않지만 억울한 일을 당한 백성을 재판하는 일에 소홀했던 것 같습니다. 압살롬은 백성들로 하여금 자신이 왕위 계승자라는 인상을 주기 위해 예루살렘 지형에는 어울리지 않지만, 전차 한 대와 말들을 구하고 호위병 50명도 고용해서 허세를 부렸습니다(15:1). 그는 매일 아침 일찍 일어나 성문으로 나가 소송 문제로 왕을 찾아오는 사람들을 만나 말했습니다.

> 이 문제에 있어서 당신이 옳고 정당하지만 유감스럽게도 당신의 소송 문제를 들어줄 대리인을 왕이 세우지 않았습니다. 내가 만일 이 땅의 재판관이 된다면 얼마나 좋겠습니까! 그러면 소송 문제를 가진 사람은 누구든지 나에게 찾아올 수 있고 또 나는 그들의 문제를 공정하게 해결해줄 것입니다 (15:3-4, 현대).

압살롬의 계략은 먼저 백성들에게 왕에 대한 불만을 유도하는 것이었습니다. 그리고 왕을 향한 백성의 충성심을 가로채서 자신에게 향하도록 했습니다. 정(情)에 굶주린 백성들을 감동시키는 제스처를 쓰기도 했습니다.

> 그리고서 그는 누구든지 자기에게 와서 절하려고 하면 그러지 못하게 하고 오히려 손을 내밀어 그를 붙들고 입을 맞추곤 하였다. 압살롬은 왕에게 재판받으러 나오는 모든 사람을 이런 식으로 대하여 이스라엘 사람의 마음을 도둑질하였다 (15:5, 현대).

백성들의 마음을 도둑질하며 자기 세력을 키우던 압살롬은 때를 노리다가 4년 만에 헤브론으로 내려가 자기 스스로 왕이 되었다고 선포했습니다. 그리고 이스라엘 각처에 몰래 사람들을 보내

15. 다윗과 압살롬

어 압살롬이 왕이 되었다고 알리게 했습니다. 헤브론은 다윗이 수도를 예루살렘으로 옮기자 특권을 상실했다고 느끼는 유다 지파의 불만 세력의 집결지였습니다. 압살롬은 당시 지도급 인물 200명을 초청해 자기편으로 삼았습니다. 그들은 압살롬의 의도가 무엇인지 전혀 모르고 따라왔다가 분별력을 잃고 대세에 휩쓸려 이용당한 것입니다.

특히 이 반역에 결정적 계기가 된 것은 오랫동안 다윗의 고문이었던 아히도벨이라는 정치 거물이 압살롬을 지지했기 때문입니다. 아히도벨은 자기 손녀 밧세바를 취한 다윗의 범죄를 도저히 용서할 수 없었던 것 같습니다. 그러자 압살롬을 따르는 무리의 수가 불어가면서 반란 세력이 전국으로 퍼지며 커져갔습니다(15:10-12).

민심民心이 천심天心이라는 말이 언제나 옳은 것은 아닙니다. 민심이 얼마나 쉽게 정치적 카리스마나 정치 공학 작전에 의해 조작되며 이용당하는지 모릅니다. 그러므로 백성들의 정치의식을 발달시켜 압살롬 같은 정치인들의 술수에 농락당하지 않는 수준을 유지하는 것이 중요합니다.

하나님의 교회에서도 영적 질서를 파괴하는 한두 사람의 선동에 넘어가지 않는 분별력이 중요합니다. 왜냐하면 사단은 어디서나 압살롬처럼 항상 '으뜸 되기만 좋아하는'(요삼 1:9) 자를 치켜세워서 하나님의 교회를 무너뜨리려고 공격하기 때문입니다.

울며 도피하는 다윗

자식에게 배반당하고 친구에게 배신당한 다윗의 심경이 얼마나 참담했겠습니까. 어쩌면 인간 다윗의 일생이 처절한 실패로 종지부를 찍을지 모를 위기였으며, 또한 하나님의 백성 이스라엘이 파국을 맞게 된 시기였습니다. 그러나 위기를 맞았을 때 다윗의 신앙은 새벽 별처럼 빛났습니다.

사무엘서 저자는 이 생생한 역사 서술에서 독자들로 하여금 압살롬의 반역 자체보다 반란을 맞는 다윗의 태도에 더 주목하게 합니다. 누구든지 다윗의 경우에 처하면 격분해서 폭력을 사용할 것입니다. 다윗에게는 비록 늙었지만 충성된 군사가 있었고, 예루살렘 산성이라는 요새를 이용한다면, 반란군 진압은 그리 어렵지 않았을 것입니다. 아히도벨 같은 자만 속죄양 삼아 처단하면 민심을 돌이키는 것도 별문제가 아니었을 것입니다.

그러나 다윗은 자기 자신을 알았고 이 재난의 의미도 알았습니다. 회개하고 돌이켰으나 하나님의 징벌을 피할 수 없으며(12:10-11), 자녀들을 징계하며 교육시키지 못한 과오에 대해 값비싼 대가를 지불할 수밖에 없다는 것도 알았습니다. 그래서 온유하고 고요한 마음으로 슬픔과 아픔을 감내합니다. 실패와 고통의 시기에 하나님 앞에 먼저 나아가 하나님의 얼굴을 본 자에게서만 찾을 수 있는 평안과 확신의 모습입니다.

다윗은 반역하는 압살롬과 싸우기보다 그를 피해 예루살렘을 떠나는 편을 택합니다. 여부스 사람에게서 빼앗은 성을 다윗성이라 이름 짓고 왕궁 건축 등 웅대한 도시를 건설했던 다윗이 예루살렘을 포기했을 때 자신의 모든 것을 포기하는 것과 같았습니다.

다윗이 예루살렘에 함께 있는 그의 모든 신하들에게 이르되 일어나

15. 다윗과 압살롬

도망하자 그렇지 아니하면 우리 중 한 사람도 압살롬에서 피하지
못하리라 빨리 가자 두렵건대 그가 우리를 급히 따라와 우리를 해하고
칼날로 성읍을 칠까 하노라 (15:14) .

대결보다 도피를 택한 다윗의 결단은 결코 비겁했기 때문이 아
니며, 압살롬과 그를 분별없이 추종하는 자들을 옳다고 인정했기
때문도 아닙니다. 동족 간의 피 흘림으로 하나님의 성을 더럽힐 수
없다는 신앙에서 나온 결단이었습니다.

다윗은 첫째, 하나님의 영광, 둘째, 백성들의 유익, 마지막으로
자신의 안전이라는 인생의 가치 체계에 따라 선택했을 뿐입니다.
그는 왕권에 집착하지 않았습니다. 압살롬이라도 하나님께서 세
우셨다면 그를 도와 백성들의 마음을 그에게로 돌리는 데 힘썼
을 것입니다. 다윗의 신앙은 '큰 물이 나서 탁류가 그 집에 부딪치
되'(눅 6:48) 흔들리지 않는 반석 위에 세운 집이었습니다.

반역이 일어날 때는 한두 명이라도 더 자기편으로 포섭하는 자
가 세력을 얻습니다. 그러나 다윗은 외국인 용병인 왕실 근위대
600용사들을 지휘하는 잇대에게도 선택의 자유를 주며 오히려 새
왕을 섬길 것을 권합니다(15:19-20). 잇대는 오히려 목숨을 걸고 다
윗을 더욱 따릅니다. 또한 다윗은 대제사장과 레위인들이 메고 온
하나님의 궤도 돌려보냈습니다.

왕이 사독에게 이르되 보라 하나님의 궤를 성읍으로 도로 메어가라
만일 내가 여호와 앞에서 은혜를 입으면 도로 나를 인도하사 내게 그
궤와 그 계신 데를 보이시리라 그러나 그가 이와같이 말씀하시기를

내가 너를 기뻐하지 아니한다 하시면 종이 여기 있사오니 선히
여기시는 대로 내게 행하시옵소서 하리라 (15:25-26).

다윗은 지난 날 하나님을 수단으로 이용하려던 이스라엘 장로
들의 미신 행위를 반복하지 않았습니다(삼상 4:3). 하나님께서 자기
의 뜻대로 행하시는 분이심을 알았습니다. 오직 "내 주여, 뜻대로
행하시옵소서" 하며 하나님의 인생과 역사에 대한 주권을 철두철
미하게 시인하고 그분의 섭리에 모든 것을 맡기고 있습니다.

배신자들

대성통곡하며 예루살렘성을 떠나 광야 길로 가는 다윗, 감람산 길
로 머리를 가리우고 맨발로 울며 올라가던 다윗과 그의 일행에게
가장 큰 충격은 아히도벨이 압살롬 편에 가담했다는 뉴스였습니
다(15:23, 31-32). 다윗의 심장이 녹아내렸을 것입니다. 다윗과 아히
도벨은 평생을 함께한 친구였습니다. 아히도벨의 정치적 지략이
범상했기 때문에 그의 조언을 듣지 않고서 중대한 정책을 결정한
적이 없을 정도였습니다. 시편 41편과 55편에는 가장 신임하던 친
구에게 배신당한 다윗의 비통함이 구구절절 나타납니다.

내가 신뢰하여 내 떡을 나눠 먹던 나의 가까운 친구도 나를 대적하여
그의 발꿈치를 들었나이다 (시 11:9).

다윗은 아히도벨의 배신이 하나님의 '사람 막대기와 인생 채찍'

임을 잘 알았습니다. 그럼에도 불구하고 가장 견디기 어려운 매였습니다. 왜냐하면 인간이 인간에게 행할 수 있는 가장 비열한 행위가 바로 배신이기 때문입니다. 다윗은 하나님의 주권과 심판에 이 모든 것을 맡기면서 동시에 애절한 심정으로 하나님의 자비와 긍휼을 구합니다.

다윗이 이르되 여호와여 원하옵건대 아히도벨의 모략을 어리석게 하옵소서(15:31).

압살롬이 헤브론을 장악한 후 예루살렘으로 진입할 것이 확실하므로 다윗은 옛 이스라엘의 고성古城 마하나임으로 피신하기 위해 험한 광야 길을 택했습니다. 아무런 준비 없이 황망하게 떠난 다윗 일행을 므비보셋의 사환 시바가 먹을 것을 풍성히 가지고 맞았습니다. 그는 므비보셋이 배신하였다고 모함하여 다윗에게서 므비보셋에게 속한 재산을 얻습니다(16:1-4, 19:24-30). 기회주의자의 전형입니다.

사울의 족속 중에 시므이라는 자는 다윗을 향해 돌을 던지고 티끌을 날리면서 저주했습니다. "살인자여! 악한이여! 여기서 사라져라! 여호와께서 사울과 그 가족을 죽인 죄를 너에게 갚으셨다. 네가 사울의 왕위를 빼앗았으나 이제 여호와께서 그것을 너의 아들 압살롬에게 주었구나! 너는 사람을 죽인 죄로 이제 벌을 받아 망하게 되었다!"(16:7-8, 현대) 시므이는 단지 자기 지파에 속한 사울의 왕위를 가로챘다고 생각하고 다윗을 비방하며 저주하고 있는 것입니다. 어디에나 시므이 같은 자가 있습니다. 혈연, 학연, 지방색,

파벌주의 등이 사람을 이렇게 편협하게 만듭니다.[2]

다윗은 시므이의 저주를 은혜롭게 감당합니다. 그의 목을 베어 버리겠다는 아비새를 말리면서 말합니다.

> 내 몸에서 난 아들도 내 생명을 해하려 하거든 하물며 이 베냐민
> 사람이랴 여호와께서 그에게 명령하신 것이니 그로 저주하게
> 버려두라 혹시 여호와께서 나의 원통함을 감찰하시리니 오늘 그 저주
> 때문에 여호와께서 선으로 내게 갚아주시리라 (16:11 - 12) .

이 한마디 속에 다윗의 신앙이 보석처럼 빛나고 있습니다. 다윗은 자기에게 행해진 타인의 악도 하나님의 허용 없이는 있을 수 없다고 믿고 심판을 모두 하나님께 맡기고 있습니다.

하나님의 말씀 앞에서 자신을 발견한 자는 사람들의 판단이나 비방에 초연할 수 있습니다(고전 4:3-5 참조). 타인의 근거 없는 비방을 받으면 자존심이 상처받습니다. 그러나 비방을 변명할수록 더 구차해지는 법입니다. 비방을 허락하시는 하나님의 뜻이 무엇인가를 먼저 찾은 후, 그런 비방을 무시하고 자기 할 일만 찾아 묵묵히 감당해야 합니다.

다윗은 배신자들의 무리를 보며 하나님께 호소했습니다. 아마 시편 12편이 이 시기에 쓰여진 것일지도 모르겠습니다. '안면 바꾸기'의 세계적 거물들이 모인 우리 정치계뿐만 아니라 우리 사회 전반을 보면서 다윗은 똑같은 탄식을 하지 않았을까요.

> 여호와여 도우소서 경건한 자가 끊어지며 충실한 자들이 인생 중에

15. 다윗과 압살롬

없어지나이다 … 비열함이 인생 중에 높임을 받는 때에 악인들이
곳곳에서 날뛰는도다 (시 12:1, 8).

충성스러운 자들

모두 떠난 것 같았으나 '남은 자'들이 있었습니다. 모두 변절자들뿐
인 것 같으나 요압과 아비새를 비롯한 충성스러운 자들이 다윗을
도왔습니다. 다윗의 용사들은 후에 전열을 가다듬고 압살롬의 군
사와 싸워 승리를 거두었습니다. 결국 다윗의 왕권을 회복할 수 있
었고, 왕국의 안정을 찾을 수 있었습니다. 온전히 다윗과 함께한 충
성스러운 사람들의 공로 때문이었습니다.

그 가운데 결정적인 도움을 준 인물이 후새였습니다. 후새의 등
장은 "아히도벨의 모략을 어리석게 하옵소서"(15:31)라고 부르짖은
다윗의 간구에 대한 하나님의 응답이었습니다. 후새는 위험을 무
릅쓰고 다윗의 명령에 따라 압살롬 편에 가입하는 척하여 아히도
벨의 모략을 간파했습니다. 당장 곤비한 다윗 일행을 공략하자는
아히도벨의 작전 계략이 달성되었더라면 다윗은 끝장났을 것입니
다. 그만큼 아히도벨은 사리 판단이 뛰어났습니다.

그러나 후새는 온 이스라엘이 먼저 압살롬에게 돌아오게 한 후,
압살롬의 과대 망상적인 심리를 간파하여 쉽게 다윗을 처치할 수
있을 것이라고 그럴 듯하게 대안을 제시합니다(17:1-13). 압살롬이
자기 의견을 무시하고 후새의 제안에 따르자 아히도벨은 반역이
실패할 것을 뻔히 내다보고 자살합니다(17:23). 사무엘서 저자는 아
히도벨의 결정 과정에 하나님께서 간섭하셨다고 주석합니다.

이는 여호와께서 압살롬에게 화를 내리려 하사 아히도벨의 좋은

계략을 물리치라고 명령하셨음이더라 (17:14).

아히도벨의 아이디어가 아무리 좋아도 하나님께서 작정하시자 물거품이 되었습니다. 하나님께서는 아히도벨의 지략보다 후새의 충성을 귀히 보신 것입니다. 후새의 기밀을 다윗에게 전달한 제사장 사독과 아비아달, 그리고 그의 두 아들도 다윗에게 충성한 청년들이었습니다. 다윗 일행이 오랜 광야 길을 거쳐 마하나임에 도착하자 소비, 마길, 바실래가 침구와 취사도구, 그리고 많은 음식을 가지고 찾아왔습니다. 이들은 모두 비록 다윗이 과거에 범죄했으나 회개했으며 아직도 '여호와의 기름 부음받은 왕'이므로 흔들림 없는 충성을 바치고 있는 것입니다.

하나님께서는 다윗을 사람 막대기와 인생 채찍으로 모질게 매를 때리시면서도 이러한 충성스러운 사람들, 모두 떠나도 함께하는 사람들을 남겨두심으로 위로해주신 것입니다. 자식과 친구에게서 배신당하는 때에도 충성스러운 자들이 침 뱉지 않고 곤경 속에 있는 다윗을 붙잡아 일으켜준 것입니다.

압살롬의 죽음

다윗의 군대와 압살롬의 군대가 드디어 에브라임 숲속에서 격렬한 전투를 벌였습니다. 압살롬의 군대가 대패하여 2만 명이 전사했는데, 그 전투에서는 칼에 맞아 죽은 자보다 숲에서 죽은 자가 더 많았습니다. 아마 숲으로 유도 작전을 쓴 다윗의 장군들에게 속아 많이

355   15. 다윗과 압살롬

죽었던지, 아니면 그곳의 지형이 큰 웅덩이들이 많고(18:18), 또한 돌풍 같은 이상 기후 때문에 많은 사상자가 생겼다고 설명하는 학자도 있습니다.[3] 그러나 저자의 관심은 압살롬에게 집중됩니다.

> 압살롬이 다윗의 부하들과 마주치니라 압살롬이 노새를 탔는데 그
> 노새가 큰 상수리나무 번성한 가지 아래로 지날 때에 압살롬의 머리가
> 그 상수리나무에 걸리매 그가 공중에 달리고 그가 탔던 노새는 그
> 땅과 공중 사이로 빠져나간지라 (18:9) .

압살롬은 평소 자기 외모에서 가장 자랑스러웠던 머리털 때문에 어떤 희극이나 비극에서도 구상해내기 힘든 모습으로 죽게 되었습니다. 전투에 나가기 전 "나를 위하여 젊은 압살롬을 너그러이 대우하라"(18:5)는 다윗 왕의 명도 거역하면서 요압은 창을 가지고 가서 상수리나무에 매달려 아직 살아 있는 압살롬의 심장을 잔인하게 찔렀습니다(18:14). 압살롬은 자식이 없어 자신의 이름을 남기기 위해 기념비를 세운 적이 있었습니다(18:18). 그의 기념비는 후손들에게 경고도 되었겠으나 조롱거리가 되었을 것입니다. 사울과 같이 압살롬 역시 자기 이름을 위해 부왕을 반역하는 왕권 찬탈에 나섰다가 비참하게 죽습니다. 하나님의 공의로운 심판의 결과입니다(17:14 참조). 압살롬의 사망 소식을 전한 다윗의 슬픔이 어떠했겠습니까.

> 왕의 마음이 심히 아파 문 위층으로 올라가서 우니라 그가 올라갈
> 때에 말하기를 내 아들 압살롬아 내 아들 내 아들 압살롬아

차라리 내가 너를 대신하여 죽었더면 압살롬 내 아들아 내 아들아

하였더라 (18:33).

우리는 다윗의 심정을 조금은 동정할 수 있습니다. 사랑하는 아
들 압살롬의 죽음, 그 죽음이 자기 죄에 대한 하나님의 심판의 결과
였고, 그 아들 역시 불의를 행하다가 불의의 삯으로 처참하게 죽었
습니다.

그러나 지나치게 슬퍼한 행위는 반역자 압살롬과의 전투에서
목숨 바쳐 다윗을 위해 싸운 충성스러운 용사들의 희생을 무시하
는 태도로 보였습니다. 용사들은 승전의 기쁨보다 오히려 왕 때문
에 패잔병 같은 슬픔에 빠졌습니다. 다윗은 '아비'로서의 정에 이
끌려 '왕'으로서의 책임을 저버리고 있었습니다. 압살롬 역시 자기
죄에 대한 하나님의 심판을 받은 것이라면, 다윗은 밧세바와의 첫
아기가 죽었을 때와 같은 신앙적 자세를 가졌어야 마땅했습니다
(12:20-23 참조).

예루살렘으로 돌아온 다윗

저자는 다윗이 예루살렘을 떠날 때의 기록에 비해 예루살렘으로
돌아가는 기록은 간단히 다루고 있습니다. 압살롬의 죽음으로 무
너져내린 다윗의 마음을 돌이킨 것은 협박에 가까운 요압의 직언
때문이었습니다(19:5-8). 다윗은 이성을 회복하여 성문으로 나가 앉
아 백성들을 격려했습니다. 왕으로서의 지위를 되찾은 것입니다.

반역이 진압되었으나 다윗은 즉시 환도하지는 않습니다. 여유

를 가지고 근신하면서 백성들이 자발적으로 자신을 다시 왕으로
모시는 운동이 일어나기까지 때를 기다렸습니다. 특히 압살롬을
지지했던 유다 지파의 마음을 되돌리는 것이 힘든 일이었습니다.
다윗은 왕권 회복의 시기를 늦추면서까지 제사장 사독과 아비아
달을 보내어 유다 지파를 회유하는 데 힘썼습니다(19:11-13). 회유
책 가운데 하나로 반란군의 사령관 아마사를 통일 왕국의 총사령
관으로 임명하겠다고 약속했습니다. 이 발표는 유다 사람들의 마
음을 움직이는 데 결정적인 역할을 했습니다.

> 모든 유다 사람들의 마음을 하나같이 기울게 하매 그들이 왕께
> 전갈을 보내어 이르되 당신께서는 모든 부하들과 더불어 돌아오소서
> 한지라 (19:14).

드디어 유다 지파의 지지를 확인하게 되자, 다윗은 왕권 회복을
위해 예루살렘 환도 여행을 출발했습니다(19:15). 다윗은 자신의 왕
권 회복을 당연시하지 않고, 다시 한 번 임명과 백성의 승인 과정을
거쳐서 확인되어야 한다고 믿었습니다. 그래서 처음 통일 이스라
엘 왕으로 세움받을 때와 같은 절차를 스스로 택하면서 재신임받
으려는 겸허한 자세를 취하고 있습니다(5:1-3 참조).

마하나임에서 요단강을 건너 예루살렘으로 돌아오는 길에서 다
윗은 넓은 도량을 가진 정치가답게 배신자들에게 관용을 베풉니
다. 용서와 화해로 백성들의 마음을 하나로 묶고 있는 것입니다. 독
을 품고 자신을 저주했던 시므이와 간교하게 이용했던 시바를 용
서했고, 함께 가지 못한 므비보셋과 바실래에게 은총을 베풀었습

니다(19:16-39).

다윗이 시므이 같은 비루한 배신자들을 포용할 수 있었던 것은 자신이 하나님으로부터 받은 사죄의 은혜가 너무나 컸기 때문이기도 했으나, 다른 한편으로는 자기의 과오로 국난을 당해 찢기고 상처 입은 백성들의 마음을 치유하기 위한 포용의 몸짓이기도 했습니다. 후에 왕국이 안정을 되찾아 솔로몬에게 왕위를 양도하면서 시므이를 처형할 것을 명한 사실을 통해 알 수 있습니다(왕상 2:8-9). 하나님의 기름 부음받은 왕을 저주한 자를 처형하지 않을 때, 그것은 국가의 기강이 무너질 것을 대비한 조치였습니다.

압살롬의 반역으로 나뉘어진 유다와 이스라엘의 마음을 하나로 묶는 일은 진통을 겪으며 상당한 시간이 흘러야 했습니다. 20장에는 다시 베냐민 사람 세바의 반역 사건이 나옵니다. 다윗을 모셔 오는 데 소외되어 섭섭병에 걸린 이스라엘 열 지파가 일시적이나마 세바를 지지해서 또다시 민족 분열의 위기가 있었지만, 그 영향이 크지 않아 요압과 아벨의 어느 지혜로운 여인의 도움으로 세바를 죽이고 진압할 수 있었습니다.

그리고 나서 비로소 다윗의 왕권은 확고하게 회복되었습니다. 20장 마지막 부분에는 왕권 회복 후 새롭게 임명된 내각의 이름이 나옵니다(20:23-26). 이것은 넘어졌던 다윗이 다시 일어났고, 부서졌던 왕국이 중건된 사실을 분명하게 매듭짓는 표현입니다.

회복의 은총

밧세바와의 간음 이후, 다윗과 그의 왕국은 끝이 안 보이는 캄캄한

터널을 덜그럭거리며 가는 화물 열차같이 인고의 세월을 거쳐야
했습니다.

성서학자들은 압살롬 반역 전후로 다윗이 중병을 앓았다가 회
복했을 거라고 추측하기도 합니다. 건강의 회복, 신앙의 회복을 체
험한 다윗은 예루살렘과 왕권, 그리고 다시 통일 왕국을 회복할 수
있었습니다.

> 하나님이시여,
> 주께서 우리를 버려 흩으시고 분노하셨으나
> 이제는 우리를 회복시켜주소서.
> 주께서는 땅을 진동시켜 갈라놓으셨습니다.
> 이제 그 틈을 메우소서.
> 땅이 흔들리고 있습니다 …
> 그러나 주를 두려워하는 자에게
> 주께서 깃발을 주셔서 진리를 위해
> 그것을 달게 하셨습니다 (시 60:1-2, 4, 현대) .

하나님의 거룩한 분노의 매, 연단의 채찍을 맞고는 있으나 다윗
이 하나님의 자비와 긍휼을 의지하여 "이제는 우리를 회복시켜주
소서"라고 울부짖었을 때, 하나님께서 구원과 승리의 깃발을 주셨
다는 말은 가슴을 뭉클하게 하는 간증입니다.

우리 하나님은 회복의 하나님이십니다. 신앙의 경주를 달리다
가 넘어진 자를 다시 일으켜 세워 달릴 수 있는 힘을 주시며, 죄로
인해 추해지고 상처받은 인생이 십자가 앞에서 회개하고 돌아오

면, 사죄의 은혜를 베푸셔서 본래의 모습으로 깨끗하고 건강하게 회복시켜주시는 하나님이십니다(시 51:12, 렘 30:17, 단 11:35).

하나님께서는 다윗 왕뿐만 아니라 애굽인을 살해한 후 광야에 망명 갔던 모세를 회복시켜 다시 민족의 지도자로 쓰셨으며, 예수님을 세 번이나 부인하고 도망갔던 베드로를 회복시켜 영적 지도자의 직분을 다시 주셨습니다.

그러나 타락한 지도자 특히 간음한 신앙 지도자가 회개했다고 해서, 부도를 낸 사업가를 기업체에서 다시 임용하는 것처럼 하나님의 교회에서도 다시 영적 지도자의 직분을 줄 수는 없는 것입니다. 그것은 다윗을 회복시키신 하나님의 방법, 성경의 가르침이 아니기 때문입니다.

신앙 지도자의 회복을 잘못 다루면 자칫 죄를 경시하는 악영향이 독버섯처럼 성도들에게 퍼져나갈 위험이 있습니다. 우리들도 "뭐, 다윗도 그랬는데" 하는 식의 유혹에 빠질 수 있습니다. 그러므로 범죄의 심각성, 그 순간적 쾌락이 가져다주는 지속적이고 무서운 결과를 사무엘서의 저자는 신자들의 마음에 사무치도록 힘을 주어 기록한 것입니다.

신앙 지도자의 회복은 직분에 대한 회복 이전에 하나님과의 바른 관계 회복이 전제되어야 합니다. 타락하여 부서진 인격의 집이 피눈물 나는 연단의 기간을 거쳐 새롭게 중건되려면 시간이 필요합니다. 모든 사람 앞에 다시 '책망할 것이 없으며 한 아내의 남편이 되며 절제하며 신중하며… 외인에게서도 선한 증거를 얻은'(딤전 3:2-7, 딛 1:6-9) 그 인격의 진실성이 입증되는 과정을 겪어야 합니다.

왜냐하면 신앙 지도자의 타락은 범죄 사건 자체보다 더 심각한 신앙 인격의 결함이라는 문제가 내포되어 있기 때문입니다. 회개의 눈물을 흘렸다고 너무 쉽게 그 직분을 회복했기 때문에 지도자 자신뿐 아니라, 그를 신임하던 수많은 성도들, 그리고 순수성을 지키던 많은 하나님의 종들이 직접 또는 간접적으로 받는 피해와 악영향이 얼마나 큰가는 미국의 TV 전도사들의 추행과 그들의 회복 과정의 문제들을 통해서 확인되었습니다.[4]

우리 역시 일생 동안 쌓은 건강, 명예, 사업, 인간관계가 죄나 실수로 하루아침에 무너져 내리는 처절한 경험을 할 수도 있습니다. 다윗은 울부짖었습니다. "나는 … 깨어진 질그릇같이 되었습니다"(시 31:12, 현대).

그러나 하나님께서는 선지자 예레미야에게 친히 보여주셨듯이 파상破傷된 그릇 조각들로 새로운 그릇을 만드는 토기장이와 같습니다(렘 18:1-9). 부서진 개인의 인생, 신앙 인격, 깨어진 가정을 다시 새롭게 빚으실 수 있습니다. 하나님께서는 분열된 교회나 민족도 다시 자신의 놀라운 능력으로 하나 되게 하실 수 있습니다.

무너진 예루살렘성을 느헤미야를 통해 중건하게 하듯 믿음의 사람들을 다시 세우고 공동체를 재건하십니다. 다윗의 하나님, 그리고 죄로 인해 인류가 '실낙원失樂園, Paradise Lost' 했으나 그리스도 안에서 '복낙원復樂園, Paradise Regained' 할 것을 비전 가운데 보았던 존 밀턴John Milton, 1608-1674의 하나님은 우리를 회복하시는 하나님이시며, 모든 위로의 아버지, 참 소망의 주님이십니다(고후 1:37).

우리 주님은 말씀하셨습니다.

정한 때가 되어 마지막이 올 때까지 지도자들이 이런 고난을 겪는

것을 보고 어떤 사람은 단련을 받아 깨끗해지고 빛날 것이다
(단 11:35, 공동) .

애통하는 자는 복이 있나니 그들이 위로를 받을 것임이요 (마 5:4) .

16. 다윗의 말년

삼하 21:1-24:25

— 이스라엘의 등불이 꺼지지 말게 하옵소서(21:17).
— 다윗은 당시에 하나님의 뜻을 따라 섬기다가 잠들어 그
  조상들과 함께 묻혀 썩음을 당하였으되(행 13:36).

교회와 사회의 어른으로 존경받던 분들이 따르던 사람들에게 큰
실망을 주는 말이나 일을 하는 경우를 가끔 접하게 됩니다. 떠오르
는 해도 아름답지만 지는 해가 더욱 아름답습니다. 생의 마지막을
아름답게 살다 가는 모습은 후손들에게 많은 가르침을 줍니다.

본문은 엄격히 말해서 다윗의 말년에 대한 기록만은 아닙니다.
다윗의 통치 초기에 있었던 사건 중에서 몇 가지를 연대와 상관없
이 부록으로 편집해놓은 것도 있습니다. 그냥 읽기에는 아무런 통
일성도 없이 마구 엮어놓은 것 같으나, 깊이 살펴보면 부록 속의
여섯 주제가 문학적 구성에 있어서나 신학적 중요성으로 보아 '다
윗의 통치 기간에 대한 적합한 요약'이라고 할 수 있습니다. 저자
는 구약에서 흔히 발견되는 'a-b-c-c-b-a'의 교차 대구법적交叉對句法
的 문학 양식을 사용하고 있습니다. 첫 번째와 마지막은 다윗이 이
스라엘을 향한 하나님의 진노를 푸는 사건들이요(21:1-14, 24:1-25),
두 번째와 다섯 번째는 다윗의 용사들에 대한 기록이며(21:15-22,
23:8-39), 가운데는 다윗의 시 두 편이 나오는데 앞의 것은 승리의

364

노래이고, 뒤의 것은 예언의 시입니다. 이 두 편의 시가 부록의 중심이 됩니다.

사무엘서는 한나의 노래로 막을 올리고 다윗의 승리의 노래로 막을 내리는 구성으로 문학적 가치가 높습니다. 우리는 그동안 다윗의 파란만장한 생애를 살펴보았습니다. 오늘은 다윗의 지도력의 편린을 엿볼 수 있을 뿐 아니라, 그가 생애의 마지막을 어떻게 장식하는가를 배우게 됩니다.

백성의 한을 풀어주는 왕

21장 앞부분에는 억울한 일을 당해 원한을 품고 있는 기브온 사람들과 사울의 첩 리스바의 슬픈 이야기가 나옵니다. 기브온 사람들은 본래 가나안 족속인데 여호수아를 속여 조약을 체결해 이스라엘에서 머슴살이하며 살도록 허용된 소수 민족이었습니다(수 9:3-27). 서원했으면 해로울지라도 변하지 않아야 하는 것이 하나님의 뜻입니다(시 15:4). 그런데 사울은 히틀러 같은 광기 때문에 기브온 사람들을 학살했습니다(21:2, 5).

하나님께서는 무죄한 자가 압박당할 때 그 억울함을 반드시 갚아주십니다(시 10:18). 그래서 3년간 이스라엘에 기근을 내리셨습니다. 결국 "생명을 생명으로 갚는다"는 하나님의 규례대로 사울의 자손 7명에게 사형을 집행하게 했습니다(민 35:29-34 참조). 아마 죽임당한 7명은 그 사건에 직접 책임 있는 자들로 추측됩니다. 이로써 기브온 사람들의 한은 풀렸으나, 두 아들을 참혹한 죽음으로 잃은 리스바의 비통함은 풀 길이 없었습니다. 본래 나무에 달린 자는

16. 다윗의 말년

하나님의 저주를 받은 자로서 그 시체를 당일에 장사해야 했습니다(신 21:23). 예수님께서도 바로 이 말씀대로 우리를 위해 대신 저주받고 십자가에 매달려 죽으신 것입니다(갈 3:13).

그런데 자식들의 시체를 장사 지내 주지도 않자, 리스바는 굵은 삼베를 가져다가 바위 위에 깔고 추수가 시작된 때부터 하늘에서 비가 시체에 쏟아질 때까지, 낮에는 시체에 독수리가 앉지 못하도록 하고 밤에는 맹수가 달려들지 못하도록 지켰습니다. 1980년 광주 항쟁 때 손이 뒤로 묶인 채 총에 맞아 죽은 어느 전남대생의 어머니가 달밤이면 망월동 묘지에 가서 묘를 파 구멍을 내고 아들과 대화를 나누곤 했다는 그 한 맺힌 모습과도 같습니다.[2]

다윗은 리스바가 행한 일을 듣고서 죽은 사람들의 뼈를 사울과 요나단의 뼈와 같이 묻어주었습니다. 다윗은 억울한 일을 당한 소수의 약자들과 슬픔 많은 한 여자의 한을 풀어주었습니다. 리스바가 사울의 첩이 되고 싶어 된 것이 아니었을 것입니다. 타고난 미모 때문이었는지 모릅니다. 그녀는 사울의 첩이었기 때문에 아브넬에게서 욕을 당했었고(삼하 3:7), 두 아들의 참혹한 죽음까지 목격해야 했습니다. 세상을 잘못 타고났기 때문이라고 할 수도 있습니다. 통치자의 할 일이 바로 이런 소외당한 자, 억울한 자, 원한을 품고 사는 자를 보살피는 것입니다. 다윗은 바로 백성들의 눈물을 씻겨주며 한을 풀어준 왕이었습니다. 이러한 다윗의 행위를 하나님께서는 귀하게 보셨습니다.

그 후에야 하나님이 그 땅을 위한 기도를 들으시니라 (21:14).

왕은 이스라엘의 등불

21장 후반부에는 블레셋의 거인들과 싸워 이긴 다윗의 용사들에 대한 기록입니다. 다윗의 나이가 60대쯤 되었을 때입니다. 전쟁에 나갔다가 이스비브놉에게 죽기 직전 아비새가 잽싸게 가서 블레셋 거인 장수를 쳐죽이고 다윗을 구출했습니다. 그 사건 후 용사들이 다윗에게 간청했습니다.

> 왕은 다시 우리와 함께 전장에 나가지 마옵소서 이스라엘의 등불이
> 꺼지지 말게 하옵소서 (21:17) .

다윗의 부하들에게서 '이스라엘의 등불'로 높임받는 것은 결코 그의 처세술이나 여론 조작 기술 때문이 아니었습니다. 먼저 하나님을 섬기되 "여호와여 주는 나의 등불이시니 여호와께서 나의 어둠을 밝히시리이다"(22:29)라고 믿고 의지했기 때문이요, 어두운 시대를 살며 절망하기 쉬운 백성들을 공의와 사랑으로 보살피며 다스렸기 때문이었습니다.

다윗은 자신의 모든 성공과 번영을 자기 공로로 삼지 않았습니다. 첫째는 하나님의 은혜지만, 두 번째는 아둘람굴 시절부터 자신의 약점을 감당하면서 충성해준 용사들의 공으로 돌립니다. 다윗의 위대성이 바로 이러한 지도력에 있습니다. 사무엘하는 어느 성경보다 많은 사람들의 이름이 기록되어 있습니다. 사도 바울이 로마서 16장에서 자기 동역자들의 이름을 수없이 기록해놓은 것을 연상시킵니다. 23장 뒷부분에 나오는 세 용사들 이름에는 헷 사람

우리아도 있어 우리의 가슴을 찡하게 합니다.

하나님의 영광과 백성을 위해 자신에게 충성하는 동역자들의 귀중함을 인정해주는 것은 훌륭한 지도자의 인격적 요소 가운데 하나입니다. "무엇이든지 남에게 대접을 받고자 하는 대로 너희도 남을 대접하라"(마 7:12)는 그리스도의 황금률은 주님의 교회에서나 일반 사회에서나 그대로 적용될 진리입니다. 다윗은 동역자들을 귀하게 인정했기 때문에 그들에게 '이스라엘의 등불'이라는 최고의 찬사를 받을 수 있었습니다.

왕의 노래

사무엘서 저자는 다윗을 주로 용맹스러운 무인, 탁월한 통치자로서의 모습만을 그렸습니다. 다윗이 수금 잘 타는 음악가요(삼상 16:18), 사울과 요나단을 위해 애가를 지은 시인이라는 것을 얼핏 언급했을 뿐입니다(1:17-27). 그러나 현대인에게 다윗은 시인으로 더욱 기억되고 있습니다. 생애의 황혼기에 지난날을 돌아보며 하나님을 찬양하며 감사의 시를 쓴다는 것은 얼마나 아름답고 고상한 일이겠습니까.

사무엘서 저자는 22장의 시가 다윗의 수많은 작품 중에서 가장 그의 일생을 잘 요약한 시라고 생각해서 여기에 수록했을 것입니다. 그러므로 시를 읽을 때 다윗의 생애 가운데 어떤 사건을 경험한 후 쓴 것인가를 연결시켜 생각해보면 좋을 것입니다. 어느 주석가는 이 시가 다윗의 일생을 해석하는 신학적 주석이라고도 했습니다.[3] 내용을 묵상해보면 다윗의 생애보다 다윗의 하나님이 주제가 되기 때문입니다.

시의 앞부분(1-20절)에서 다윗은 하나님의 구원을 노래합니다. 다윗은 블레셋을 비롯한 외적에게서 하나님의 구원을 경험했을 뿐만 아니라 사울과 압살롬 같은 내부의 적에게서 더 큰 구원을 맛보았습니다. 다윗은 군사적 천재라서 원수들에게 승리한 것이 아니라 권능과 은혜로 구원받은 것입니다. 그러므로 다윗은 노래합니다. 여호와는,

나의 반석
나의 요새
나를 건지시는 자
나의 방패
나의 높은 망대
나의 피난처
나의 구원자

다윗의 모든 관심은 이제 어떻게 하면 하나님을 더 잘 찬양할 수 있을까에 집중됩니다. 하나님은 너무나 크고 아름답고 좋으신 분인데, 자신이 빌려 쓸 수 있는 언어는 너무 한정되어 있어 몹시 안타까웠을 것입니다. 나이가 들어갈수록 우리 주 곧 구주 예수 그리스도의 은혜와 그를 아는 지식에서 자란(벧후 3:18) 성숙한 모습처럼 멋있고 수준 높은 삶이 어디 있겠습니까.

다윗의 원수가 보기에는 인간들이었으나 내용으로는 '사망 권세'였습니다. 5절에서는 사망 권세를 마치 광풍이 몰아치는 대양으로,

16. 다윗의 말년

6절에서는 사냥꾼이 놓은 '사망의 올무'로 그리고 있습니다. 누가 이 '파멸의 홍수'와 '사망의 덫'에서 우리를 구원하여 주겠습니까.

> 내가 환난중에서 여호와께 아뢰며 나의 하나님께 아뢰었더니 그가
> 그의 성전에서 내 소리를 들으심이여 나의 부르짖음이 그의 귀에
> 들렸도다 (22:7) .

인생의 황혼에 아스라이 지나간 날들을 돌아보며 환난 중에서 부르짖을 때마다 응답하고 구원해주신 하나님을 기억할 때 다윗의 눈망울에는 감사의 이슬이 맺혔을 것입니다. 그는 8-16절에서 하나님을 기리면서 크고 광대하신 하나님의 '강림'(10절), '나타나심'(11절)과 초월자이신 하나님께서 직접 역사에 개입하여 자신을 '건지셨음'(18절)을 찬양합니다.

> 나를 기뻐하시므로 구원하셨도다 (22:20) .

이 시에 담겨 있는 다윗의 고백 가운데는 어찌 보면 거만하게 들릴 수 있는 표현들도 있습니다. 그러나 자신을 끔찍하게 사랑하는 연인을 둔 사람이 "그이가 날 사랑하는 건 너무나 분명해" 하고 자랑하는 것이 흠이 될 수 없는 것처럼, 다윗에게 있어 하나님의 구원의 사랑은 결코 부인할 수 없는 확신이었던 것입니다.

시의 후반부에서 다윗은 계속해서 하나님의 진실하심과 구원하심을 찬양합니다. 특히 자기 백성에게 베푸신 승리를 찬양합니다. 그런데 이상하게 들리는 것은 21-25절에서 마치 자기 의義를

뽐내는 듯한 내용입니다. 어떻게 그런 끔찍한 죄를 저질렀던 다
윗이 "내가 또 그의 앞에 완전하여 스스로 지켜 죄악을 피하였나
니"(24절)라는 표현을 할 수 있는지 거부감마저 듭니다.

거듭 말하지만 구약을 공부하면서 잊지 말아야 할 말은 '언약'이
란 단어입니다. 이스라엘 백성은 세상 만민 중에서 선택된 민족으
로 하나님과 독점 관계를 갖기로 언약을 맺은 사이입니다.[4] 그러므
로 속죄의 제물을 바칠 때 이미 죄사함과 승리가 보장되어 있었습
니다. 다윗은 그 언약을 신실하게 지키신 하나님을 높이 찬양하고
있을 뿐이라고 이해해야 할 것입니다.

> **주님은 살아계신다. 나의 반석이신 주님을 찬양하여라, 나의 구원의**
> **반석이신 하나님을 높여라 (22:47, 새번역).**

사무엘서에 나오는 다윗의 첫 마디가 "이 할례받지 않은 블레
셋 사람이 누구이기에 살아 계시는 하나님의 군대를 모욕하겠느
냐"(삼상 17:26)였습니다. 다윗의 신앙은 하나님의 살아 계심을 믿음
으로 출발했고, 하나님의 살아 계심을 확신하여 완숙했습니다. 과
거를 돌아보며 살아 계신 하나님을 자기 삶의 구석구석에서 체험
한 다윗은 확신 있게 미래를 내다볼 수도 있었습니다.

> **여호와께서 그의 왕에게 큰 구원을 주시며 기름부음 받은 자에게**
> **인자를 베푸심이여 영원하도록 다윗과 그 후손에게로다 (22:51).**

노래의 절정에서 다윗이 기억하는 것은 하나님의 영원한 '인자

16. 다윗의 말년

하심'입니다. 자손만대에 이르도록 영원토록 변함없는 하나님의 사
랑만이 다윗이 숨질 때까지 부르고 또 부를 찬송 제목이었습니다.

다윗의 마지막 말

'나는 누구인가'를 바르게 아는 사람은 '어떻게 살 것인가'에 대해서
도 해답을 갖고 있습니다. 생의 마지막에서 다윗은 자기를 가리켜
세 가지로 표현합니다. '높이 들리운 자' — 보잘것없는 신분인 이새
의 아들로 태어나 목동의 자리에서 왕이라는 높은 위치에 오른 자.
'야곱의 하나님에게 기름 부음받은 자' — 하나님의 택함받은 왕.
'이스라엘의 노래 잘하는 자' — 성경에 기록된 시편 150편 중에서
73편을 쓴 시인. 다윗의 '마지막 말'이란 문자적으로 유언이란 뜻은
아닙니다. 열왕기상 2장에 다윗이 솔로몬에게 남긴 유언이 기록되
어 있습니다. 아마 하나님의 영의 인도함을 받아 마지막으로 쓴 시
라는 의미일 것입니다.

　다윗은 자신의 시가 '주님의 영이 나를 통해 말씀하시니'(23:2, 새
번역), 시편이 성경의 다른 부분과 마찬가지로 하나님의 영감으로
기록된 하나님 말씀의 권위가 있음을 주장하고 있습니다. 사실 구
약의 어느 책보다도 유대인이나 크리스천들이 하나님을 예배하
는 데 가장 많이 사용하는 책이 시편입니다. 23장의 시는 다윗이 예
언자로서 자기 생애를 요약할 뿐 아니라, 멀리 메시아 시대를 비전
가운데 내다보며 예언한 말씀입니다(행 2:29-32, 베드로의 오순절 설
교 참조).

사람을 공의로 다스리는 자 하나님을 경외함으로 다스리는 자여 그는
돋는 해의 아침 빛 같고 구름 없는 아침 같고 비 내린 후의 광선으로
땅에서 움이 돋는 새 풀 같으니라(23:3-4).

독재자 사울이 블레셋과의 전쟁에서 참혹하게 죽은 후 이스라
엘이 겪은 혼란과 분열, 주권 상실의 질곡은 극심했습니다. 그러나
사울에 이어 왕이 된 다윗은 즉위 40년 동안 하나님을 경외하며 백
성을 존중함으로 다스려 왕권을 확립하고 나라를 든든히 세웠습
니다.

어두운 시대에 '돋는 해, 아침 빛'같이 이스라엘 백성들을 비추어
답답한 그들의 마음을 구름 한 점 없는 청명한 아침같이 바꾸어 놓
는 시원한 정치를 했습니다. 그의 리더십은 백성들에게 꿈과 비전
을 품은 밝고 명랑한 분위기 속에서 서로 도우며 살 수 있는 국가
공동체를 유산으로 남겨주었습니다. 다윗의 왕도는 메마른 백성
들의 마음 밭을 일구어 희망의 씨를 심었고, 그 씨가 파릇파릇 돋아
나는 새싹이 되어, 후에 자손만대에 이르러 행복의 열매를 거두도
록 돕는 이른 비와 늦은 비 같았습니다.

그러나 다윗은 통치 말기에 겪은 암울한 반역 사건들을 돌이켜
보며 자신의 왕도가 결코 완전무결한 통치가 될 수 없음을 깨달았
습니다. 그러므로 여기서 '사람을 공의로 다스리는 자, 하나님을 경
외함으로 다스리는 자'는 궁극적으로 장차 올 메시아를 예언하고
있는 것입니다. 다윗은 한 시대를 섬기고 이제 떠날 때가 되었습니
다. 그러나 자기와 언약을 맺으신 하나님은 영원하며 진실하신 분
이심을 알기에 자신의 모든 희망을 그분의 언약에 두고 있습니다.

하나님이 나와 더불어 영원한 언약을 세우사 만사에 구비하고
견고하게 하셨으니 나의 모든 구원과 나의 모든 소원을 어찌 이루지
아니하시랴(23:5).

다윗의 공로와 업적은 실로 위대했습니다. 그의 통치 아래서 이
스라엘은 민족국가의 주체성과 번영을 칭송했습니다. 그를 시조始
祖로 다윗 왕조가 시작되었습니다. 그러나 다윗은 결코 인간의 행
위에 소망을 둘 수 없음을 자신의 인생 경험을 통해서 분명히 알았
습니다.

다윗 왕조는 무려 400여 년을 이어나갔습니다. BC 586년 유다가
바벨론에게 멸망당할 때까지 '다윗의 등불'은 꺼지지 않고 이어갔
지만, 끝내는 다윗의 행위를 따르지 않는 사악한 후손들 때문에 그
의 왕조 역시 끝나고 말았습니다. 바벨론, 페르시아, 희랍, 로마 제
국으로 이어지는 세상 권세에 포로로 잡히기도 하고 끊임없이 압
제를 받으며 절망할 수밖에 없던 백성에게, 그래도 희망의 심지를
돋우워준 '이스라엘의 등불'은 바로 하나님께서 다윗과 세운 '영원
한 언약'이었습니다.

하나님께서는 때가 차매 다윗의 자손 가운데 메시아를 보내셔
서 23장 3-4절과 이사야 11장의 예언을 성취하셨습니다. 메시아가
오심으로 "돋는 해가 위로부터 우리에게 임하여 … 우리 발을 평강
의 길로 인도하시리로다"(눅 1:78-79)라는 예언이 이루어졌습니다.
다윗의 마지막 말이 메시아 시대에 대한 예언이었다는 사실은 얼
마나 감동적인지 모릅니다. 다윗은 영감 넘치는 시편과 그의 영원
한 왕조, 곧 메시아 통치가 실현되는 하나님나라에 대한 믿음과 소

망을 후손에게 유산으로 남겨주었습니다.

다윗의 인구 조사

사무엘서의 마지막 장은 왜 좀더 그럴 듯한 사건으로 장식되지 않고, 하필이면 다윗의 실수 이야기로 끝을 맺고 있을까요? 그러나 인간의 죄와 실수를 통해서도 성전의 터를 마련하시려는 하나님의 비밀스러운 계획을 펴 보이는 본문의 사건은 마치 여백을 많이 둔 동양화처럼 독자들의 마음속에 깊은 인상을 새겨줍니다. 어느 학자는 이 부분이 '구약에서 가장 중요한 부분 가운데 하나'라고 합니다.[5]

24장 앞부분은 다윗이 인구 조사한 후, 하나님의 저주로 7만 명이 전염병으로 죽은 사건입니다. 이 사건을 읽으면서 우리가 이해하기 힘든 말씀이 있습니다. 1절과 10절 말씀입니다.

여호와께서 다시 이스라엘을 향하여 진노하사 그들을 치시려고
다윗을 격동시키사 가서 이스라엘과 유다의 인구를 조사하라
하신지라 (24:1) .

이 말씀을 〈현대인의 성경〉은 이렇게 번역합니다. "여호와께서 다시 이스라엘 백성에게 분노하시자 다윗은 '가서 이스라엘과 유다의 인구를 조사하라'는 충동을 받게 되었다." 하나님께서 이스라엘 백성에게 분노하신 이유는 자신이 택한 왕을 반역하고 압살롬과 세바를 분별없이 따른 죄 때문이라고 설명하기도 합니다.[6] 하나

16. 다윗의 말년

님께서는 직접 사람을 범죄하게 하시지는 않지만(약 1:13-15), 인간의 악행까지도 신비스러운 하나님의 통치 아래 있다는 것은 분명한 사실입니다(출 4:21, 수 11:20, 왕상 22:22-23, 행 4:28 참조).

그런데 인구 조사가 왜 잘못입니까? 다윗이 양심의 가책을 느껴 회개해야 할 이유는 무엇입니까(10절)? 민수기를 보면 군사력의 효율적 운영을 위해 인구 조사는 필요한 일이었습니다. 다만 인구 조사 자체보다는 그 마음의 동기가 문제였습니다. 압살롬의 반역 후 무너진 왕권을 센서스를 통해 더욱 확고히 장악하려는 의도였거나, 아니면 노년에 과거 업적을 회상하며 자기 영광을 구하려는 다분히 자기도취에 빠져 행한 일이었습니다.

본래 이스라엘은 하나님께서 친히 보호하시는 하나님의 백성입니다. 여호와의 구원은 사람의 수에 달린 것이 아닙니다(삼상 14:6, 삿 7:4 참조). 하나님보다 군사력을 의존하는 것을 하나님께서는 기뻐하시지 않았습니다. 하나님보다 교인수를 의지하는 '심히 미련하게 행하는' 일이 혹시 우리 교회나 선교단체에 있지는 않습니까? 하나님께서 보내신 '죽음의 천사'들이 예루살렘을 향하자 하나님께서는 다윗의 간구를 듣고 그 성을 보호하십니다. 예루살렘성에 사는 백성들이 무죄했다거나 그 성 자체에 무슨 공이 있어서가 아니라 하나님의 숨은 뜻이 있었기 때문입니다.

아라우나 타작 마당의 제단

영원한 하나님의 주권적 섭리는 시간 안에 갇혀 사는 우리에게는 도저히 헤아릴 수 없는 경이요 신비입니다. 하나님께서 하시는 모든 일에는 반드시 목적이 있습니다. 이스라엘에 임한 저주의 전염병 때문에 이스라엘 백성은 놀랍게도 자손만대에 하나님을 경배할 성전터를 발견하게 된 것입니다.

하나님께서는 선지자 갓을 통해 다윗으로 하여금 예루살렘성 바로 근처에 있는 여부스 사람 아라우나의 타작 마당에서 속죄의 제사를 드리게 했습니다. 다윗은 아라우나에게 값을 주고 타작 마당과 제물로 드릴 소를 샀습니다. 후에 이 타작 마당이 솔로몬의 장엄한 성전이 세워지는 장소가 될 줄이야 감히 누가 짐작이라도 할 수 있었겠습니까. 그러므로 사무엘서는 다윗 왕이 성전 터를 사고 하나님께 제사드리는 먼 미래를 내다보며 꿈을 꾸게 하는 이야기로 끝을 맺습니다.

> 왕이 아라우나에게 이르되 그렇지 아니하다 내가 값을 주고 네게서
> 사리라 값 없이는 내 하나님 여호와께 번제를 드리지 아니하리라 하고
> 다윗이 은 오십 세겔로 타작 마당과 소를 사고 그곳에서 여호와를
> 위하여 제단을 쌓고 번제와 화목제를 드렸더니 이에 여호와께서
> 그 땅을 위한 기도를 들으시매 이스라엘에게 내리는 재앙이
> 그쳤더라 (24:24 - 25).

어떤 주석가는 아라우나가 다윗의 예루살렘 정복 전, 최후의 여부스왕이었을 것이라고 추측합니다. '아라우나'는 왕의 칭호이고 이름은 '오르난'으로 봅니다.[7] 다윗은 예루살렘 정복 후에 좋은 관계를 유지했고 아라우나 역시 하나님을 경외하는 신앙을 갖게 된 것 같습니다. 그래서 타작 마당과 제사에 사용할 모든 것을 기쁘게

16. 다윗의 말년

헌납하겠다고 했습니다.

본문에서 다윗이 타작 마당을 살 때 이곳이 성전 지을 터가 되리라고 처음부터 생각했다는 증거는 없습니다. 그러나 그곳에 제단을 쌓고 속죄 제물을 드렸을 때 하늘에서부터 번제단 위에 불을 내려 응답(대상 21:26)하심을 체험한 후, 이곳이야말로 이스라엘 백성이 자손만대에 하나님을 예배할 성전터로 적합한 하나님께서 예정하신 장소라고 확신하게 되었을 것입니다.

대개 타작 마당은 가벼운 미풍이라도 이용하기 위해 높은 지대를 사용한다고 합니다. 그러므로 예루살렘 북쪽 기드론 시내가 내려다보이는 곳에 성전을 짓는다면 가장 이상적인 장소로 보였을 것입니다. 그래서 다윗은 후에 무려 금 600세겔을 주고 타작 마당뿐 아니라 그 주위 토지 전체를 아라우나에게서 매입했습니다(대상 21:25).

이곳이 바로 모리아산이었습니다(대하 3:1). 민족의 조상 아브라함이 하나님의 명령대로 순종하여 독자 이삭을 번제로 드리고자 칼을 뽑아 들었던 바로 그 땅이었습니다. "네가 이같이 행하여 네 아들 네 독자도 아끼지 아니하였은즉 … 네 씨로 말미암아 천하 만민이 복을 받으리니 이는 네가 나의 말을 준행하였음이니라"(창 22:16, 18)라는 메시아적 언약을 받은 그 역사적인 땅이었습니다. 하나님의 주권적 섭리가 1,000년을 지척에 두고 아브라함과 다윗의 신앙의 손을 맞잡게 해준 것이었습니다.

다윗은 압살롬 반역을 진압한 후 약 10여 년의 노년을 비교적 조용히 보낸 것 같습니다. 이 기간 중에 다윗은 큰 업적을 이루기보다는 겸손히 하나님과 동행하기를 힘썼습니다. 시편 131편에는 이러한 다윗의 심경이 잘 표현되어 있습니다.

> 여호와여 내 마음이 교만하지 아니하고
> 내 눈이 오만하지 아니하오며
> 내가 큰 일과 감당하지 못할 놀라운 일을 하려고 힘쓰지 아니하나이다
> 실로 내가 내 영혼으로 고요하고 평온하게 하기를
> 젖 뗀 아이가 그의 어머니 품에 있음 같게 하였나니
> 내 영혼이 젖 뗀 아이와 같도다
> 이스라엘아 지금부터 영원까지 여호와를 바랄지어다 (시편 131:1-3).

다윗은 청장년 시절에 '큰 일'과 '기이한 일'에 힘쓰며 많은 공로를 세웠습니다. 그러나 그의 영혼에 참 평안이 없었습니다. 왜냐하면 외적 활동에 걸맞은 내면의 인격이 성숙하지 못했기 때문이었습니다. 밖으로 일이 많아지고 사람들에게 인정을 받게 될수록 그의 영혼 깊은 곳에 공허감만 쌓였던 것 같습니다. 외부 지향적인 externally-oriented 인생을 사는 자들의 공통적 모습이 있습니다. 세상에서는 유명해지고 성공했는데 사생활, 가정생활, 자녀 교육에는 실패한다는 것입니다.

하나님의 불 풀무 속에서 연단받은 후에야 다윗은 그를 집요하

16. 다윗의 말년

게 물고 늘어지던 모든 탐욕의 사슬에서 풀려나 '비움'의 충만함과 '낮아짐'의 드높은 영적 비밀을 체득하게 되었습니다. 하나님 한 분만 바라며 그분으로 만족했습니다. 하나님+알파를 동시에 추구하던 삶에서 알파가 깨끗이 사라졌습니다. 이때부터 다윗의 영혼에는 끝없는 생수의 강이 흘러넘쳤을 것입니다(요 7:37-39).

때로는 물러가야 할 시기에 물러가지 못해서 말년이 추해지는 사람들을 사회 여러 곳, 심지어 기독교계에서도 만나게 됩니다. 하나님의 역사 속에서 자기 당대에 해야 할 일과 후배들이 해야 할 일이 무엇인가를 구분할 수 있는 역사적 시야가 제한되어 있기 때문입니다. 다윗은 죽기 전에 미리 아들 솔로몬에게 왕위를 양도하고, 그에게 왕도를 훈련시키며 배후에서 얼마동안 돌보았습니다(대상 23:1). 특히 솔로몬으로 하여금 성전 건축을 완성하도록 신앙적으로 격려했습니다.

그 후 다윗은 온전히 하나님과 동행하며 후손을 위해 할 일감을 찾아 묵묵히 그 일에 여생을 바쳤습니다. 그 일이 바로 솔로몬 대에 지을 성전 건축 준비였습니다. 하나님께서 자기 백성과 함께하시는 영광스러운 성전, 온 백성이 찬양하고 경배할 성전, '성서 이스라엘'의 기초가 될 율법이 흘러나올 성전을 건축하는 일은 이스라엘의 민족적 꿈이었고, 다윗이 당대에 성취하여 자기 이름과 업적을 길이 남기고 싶은 사업이었습니다. 그러나 다윗은 하나님의 뜻을 발견한 후 불평하지 않고 자기 아들의 대에 이르러 무리 없이 성전을 건축할 수 있도록 섬세하게 그리고 묵묵히 준비했습니다. 하나님의 일을 반드시 자기가 다 해야만 한다고 생각하지 않고, 후배들에게 맡길 줄 아는 다윗의 순종이야말로 하나님의 마음에 합하였습니다.

이스라엘이 시내산에서 하나님과 언약을 맺으면서 하나님께서는 모세로 하여금 성막을 짓게 했습니다(출 25-31장, 35-40장). 광야생활 중에도 성막은 이스라엘 백성과 늘 함께 옮겨졌습니다. 그러나 가나안에 정착한 이스라엘에게는 영구 건물이 필요했습니다. 하나님께서는 다윗에게 성전의 구체적 설계를 알려주고, 평화의 왕 솔로몬 시대에 지을 성전 건축을 준비하는 일을 허락하신 것입니다. 성전은 건축 자체에만 7년(왕상 6:38), 건축 자재 준비에 7년이 소요되는 당시 이스라엘 국력으로는 엄청난 국가적 사업이었습니다.

물질적 준비만 필요한 것이 아니었습니다. 다윗은 성전 건축 후, 경건하고 위엄 있게 하나님의 전에서 봉사할 3만 8천 명의 레위인을 임명했습니다. 다윗이 제사장의 임무 교대 순서의 체계를 얼마나 치밀하고 효과적으로 잡아놓았는지, 1,000년 후까지도 변경 없이 세례 요한의 아버지 사가랴가 이 당번 조직표에 의해 제사장의 직무를 행할 정도였습니다(눅 1:8-9). 또한 성가대와 오케스트라를 조직하여 매일 아침저녁으로 하나님을 찬양하도록 조직표를 짜놓았습니다.

다윗은 성전 건축을 단지 하나님의 전을 사모하는 종교적 열심으로만 몰아붙인 것이 아니었습니다. 행정 조직, 예술적인 측면, 특히 재정과 기술 측면까지 차분히 세밀하게 준비했습니다. 신앙적 정열뿐 아니라, 현실 정치력, 행정의 달인답게 무르익은 다윗의 지도자로서의 모습을 보여줍니다. 그는 예루살렘 가까운 곳에 채석장을 두어 미리 치수를 갖추어 돌을 깎은 다음, 성전 건축 장소로 옮겨와 전혀 망치 소리나 소음 공해 없이 하나님의 전을 짓게 했습니다.

그는 오랜 세월 동안 금, 은, 동, 철, 보석 등을 축적했고, 외국의 최고 기술자들과 목질이 뛰어난 레바논의 백향목 자재를 수입했습니다. 목재를 옮기는 데만 8만 명을 동원했으니 얼마나 거대한 공사였는지 상상할 수 있습니다. 금, 은을 모아둔 것만 계산해도 1896년 시세로 약 1,000억 불 정도였으니 당시 이스라엘의 국제 수지 흑자가 얼마나 엄청났으며, 다윗의 경제 정책과 운영 능력이 얼마나 뛰어났는가를 엿볼 수 있습니다.[8]

다윗은 앞으로 이스라엘 공동체의 중심이 왕궁이 아니라 성전이 되도록 미리 힘썼습니다. 이스라엘 백성이 감정과 욕심대로 사는 백성이 아니라, 하나님의 말씀대로 살며 하나님의 영광을 만천하에 선포하는 백성이 될 것을 비전 가운데 바라보면서 기도하고 준비했습니다. 선지자 이사야나 미가는 장차 다윗 같은 메시아가 세상을 다스릴 메시아 시대에 세계 만민이 성전에 모여 하나님의 말씀을 배우며 전쟁 무기가 평화의 도구가 될 날을 예언했습니다 (사 2:2-4, 미 4:1-3).

> 말일에 여호와의 전의 산이 모든 산꼭대기에 굳게 설 것이요 모든
> 작은 산 위에 뛰어나리니 만방이 그리로 모여들 것이라 많은 백성이
> 가며 이르기를 오라 우리가 여호와의 산에 오르며 야곱의 하나님의
> 전에 이르자 그가 그의 길을 우리에게 가르치실 것이라 우리가
> 그 길로 행하리라 하리니 이는 율법이 시온에서부터 나올 것이요
> 여호와의 말씀이 예루살렘에서부터 나올 것임이니라 그가 열방

사이에 판단하시며 많은 백성을 판결하시리니 무리가 그들의 칼을
쳐서 보습을 만들고 그들의 창을 쳐서 낫을 만들 것이며 이 나라와 저
나라가 다시는 칼을 들고 서로 치지 아니하며 다시는 전쟁을 연습하지
아니하리라 (사 2:2-4).

성전이 세계의 영적, 정신적, 문화적 센터가 될 비전을 함께 나누
면서 성전 건축 역사에 백성들의 참여 의식을 높이기 위해 다윗은
헌금을 하게 했습니다. 온 백성이 즐거운 마음으로 귀한 예물을 아
낌없이 바치는 모습을 지켜보면서 다윗은 감격의 기도를 드렸습
니다.

여호와여 위대하심과 권능과 영광과 승리와 위엄이 다 주께
속하였사오니 천지에 있는 것이 다 주의 것이로소이다 여호와여
주권도 주께 속하였사오니 주는 높으사 만물의 머리이심이니이다
… 나와 내 백성이 무엇이기에 이처럼 즐거운 마음으로 드릴 힘이
있었나이까 모든 것이 주께로 말미암았사오니 우리가 주의 손에서
받은 것으로 주께 드렸을 뿐이니이다 우리는 우리 조상들과 같이 주님
앞에서 이방 나그네와 거류민들이라 세상에 있는 날이 그림자 같아서
희망이 없나이다 (대상 29:11, 14-15).

위의 기도를 다시 한 번 소리 내어 읽어보십시오. 다윗은 광대하
고 영원하신 하나님 앞에서 인간 존재의 하찮음과 덧없음을 깊이
알았습니다. 자신과 자기 백성이 이토록 풍성히 바칠 수 있는 재물
을 주신 분이 하나님이시며, 또한 그것을 움켜쥐지 않고 하나님의

16. 다윗의 말년

역사에 아낌없이 드릴 수 있는 힘을 주신 분도 하나님이시니, 오직 하나님만 영광받으시길 기도하고 있습니다.

다윗은 인생이 이 땅에 잠시 머무는 나그네에 불과하다는 나그네 인생철학의 소유자로서, 인생이 세상에 사는 날이 그림자 같은 존재임을 알았습니다. 그러기에 잠깐 왔다 사라지는 인생이 다음 세대에게 자신이 살던 세상보다는 더 좋은 세상을 유산으로 남겨 두고 떠나는 것을 '소망에 관한 이유'(벧전 3:15)로 삼았습니다. 다윗이 하나님의 영광과 후손들의 더 나은 삶을 위해 성전터를 마련하는 사건으로 사무엘서는 끝을 맺습니다.

다윗의 유언

사무엘서의 연속편인 열왕기서는 "다윗왕이 나이가 많아 늙으니 이불을 덮어도 따뜻하지 아니한지라"(왕상 1:1)로 시작합니다. 다윗이 나그네와 행인 같은 인생길을 다 마치고 본향으로 돌아갈 날이 다가왔습니다. 죽음을 앞둔 다윗은 솔로몬을 불러 마지막으로 말했습니다.

다윗이 죽을 날이 임박하매 그의 아들 솔로몬에게 명령하여 이르되 내가 이제 세상 모든 사람이 가는 길로 가게 되었노니 너는 힘써 대장부가 되고 네 하나님 여호와의 명령을 지켜 그 길로 행하여 그 법률과 계명과 율례와 증거를 모세의 율법에 기록된 대로 지키라 그리하면 네가 무엇을 하든지 어디로 가든지 형통할지라 여호와께서 내 일에 대하여 말씀하시기를 만일 네 자손들이 그들의 길을 삼가

마음을 다하고 성품을 다하여 진실히 내 앞에서 행하면 이스라엘
왕위에 오를 사람이 네게서 끊어지지 아니하리라 하신 말씀을 확실히
이루게 하시리라 (왕상 2:1 - 4) .

사람이 임종을 앞두면 신기하게도 마지막으로 힘이 생겼다가 숨
을 거둔다고 합니다. 다윗도 소진한 육체의 마지막 힘을 모아 그의
전 생애를 통해 좌우명으로 삼았던 값진 교훈을 솔로몬에게 유산
으로 남겼습니다. "네 마음을 다해 하나님의 말씀을 진실하게 지켜
행하라."

그리고 나서 솔로몬이 장차 감당하기에는 벅찬 위험인물들, 곧
요압, 시므이를 처단하여 왕국의 안정을 이룩할 것과, 피눈물 흘리
던 고난의 날에 자신에게 큰 위로가 되었던 바실래의 아들들에게
은총을 베풀 것을 부탁하고 숨을 거두었습니다.

다윗이 그의 조상들과 함께 누워 다윗성에 장사되니 (왕상 2:10) .

구약 시대에는 부활 신앙이 신약 시대만큼 확고하지 못했습니
다. 그러나 평소에 다윗은 메시아의 부활과 자신의 부활을 확신하
며 그 희망 가운데 살았습니다. 이러한 부활의 소망이 다윗으로 하
여금 늘 기쁨을 주었고, '겉사람은 낡아지나 우리의 속사람은 날로
새로운'(고후 4:16) 인생을 살게 해주었을 것입니다. 다윗의 부활 신
앙은 시편 16편, 17편에 가장 뚜렷이 표현되어 있습니다.

내가 여호와를 항상 내 앞에 모심이여 그가 나의 오른쪽에 계시므로

16. 다윗의 말년

내가 흔들리지 아니하리로다 이러므로 나의 마음이 기쁘고 나의 영도

즐거워하며 내 육체도 안전히 살리니 이는 주께서 내 영혼을 스올에

버리지 아니하시며 주의 성도를 멸망시키지 않으실 것임이니이다

주께서 생명의 길로 내게 보이시리니 주의 앞에는 충만한 기쁨이 있고

주의 오른쪽에는 영원한 즐거움이 있나이다 (시 16:8 - 11) .

나는 의로운 중에 주의 얼굴을 뵈오리니 깰 때에 주의 형상으로

만족하리이다 (시 17:15) .

신구약을 통해서 신자의 육체적 죽음을 '잠잔다'고 말한 것은 얼마나 의미심장한 표현인지 모릅니다. 고단한 몸이 달콤한 잠을 자고 난 후 살포시 깨어날 때의 그 신선함! 육체의 낡은 장막과 그 장막에 거하는 동안 우리를 탄식하게 하던 모든 무거운 짐, 고통의 멍에를 벗고 그리스도의 영광스러운 부활의 형상으로 깨어나 나를 그토록 사랑해주시던 우리 주님의 얼굴을 보며, 그분의 품에 안길 벅찬 기대와 소망으로 세상을 하직하는 성도의 죽음은 얼마나 놀라운 축복이겠습니까.

다윗의 생에 대한 하나님의 평가

사람의 일생에 대한 평가는 보는 이에 따라서 다릅니다. 다윗의 일생이 하나님 보시기에 어떠했는가를 살펴보는 것이 그의 생애에 대한 가장 정확한 평가일 것입니다. 하나님께서는 다윗이 세상을 떠난 후, 두 차례에 걸쳐 솔로몬에게 나타나 다윗의 일생에 대해 말

쓸하셨습니다. 첫 번째는 솔로몬이 기브온 산당에서 일천 번제를 드렸을 때 꿈에 나타나 그에게 지혜를 주면서 하신 말씀입니다.

네가 만일 네 아버지 다윗이 행함같이 내 길로 행하며 내 법도와

명령을 지키면 내가 또 네 날을 길게 하리라 (왕상 3:14).

두 번째는 다윗이 죽은 후 7년 만에 성전 건축 대역사가 완성되어 이스라엘의 민족적 꿈이 성취되었던 때였습니다.

네가 만일 네 아버지 다윗이 행함같이 마음을 온전히 하고 바르게

하여 내 앞에서 행하며 내가 네게 명령한 대로 온갖 일에 순종하여

내 법도와 율례를 지키면 내가 네 아버지 다윗에게 말씀하시기를

이스라엘의 왕위에 오를 사람이 네게서 끊어지지 아니하리라 한 대로

네 이스라엘의 왕위를 영원히 견고하게 하려니와 (왕상 9:4-5).

"마음을 온전히 하고 바르게 하여 하나님 앞에서 행하고 하나님의 모든 말씀을 순종하고 지켰다"는 평가는 사람이 하나님으로부터 받을 수 있는 최고의 찬사일 것입니다. 다윗은 하나님의 마음에 합한 일생을 살았습니다(행 13:22). 다윗의 생애는 세월이 흐름과 더불어 역사의 파도에 휩쓸려가다가 망각 속에 묻혀버린 것이 아니라, 세월이 흐를수록 후손들의 가슴속에 샛별처럼 살아남아 개인과 공동체에게 지표를 제시하며 그들의 신앙에 용기를, 그들의 누추한 삶에 영감을 더해주었습니다.

16. 다윗의 말년

다윗의 찬란한 생애 속에서 우리는 "다윗의 뿌리요 자손"(계22:16)으로 이 땅에 오신 예수 그리스도의 이미지를 찾아보게 됩니다. 어떤 점에서 다윗은 구약에 나타난 그리스도의 그림자라고 할 수 있습니다.

첫째, 다윗은 '선한 목자'로서 예수 그리스도를 닮았습니다. 예수님은 목자 없는 양 같은 인생들을 민망히 여기며 여러 가지로 가르치고 병을 고쳐주며 친히 돌보셨습니다. 우리 주님은 말씀하셨습니다.

나는 선한 목자라 선한 목자는 양들을 위하여 목숨을 버리거니와
(요 10:11) .

다윗이 목동 시절 목숨을 걸고 사자와 곰으로부터 양을 보호한 사랑(삼상 17:34-35), 아둘람굴에 모여든 상처받은 인생들을 향한 목자의 심정은 선한 목자이신 예수님의 생애를 보여줍니다.

둘째, 다윗은 '고난의 종'으로서 예수 그리스도를 닮았습니다. 예수님께서는 말구유에서 태어나 머리 둘 곳도 없이 사시다가 사람들에게 배척과 모욕을 당하시고, 세상 죄를 지고 가는 하나님의 어린양으로 십자가에 못박혀 하나님에게까지 버림받으면서 "엘리 엘리 라마 사박다니"라고 부르짖으신 고난의 종이십니다. 다윗 역시 고난 속에서 울부짖었습니다.

내 하나님이여 내 하나님이여 어찌 나를 버리셨나이까 어찌 나를
멀리하여 돕지 아니하시오며 내 신음 소리를 듣지 아니하시나이까
(시 22:1) .

셋째, 다윗은 '사랑과 평화의 왕'으로서 예수 그리스도를 닮았습
니다. 다윗은 공의와 정의, 사랑과 평화로 통일 이스라엘 왕국을 다
스린 역사상 가장 뛰어난 왕이었습니다. 이 땅에 오신 예수 그리스
도는 인류의 최대 원수인 죄와 사망 권세를 파하시고 하나님나라
를 이루신 만왕의 왕이요, 만주의 주십니다(계 19:16). 우리 주 예수
그리스도의 나라는 더 이상 죄도 질병도 눈물도 죽음도 없는 영원
한 빛과 생명의 나라입니다.

나그네 인생을 살다가면서 예수 그리스도를 닮아가며 그리스도
의 거룩한 형상을 후손들에게 보여주는 삶처럼 아름다운 생이 어
디 있겠습니까. 살아갈수록 나이가 들수록 그 모습에 험악한 세월
이 안겨다준 독버섯이 사망의 그늘처럼 저승꽃처럼 얼룩진 어두
운 말년이 아니라, 그리스도의 마음과 그분의 삶을 더욱 닮아가며
하늘의 영광이 환하고 따스하게 그 심령을 다스리는 삶을 살 수 있
다는 것은 크리스천들에게 진정한 위로와 소망이 됩니다. 그래서
찬송가(507장) 저자는 이렇게 읊을 수 있었던 것입니다.

주님의 마음을 본받는 자 그 맘에 평강이 찾아옴은
험악한 세상을 이길 힘이 하늘로부터 임함이로다
주님의 마음 본받아 살면서 그 거룩하심 나도 이루리

　　　　　　　　　　　　　16. 다윗의 말년

다윗은 그 시대에

다윗의 일생에 대해 후대의 역사가는 어떻게 평가하고 있습니까? 구약의 열왕기 사가와 신약의 역사가 누가는 다음과 같이 기록했습니다.

> 다윗이 이스라엘 왕이 된 지 사십 년이라 헤브론에서 칠 년 동안
> 다스렸고 예루살렘에서 삼십삼 년 동안 다스렸더라 (왕상 2:11) .

> 다윗은 당시에 하나님의 뜻을 따라 섬기다가 잠들어 그 조상들과 함께
> 묻혀 썩음을 당하였으되 (행 13:36) .

> David served God's purpose in his own generation
> (Acts 13:36a, NIV) .

다윗의 생은 이 세상 어느 영웅 신화보다도 더 파란중첩한 극적인 생애였습니다. 거친 들판에 핀 들꽃을 보며 양을 치던 목동이 거인 장수 골리앗을 물맷돌로 거꾸러뜨리고 일약 군장軍長이 된 소년 시절, 사울의 곁에서 수금을 뜯으면서 노래를 불러주며 총애를 받다가 어느 날 죄 없는 범법자로 낙인 찍혀 도피와 망명의 광야 생활로 보낸 청년기, 그 후 분열된 조국을 통일시키고 공의와 사랑의 나라를 건설하며 뛰어난 왕도를 발휘했던 왕으로, 그러다가 충신의 아내와의 간음으로 자식에게서까지 배신당하면서 통곡과 참회의 뼈아픈 피난 생활을 보내야 했던 장년기, 왕권 회복 후 조용하게 영

감 어린 시를 쓰며 자손만대를 위한 성전 건축 준비로 벅찬 꿈과 희망 가운데 보낸 노년기 — 돌고 휘며 구부러지는 생의 유전流轉 속에 막힐 듯 막힐 듯하면서 이어진, 다윗의 생을 일관한 '얼'은 바로 하나님의 뜻대로 산다는 것이었습니다.

인생은 갑니다. 그러나 하나님의 뜻은 영원합니다. 유한한 사람이 하나님의 보내심을 받아 이 땅 위에 생명을 누리고 있는 동안 자기 인생과 당대에 두신 하나님의 뜻을 섬기다가 잠드는 것처럼 고귀한 생애는 없습니다. 개인이나 교회, 국가 공동체는 모두 그 시대에 두신 하나님의 뜻을 섬겨야 하는 시대적 사명이 있습니다.

개인이나 공동체의 존재 의미와 그 가치는 과연 하나님의 뜻을 따라 하나님의 역사에 참여했느냐, 그렇지 못했느냐에 달려 있습니다. 하나님의 뜻과 그분의 역사에 무관한 사람이나 공동체는 모두 풀이나 꽃과 같이 얼마 가지 않아 허무하게 사그라져 버릴 것입니다.

다윗은 그 시대에 하나님의 뜻을 섬겼습니다. 그것은 메시아 왕국의 모형을 역사 속에서 성서 이스라엘을 이룸으로 보여주고, 메시아 신앙을 후손에게 심어주는 것이었습니다. 또한 다윗이 죽은 지 1,000년 후 그의 자손으로, 그의 동네 베들레헴에 오셔서 온 인류의 메시아가 되실 우리 주 예수 그리스도의 구약의 그림자가 되는 것이었습니다.

다윗은 그 시대에 하나님의 뜻을 받들어 섬기다가 잠들어 조상들과 함께 묻혀 썩었습니다. 그러나 우리 주 예수 그리스도는 썩지 않았습니다. 능력으로 죽은 지 사흘 만에 다시 살아나셔서 영원한 하나님나라를 건설하신 것입니다.

　　　　　　　　　　　　16. 다윗의 말년

우리는 하나님이 우리를 보내신 곳에서 당대에 두신 하나님의
뜻을 섬겨야 합니다. 그리고 진심을 다해 다윗과 함께 고백해야 합
니다.

나의 하나님이여 내가 주의 뜻 행하기를 즐기오니 주의 법이 나의
심중에 있나이다 하였나이다 (시 40:8) .

하늘에 계신 우리 아버지여 이름이 거룩히 여김을 받으시오며
나라가 임하시오며 뜻이 하늘에서 이루어진 것같이 땅에서도
이루어지이다 (마 6:9 – 10) .

공부 및 토론 문제

1. 사무엘의 소명(삼상 1:1-3:21)

사무엘의 어머니 한나의 기도, 사무엘의 출생과 부르심받는 사건이 중심
내용입니다. 부름받은 사무엘이 어떻게 어두운 시대에 도전하여 하나님의
말씀을 증거하는가를 배우게 됩니다.

Question

1. 엘리와 그의 아들 홉니와 비느하스를 통해 볼 때, 사사 시대 말기 이스라엘의
   영적 상태가 어떠했을 것 같습니까?(1-2장, 삿 21:25)

2. 한나의 기도와 시를 통해 ① 그녀의 신앙에 대해, ② 기도와 하나님의
   역사와의 관계에 대해 무엇을 알 수 있습니까?(1-3장)

3. 엘리 가족에 대한 심판의 메시지에서 ① 하나님의 성품, ② 하나님의 역사
   원칙에 대해 무엇을 알 수 있습니까?(2:27-36, 3장)

4. 사무엘이 하나님의 부르심을 받을 때 ① 이스라엘의 시대상, ② 사무엘의
   개인적 형편, ③ 하나님께서 사무엘을 부르신 목적, ④ 사무엘의 활동에 대해
   무엇을 알 수 있습니까?(3장)

5. 사무엘을 부르신 하나님의 성품과 일하시는 방법에 대해서 무엇을 배울 수
   있습니까? 당신을 이 시대에 부르신 하나님의 뜻이 무엇이라고 생각합니까?

2. 이방신을 제거하는 이스라엘(삼상 4:1–7:17)

언약궤가 블레셋에게 빼앗겼다가 되돌아온 사건과 사무엘의 말씀 증거를 통해 이스라엘에 회개 운동이 일어나는 내용입니다.

Question

1. 이스라엘이 어떻게 해서 언약궤를 빼앗기게 되었으며, 이 사건이 왜 그렇게 심각한 민족적 재난이라고 할 수 있습니까?(4장)

2. 하나님께서는 어떻게 이방 땅 블레셋에게 당신의 영광을 나타내셨습니까?(5장) 블레셋인들이 어떻게 궤를 되돌려주었습니까?(6장) 여기서 하나님에 대해 무엇을 알 수 있습니까?

3. 이스라엘이 언제 하나님을 사모하게 되었습니까?(7:1–2) 이 기간 중 사무엘은 무엇을 하고 있었을까요?(삼상 10:5, 19:20, 24 참조)

4. 사무엘을 통해 이스라엘에 일어난 회개 운동의 모습이 어떠했으며(7:3–6), 그 결과는 어떠했습니까?(7:7–17)

5. 이방 신을 제거하는 회개 운동을 살펴보면서 ① 종교 혼합 현상의 위험, ② 복음적 크리스천들의 타종교에 대한 태도에 대해 말해보십시오.

3. 이스라엘의 체제 변혁(삼상 8:1–10:27)

이스라엘이 주변 국가들과 같이 군주 국가로 체제 변혁을 일으켜 초대 왕으로
사울이 사무엘에게 기름 부음받는 사건이 중심 내용입니다.

Question

1. 본문에서 이스라엘 백성이 왕을 구하는 동기가 무엇이며(8장), 하나님께서는
   왜 군주제를 허용하셨을까요?(신 17:14–20 참조)

2. 본문에서 인간 사울에 대해서 무엇을 알 수 있습니까?(9장)

3. 사무엘을 통해 왕으로 기름 부음받은 사울에게 어떤 변화가 있었습니까?
   (10:1–16) '기름 부음'의 신약적 의미는 무엇입니까?(고후 1:20–21, 요일 2:20)

4. 이스라엘 초대 왕 사울이 즉위할 때 사무엘의 메시지를 살펴보면 ① 사울은
   하나님께서 택하신 왕인가 백성이 택한 왕인가 ② 군주제가 하나님의 뜻인가
   아닌가에 대해 무엇을 알 수 있습니까?

5. 크리스천은 '정치 체제나 제도 개혁'에 대해 어떤 태도를 가져야 할까요?
   크리스천의 정치 참여에 대해 당신은 어떤 견해를 갖고 있습니까?

4. 나라를 새롭게 하는 이스라엘(삼상 11:1-12:25)

이스라엘의 두 지도자 사울과 사무엘이 등장합니다. 정치적 지도자의 역할을
맡은 사울과 종교적 역할을 맡은 사무엘을 통해 시대가 요청하는 지도자상이
무엇인가를 보여줍니다.

Question

1. 사울은 어떤 단계를 거쳐 왕으로 인정받습니까?(11:1-13)

2. 12장은 사무엘의 고별 메시지라고 할 수 있습니다. 사무엘의 영적 지도력은
   어디서 온 것입니까?(10:5) 지도자의 도덕성에 대해 무슨 교훈을 얻을 수
   있습니까?

3. 6-13절의 내용을 통해 ① 지도자에게 왜 역사의식이 중요하며, ② 14-15절이
   어떤 점에서 이스라엘의 헌법 또는 국시國是라 할 수 있습니까?

4. 16-25절을 볼 때 사무엘은 ① 국민의 할 일, ② 자기의 할 일을 어떻게
   요약하고 있습니까?

5. 사무엘과 사울의 역할 분담을 살펴보면서 국가와 교회의 관계에 대해 무엇을
   알 수 있습니까?

397

6. 이스라엘은 어떻게 나라를 새롭게 했습니까?(11:14-15) ① 우리나라가 새롭게
되는 길, ② 당신은 어떤 지도자가 되려고 준비하고 있는지 나누어 보십시오.

5. 버림받은 사울(삼상 13:1-15:35)

초대 왕 사울의 거듭되는 실패 사건과 사울 치하에서 고통받는 이스라엘을
요나단이 구하는 역사를 보여줍니다.

1. 사울의 범죄 내용은 무엇입니까?(민 18:5, 삼상 12:14-15 참조) 불순종의 원인과
   결과를 정리해 보십시오(13장). 사울에게서 ① 상황 윤리의 문제와, ② 위기
   극복의 비결에 대해 배울 수 있는 교훈은 무엇입니까?

2. 블레셋과의 전쟁 교착 상태를 깨는 요나단과 그 소년의 행위를 통해 믿음 있는
   한두 사람의 중요성에 대해 나누어 보십시오(14장).

3. 경솔한 사울의 맹세로 고통당하는 백성, 죽을 뻔한 요나단의 경우를 살펴보고
   ① 한 사람 폭군의 영향, ② 악법惡法의 영향에 대해 나누어 보십시오(14:24-52).

4. 요나단을 구하는 백성을 통해 '시민 불복종 운동'에 대해 무엇을 배울 수
   있습니까?(14:43-45)

5. 두 번째 사울이 행한 결정적인 불순종의 내용, 원인 그리고 불순종에 대한
   하나님의 심판에서 배울 수 있는 교훈은 무엇입니까?

6. 제사보다 순종을 원한다는 말씀에서 ① 하나님에 대해, ② 당신 개인과 한국 교회의 신앙 형태의 문제점에 대해 무엇을 배울 수 있습니까?

6. 다윗과 골리앗 (삼상 16:1-17:58)

다윗이 역사의 무대에 등장합니다. 다윗을 사울과 대조해보면서 과연 하나님의
마음에 맞는 사람은 어떠한 자인가 배우게 됩니다.

Question

1. 사무엘을 사울과 대조해보며(13-15장), 참된 순종의 의미에 대해 나누어
   보십시오(16:1-13).

2. 기름 부음받기 전 다윗의 인간 조건과 인간성에 대해 알 수 있는 점은
   무엇이며, 기름 부음받은 후 어떤 변화가 있었습니까?(16:1-13)

3. 사울의 경우에서 하나님이 떠난 삶의 특징이 무엇이며, 치료의 길은
   무엇이라고 생각합니까?(16:14-22)

4. 이스라엘이 당한 위기의 원인은 무엇이며, 그에 대처하는 사울 왕과 이스라엘
   백성의 태도는 어떠했습니까?(17장)

5. 다윗이 골리앗을 이길 수 있었던 비결은 무엇이었습니까?(17장) 특히 과거
   하나님의 능력을 체험했던 사실을 기억하는 역사의식과 매일의 삶에서
   하나님의 능력을 체험하는 삶의 중요성을 찾아보십시오.

6. 개인 신앙생활과 시대악과의 싸움에서 승리할 수 있는 길은 무엇이라고
    생각합니까?

7. 다윗과 요나단(삼상 18:1-20:42)

시기심으로 다윗을 죽이려는 사울 왕의 모습과 눈물겹도록 아름다운 다윗과
요나단의 우정 이야기입니다.

Question

1. 사울의 분노심, 이기심은 어떻게 그를 고통 속에 몰아넣습니까? 잠언 4장
   23절을 찾아 읽고, 우리 마음을 어떻게 지킬 수 있는지 말해보고, 특히
   경쟁의식의 해로운 점을 나누어 보십시오.

2. 다윗은 사울의 시기를 받으면서도 어떻게 지혜롭게 행할 수 있었을까요?
   시기와 증오를 받을 때 신앙을 지키고 마음의 평화를 누리는 비결은
   무엇입니까?(시 37:1-7 참조)

3. 정치적 라이벌의 입장인 요나단과 다윗의 우정은 어떻게 시작되었습니까?
   세상 친구들 사이의 우정과 신앙 친구 간의 우정은 어떻게 다릅니까?

4. 다윗과 요나단의 우정은 역경 가운데 어떻게 더욱 연단되었습니까? 그들의
   우정은 하나님 앞에서 언약(18:3, 20:8, 16-17)을 지키며 함께 진리의 편에 섰기
   때문에(20:8, 16) 계속되었습니다. 현대인의 일반적 인간관계와의 차이는
   무엇입니까?

5. 헤어지면서도 다윗과 요나단의 우정은 어떻게 영원으로 이어집니까?(20:42) 우리의 우정은 어떻게 지속될 수 있을까요?

6. '공동체의 안정과 평화는 체제의 중요성만큼 지도자의 인격 요소가 중요하다'는 주장에 대해 생각을 나누어 보십시오.

8. 다윗의 아둘람굴 공동체(삼상 21:1-23:29)

다윗은 사울에게 쫓기는 고난의 시기에 그를 찾아온 무리들을 훈련시켜 장차 통일 이스라엘 왕국의 주체 세력을 이룹니다.

Question

1. 다윗은 어떻게 위기를 모면하며(21장), 그 결과는 어떠했습니까?(22:6-23) 여기서 배울 수 있는 교훈은 무엇입니까?

2. 다윗은 피난 초기에 실패를 경험한 후 어떻게 신앙을 회복했습니까?(시 34, 52편 참조) 당신은 신앙생활을 하다가 실수했을 때 어떻게 극복합니까?

3. 아둘람굴에 모인 사람들은 어떤 인물들이었습니까?(22:1-2) 후에 다윗과 용사들의 관계는 어떠했습니까?(삼하 23:14, 17) 굴에서의 공동체 생활은 어떠했을 것 같습니까?(시 57편, 133편 참조) 현대 한국인들에게 왜 공동체 의식과 훈련이 중요하다고 할 수 있을까요?

4. 23장에서 다윗의 신앙, 특히 기도 생활에 대해 무엇을 배울 수 있습니까?

5. 최악의 환경에서 최선을 다해 기회를 창조적으로 선용하는 다윗에게서 당신이 생활에서 구체적으로 배워야 할 지혜가 무엇일까요?

9. 광야의 다윗(삼상 24:1–26:25)

사울에게 쫓기는 동안 다윗은 사울을 죽일 수 있는 기회를 두 차례나 얻지만
해치지 않습니다.

Question

1. 측근들의 권고에도 불구하고 사울을 죽일 수 있는 좋은 기회에 다윗이 사울을
    해치지 않을 수 있었던 힘은 어디서 왔습니까?(24:1–19)

2. 다윗의 선행에 대한 사울의 반응이 어떠했습니까? 그의 말과 행동을 통해
    후회와 회개의 차이에 대해 무엇을 알 수 있습니까?(24:16–22)

3. 나발이 가진 것은 무엇이고 갖지 못한 것은 무엇이었습니까? 아비가일이 다윗
    앞에서 한 말과 행동을 통해 그녀의 성품, 지혜에 대해 배울 점은 무엇입니까?
    신앙 상담의 지혜를 그녀에게서 배울 수는 없을까요?(25장)

4. 26장은 24장과 비슷한 사건입니다. 다윗의 행동에 동기를 부여해주는 원리가
    무엇입니까?(25:39, 26:10, 23) 다윗은 생의 의미를 어디서 찾았습니까?(26:19
    참조)

5. 망명 기간 중 다윗은 주로 어디서 살았습니까?(23:14, 24:1, 25:1, 26:1) 사울과는
    달리 다윗이 내적 확신을 가지고 요동하지 않는 삶을 살 수 있었던 비결은
    무엇입니까? 당신은 시끄러운 세상에서 어떻게 하나님과 고요한 시간을 갖고
    있습니까?

10. 다윗과 사울(삼상 27:1-31:13)

사울은 자신의 생애를 자살로써 끝내며, 다윗은 망명 생활의 마지막 연단을
받게 됩니다.

Question

1. 다윗이 '그 마음의 생각'을 따라 시글락에 가서 얻은 것은 무엇이며, 잃은 것은
   무엇이었습니까?(27장)

2. 사울이 엔돌의 '신접한 여인(영매)'을 찾는 동기가 무엇입니까? 그 후 돌아오는
   사울을 통해 하나님을 떠난 인간의 한계와 비참성에 대해 무엇을 알 수
   있습니까?(28장)

3. 다윗이 블레셋에서 빠진 딜레마는 무엇이며(28:1, 2:29장), 이 곤경에서 어떻게
   벗어날 수 있었습니까? 여기서 배울 수 있는 교훈은 무엇입니까?

4. 다시 시글락에 돌아왔을 때 다윗이 겪은 재난은 무엇이었습니까? 어떻게
   다윗은 위기를 극복합니까?(30:1-20)

5. 전쟁에 참여 못한 200명 낙오자들까지 평등하게 전리품을 나누게 한 다윗을
   통해 복지 사회의 원리에 대해 무엇을 배울 수 있습니까?(30:21-30)

6. 사울은 가능성이 많은 인물로 출발했으나 비극적으로 인생의 종말을
   고합니다. 그의 인생이 비극으로 끝난 이유는 무엇이며, 한 사람이 그의 가족과
   민족에 준 영향은 무엇입니까?(31장) 다윗의 인생과 사울의 인생을 대조해
   보며 얻는 교훈은 무엇입니까?

11. 통일 이스라엘(삼하 1:1-5:3)

사울이 죽은 후 이스라엘은 혼란과 분열이 극에 달했습니다. 다윗이 어떻게
분열된 이스라엘을 하나 되게 하는가를 보여줍니다.

Question

1. 사울이 죽은 후 기회주의자들이 어떻게 등장합니까? 다윗은 사울의 죽음을
   어떤 태도로 대합니까?(1장) 여기서 배울 점은 무엇입니까?

2. 이스라엘은 어떻게 분열되었습니까? 유다와 이스라엘은 어떤 방법으로
   서로의 '정통성'을 주장했을 것 같습니까?(2:1-11) 아브넬이 어느 정도까지 분단
   고착화의 책임을 져야 할까요?

3. 동족상잔의 비극은 어떠했습니까?(2:12-3:1) 전쟁이 당시 이스라엘 청년들에게
   미친 영향은 어떠했을까요?

4. 아브넬이 통일 운동의 주도권을 가지게 된 동기는 무엇입니까? 아브넬과
   요압 사이의 라이벌 의식, 개인적 보복 행위는 어떻게 통일 운동을 저해할
   뻔했습니까?(3:6-27, 36-37)

5. 민족 통일 운동이 위기에 부딪혔을 때 다윗은 어떻게 문제를
   수습합니까?(3:28-39) 레갑과 바아나 처형을 통해 다윗이 건국 초기에
   수립하고자 애쓴 민족 정기는 무엇이었습니까?(4장)

6. 통일 이스라엘을 이루기까지 다윗은 어떠한 노력을 했습니까? ① 기도(2:1-4), ② 먼저 유다 왕국에 정의와 사랑의 하나님나라 실현, ③ 군사력 우위 유지(3:1), ④ 외교적 노력(3:3), ⑤ 왕권의 정통성 확보(3:13-16), ⑥ 백성의 합의에 의한 평화적 정권 인수(5:1-3)를 이루기까지 민족 통일을 위한 다윗의 다각적이고 지혜로운 지도력에 대해 무엇을 배울 수 있습니까?

7. 오늘 말씀에 비추어 현 단계의 한민족 통일 운동의 논의와 전망을 나누어 보십시오. 특히 민족 통일 운동에서 한국 기독교회가 담당해야 할 역할은 무엇입니까?

12. 다윗 왕국, 다윗의 신앙(삼하 5:4-7:29)

이스라엘 역사상 전무후무한 황금기를 이룬 다윗 왕국 건설 내용입니다. 다윗 왕국은 이스라엘 역사에 면면히 흐르는 메시아 신앙을 태동시켰습니다.

Question

1. 다윗은 어떻게 통일 이스라엘의 수도를 예루살렘으로 정하게 됩니까? 이 사건이 백성을 하나 되게 하는 데 어떤 공헌을 했을까요?(5:4-16)

2. 다윗은 블레셋과의 독립 전쟁을 어떻게 승리로 이끌었습니까?(5:17-25)

3. 법궤를 예루살렘으로 옮겨올 때 처음에는 왜 실패했으며, 그 후 궤가 들어오자 온 백성의 기쁨이 어떠했습니까?(6장) 이 사건을 통해 다윗의 통치 철학을 말할 수 있을까요?

4. 시편 24편, 84편을 낭송해 보십시오. 이스라엘 백성이 예루살렘을 사랑하는 마음은 어떠했겠습니까?(단 6:10, 시 137:15) 이스라엘이 시문학을 비롯하여 문화 예술을 꽃피울 수 있었던 힘은 어디서 나왔을까요?(골 3:16)

5. 하나님께서 다윗의 성전 건축 제안을 거절하신 후 주신 언약은 무엇이었습니까?(7:1-17) 특히 7장 16절의 중요성을 후대 이스라엘의 메시아 신앙과 연결시켜 말해 보십시오.

411

6. 하나님의 언약을 영접하는 다윗의 기도를 통해 다윗의 ① 자기 자신에 대한 태도, ② 하나님에 대한 태도, ③ 후손에 대한 태도에 대해 무엇을 배울 수 있습니까?

13. 다윗의 왕도(삼하 8:1-10:19)

다윗 왕국이 어디까지 영토가 확장되고, 국력이 커가며, 다윗이 어떠한 왕도를 발휘하는가를 보여줍니다.

Question

1. 영토 확장 전쟁에서 다윗의 ① 승리 비결, ② 전리품 관리에 대해 무엇을 알 수 있습니까?(8:1-14)

2. 8장 15절의 간단한 기록에서 다윗의 통치에 대한 저자의 평가는 어떠합니까? 정의 사회 실현의 원리와 방법에 대해 나누어 보십시오.

3. 다윗의 정부 조직은 어떠했습니까?(8:16-18) 공정하고 능률적인 행정은 어떻게 가능할까요?

4. 므비보셋에게 은총을 베푸는 다윗을 통해 복지 사회의 모형에 대해 생각하는 바를 말해 보십시오(9장).

5. 암몬의 하눈 왕과 다윗을 대조해서 국제 관계에서 바른 영향력을 발휘할 수 있는 지도력이 무엇인가를 말해 보십시오.

6. 다윗의 왕도에 대해 무엇을 배울 수 있습니까?(시 78:70-72 참조) 이 시대가 요구하는 지도자상에 대해 말해 보십시오.

14. 다윗과 밧세바(삼하 11:1-13:39)

다윗은 성적 유혹을 이기지 못하고 범죄하여 자기 자신은 물론 가족과 국가에
무서운 결과를 빚게 됩니다.

Question

1. 다윗이 성적 유혹에 넘어간 이유는 무엇입니까?(11:1-4) 죄를 숨기기 위한
    음모는 어떻게 더 무서운 범죄를 불렀습니까?(11:5-27) 여기서 죄의 성질에
    대해 무엇을 알 수 있습니까?

2. 나단을 통한 하나님의 메시지의 내용은 무엇이었으며, 다윗은 어떻게
    회개합니까?(12:1-13) 회개 전의 심정은 어떠했으며(시 32:3, 4), 회개할 때의
    다윗의 태도에서 배울 점은 무엇입니까?(시 51편 참조)

3. 죄는 용서했으나 죄의 씨인 아기가 죽고, 가정에 엄청난 비극(13장)이 발생하는
    것을 통해 하나님에 대해 무엇을 배우게 됩니까?

4. 밧세바와의 사이에 태어난 아기가 죽자 오히려 음식을 먹는 다윗의 신앙에
    대해 배울 수 있는 점이 무엇입니까?(12:15-23)

5. '여디디야'라고 솔로몬에게 이름을 지어주신 하나님의 성품에 대해 무엇을 알
    수 있습니까?(12:24-25)

6. 오늘 사건을 통해 지도자에게 필요한 영성(Spirituality)의 중요성에 대해 말해
   보십시오.

15. 다윗과 압살롬(삼하 14:1~20:26)

압살롬의 반역이 중심 내용입니다. 다윗은 피눈물 나는 고통 후 거의
빼앗기다시피 한 왕권과 왕국을 회복합니다.

Question

1. 압살롬이 앙심을 품고 반역하게 된 동기는 무엇입니까?(13~14장) 다윗이 ①
   암논과 ② 압살롬(ⓐ 암논을 죽인 후, ⓑ 예루살렘에 돌아오게 한 후)을 어떻게
   대했어야 옳았다고 생각합니까?

2. 압살롬의 성격은 어떠했던 것 같습니까? 압살롬을 따르는 백성들을 통해
   '국민의 정치의식'이 성숙해야 할 필요성이나 신앙 공동체에서 '영적 분별력'의
   중요성에 대해 배울 수 있는 교훈이 무엇입니까?(15장)

3. 다윗이 압살롬과 싸우지 않고 먼저 예루살렘을 떠난 이유는 무엇일까요?(15장)

4. 배신자 무리들, 즉 아히도벨, 시므이 등을 대하는 다윗의 태도에서 배울 점은
   무엇입니까? (15:31, 16:5~8, 시 12편 참조)

5. ⓐ 압살롬의 죽음을 대하는 다윗의 태도는 어떤 점에서 잘못되었으며,
   ⓑ 예루살렘으로 돌아오는 다윗의 태도는 어떤 점에서 신앙적이고
   지혜로웠습니까? 다윗을 회복시키는 하나님은 어떤 분이십니까?

6. 다윗은 성전 건축 준비를 위해 어떻게 말년을 보냅니까?(대상 22-29장 참조)

7. 사무엘서를 공부하고 나서 당신이 배우고 결심한 바를 적은 후 나누어
   보십시오.

16. 다윗의 말년(삼하 21:1-24:25)

다윗의 통치 기간에 있었던 몇 가지 사건과 시 두 편을 연대와 상관없이
부록으로 편집해 놓았습니다.

Question

1. 다윗은 어떻게 ① 기브온 사람들과 ② 사울의 첩 리스바의 한恨을 풀어줍니까?
   (21:1-14)

2. 다윗이 부하들에게서 '이스라엘의 등불'로 인정받게 되기까지, 동역자들의
   수고와 공로를 높이는 지도력을 얼마나 발휘합니까?(21:15-22, 23:8-39)

3. '왕의 노래'에서 전반부(22:1-20)와 후반부(22:21-51)의 주제가 무엇입니까?
   다윗의 하나님은 어떠한 분이십니까?

4. 다윗의 마지막 말은 어떤 점에서 메시아 시대에 대한 예언이라고 할 수
   있습니까?(23:1-7)

5. 다윗의 인구 조사는 왜 잘못입니까? 다윗의 실수가 어떻게 성전의 터를
   마련하는 계기가 되었습니까?(24장, 대상 21:25 이하) 여기서 하나님의 섭리에
   대해 배울 수 있는 점은 무엇입니까?

주註

사무엘상하 공부를 시작하면서

1 구약 연구에 대한 소개의 글로 김의원, "구약 이해와 해석의 학문, 구약
   신학", 〈목회와 신학〉(1992년 3월, 두란노서원), 42–48쪽 참조.
2 평신도를 위한 가장 좋은 구약 설화 읽기 안내서, G. D. Fee, D. Stuart 공저,
   How to Read The Bible for all its Worth(Scripture Union, 1982,《성경을 어떻게
   읽을 것인가》, 성서유니온선교회), 73–86쪽 참조.
3 C. J. H. Wright, *Living as the People of God*(IVP, 1983) 참조. 또한 그의 글, "The
   Use of the Bible in Social Ethics"의 번역, "사회 윤리에 있어서 성경을 어떻게
   사용할 것인가" 〈복음과 상황〉 5, 6, 7호 참조.
4 W. Brueggemann, *First and Second Samuel*(John Knox Press, 1990,
   《사무엘상.하》, 한국장로교출판사). 신학, 사회학, 문학을 종합하는
   해석학적 틀을 가지고 주석한 것으로 문학적 관점에 치우친 경향이 있다.
5 인간 저자가 의도한 성경의 문자적 의미 너머에 있는 성령님의 의도까지
   생각할 때 얻어지는 의미를 해석학적 용어로 'Sensus plenior(fuller
   sense)'라고 한다. D. J. Moo, 'The problem of sensus plenior' in *Hermeneutics,
   Authority and Canon*, D. A. Carson & J. D. Woodbridge(eds.)[IVP, 1986],
   170–211쪽 참조.
6 '해석학적 나선형' J. I. Packer의 논문, "Themelios", TSF, 1975 참조.

1. 사무엘의 소명

1 가나안 종교와 이스라엘의 야훼 신앙과의 종교 혼합 현상에 대해서는
   2.에서 다룸.
2 구약에 등장하는 하나님의 이름 중 가장 중요한 두 이름이 '하나님'(히
   Elohim, 영 God), '여호와'(히 Yahweh, 영 The Lord)인데, '하나님'은 일반적인

이름으로 능력과 권세, 초월성이 강조되며, '여호와'는 하나님과 이스라엘 사이의 사랑의 특수 관계를 나타내는 이스라엘 민족만이 쓰는 이름이다. '만군의 여호와'(히 Yahweh sabaoth, 영 The Lord of hosts)는 사무엘서 저자와 선지자들, 특히 이사야와 아모스 등이 애용하는 하나님의 칭호로서, '만군'이란 가장 이스라엘적인 '여호와'의 이름과 합쳐져서 이스라엘뿐 아니라 전능하신 능력으로 온 우주를 통치하시는 하나님을 나타내는 이름이다. E. Jacob, *Theology of the Old Testament*(Hodder & Stoughton, 1958), 54-55쪽 및 'God, Name of' *The Zondervan Pictorial Encyclopedia of the Bible*, 763쪽 참조.

3   M. J. Erickson, *Christian Theology*(Baker Book House,《복음주의 조직신학》 상, 중, 하, CH북스), 353쪽 참조.

4   그렇다고 신앙으로만 진리를 인식할 수 있다고 주장하는 '신앙주의(fideism)'를 신봉하는 것은 아니다. 'fideism'의 긍정적·부정적 평가, N. Geisler, *Christian Apologetics*(Baker Book House, 1976), 47-64쪽 참조.

5   영어 RSV가 원문에 더 가까운 번역이다. "Where there is no prophesy the people cast off restraint." 그러나 KJV는 원문과 상관시키지 않는다고 해도 그 말 자체로 훌륭한 의미를 간직하고 있다. D. Kidner, *Proverbs*(IVP, 1964, 틴델 구약주석 시리즈 12《잠언》, 기독교문서선교회), 175쪽 참조.

6   J. Stott, *Issues facing Christians Today*(Marshalls, 1984,《현대사회문제와 기독교적 답변》, 기독교문서선교회, 개정판은《현대 사회 문제와 그리스도인의 책임》, IVP), 328쪽 이하 참조.

7   D. Bohnhoeffer, *The Cost of Discipleship*(SCM Press, 1959,《나를 따르라》, 대한기독교서회), 7쪽.

8   이만열,《한국기독교사 특강》(성경읽기사, 1987), 128쪽 인용.

2. 이방신을 제거하는 이스라엘

1   P. D. Miller, Jr. and J. J. M. Roberts, *The Hand of the Lord: A. Reassessment of the 'Ark Narrative' of I Samuel*(John Hopkins University Press, 1977), 60쪽.

2   W. Brueggemann, *First and Second Samuel*, 34쪽, Moran의 말 재인용.

3   R. S. Wallace, 'The Ark Comes Home' in *Evangel*(Spring 1991), 3-4쪽 참조.

4   B. W. Anderson, *The Living World of the Old Testaments*, 136-147쪽 참조.

5   J. Drane, *An Introduction to the Bible*(Lion, 1990), 74-76쪽 참조.

6   D. M. Lloyd-Jones, 'The Way to Revival' in *Joy Unspeakable*(Ch. 16, Kingsway Pub., 1984), 266-280쪽 참조.

7   W. F. Albright, *Samuel and the Beginnings of the Prophetic Movements*(Cincinnati : Hebrew Union College, 1961).

8   H. W. Wolff, *Anthropology of the Old Testament*(SCM Press, 1974), 51-55쪽.

9   나학진, "다종교 상황에서의 기독교", 〈목회와 신학〉(1991년 8월호), 134-157쪽. 전호진의 "종교 다원주의와 그리스도의 유일성", 같은 책 158-175쪽 참조.

10 黃善明 外, 《韓國近代民衆宗敎思想》(학민사, 1983), 82쪽, "증산 사상이 과거의 세계 종교(儒·佛·仙 그리고 西敎)의 진액(津液)만을 뽑아 모은 진액 종교라는, 후천 세계의 모든 문화와 문명을 통일할 통일 종교로 자부되고 있는 점만은 명백하게 드러난다"고 말하고 있음.

11 J. McDowell & D. Sterwart, *Concise Guide to Today's Religions*(Scripture Press), 393-482쪽. Norman Anderson, "A Christian Approach to Comparative Religions", 같은 책 485-493쪽 참조.

3. 이스라엘의 체제 변혁

1   손봉호, "현대 국가의 권력과 이기주의", 〈복음과 상황〉(1991년 5/6호),
    100쪽 이하 참조.
2   L. M. Eslinger, *Kingship of God in Crisis : A Close Reading of I Samuel
    1–12*(Almond / JSOT Press, Sheffield, 1985).
3   F. A. Schaeffer, *A Christian Manifesto*(《기독교 선언》, 생명의말씀사), 32쪽
    이하 참조.
4   A. Kirk, *God's Word for Complex World*, 79쪽 이하 참조.
5   위의 책, 84쪽.

4. 나라를 새롭게 하는 이스라엘

1   J. Bright, *A History of Israel*(《이스라엘의 역사》, 분도출판사), 185쪽. 사울의
    왕권의 성격을 말하면서 사울을 가리켜 '왕'이라는 의미의 'melek' 대신
    '지도자' 또는 '사령관'이란 의미의 'nagid'라는 단어가 쓰인 것을 지적하고
    있다.
2   P. R. Gehrke, *1&2 Samuel*(Concordia, 1968), 18쪽.
3   Helmut Thielicke, Theological Ethics Vol II, Politics[W. H. Lazareth(ed.),
    Fortress Press, 1969, 고범서 편역, 《敎會와 國家》(汎和社)] 중 "The Theological
    Debate on Church and State" 참조.
4   Charles W. Colson, 'The State under God' in *Applying the Scriptures*, K. S.
    Kantzer(ed.)[Zondervan, 1987]. 그에 대한 J. W. Whitehead와 K. S. Kantzer의
    반론은 277–298쪽 참조.
5   J. R. Vannoy, *Covenant Renewal At Gilgal: A Study of I Samuel 11:14–
    12:25*(Mack Publications, 1978), 2–3쪽. R. P. Gordon, *1&2 Samuel*, 34쪽 참조.

6 Reinhold Niebuhr, *Moral Man Immoral Society*(Charles Soriber's Sons, 1960)의 중심 내용.

7 C. J. H. Wright, *Living as the People of God: The relevance of Old Testament ethics*(IVP, 1983), 112쪽.

5. 버림받은 사울

1 D. F. Payne, *Samuel, The Daily Study Bible*(The Saint Andrew Press, 1982), 63쪽.

2 J. Fletcher, *Situation Ethics*(Westminster, 1966). 그 비판으로 J. I. Packer, "Situations and Principles" in *Law, Morality and the Bible*, Keye(ed.)[Wennam, IVP].

3 M. L. King Jr., *Stride Towards Freedom : The Montgomery Story*(《자유에의 투쟁》, 기독교서회, 1967), 45쪽 이하.

4 John H. Yoder, *The Original Revolution : Essay on Christian Pacifism*(Herald Press, 1971), 16쪽.

5 Herbert Carson, *Render Unto Caesar*, Monarch. 카슨(Carson)의 주장은 폭력은 최소한으로 사용해야 한다는 소위 'minimalist' 입장.

6 R. de Vaux, *Ancient Israel*의 III, Ch.5 'The Holy War' 258쪽 이하 참조.

7 Hugh J. Blair, *Joshua : Introduction* 중에서 'The Moral Problem in Israel's Warfare', New Bible Commentary Revised, 233쪽 이하 참조.

8 R. G. Clouse, 'War and Peace' in *New Dictionary of Theology*, S. Ferguson, D. F. Wright, J. I. Packer(eds.), 714–716쪽 참조.

6. 다윗과 골리앗

1 *NIV Study Bible*, 393쪽 도표 'David's Family Tree' 참조.

2   '기름 부음'에 대해서는 3. 참조.

3   심리학자 시릴 바버(Cyril Barber)와 존 카터(John Carter)가 쓴 *Always a Winner*(Regal Books, 1977).

4   고고학자들이 텔 할라프(Tell Halaf)의 카파라(Kapara) 궁에서 발굴한 직각형의 석상에는 남자 둘이 서로 왼손으로는 상대방의 머리채를 움켜쥐고 오른손으로는 단창을 쥐고 결투하는 모습의 조각이 있으며, 다른 고대 근동 국가들의 잔존 문서들에는 골리앗의 제안과 유사한 기록이 남아 있다고 함. 위의 책 87쪽 참조.

5   R. A. Matthews, *Born for Battle*(OMF Books, 1978). J. White, *Fight*(IVP). 크리스천 삶의 투쟁에 대한 좋은 책.

6   '구원의 종말론적 구조'에 대해서는 김세윤, 《구원이란 무엇인가》(성경읽기사, 1981), 77쪽 이하 참조.

7 ·   N. L. Geisler & P. D. Feinberg, *Introduction To Philosophy, A Christian Perspective*(Baker House, 1980), 323쪽 참조.

7. 다윗과 요나단

1   Ralph W. Klein, *I Samuel*, Word Biblical Commentary, 188쪽 참조.

2   李圭泰, 《韓國人의 意識構造 上卷》, 31쪽 참조.

3   Paul Tournier, *Secrets*, trans. by M. E. Bratcher(Highland Books, 1965).

8. 다윗의 아굴람굴 공동체

1   D. F. Payne, *Samuel*, 113쪽 참조.

2   E. England(ed.), *Keeping a Spiritual Journal*(Highland Books, 1988), 참조.

3   Henri J. M. Nouwen의 책 제목 'The Wounded Healer'를 빌려옴(Doubleday &

Co., 1972).

4   R. N. Bellah 외, *Habits of the Heart, Individualism and Commitment in American Life*(Harper & Row, 1985), 참조.

5   H. A. Snyder, *The Community of the King*(IVP, 1977), 169–182쪽 참조.

6   G. Lohfink,《예수는 어떤 공동체를 원했나》, 정한교 옮김(분도출판사, 1982), 163쪽 이하 '서로가 함께'의 실천 참조.

7   Dietrich Bohnhoeffer, *Life Together*(SCM Press, 1954). *The Cost of Discipleship*(SCM Press, 1948).

9. 광야의 다윗

1   H. W. Wolff, *Anthropology of the Old Testament*, Eng. trans. SCM Press, 1974, 51쪽 참조.〈현대인의 성경〉에는 '양심의 가책을 받아'로 번역되었음.

2   T. Houston, *King David*, 83쪽 참조.

3   D. Bonhoeffer, *The Cost of Discipleship*, Eng. trans. SCM Press, 1959, 132쪽 이하에서 세리와 죄인과 다른 크리스천의 자세는 원수 사랑이라고 말했다. 그러면서도 그는 히틀러 암살 지하 운동을 전개했다. 그러므로 그의 입장은 원수 사랑의 복음 원리가 사회과학적 분석 없이 세속사회에 조건없이 적용될 수 없음을 보여준다고 할 수 있다.

4   O. Bocher, 'Wilderness' in *New International Dictionary of New Testament*, Vol.3, 1004–1008쪽. I. H. Marshall, *Commentary on Luke, Paternoster*, 1978. William L. Lane, *The Gospel of Mark NICNT Series*의 주석. Eerdmans, 1974, Subject Index, 'Wilderness Motifs' 참조.

5   R. J. Samuelson, 'How the American Dream Unravelled', *Newsweek*, March 2, 1992 참조.

10. 다윗과 사울

1   당시 근동의 왕들은 재판자의 역할까지 담당했음. R. W. Klein, *I Samuel*, 285쪽 참조.

2   사울에게 나타난 사무엘의 혼백이 사무엘을 가장한 악령이었는지, 아니면 하나님께서 예외적으로 사무엘의 혼을 보낸 것인지에 대해서는 학자들 간에 의견이 다르다. 만약 영매가 불러내어 사무엘의 혼이 나타난 것이라면 그것은 악령임에 틀림없다. 그러나 본문에는 영매도 사무엘을 보고 큰 소리를 지를 만큼 전혀 기대하지 않았는데, 사무엘이 직접 나타난 사실이나 사울에게 전한 사무엘의 메시지가 14장에서 일치한 사실 등을 보아, 하나님께서 특별히 허용하신 예외적인 사건으로 볼 수 있다. 대부분의 성서학자들이 후자의 입장이다. G. L. Archer, *Encyclopedia of Bible Difficulties*, 180쪽 참조.

3   블레셋이 삼손을 사로잡았을 때 두 눈을 뽑고 모욕했듯이, 블레셋은 포로에게 잔인하게 행하는 것으로 악명이 높았음. J. Baldwin, *1&2 Samuel*, 170쪽 참조.

11. 통일 이스라엘

1   J. Bright, *A History of Israel* 2nd Ed., 191쪽 참조.

2   임종국, "日帝末의 親日群像의 실태", 吳翊煥, "反民特委의 활동과 와해", 《解放前後史의 認識》(한길사, 1980) 참조

3   姜萬吉, 《韓國現代史》(창작과 비평사, 1984), 164쪽 참조. 강만길은 통일 민족 국가를 수립할 수 있는 기회에 "정권욕과 계급적 이익이 앞선 일부 세력은 오히려 분할 점령에 편승하여 분단 국가를 만드는 데 앞장섰고 대다수 민중들도 이 흐름을 그대로 따라갔다"고 말함. 또한 김학준은 《韓國問題와

國際政治》(박영사, 1976)에서 "이 시기에는 미·소의 반목과 평화가 아직
냉전 체제화하지 않았기 때문에, 또한 한반도에 있어서 쌍방의 기득권이
아직 형성되어 있지 않았기 때문에 한국인이 단결했더라면 그만큼
자주적 행동의 폭이 넓었을 것이며, 따라서 최소한 이론적으로는 분단의
고정화를 방지할 수 있었을 것이라는 가정이 가능할 것이다." '분단의
배경과 고정화 과정'《해방 전후사의 인식》, 97쪽에서 옮김.

4   분단 국가의 정통성 시비에 관해서는 황성모의 '우리 민족의 역사적
정통성 조명', 《민족의 정통성과 통일》(자유평론사, 1991), 13–14쪽 참조.

5   한국 전쟁이 가져다준 민족적 비극에 대해서는 김명섭의 '분단의 구조화
과정과 한국 전쟁'《해방 전후사의 인식 4》(1989) 참조. 외국 저널리스트의
본격적인 연구서인 Max Hasting, *The Korean War*, Michael Joseph London,
1987 참조.

6   재일대한기독교회 총회 남북선교연구위원회 편, 《평화 통일과
그리스도인의 역할》(형상사, 1990) 참조.

7   R. P. Gordon, *1&2 Samuel*, 225쪽 및 제4. 참조.

8   김회권, "하나님나라 운동의 관점에서 본 한반도의 평화 통일 운동"과
개인 서신, 〈복음과 상황〉, 4호 특집 "민족 분단과 통일 희년", 〈기독교
사상〉 1992년 3월호의 특집 "민족 통일과 평화 신학의 전개"〈기독교 사상〉,
1992년 4월호 손규태, "평화 통일과 기독교 사상" 참조.

9   이 주제에 대해서는 3장 참조.

12. 다윗 왕국, 다윗의 신앙

1   B. W. Anderson, *The Living World of the Old Testaments*, 3rd Ed., 1980, 180쪽. J.
Drane, *An Introduction to the Bible*, 1990, 86–87쪽 참조.

2   T. Houston, *King David*, 118쪽 참조.

3   블레셋과의 독립 전쟁은 성경 기록의 순서로는 예루살렘 점령 후로
     나오지만, 실제 역사적 순서로는 점령 전으로 보고 있음. 15절에서
     블레셋이 왔을 때 다윗이 '예루살렘'으로 가지 않고 '요해처(요새)'로
     갔다는 말에서도 추측할 수 있음.
4   W. G. Scroggie, *The Psalms*, 236쪽 참조.
5   D. F. Payne, *Samuel, The Daily Study Bible*, 1982, 187쪽 참조.
6   R. P. Gordon, *1&2 Samuel*, 236쪽 참조.
7   H. A. Snyder, *The Community of the King*(IVP, 1977), 11–17쪽 참조.

13. 다윗의 왕도

1   D. Kidner, *Psalms 1–72*(IVP, 1973), 49–53쪽 참조.
2   A. Kirk, *God's Word for a Complex World*, 88, 119–121쪽 참조.
3   르네 빠디야, "정의와 평화", 〈소리〉(1985, 한국기독대학인회), 26–31쪽
     참조.
4   C. F. H. Wright, *Living as the People of God*(IVP, 1983), 148쪽 참조.
5   앞의 책 46–102쪽 참조. 토지에 대한 가장 종합적인 연구로는 K.
     Brueggemann, *The Land*(SPCK, 1978) 참조.
6   Ronald J. Sider, 'An Evangelical Vision for Public Policy' Transformation, 1985 /
     Vol.2 / No.3, 7쪽.
7   J. Baldwin, *1&2 Samuel*, 227쪽.
8   J. Stott, *Issues facing Christian Today*(Marshalls, 1984), 327–339쪽 참조.

14. 다윗과 밧세바

1   *Encyclopedia of Psychology*(Marshall & Pickering, 1985), 1,200쪽 참조.

2   "저가 그 부정함을 깨끗게 하였으므로"(11:4)라는 구절은 저자가 다윗과의
    동침 이전에 밧세바가 임신하지 않았다는 사실을 알려주고 있음. R. P.
    Gordon, *1&2 Samuel*, 253쪽 참조.

3   F. B. Meyer, *David-Shepherd, Psalmist, King*, Lakeland, 1970, 161쪽에서 인용.

4   믿는 자에게 따르는 질병과 죽음, 모든 불행한 사건이 반드시 자신이나
    가족의 죄 때문이라는 획일적인 인과 응보적 해석은 성서적이 아니다.
    때로 의로운 자가 당하는 질병(욥이나 사도 바울의 경우), 의인의 억울한
    죽음 등의 원인이 모두 설명되지 않고 하나님의 신비 속에 숨겨 있을 때가
    많다.

5   R. P. Gordon, *1&2 Samuel*, 260쪽, 영성에 대한 이해와 개발을 다룬
    주요한 책자로는 Francis Schaeffer, *True Spirituality*(《진정한 영적생활》,
    생명의말씀사), R. Foster의 *Celebration of Discipline*(《영적 훈련과 성장》,
    생명의말씀사), D. Willard의 *The Spirit of the Disciplines*(《영성훈련》, 은성)
    등이 있다.

6   'Mortification' in *A Dictionary of Christian Spirituality*, ed. G. S.
    Wakefield(SCM Press, 1983), 270쪽.

7   R. J. Forster, *Celebration of Discipline*(Hodder & Stoughton, 1980).

15. 다윗과 압살롬

1   둘째 아들 길르압에 대해서는 다윗의 왕위 계승자로서 전혀 언급되지
    않고 있음. 그때까지 죽었든지, 아니면 그의 지혜로운 어머니 아비가일의
    도움을 받아 왕위 경쟁에 나서지 않고 조용한 삶을 가졌을 것이라고
    추측하나 알 도리가 없음.

2   D. F. Payne, *Samuel*, 235쪽.

3   R. P. Gordon, *1&2 Samuel*, 284쪽.

4   바커(Bakker), 스와거트(Swaggart) 같은 TV 전도사의 경우 외에 미국
     복음주의 진영에서 존경받던 고든 맥도널드(Gordon Macdonald)와 프랭크
     틸러포(Frank Tillapaugh)의 경우, 모두 성적 타락으로 많은 악영향을
     교계와 사회에 주었음. 고든 맥도널드는 권징과 연단의 과정을 겪은
     후 다시 목회자 직분에 회복된 경험을 기초로 *Rebuilding Your Broken
     World*(Oliver Nelson, 1998,《무너진 세계를 재건하라》, 비전북출판사)를
     저술했음. 'Fallen Leaders' in *ALPHA*, March 1992.

   16. 다윗의 말년

1   R. P. Gordon, 95쪽.
2   김진홍, "백성들의 눈물을 씻어주는 복음", 〈복음과 상황〉, 제2호, 9쪽.
3   H. W. Hertzberg, *1&2 Samuel*, 426쪽.
4   손석태, 《이스라엘의 선민 사상》(성광문화사, 1991). S. T. Sohn, *The Divine
     Election of Israel*(W. B. Eerdmans) 참조.
5   W. H. Hertzberg, 같은 책, 393쪽.
6   *NIV Study Bible*, 453쪽.
7   J. Baldwin, *1&2 Samuel*, 297쪽 각주 참조.
8   W. P. Keller, *David, The Shepherd King*(1986), 204쪽.

다윗은 그 시대에
David in His Generation : The Message of I & II Samuel

지은이 이승장
펴낸곳 주식회사 홍성사
펴낸이 정애주
국효숙 김의연 김준표 박혜란 손상범
송민규 안지애 오민택 임영주 차길환

2023. 2. 6. 초판 1쇄 인쇄   2023. 2. 15. 초판 1쇄 발행

등록번호 제1-499호 1977. 8. 1.
주소 (04084) 서울시 마포구 양화진4길 3   전화 02) 333-5161   팩스 02) 333-5165
홈페이지 hongsungsa.com   이메일 hsbooks@hongsungsa.com
페이스북 facebook.com/hongsungsa
양화진책방 02) 333-5161

ⓒ 이승장, 2023

• 잘못된 책은 바꿔 드립니다. • 책값은 뒤표지에 있습니다.

ISBN 978-89-365-0386-4 (03230)